VOYAGE

DANS

LA BASSE ET LA HAUTE ÉGYPTE.

EXPLICATION DES PLANCHES.

PLANCHE PREMIERE.

CARTE de l'Egypte Inférieure, où sont tracées les marches décrites dans le journal; et les batailles et combats qui se sont donnés lors de la conquête de cette partie de l'Egypte. Cette carte, qui ne peut être comparée à celle qui sera le résultat des opérations des ingénieurs-géographes de l'Institut du Caire, a déjà l'avantage de présenter la forme réelle du littoral de l'Egypte, des bouches par lesquelles le Nil arrive dans la Méditerranée, des lacs Madier, Brûlos et Menzaléh, d'après les reconnaissances faites par le général Andréossi; elle a encore celui d'être dressée d'après les observations astronomiques du citoyen Moette, qui ont fixé les hauteurs d'Alexandrie, du Caire, de Rosette, de Damiette, des bouches de Dybeh, et d'Omm-faredje; opération qui attache l'Afrique à l'Asie, et fixe avec exactitude des points si importans de la géographie. Les noms des villages, écrits le plus souvent sous la dictée des nomenclateurs, dont la prononciation offrait une grande variété, doivent nécessairement présenter des erreurs que le temps et une étude particulière de ces objets pourront seuls rectifier.

Carte de la Haute-Egypte. N'ayant aucunes nouvelles observations géographiques à présenter au public relativement à la Haute-Egypte, j'ai pensé devoir tracer sur la carte de Danville les marches de l'armée Française dans cette partie de l'Afrique, et ces marches ont tout naturellement tracé celles de mon voyage; au lieu de répéter les erreurs qui ont existé jusqu'à présent dans la nomenclature des innombrables villages Arabes qui sont situés le long du Nil, je n'ai inscrit que les villes antiques que j'ai reconnues; les lieux principaux de nos stations, les batailles, et quelques monumens épars; quelque jour la carte faite, sous la direction du général Andréossi, par les citoyens Nouette, Jacotin, le Pere, et toute la société des ingénieurs-géographes de l'expédition, offrira le plus beau résultat de l'opération la plus soignée qui ait jamais été faite en ce genre.

PLANCHE II.

No. 1.—La vue de trois colonnes que l'on rencontre près de la mosquée de S. Athanase: elles sont de granit, et d'un beau travail. Aucun voyageur n'a parlé de cette ruine: il faudrait

drait faire des fouilles pour s'assurer de l'époque à laquelle elle appartient. A en juger par la délicatesse du trait de ces colonnes, on ne peut mettre en doute qu'elles n'aient fait partie de quelques monumens antiques ; mais leur espacement exagéré doit faire croire qu'elles ne sont pas placées à leur destination primitive. Quoiqu'il en soit, elles sont les restes d'un grand et magnifique édifice: leur diametre à l'arasement du sol, qui doit être à peu près à la moitié de leur hauteur, est de quatre pieds six pouces ; la fabrique qui est derriere est un casin Arabe dans un jardin : dans le fond, on aperçoit le sommet de la colonne de Pompée.

No. 2.—L'obélisque de Cléopâtre. Le monument qui est derriere est moitié Grec, moitié Arabe ; on distingue encore des chapiteaux de colonnes engagées d'ordre Dorique, dont les fûts vont se perdre sous le niveau de la mer. Cette circonstance coïncidant avec ce que Strabon rapporte du palais des Ptolomées battu par les vagues de la mer a fait croire que cette fabrique était une portion de ce palais: ce que les Arabes y ont ajouté n'est pas dénué de goût et de magnificence. Le petit monument qu'on voit à gauche est la porte de Rosette ; ce qu'on voit au pied de l'obélisque en est un autre qui est renversé.

No. 3.—Le grand Pharillon, bâti au bout d'une jetée ; château Turc de quelque apparence, plus utile, dans l'état où il est, à loger une garnison qu'à défendre la ville. Le rocher en avant est appelé le Diamant. On croit que c'était là qu'était bâti le fameux Phare, une des merveilles du monde : on n'en aperçoit aucun vestige ; ce n'est plus maintenant qu'un écueil battu et couvert des vagues de tous les vents.

No. 4.—Une vue du grand port d'Alexandrie, *magnus portus*, depuis le petit Pharillon jusqu'à la place des Francs ; à droite, le château du petit Pharillon, où l'on croit qu'était

bâtie la fameuse bibliotheque. Le soubassement du premier monument que l'on rencontre en suivant la ligne, et revenant à droite, faisait partie des ruines du palais des Ptolomées : près de là, les deux aiguilles dites de Cléopâtre, dont l'une est debout, et l'autre renversée ; derriere est la porte de Rosette, *Porta Canopica*. Tout ce qui suit offre les ruines de la circonvallation Arabe ; la plage où arrive doucement la mer ; un bois de palmiers, derriere lequel est le grand Morne, aujourd'hui fortifié : ensuite, d'anciennes constructions Arabes, faites du temps des kalifes ; un palais Arabe, où sont établis aujourd'hui les bains de vapeurs ; une mosquée, et une partie de la ville moderne. Sur le premier plan, une espece d'esplanade, qui sert de promenade à la factorerie Européenne, et où sont représentées les premieres huttes que nos soldats fabriquerent en arrivant pour se mettre à l'abri du soleil, de l'humidité, et de la fraîcheur des nuits, également incommodes à Alexandrie.

La couleur généralement blanche de ce site, les ruines, qui en sont presque usées, offrent un aspect mélancolique, qui formerait un tableau étrange et piquant, si on pouvait le rendre avec sa couleur naturelle : les grands souvenirs d'ailleurs qu'il rappellerait à l'imagination ajouteraient sans doute un grand intérêt à la singularité unique de ce tableau.

Planche III.

No. 1.—La Colonne de Pompée. Cette colonne a été mesurée dans tous ses détails par le citoyen Norry, qui a donné au public le résultat de ses opérations ; la dissertation qu'il y a jointe ne laisse rien à désirer à la curiosité sur ce monument. Le simple trait que je donne ici pour faire connaître les principales dimensions de cette colonne est emprunté des opérations du citoyen Norry.

No. 2.—C'est également un simple trait de l'obélisque de Cléopâtre, d'après les mesures prises postérieurement à la fouille faite à sa base depuis notre séjour en Egypte.

No. 3.—Vue d'une principale mosquée d'Alexandrie, connue sous le nom de S. Athanase: quatre rangs de colonnes antiques de marbre de toute espece portent des arcs qui soutiennent un plancher, et forment un portique couvert, dont les trois murailles et le pavé sont revêtus de mosaïque en marbre, avec une frise où des sentences du Coran en grands caracteres sont exécutées en mosaïque en émail. Ce portique ouvert donne sur une cour carrée, pavée en marbre, entourée d'une galerie soutenue par des colonnes de même nature que celles du portique *(Voyez le plan No. 4 même planche)*. Les plus misérables fabriques sont ajoutées par les Turcs aux magnificences Sarrasines que je viens de décrire. Dans la cour, les plantes, ensuite les arbres, se sont fait jour, et ont soulevé le pavé de marbre; les éboulemens ont remplacé les voûtes à l'endroit où elles se sont crevées, et quelques planches de sicomore qui ne se joignent point réparent les défauts de continuité de la clôture: le petit édifice octogone que l'on voit dans le milieu de cette vue, renferme le sarcophage antique dont le No. 5 est le trait. Le No. 6 en est le plan. *(Voyez sa Description dans le Journal, Tome I, p. 35.)*

Planche IV.

No. 1.—Le passage de la Madié, l'ancienne bouche Canopite, dans laquelle entre la mer, et y forme un lac de plus de quatre lieues de profondeur; ce qui fait que les caravanes d'Alexandrie à Rosette traversent ce lac à son embouchure, au lieu d'en faire le tour, quelque incommode que soit ce passage par les bas-fonds des rives, et l'embarcation qu'il faut faire au milieu de l'eau.

No. 2.—Le fort d'Aboukir tel qu'il était à l'arrivée des Français en Egypte, avec son petit port pour les barques.

No. 3.—Carte à vol-d'oiseau de la péninsule d'Aboukir. En avant, les rochers du promontoire; à gauche, sur cette même ligne, l'îlot contre lequel était appuyée la flotte embossée; derriere le château, le village d'Aboukir; plus loin, le faubourg, entre lequel les retranchemens ont été élevés; au bout de la ligne de palmiers, les monticules où sont situées les trois fontaines; plus au fond, à gauche, le lac Madié, l'ancienne embouchure de la bouche Canopite, la digue, et deux obélisques de construction Arabe; au fond du lac Madié, la chaussée derrière laquelle passe le canal qui porte les eaux du Nil à Alexandrie; celle que les Anglais ont rompue après leur débarquement, en 1801; ce qui a isolé la presqu'île d'Aboukir, submergé le territoire d'Alexandrie, et renouvelé le lac *Maréotis:* l'extrémité de l'horizon, à droite, est l'emplacement d'Alexandrie; en revenant le long de la côte, celui de *Nicopolis,* de *Taposiris,* et de Canope. Ce point, déjà si important pour la géographie ancienne, l'est devenu encore davantage pour l'histoire moderne par les événemens qui s'y sont passés depuis notre arrivée en Egypte.

No. 4.—La tour d'Abou-Mandour, près Rosette, avec la vue à sept lieues de distance des deux flottes Anglaise et Française, le lendemain de la bataille navale d'Aboukir, du 1er Août, à dix heures du matin, à l'instant où le Guillaume-Tell et le Généreux, la Diane et la Justice, leverent l'ancre, et s'éloignerent sans être inquiétés dans leur retraite.

Cette tour, de construction Arabe, est bâtie sur un monticule de sable qui couvre les ruines de l'antique Bolbitine; la situation élevée au milieu d'une grande plaine domine d'un côté un vaste désert, jaune et aride, terminé à l'horizon par la mer. Lorsque l'âme s'est attristée de ces objets, elle peut, en se retournant, être consolée par l'aspect de tout ce que la nature peut déployer de verdure, de richesse, et d'abondance: les plaines du Delta couvertes de rizieres et de plantations de sucre, coupées d'innombrables canaux qui aboutissent au Nil, qui dans cet endroit est toujours couvert de barques en mouvement dans tous les sens ; enfin ces deux tableaux, d'une couleur si différente, offrent le contraste le plus frappant ; c'est la jeunesse de la nature, et sa décrépitude : ces tableaux seraient aussi beaux à peindre qu'ils me parurent impossibles à rendre par des dessins.

Planche V.

Un plan figuré des ruines situées sur le bord de la mer, dans l'emplacement de l'ancienne ville de Canope ; ces substructions, taillées dans le roc, doivent être les ruines d'un bain pris sur l'emplacement du sol de la mer, et devant lequel des blocs, des débris d'architecture et de sculpture, semblent avoir été placés pour servir de jetée, et défendre cet édifice de l'effort des vagues de la mer. Les parties qui excedent le niveau de l'eau conservent encore des canaux en briques, recouverts en ciment et pouzzolane, qui distribuaient sans doute l'eau douce dans les pieces marquées A, B, C, D, E, F. *(Voyez le reste de la Description dans le Journal, Tome I, p. 67.)*

Planche VI.

No. 1.—Vue des pyramides de Gizeh et de Ssakarah, élevées sans doute aux extrémités nord et sud de Memphis ; l'espace qui est entre ces deux groupes de pyramides fixe l'étendue de cette ville dans cette direction, tandis que le Nil et la chaîne Libyque bornaient irrévocablement ses côtés est et sud.

No. 2.—Coupe de la pyramide ouverte, appelée le Chéops, par laquelle on peut prendre une idée des galeries qui conduisent aux deux chambres sépulcrales, qui paraissent avoir été les seuls objets pour lesquels on avait construit ces especes d'édifices. G, l'entrée de la premiere galerie, qui était recouverte par le parement général, et qui apparemment avait à cet endroit quelque particularité qui aura pu faire découvrir cette entrée lorsqu'on en a tenté la fouille. La galerie G jusqu'à H se dirige vers le centre et à la base de l'édifice ; elle a soixante-cinq pas de longueur, que l'on est obligé de faire d'une manière si incommode, que l'on ne doit les estimer qu'à cent soixante pieds : arrivé à H, l'incertitude, causée par la rencontre de deux blocs de granit L, a égaré la fouille, et en a fait tenter une dirigée horizontalement dans la masse de la fabrique ; cette excavation abandonnée, on est revenu au point I ; et, fouillant autour des deux blocs jusqu'à vingt-deux pieds en remontant, on a trouvé l'entrée de la rampe ascendante K, qui, jusqu'à M, a cent vingt pieds : on monte cette galerie étroite et rapide en s'aidant d'entailles faites dans le sol, et de ses bras contre les côtés de cette galerie étroite ; la fabrique en est de pierre calcaire, liée avec un ciment de brique. Arrivé au haut de cette rampe, on trouve un nouveau palier M, d'environ quinze pieds carrés ; à droite est une ouverture N, qu'on est convenu d'appeler le Puits, et qu'à l'irrégularité de son orifice on peut croire être encore une tentative de fouille ; il faudrait du temps, de la lumiere, et des cordes, pour s'assurer avec exactitude de sa profondeur et de sa direction ; on entend qu'elle cesse bientôt d'être perpendiculaire par le bruit que fait la chûte d'une pierre : ce puits a deux pieds sur 18 pouces de diametre ; il faudrait faire une fouille pour pouvoir hasarder quelque conjecture sur cette excavation ; à droite de ce trou, est une galerie horizontale O, de 170 pieds, se dirigeant au centre de l'édifice, au bout de laquelle est l'entrée d'une chambre dite de la reine, E : sa forme est un carré long de 18 pieds 2 pouces sur 15 pieds 8 pouces ; sa hauteur est incertaine, parce qu'une avide curiosité en a fait bousculer le sol, et creuser une des parties latérales, et que les

les décombres de toutes ces violations ont été laissés sur la place. La partie supérieure a la forme d'un toit d'angle à peu près équilatéral; aucun ornement, aucun hiéroglyphe, aucun vestige de sarcophage: une pierre calcaire fine, et liée d'un appareil recherché, fait tout l'ornement de cette piece *(Voyez même pl., le plan et la coupe de cette chambre, No. 4 et 5).* A quoi cette chambre a-t-elle été destinée? était-ce pour mettre un corps? Dans ce cas, la pyramide, bâtie à dessein d'en mettre deux, n'a pas été fermée à une seule époque; en cas d'attente, et que cette seconde sépulture fût effectivement celle de la reine, les deux blocs de granit, dont j'ai déjà parlé, et qui sont à l'entrée des deux galeries inclinées, étaient donc réservés à clorre définitivement l'ouverture des deux chambres, et des galeries adjacentes.

Revenons sur nos pas jusqu'à la plateforme du puits M, où, en se hissant de quelques pieds, on se trouve au bas d'une grande et magnifique rampe, P Q, de 130 pieds de longueur, se dirigeant aussi vers le centre de l'édifice; sa largeur est de 6 pieds 6 pouces dans laquelle il faut comprendre deux parapets de 19 pouces de diametre, percés, par espace de 3 pieds six pouces, de trous longs de 22, larges de 3. Cette rampe était sans doute destinée à monter le sarcophage; les trous avaient servi à assurer par quelque machine le hissement de cette masse sur un plan aussi incliné; la même machine avait sans doute nécessité des entailles au-dessus de la partie latérale de chacun de ces trous, qui ont été réparés ensuite par un ragréement. Cette galerie se ferme peu à peu jusqu'à son plafond par huit retraites de 6 pieds de hauteur; ce qui, joint à 12 qu'il y a du sol jusqu'à la premiere plate-bande, donne 60 pieds de clef à cette étrange voûte *(Voyez sa coupe, No. 6).* Arrivé au-dessus, en s'aidant d'entailles assez régulieres mais modernes, on trouve une petite plate-forme, puis une espece de coffre de granit C, dont les parties latérales, soutenues par la masse générale de l'édifice, étaient destinées à recevoir dans le vide qu'elles laissaient des blocs de même matiere, qui, hersés dans des rainures saillantes et rentrantes, devaient masquer et défendre à jamais la porte de la principale sépulture *(Voyez lettre C, No. 7 et 8).* Il a fallu sans doute des travaux immenses pour construire d'abord et détruire ensuite cette partie de l'édifice; ici, l'enthousiasme superstitieux s'est trouvé aux prises avec l'ardente avarice, et la derniere l'a emporté. Après la destruction de treize pieds d'épaisseur de granit, on a découvert une porte carrée F, de 3 pieds 3 pouces, qui est l'entrée de la piece principale D, de forme carrée, longue de 32 pieds sur 16 de large, et de 18 pieds de hauteur; la porte est à l'angle du grand côté, comme à la chambre d'en-bas. Vers le fond, à droite en entrant, est un sarcophage isolé, de 6 pieds 11 pouces de long sur 3 pieds de large, et 3 pieds 1 pouce 6 lignes d'élévation. Quand on aura dit que ce tombeau est d'un seul morceau de granit, que cette chambre n'est qu'un coffre de même matiere, avec un demi-poli d'un appareil assez précieux pour qu'il n'ait point nécessité de ciment dans tout son appareil, on aura décrit cet étrange monument, et donné l'idée de l'austérité de sa magnificence.

Le tombeau est ouvert et vide, sans qu'il soit resté aucun vestige de son couvercle; la seule dégradation dans toute cette chambre est la tentative d'une fouille à un des angles, et deux petits trous à peu près ronds, à hauteur d'appui, auxquels des curieux ont attaché trop d'importance. C'est ici que se termine le voyage, comme c'est-là qu'il paraît qu'a été le but de cette immense entreprise, où les hommes semblent avoir voulu se mesurer avec la nature.

Le citoyen Grosbert, ingénieur, qui a séjourné aux Pyramides, et qui en a fait un plan, en relief, que l'on voit avec intérêt au Jardin National des Plantes, et une explication dans un livre intitulé, Description des Pyramides de Djyzéh, de la ville du Caire et de ses environs, donne au Chéops 728 pieds de bâse, et évalue sa hauteur à 448 pieds, en comptant la bâse par la moyenne proportionnelle de la longueur des pierres, et la hauteur par l'addition de la mesure de chacune des diverses assises. D'après les calculs du citoyen Grosbert et de M. Maillet, la chambre sépulcrale est à 160 pieds au-dessus du sol de la pyramide.

La bâse de la pyramide appelée Chephrenes est estimée par le même auteur de 655 pieds, et son élévation de 398 pieds; sa couverte, dont il existe encore quelque chose à sa partie supérieure, est un enduit formé de gypse, de sable, et de cailloux. Le Micerinus, ou troisieme pyramide, dit encore le citoyen Grosbert, a 280 pieds de bâse, et 162 d'élévation: je renverrai mes lecteurs à cet écrivain pour les plans et les détails que je n'ai pas eu le tems de prendre, et que ses connaissances dans cette partie ont mis dans le cas de donner avec l'exactitude que mérite l'importance de ces édifices, et l'intérêt qu'ils inspirent.

Planche VII.

No. 1.—Profil du Sphinx, qui rend compte de son état de destruction, et du caractere de cette figure dans les parties qui en sont conservées: les personnages vivans servent d'échelle de proportion; celui qui est au-dessus de la tête, et que l'on aide de la main, sort d'une excavation étroite, terminée par des décombres, et qui n'a plus que 9 pieds de profondeur. Des échancrures taillées d'espace en espace dans les parties latérales de cette excavation y servent d'échelons pour monter et descendre dans ce trou, dont l'usage est resté dans la nuit du mystere; le monument que l'on aperçoit derriere, est une espece de tombeau dans le genre des petites pyramides; mais si dégradé,

qu'il est difficile d'en rendre compte autrement que par la forme existante de sa ruine.

No. 2.—Entrée des galeries de la pyramide de Chéops; chaque pierre dessinée fidèlement peut donner une idée de l'appareil de cette partie de l'édifice, qui était recouverte d'un parement semblable à la superficie générale de tout le monument.

C'est au citoyen Rigo, membre de l'institut du Caire, que je dois cette planche intéressante; de retour de l'expédition, il a bien voulu me permettre de prendre dans son intéressant porte-feuille plusieurs objets, tels que celui-ci, et des costumes que j'annoncerai à leur numéro.

Planche VIII.

No. 1.—Vue de la pyramide d'Hillahoun, à l'entrée de la province du Fayoum, à l'extrémité du Bar-Jusef; c'était peut-être la pymide de Ménès, si le lac Batheu était le Mœris: une suite de rochers taillés à pic, recevait peut-être les efforts du Nil, si autrefois, par le fleuve sans eau, il allait se jeter à la mer par le Maréotis. Cette pyramide est bâtie en briques non cuites; une construction en pierres calcaires lui servait de noyau.

No. 2.—La pyramide de Méidoum, prise du Nil, entre les villages de Rega à droite, et Cafr-êl-Rych à gauche.

Planche IX.

No. 1.—Vue de Bénécé ou Béneséh, sur le canal appelé le Bar-Jusef, l'antique Oxyrynchus, capitale du trente-troisieme nome, citée par les premiers catholiques comme une ville considérable; elle a donné son nom à un poisson particulier à l'Egypte, ou en a reçu le sien: ce poisson d'une forme très-extraordinaire est un de ceux qui composent la superbe collection des animaux du Nil qu'a peints avec autant de vérité que de talent le citoyen Redouté, membre de l'institut du Caire.

La triste vue de Bénécé a cela de particulier qu'elle offre l'aspect de la marche des sables, sur les villes et villages : la partie de droite de l'estampe a été habitée, et a disparu ; celle où est la colonne est presque enfouie ; celle où est le minaret est déjà abandonnée ; celle à gauche, où il y a deux oiseaux, est le village moderne qui semble se retirer et fuir devant le désert qui marche sur lui.

Le No. 2. est la vue d'une ruine, qui paraît être celle de l'angle d'un grand portique d'ordre Composite, dont il ne reste qu'une colonne et une partie de l'architrave : je n'avais point de moyens de mesurer la hauteur de la colonne, mais son diamètre au quart du fût, à son départ des sables qui l'enfouissent, est de quatre pieds et demi ; il en reste sept assises de visibles, de quarante pouces chacune. Cet édifice en pierres était d'un travail médiocre ; le chapiteau en est lourd, quoique privé de ses feuilles et de ses volutes ; ce qui doit le faire juger Romain, et postérieur à Dioclétien, c'est-à-dire du temps de la décadence de l'architecture.

Planche X.

No. 1.—Deir Beyadh ou le Couvent blanc, dont la vue est prise du nord au sud sur le canal d'Abou-Assan.

Au plan et à la décoration intérieure on reconnaît facilement le goût de l'architecture du quatrième siècle, dans lequel la catholicité a commencé à bâtir pour son culte : avec d'assez beaux plans, de mauvais détails, et l'emploi de matériaux antiques mal assortis, l'extérieur est plus simple ; la corniche et les portes tiennent plus du style Égyptien que de tout autre ; les grandes lignes et le talus général de tout l'édifice en sont encore des imitations ; c'est un carré long de 250 sur 125 pieds, percé de trois portes, et de deux rangées de vingt-six croisées, pour chaque rang des grands côtés, et neuf sur l'autre face. Voyez le plan, No. 2. L'intérieur consiste en une grande galerie latérale B, par laquelle on entre, et qui pouvait être le lieu où se tenaient les prosélytes qui n'avaient point été baptisés ; cette pièce est décorée de portiques surmontés d'une corniche ; parallèlement à cette galerie était la nef C, décorée de seize arcs et pilastres, et de deux rangs de seize colonnes chacun ; le chœur, composé d'un cul-de-four H, et de quatre chapelles EE et DD, décorées de deux ordres de colonnes : dans le cul-de-four et les deux chapelles voisines, les deux ordres sont surmontés d'une coquille qui leur sert de couronnement. Toutes ces colonnes sont autant de fragments antiques rajustés de mauvais goût ; la chaire pour l'épître, K, et l'escalier qui y monte, sont faits de deux morceaux de granit énormes : ce qui reste de pavé dans le chœur est en beau marbre de breche, mais absolument dégradé ; la nef est pavée de grands morceaux de granit, où l'on aperçoit encore des hiéroglyphes. Au bout de la nef, sur la largeur du temple, est une chapelle, décorée de fort bon goût, d'un seul ordre : derrière l'autel, L, cinq colonnes portant un entablement couronné d'une coquille : les parties latérales sont ornées de trois niches ; le tout terminé par un portique carré, M, soutenu par quatre colonnes ; c'était peut-être le lieu où les chrétiens faisaient leur acte de foi : à côté, N, étaient le baptistaire, et une superbe citerne, P.

La montagne contre laquelle est appuyé ce couvent fait partie de la chaîne Libyque.

Planche XI.

Ruines du temple d'Hermopolis ou la grande cité de Mercure, capitale du trente cinquième nome, bâtie par Ishmun, fils de Misraïm, à quelque distance du Nil, tout près d'un gros bourg appelé Ashmunein, et peu éloigné de Mélaui. Pour donner une idée des proportions colossales de cet édifice, il suffit de dire

dire que le diametre des colonnes est de 8 pieds 10 pouces, leur espacement égal ; celui des deux colonnes du milieu, dans lequel la porte était comprise, est de 12 ; ce qui donne 120 pieds de face au portique : il en a 60 de hauteur. L'architrave est composée de cinq pierres de 22 pieds de long, la frise d'autant ; la seule pierre qui reste de la corniche a 34 pieds ; ces détails peuvent faire juger à la fois de la faculté que les Egyptiens avaient d'élever des masses énormes, et de la magnificence des matériaux qu'ils employaient. Ces pierres sont d'un grès qui a la finesse du marbre ; elles ne sont liées que par la perfection de leurs assises : à l'égard du plan du temple, aucun arrachement ne peut rendre compte de son enceinte et de sa nef ; le second rang de colonnes était engagé jusqu'à la hauteur de la porte, le reste était à jour : il est à croire que ce qui suivait immédiatement n'était pas encore la nef ou le sacré du temple, mais une enceinte ou espece de cour qui le précédait. Ce qui autorise à adopter cette opinion, c'est que la frise et la corniche avaient de ce côté la même décoration, et la même saillie que du côté de la façade de l'entrée. Le moment de la journée, et cette particularité, me firent choisir ce côté pour faire le dessin que je donne ici, où l'on peut remarquer l'arrachement de l'engagement des colonnes, et celui de la porte ; les fûts de colonnes semblent représenter des faisceaux, et le bas le pied de la plante du lotus au départ de la racine. Le chapiteau n'a rien d'analogue à aucun autre chapiteau connu, mais équivaut, pour la gravité dans l'architecture Egyptienne, au chapiteau Dorique dans l'architecture Grecque, et l'on peut dire que celui-ci est plus riche que l'autre. Tous les autres membres ont leur équivalent dans tous les autres ordres : sur l'astragale de l'un et l'autre côté du portique, et sous le plafond entre les deux colonnes du milieu, sont des globes ailés, emblêmes répétés à la même place dans tous les temples Egyptiens.

Les hiéroglyphes qui sont sur les dales qui couronnent les chapiteaux sont tous les mêmes, et tous les plafonds sont décorés d'un méandre formé d'étoiles peintes couleur aurore sur un fond bleu.

Le plan du portique est placé au-dessous de la vue.

Planche XII.

No. 1.—Tombeau de Lycopolis. C'est un des plus considérables et le mieux conservé de ceux qui sont creusés dans la montagne auprès de Siuth ; le plan qui est au-dessous en fait connaître l'intérieur et la distribution : l'espece de péristyle qui lui sert d'entrée est, de même que le reste, taillé et creusé sans maçonnerie à même dans le rocher ; on a réparé les parties manquantes par un revêtissement de stuc encore très-bien conservé. D'abord il n'a pour ornement qu'un tore qui borde un cintre surbaissé ; mais, à partir de là et jusqu'au fond de la dernière chambre, tout est couvert d'hiéroglyphes, et les plafonds d'ornements sculptés et peints : sur le parement des portes il y a de grandes figures qui sont répétées sur l'épaisseur du chambranle. Je n'y ai vu aucune trace de gonds ni autre fermeture : la partie supérieure de la porte est plus large que le bas ; ce n'est qu'à la troisieme qu'on arrive à la chambre du fond, où était sans doute le principal sarcophage ; le sol a été fouillé presque par-tout.

No. 2.—Tombeau dans les carrieres de Silsilis, le plus grand et le plus conservé de tous ceux qui y sont creusés ; la façade est de 55 pieds 8 pouces de longueur sur 15 à-peu-près de hauteur, avec un entablement ; cinq portes, dont celle du milieu ornée d'un chambranle couvert d'hiéroglyphes, deux niches carrées, avec des figures dedans ; derriere cela une galerie de 50 pieds de long et de 10 de large, au milieu de laquelle est une porte ouvrant sur une chambre, au fond de laquelle sont sept figures

figures debout; de chaque côté de cette porte intérieure, une niche, avec une figure aussi debout; et au fond de la galerie, à droite en entrant, un autre groupe de trois figures, une petite aussi avec une figure, et deux plus petites encore et qui sont vides, le tout taillé à même, les statues aussi ; le reste du rocher est conservé dans sa forme primitive. Ce que l'on voit à droite sont des ouvertures de tombeaux plus petits, avec des figures dans l'intérieur (*Voyez Planche XIII*).

Planche XIII.

No. 1.—Une vue de la partie sud du grand temple de Tentyris ; à droite, dans le lointain, un petit monument, qui est vis-à-vis la grande porte, contre laquelle s'appuyait sans doute l'enceinte qui fermait le temple : cette porte ouvre vis-à-vis le centre du portique ; elle est couverte d'hiéroglyphes en dedans et en dehors.

Le portique est plus élevé que la celle ou nef; une austere simplicité dans l'architecture est enrichie d'une innombrable quantité de sculptures hiéroglyphiques, qui n'en troublent cependant pas les belles lignes : une large corniche couronne majestueusement tout l'édifice ; un tors, qui semble le cercler, ajoute encore un aspect de solidité au talus qui existe par-tout, et sert d'empatement, et qui ôte la maigreur des angles répétés, sans ôter la précision et la fermeté de l'ensemble, puisque cette fermeté se manifeste où elle doit se prononcer, c'est-à-dire à l'extrémité des corniches. Trois têtes de sphinx sortent du flanc de la celle ou nef ; à leur forme et au goulcau qui est entre leurs pattes on doit croire que c'étaient des gouttieres par lesquelles se seraient écoulées les eaux que l'on aurait versées sur la plate-forme du temple pour en rafraîchir les appartemens qui y étaient construits, car sous les ruines des constructions Arabes que l'on voit encore sur ce monument, j'ai trouvé de petits temples particuliers, décorés des sculptures les plus soi-

gnées et les plus scientifiques : c'est dans un de ces appartemens que j'ai vu et dessiné le zodiaque, et autres détails intéressans, que j'expliquerai à l'article des hiéroglyphes. Les habitations modernes, dont on voit encore les ruines, auront sans doute été construites à cette élévation dans la pensée de se mettre à l'abri des incursions des Bédouins, et de se loger sur ces monumens comme dans une forteresse, ou bien pour s'éloigner du sol ardent, et aller chercher l'air dans une région plus élevée.

Le reste de ce que présente cette estampe n'est plus que décombres, et arrachemens de murailles des fabriques, les dernieres construites avec les matériaux de la ville antique, qui, à l'exception des temples, était bâtie en briques. La quantité de monnoie Romaine du temps de Constantin et de Théodose, que l'on trouve tous les jours en fouillant pour chercher du nitre, doit faire croire que Tintyra existait encore à cette époque : j'y ai trouvé moi-même des lampes Romaines en terre cuite, mêlées dans les décombres avec de petites divinités Egyptiennes en pâte de verre et en porcelaine, avec une couverte bleue.

No- 2.—Le portique du temple tourné à l'est ; à gauche, un fragment de la porte ; à droite, un petit temple ; dans le fond, la chaîne Libyque, à l'ouest de la ville.

Planche XIV.

Vue géométrale du portique du grand temple : sur la plinthe de la corniche on voit une inscription Grecque, trop élevée et trop fruste pour que ma vue m'ait permis de la copier ; je la crois une dédicace faite postérieurement par quelques gouverneurs de la province pour les Ptolomées : une autre inscription Grecque, placée de même sur la porte du sud, et que j'ai copiée exactement, pourrait appuyer cette opinion ; au milieu de la corniche est en relief une tête d'Isis répétée par-tout : elle fait voir que le temple était dédié à cette divinité ;

C

au-

au-dessous, sur l'entablement, est le globe ailé qui occupe cette place dans tous les édifices; cette même figure est répétée ici sur toutes les pierres en plates-bandes qui forment le plafond de l'entre-colonnement du milieu du portique. Les chapiteaux des colonnes, très-extraordinaires par l'ornement qui les décore, produisent dans l'exécution un effet aussi noble que riche.

La porte était formée de deux chambranles sans cymaise; l'asisse portant les gonds était en granit; ce qui pourrait faire soupçonner que cette partie du linteau recevait à nu le frottement du gond; le choix de cette matière plus dure annonçant que l'emboîtement du gond n'était point en bronze ou en fer, mais que le gond en bois roulait dans l'emboîtement de la pierre même. La partie qui engage les colonnes est enfouie; je n'ai pu en voir les ornemens n'ayant jamais eu le temps d'en faire faire la fouille; j'y ai suppléé par ceux que j'ai trouvés sur le même membre d'architecture au temple ouvert de Philée.

Planche XV.

Porte intérieure du sanctuaire du temple *(Voyez le plan. fig. 7, Planche XLVII)*. J'ai mesuré avec soin toutes les parties de ce superbe fragment de l'architecture Egyptienne; j'y ai placé avec exactitude les différents genres d'hiéroglyphes: j'ai exprimé la conservation parfaite de cette partie de l'édifice; ce qui fait que l'image que j'en donne devient tout à la fois une vue géométrale et une vue pittoresque.

Le plan No. 2, que j'ai ajouté au bas, donnera la mesure de la saillie des différens membres de ce morceau d'architecture.

Planche XVI.

Vue d'un temple de Thebes à Kournou; il est encombré de mauvaises fabriques modernes, qui se composent très-pittoresquement avec la sévérité du style antique du monument et son état de délabrement; sa forme, différente des autres temples, en aurait rendu le plan intéressant; mais, outre la difficulté qu'opposait la ruine de l'édifice, les circonstances ne m'ont jamais permis de l'entreprendre; son enfouissement et la lourdeur de ses dimensions ajoutent encore à l'aspect colossal de sa grandeur effective.

Planche XVII.

No. 1.—Nécropolis de Thebes, située au nord-ouest de cette ville, sur un plateau de la partie basse de la chaîne Libyque: cette partie déserte et aride était par sa nature dévolue au silence de la mort.

En taillant le rocher sur un plan incliné, trois côtes ont offert tout naturellement des escarpemens, dans lesquels on a creusé des doubles galeries, et derriere, des chambres sépulcrales; ces excavations sont innombrables, et occupent un espace de plus d'une demi-lieue carrée; ils servent à présent de logement aux habitans du village de Kournou, et à leurs nombreux troupeaux. Il serait très-intéressant d'observer les détails de ces tombeaux: mais la premiere fois que je les vis, j'y entrai avec Desaix, et nous pensâmes y être tués à coups de piques par les habitants qui s'y étaient cachés; la seconde fois on nous y tira des coups de fusils; la derniere fois nous y étions allés pour faire la guerre aux habitants, et, la paix faite, on ne voulut pas les tourmenter par une visite domiciliaire.

No. 2.—Vue de ce que l'on est convenu d'appeler le Memnonium sur la rive gauche du Nil. *(Voyez le plan, Planche XXVII.)* A gauche de la vue est la ruine d'une grande porte, couverte de bas-reliefs barbarement composés, représentant une bataille; entre cette grande porte et une autre est un colosse renversé, dont les fragmens de la ruine ressemblent au chantier d'une carriere; la totalité de ce monument se dirige d'orient en occident, et arrivait presque jusqu'à la base de la chaîne Libyque: les arbres que l'on voit sont des palmiers.

miers-doum ; et au-dessous des arbres est le pied de la statue, que l'on aurait pu apporter en Europe, et qui aurait pu donner une idée de la proportion colossale de ces especes de monumens Egyptiens.

Planche XVIII.

No. 1.—La vue du grand temple de Karnak et d'une partie de l'emplacement de son enceinte ; la qualité saline du terrain de cette partie du site de Thebes a décomposé les grès, et produit des éboulemens, des entassemens, et une combustion qui troublent l'intelligence des plans de cette ruine immense, qui, dans nombre d'aspects, n'offre plus que l'image d'un chantier de matériaux, au milieu desquels commence à s'élever l'édifice qu'ils doivent achever. En parcourant à plusieurs reprises tous les points de vue que présentent les parties de ce grand ensemble, celui qui m'a paru laisser voir le plus de formes qui pussent servir à l'intelligence de son plan, est celui que j'ai pris de la porte de l'est : on voit d'abord sur le devant son mur d'enceinte couvert d'hiéroglyphes, les deux galeries, la grande cour, le sanctuaire flanqué de deux portiques, les obélisques, les grandes avenues de colonnes, les portes, et au-delà de la cour les deux grands môles qui servent d'entrée à la partie opposée ; à gauche ce qui reste des pieces d'eau, des monticules, des ruines des autres édifices contenus dans la même circonvallation, et tout au fond, de l'autre côté du fleuve, la chaîne Libyque, et la montagne où sont les tombeaux des rois.

No. 2.—Vue des mêmes monumens, prise de la porte du sud, la mieux conservée et la moins enfouie ; on voit encore quelques sphinxs de l'immense avenue qui la précédait, et qui arrivait jusqu'à la porte d'un temple particulier, dont on voit la porte flanquée de deux môles ; dans le fond est la partie latérale du grand temple, dont le No. 1, même planche, est la vue ; on n'en voit que les deux grands môles

ruinés, la seule colonne qui reste dans la premiere cour, et le commencement de l'avenue des colonnes colossales ; à droite de la porte du sud est une citerne ; sur le premier plan à gauche une partie du village de Karnak.

Planche XIX.

No. 1.—Les deux statues qu'on est convenu d'appeler les statues de Memnon, sur l'une desquelles sont inscrits les noms des savans et illustres personnages Grecs et Latins qui sont venus pour entendre les sons qu'elle rendait, dit-on, lorsqu'elle était frappée des premiers rayons de l'aurore ; parmi ces noms on trouve celui de l'impératrice Sabine, femme d'Adrien.

J'ai choisi le moment du lever du soleil, celui où des voyageurs arrivent pour entendre ; et qui tout à la fois présente ces monumens d'une maniere historique, les oriente, et fait voir l'effet de la traînée d'ombre se projetant jusque sur la base de la chaîne Libyque, couverte de tombeaux.

La ruine que l'on aperçoit au-delà des statues, est celle du Memnonium.

No. 2 et 3.—L'état de destruction des figures ci-dessus. J'ai fait le portrait fidele des cassures, et mis les figures vivantes en proportion exacte. Le No. 2 est celle qui est en avant dans la vue ; elle est dessinée à sa partie nord ; celle No. 3 est l'autre statue prise à sa partie sud, et qu'on est convenu, je ne sais par quelle préférence, d'appeler la statue de Memnon ; du moins c'est sur les jambes de celle-ci que sont inscrits en Grec et en Latin les noms de ceux qui sont venus pour l'entendre. Il faut bien observer que les Nos. 2 et 3 sont deux dessins faits à part, que la direction de ces deux figures est la même, et que si ces dernieres paraissent se tourner le dos, c'est que le soleil était si ardent lorsque j'en ai fait les dessins, que ce n'a pu être que respectivement à l'ombre de l'une que j'ai pu dessiner l'autre.

Elles

Elles ont 55 pieds d'élévation; elles sont d'un seul bloc; posées sur un sol élevé, et s'aperçoivent de cinq lieues.

Planche XX.

No. 1.—Vue générale des temples et palais situés près le village de Médinet-Abou à Thebes. Le plan, Planc. XXVIII, peut en donner l'intelligence. La partie en avant est celle marquée figure premiere; elle n'a jamais été terminée, et l'on y voit encore en bossage ce qui était destiné à être sculpté en bas-relief; derriere, à gauche, marqué dans le plan fig. 3, est la ruine du petit palais, dont la vue est faite à part, Planc. XXI, No. 1; à droite est le temple, figure 2; le grand monument qui est sous la montagne est celui qui dans le plan est marqué figure 4; une partie du village de Médinet-Abou est bâtie sur le comble de la partie h de ce temple.

No. 2.—Le Memnonium, le même monument que j'ai déjà décrit, Planche XVII; cette vue-ci a été faite à la partie opposée.

Planche XXI.

No. 1.—Le petit palais qui est près du grand temple de Médinet-Abou; c'est le seul monument qui évidemment ne soit pas un temple, et cependant il y était encore contigu; il a un étage, des fenêtres, de petites portes, un escalier, des balcons aussi solidement construits que les édifices sacrés; il est également couvert de bas-reliefs: les circonstances ne m'ont jamais laissé la liberté de les dessiner; les soubassemens à porter les balcons sont fort extraordinaires, et les seuls que j'aie vus de cette espece; c'est la même pensée que celle des cariatides: une autre singularité sont des paremens crénelés, que l'on voit au milieu de l'estampe, que je n'ai retrouvés nulle part ailleurs, et dont je n'ai pu sur les lieux imaginer l'usage. On m'a dit depuis que parmi les bas-reliefs il y en a qui représentent des scenes licencieuses; ils m'ont échappé: lorsqu'on aborde des monumens d'une antiquité aussi extraordinaire et d'une forme si particuliere, on éprouve une telle préoccupation, une curiosité si agitée, qu'on regarde sans voir, et que pour le plus souvent on les quitte avec autant d'inquiétude et de regrets que d'enthousiasme.

No. 2.—Vue générale de Thebes, prise du sud-est au nord-ouest, à la rive droite du fleuve, d'où l'on aperçoit tous les monumens de cette ville, excepté celui du village de Damhout; à commencer à droite, où on voit six oiseaux, le village de Karnak, avec ses ruines; au milieu, sur une espece de promontoire formé par un coude du fleuve, celui de Luxor; immédiatement après sur le troisieme plan, et à l'autre rive du fleuve, Kournou; en suivant, sur la même ligne, le Memnonium, les deux statues colossales, et Médinet-Abou, le tout couronné par les montagnes de la chaîne Libyque: l'endroit où l'on aperçoit deux oiseaux est celui où est la vallée qui conduit aux tombeaux des rois; à gauche, une île cultivée, et au milieu, sur le premier plan, de ces îles basses sur lesquelles on voit souvent les crocodiles; cette vue, qui se trouve être une espece de carte topographique de quatre lieues carrées, outre l'extrême intérêt de ses monumens, offre un aspect pittoresque par ses formes, par le mouvement du sol, et par la variété de ses couleurs.

Planche XXII.

Vue du temple de Luxor, et du quai bâti pour le défendre des invasions du fleuve; j'y ai joint l'aspect d'un tourbillon de poussière, comme je l'ai vu dans le moment où je finissais mon dessin. Ce phénomene, particulier à ces contrées, offrirait à la peinture une couleur et des effets nouveaux: tout ce qui est ordinairement diaphane, comme le ciel et l'eau, prend une teinte terne et opaque; tous les corps solides et durs se refletent du peu de rayons

qui

qui traversent la poussiere, paraissent brillans, et offrent l'image de la transparence ; l'atmosphere, empreinte d'une teinte jaune, décompose le verd des arbres, les fait paraître bleus, met ainsi en confusion l'ordre connu de la nature, et en change tous les effets. C'est ordinairement dans le temps du kamsin que ces phénomenes ont lieu. Privé du secours de la couleur, la gravure ne peut qu'en indiquer très-imparfaitement le résultat. Ce que l'on voit du monument en est la partie sud. *(Voyez le plan, Planche XXIII.)*

Planche XXIII.

Plan du temple de Luxor.

On est étonné d'abord de voir la ligne centrale de cet édifice faussée à plusieurs reprises: on peut trouver trois causes à cet effet; la premiere, c'est que, construit à diverses époques, comme presque tous les temples d'Egypte, on a bâti d'abord la partie du sanctuaire, qui est au sud, lettre T, agrandie des parties R, X, Y; on aura fait le quai revêtu, pour empêcher que le courant, qui appuyait sur la droite, ne vint dégrader le monument; on a même à plusieurs fois augmenté cette construction; car l'épaulement, bâti en brique, est postérieur au quai revêtu ; et, malgré ces différentes précautions, le fleuve menace encore de tourner ces opérations, et de les détruire en les prenant au revers ; la cour M, les galeries NN, et l'avenue de colonnes colossales L, construites ensuite, ont changé de direction, parce qu'on a été obligé de suivre le plateau élevé, et le rocher calcaire, qui pouvait seul servir de fondement à des masses si lourdes ; il est possible aussi que ces parties L, M, N, n'aient été faites que pour raccorder et unir les deux édifices C, E, G, à O, R, T, et Y : ce qui appuyerait cette derniere opinion, c'est que ces deux parties paraissent plus anciennes, soit par le style, soit par la couleur des pierres; la troisieme opinion, qui est sans doute la plus hypothétique, est que les Egyptiens, ayant toujours paru sacrifier la rectitude géométrique à la symétrie réguliere, ont pu préférer les effets de perspective: ce qu'il y a de certain, c'est que l'étendue de ces édifices empêche d'en distinguer d'abord les irrégularités du plan, et que le faussement de la ligne centrale produit des effets plus riches et plus piquans que le seul point de vue géométrale ; que, ne tenant point aux petites considérations, les Egyptiens n'ont tendu qu'aux grands effets. On peut citer pour exemple la principale porte de ce monument, planche XXV; il n'y a pas de plus belle conception architecturale, composée de moins de lignes, et qui produisent un effet plus grand ; et cependant les deux obélisques AA ne sont pas absolument égaux ; les deux statues BB ne sont pas tout-à-fait les mêmes ; les sculptures qui couvrent les môles DD ne sont pas symétriques : mais tout cela est trop grand, trop magnifique pour qu'on ose chercher à quereller sur des regles ; on est étonné, et l'on admire. Ce qui par la réflexion doit surprendre encore, c'est qu'on ait su ajouter, d'une maniere si *grandiose*, des embellissemens à des édifices déjà anciens. A la comparaison du travail et au style de la sculpture il est évident que les obélisques et les statues ont été ajoutés postérieurement devant la porte déjà anciennement bâtie ; il y a toute probabilité qu'une avenue de sphynx arrivait du temple de Karnak jusqu'à cette porte ; j'ai suivi cette allée dans cette direction, à plus de la moitié de l'espace qu'il y a entre ces deux monumens, qui est au moins d'un mille de chemin. De pareilles constructions semblent des rêves ou des contes de géants. La partie E, la plus voisine des môles, sert encore aujourd'hui de mosquée au village de Luxor, et en fait la plus belle mosquée de la Haute-Egypte. La partie F, parallele à celle E, était sans doute symétrique ; elle est détruite, et couverte d'habitations ;

G, H,

G, H, I, était un sanctuaire particulier, dédié, suivant toute apparence, à quelque divinité particuliere, comme chez nous on voit la chapelle de S. Thomas dans l'église de S. Jean. La partie P a servi à une église catholique; il n'en reste que des niches cintrées, taillées dans l'ancienne construction. Les couloirs Q ne me semblent avoir été conservés que pour y établir des escaliers pour monter sur les combles, où je crois qu'il y avait des tentes et des abris qui devenaient agréables à habiter à cause de la vue et de l'air; les habitans actuels en ont senti l'avantage, et y ont construit des maisons. Il est à croire que les parties XZZ ont été les premieres entrées de ce temple, que Y et X en étaient les péristyles et portiques; le corridor V, qui tourne autour du sanctuaire, et qui l'isole, lui donne le sentiment mystérieux et sacré d'un tabernacle; les ornemens en sont très-soignés; c'est la partie la plus enrichie de sculpture, celle où l'architecture est la plus riche de détails; c'est la piece la plus petite, la plus magnifique, et celle qui a le plus de caractere; c'est le saint des saints. Les artistes Egyptiens entendaient parfaitement cette partie des plans, cette magie de l'art agissant sur l'âme par les sens, ce développement de magnificence, cet accroissement d'intérêt par le mystere d'une lumiere sourde et presque éteinte, cette progression pour ainsi dire dramatique, faite pour produire les sensations les plus profondes, les plus analogues à la religion, au gouvernement des Egyptiens, à seconder enfin l'empire du mystere. Et que l'on ose dire encore que c'était là l'enfance de l'art, quand c'est le *nec plus ultrà* de ses moyens!

Planche XXIV.

Le temple de Thebes à Luxor, vu de l'est à l'ouest; ce monument, le plus conservé de tous ceux de Thebes, est aussi un des plus considérables de l'Egypte; il contient encore une nombreuse population, logée dans des cabanes, construites ou sur le comble du monument, ou dans les embrasures des colonnes, comme les maisons d'été et les maisons d'hiver des habitans du Kamtchatka; au reste c'est la ruine de Thebes dont on a tiré le plus de parti sans l'endommager, et qui offre l'aspect le plus singulier dans son intérieur, par le mélange et l'opposition de tout ce que l'architecture a de plus fastueux, et tout ce que l'industrie humaine a de plus misérable.

On peut se rendre compte des détails de ce monument en jetant un coup d'œil sur le plan, Planche XXIII: ce beau développement de la même ruine, la plus riche, la plus imposante, la plus conservée, que nous aient laissée les siecles les plus reculés, se détache sur le fond de paysage le plus brillant d'effet et le plus favorable à la peinture; le devant est aride, d'un jaune tranquille, sur lequel les groupes des figures se détachent d'une maniere puissante; la couleur dorée de cette noble architecture, ses belles formes, ses larges ombres, ses grandes lignes interrompues par ces pittoresques constructions Arabes, ce beau fleuve réfléchissant l'azur du plus beau ciel, animé du mouvement des barques à grandes voiles, circulant à travers des îles cultivées ou sablonneuses, au-delà une plaine verte et abondante, parsemée de groupes d'arbres et des plus imposans monumens, enfin l'horison sur lequel se découpe une chaîne de montagnes de la plus belle forme: tel est le sublime tableau que je n'ai pu rendre par une gravure, mais auquel la couleur d'un savant pinceau joindrait tout le charme de la nature et de l'art aux richesses des souvenirs de l'imagination.

Planche XXV.

L'entrée du village de Luxor: quel mélange de mesquinerie et de magnificence; quelle échelle des siecles pour l'Egypte! quelle grandeur et quelle simplicité dans ce seul détail!

il me parut tout à la fois le tableau le plus pittoresque et la piece comparative la plus probante de l'histoire des temps ; jamais mon imagination et mes yeux n'ont été plus vivement frappés que par la vue de ce monument. Je suis venu plusieurs fois rêver à cette place, y jouir du passé, du présent, y comparer les fabriques pour en pouvoir comparer les habitans, et y entasser des volumes de souvenirs et de réflexions : le cheikh du village, m'abordant une fois dans cette préoccupation, me demanda si c'étaient les Français ou les Anglais qui avaient élevé tout cela ; et cette note acheva mes mémoires. Les deux obélisques, de granit rose, ont encore 70 pieds hors du sol : à en juger par l'enfouissement des figures, il doit y avoir 30 pieds de recouverts, ce qui en donnerait 100 à ces monumens ; leur conservation est parfaite ; l'arrête et le fuselé en sont d'une pureté on peut dire inouie ; les hiéroglyphes, profonds et en relief dans le fond, sont d'une touche franche et d'un fini précieux : quelle trempe pour les outils d'une pareille sculpture sur une telle matiere ! que de temps pour le travail ! quelles machines pour tirer de si énormes blocs de la carriere, pour les transporter, pour les dresser ! tout faits, ils coûteraient des millions pour les changer de place. Les deux colosses du même granit sont dégradés, mais les parties conservées annoncent qu'elles ont été terminées de la maniere la plus soignée: on y peut remarquer que l'usage de percer les oreilles était connu des Egyptiens ; celles de ces figures en ont l'empreinte. Les deux grands môles que formaient la porte sont couverts de sculptures, représentant des combats avec des chariots en lignes, montés de deux chevaux et d'un seul conducteur.

Tout le reste de ce que l'on voit dans l'estampe sont des fabriques modernes. Entre les deux môles est la porte moderne du village, et derriere cette porte les principales maisons, surmontées de colombiers.

Planche XXVI.

No. 1.—Une vue de Karnak et Luxor, prise de la rive gauche du Nil, à la premiere pointe du jour.

A ma seconde traversée de Thebes, bivouacquant dans l'enceinte de cette ville, sans pouvoir approcher d'aucun de ses monumens, ne sachant pas si j'y reviendrais jamais, je fis ce dessin de désespoir ; c'est sur les îles basses, comme celle qui est dans cette vue, que l'on voit le plus souvent les crocodiles.

No. 2.—Une vue du village de Luxor et de ses monumens, prise de l'ouest à l'est, comme il apparaît en traversant le fleuve, et comme les voyageurs l'ont aperçu lorsqu'ils n'ont pas eu la liberté d'y descendre.

Planche XXVII.

No. 1.—Plan du temple de Karnak, le plus grand monument de l'Egypte.

Nayant jamais été dans le cas de pouvoir en mesurer les détails, j'en ai fait sur les lieux une image pour pouvoir m'en rendre compte, en garder le souvenir et aider la description, qui paraît encore fantastique à ceux même qui se sont trouvés à portée de s'assurer de l'existence d'une aussi vaste conception : situé à trois à quatre cents toises des bords du Nil, sa principale entrée est dirigée de l'ouest à l'est ; deux grands colosses, dont il ne reste que les piédestaux, étaient placés en avant de la porte, flanquée de deux môles énormes ; ces derniers, n'ont jamais été terminés : les Egyptiens commençaient par élever des masses, dans lesquelles ils dressaient leurs lignes architecturales ; ils travaillaient ensuite leurs hiéroglyphes par le procédé que nous employons pour dégrossir, et terminer une statue colossale composée de plusieurs quartiers de pierre ou de marbre. Derriere ces deux môles est une vaste cour, qu'une avenue de colonnes, B, partage en deux parties ; il n'y a plus

qu'une

qu'une de ces colonnes debout : dans la cour à gauche une galerie couverte, C, avec de petits logemens ou cellules ; à droite, D, un édifice particulier, qui ressemblerait plus à un palais que toutes les autres parties de l'édifice, ayant une porte à part, une cour intérieure décorée d'une galerie, derriere laquelle sont une suite de chambres, et une galerie latérale conduisant au grand portique ; au bout de la galerie B, deux autres môles EE, moins grands que les premiers, précédés aussi de deux colosses en granit ; on en voit encore les torses renversés : ces seconds môles, qui ont été terminés, se sont écrasés sous leurs masses ; c'est derriere cette seconde entrée qu'est le portique le plus vaste, le monument le plus extraordinaire de la magnificence Egyptienne : une avenue de vingt colonnes, F, de 11 pieds de diametre, deux quinconces, GG, de quarante colonnes chacun, de 7 pieds de diametre, portant architrave, plate-bande et plafond. On est plus que surpris de si énormes magnificences, on est humilié de la comparaison de nos édifices avec ceux-ci : tout ce portique est encore debout ; le terrain a cédé dans quelques parties, et a fait gauchir l'à-plomb de quelques colonnes, ce qui a ouvert le plafond dans plusieurs endroits ; le comble de ces espaces couvert devait servir de terrasse et de promenoir lorsque le soleil n'était plus sur l'horizon. L'avenue, de colonnes plus grandes, avait aussi sa plate-forme ; le tambour produit par son élévation était latéralement décoré d'un attique en pilastre, surmonté de claires-voies en pierre, qui donnaient de l'air et un jour mystérieux à cette forêt de colonnes ; cette avenue était terminée par une troisieme porte, qui est absolument en ruine ; de droite et de gauche sont des chambres fort embarrassées de décombres, et dont la distribution embrouillée exigeait des recherches embarrassantes. Vis-à-vis, K, sont quatre obélisques de granit parfaitement travaillés ; deux grands d'abord, deux moins grands après ; et tous quatre moins couverts d'hiéroglyphes que ceux de Luxor : il y en a encore trois debout ; le quatrieme, renversé, a été morcelé pour faire des meules. Ces monumens si simples, si purs, si précieux dans leur exécution, la plus parfaite et la plus élégante production de l'architecture Egyptienne, celle dont l'exécution prononce tout à la fois et sur la solidité de leur goût et sur la hardiesse de leur entreprise, celle que tous les arts perfectionnés pouvaient seuls exécuter, transporter et dresser, étaient ici prodigués pour décorer l'entrée du petit sanctuaire, pour lequel il semble que tout le reste de cet immense édifice ait été bâti ; ce qui produit un contraste qui est peut-être encore une magie de l'art, celle de frapper l'âme de respect pour la sainteté du tabernacle qui occupe le centre de tous ces édifices : ce saint des saints est construit entierement en granit, couvert de petits hiéroglyphes représentant toujours des offrandes au même dieu, qui est celui de l'abondance et de la régénération, divinité dont on trouve l'image répétée dans toutes les parties du temple avec les mêmes attributs toujours aussi prononcés. Le plafond est peint en bleu semé d'étoiles jaunes ; la porte de ce sanctuaire, I, est précédée d'une autre porte dont les chambranles sont formés de trois tiges de lotus terminées par leurs fleurs, ce que l'on a pris pour des colonnes accouplées avec leurs chapiteaux. De chaque côté du sanctuaire il y a de petits appartemens, LL, et derriere sont d'autres pieces, MM, devant lesquelles sont des portiques en colonnes, NN, qui donnent sur une immense cour, O, bordée de galeries, PP, et terminée par une autre qui est ouverte, Q, portée par des colonnes et des pilastres avec chapiteaux et sans chapiteaux ; la corniche, très-saillante de cette galerie, forme une espece d'auvent : une autre qui lui est parallele laisse un espace ouvert entre celle Q et une suite de cellules R : autour de tout cela est un mur de circonvallation, couvert d'hiérod'hiéroglyphes en-dedans et en-dehors : par-delà et en droite ligne est la porte de l'est, S, encore très-conservée ; toutes les lignes architecturales en sont arrêtées ; mais les ornements et les hiéroglyphes n'y sont sculptés qu'à sa partie supérieure, ce qui fait voir la marche de ces travaux : la porte du nord, U, était sans doute précédée de sphinxs, dont on ne voit plus que les substructions des socles qui les portaient ; le chemin qui y menait était pavé en larges pierres ; à la partie intérieure, il y avait des colonnes qui formaient ou une galerie couverte ou un portique : au sud-est du grand temple on trouve des ruines éparses, des cippes, des statues brisées ou renversées, des arrachemens de murs annonçant des constructions de plus petite proportion : était-ce la partie des habitations des rois, des grands, des prêtres ? En revenant à l'ouest, on trouve de grands môles éboulés, entre lesquels sont des portes ruinées ; en-dedans et en-dehors il y a encore des torses de figures colossales en marbre blanc et en grès rouge ; des galeries détruites, formaient une cour terminée par d'autres môles décorés de même ; la porte qui unissait ceux-ci est tombée ; les chambranles qui sont restés en place sont en granit couvert d'hiéroglyphes d'une exécution extraordinaire pour la franchise de la taille et le fini précieux des figures. Les Egyptiens avaient sans doute quelque trempe particuliere pour les outils avec lesquels ils travaillaient le granit. Une autre cour, Z, menait à un sanctuaire ; cette partie est tellement détruite que le plan en est effacé : l'extérieur de ce monument était précédé d'une de ces célebres allées de sphinxs ; ceux-ci étaient à tête de taureau, ils arrivaient à un embranchement d'une autre allée b, de sphinxs à tête humaine : cette seconde allée venait couper la grande avenue, d, qui, depuis le temple de Luxor, à un mille de là, venait aboutir à la porte du sud, d ; ceux-ci étaient à tête de bélier, tenant entre les pattes de devant de petits sanctuaires où sont des figures d'Isis ; les corps tronqués de ces sphinxs, sur leurs piedestaux enfouis, mêlés à des palmiers, offrent encore un aspect auguste et imposant ; l'espace qui est entre la porte et ces môles était encore garni de sphinxs ; il n'en reste que quelques-uns : ces deux môles précedent un portique ouvert de vingt-huit colonnes, qui formait une cour intérieure d'un style plus grave encore que tout ce que nous avons décrit, un péristyle et un sanctuaire plus mystérieux que tout ce que nous avons rencontré, une enceinte dans une enceinte ; tout à côté, L, un autre temple ; *m m m*, une enceinte générale, dont la ruine forme une petite chaîne de montagnes enfermant deux lacs XX, et d'autres ruines sans formes. On est fatigué de décrire, on est fatigué de lire, on est épouvanté de la pensée d'une telle conception ; on ne peut croire, même après l'avoir vu, à la réalité de l'existence de tant de constructions réunies sur un même point, à leur dimension, à la constance obstinée qu'a exigée leur fabrication, aux dépenses incalculables de tant de somptuosité.

No. 2.—Plan du Memnonium, qui était un temple ou un palais. Lettre A, un môle, dont un pareil détruit formait la premiere entrée de l'édifice : B, la statue la plus colossale de l'Egypte *(Voyez sa Ruine, Planche XVII.)*; elle avait 75 pieds de proportion ; on en voit encore le torse et les cuisses ; il y a sur le bras une inscription hiéroglyphique : il est probable que c'était là la statue de Memnon, puisqu'elle se trouve devant l'édifice qu'Hérodote et Strabon ont indiqué comme étant le Memnonium, puisque l'on a mis une grande volonté à la renverser ; ce qui suppose un projet de découvrir un mystere célebre, ou détruire un objet de culte, et parcequ'elle est seule au lieu des deux *(Planche XIX.)*, de l'une desquelles on s'est obstiné à faire la statue de Memnon. La lettre C est un second môle, qui, avec un autre aussi détruit, formait une seconde entrée à une à une cour bordée d'une galerie de colonnes et de pilastres, devant lesquels étaient des figures de prêtres ou divinités : les deux points carrés marquent la place de deux statues en granit noir d'un travail recherché ; elles sont renversées et brisées : les détails apportés auraient pu donner une idée de la perfection de la sculpture Egyptienne. La lettre E était sans doute un portique comme celui du temple de Karnak ; les parties F, G, sont dans un état de destruction à ne pouvoir donner aucune idée de ce que pouvaient être ces pieces.

Planche XXVIII.

No. 1.—Plans des monumens de Médinet-Abou, dans leurs situations et à leurs distances respectives ; celui figure premiere n'a jamais été terminé ; la cour B devait-elle être entourée de colonnes engagées comme on en voit à la partie D ? devait-elle former un temple à la maniere de celui de Philée ? ou ces six colonnes devaient-elles former un portique devant les deux môles qui flanquaient la porte ? c'est ce qu'il est difficile de résoudre ; les deux autres môles F, F, sont plus anciens et presque en ruine.

Le temple, figure 2, est entouré d'une galerie de pilastres ; ses chambres sont très-obscures, et son sanctuaire absolument privé de lumiere.

Le plan, figure 3, est celui dont la vue est donnée Planche XXI, No. 2.

Figure 4. Plan d'un grand édifice, dont il est bien difficile d'assigner l'usage, et dont une grande partie h est enfouie, et couverte de maisons actuellement habitées ; les deux galeries de la cour T sont portées, l'une sur des colonnes, l'autre par des pilastres ; la cour Z est bordée de deux côtés par les pilastres devant lesquels sont des termes ; la catholicité avait élevé dans cette cour une église, dont il n'y a plus que les colonnes qui soutenaient la nef. Les pieces, e. f, g, sont absolument obscures ; la derniere a un soubassement creux ; tout l'extérieur du mur, marqué J, est couvert de bas-reliefs historiques, représentant des batailles entre des Egyptiens et des nations étrangeres, coiffées d'especes de mitres, comme les anciens Perses.

No. 2.—Plan du temple d'Apollinopolis magna.

Deux grands môles de formes pyramidales, réunis par une grande porte A, dont les battants venaient poser sur les dormants du tambour B ; les battants de ces portes avaient environ 45 à 50 pieds d'élévation, et roulaient sur des gonds dont on ne voit plus que l'entaille dans laquelle ils étaient fixés : en dehors il est resté deux pierres saillantes, sous lesquelles il est à croire que venaient appuyer deux statues en forme de cariatides, dans le genre de celles que l'on voit à la porte du Muséum Clementinum ; à côté sont deux niches LL, longues et étroites, devant lesquelles étaient sans doute des obélisques, tels que j'en ai vu deux dans la même situation à côté de la porte du môle du principal temple de Philée.

La distribution intérieure de ces deux môles les partageait également en trois parties ; II, le tambour d'un escalier tournant, de foulées douces, qui amene à des paliers qui donnent d'espace en espace dans deux tristes chambres, H et K, dont il est bien difficile d'imaginer l'usage, sinon pour éclairer et aérer l'escalier, alléger la masse de l'édifice, et empêcher que, comme à Thebes, il ne s'écrasât de son propre poids : ces escaliers aboutissent à deux plates-formes, qui pouvaient servir d'observatoires ou de vedettes militaires pour éclairer tout le pays. La cour C est entourée de trois côtés d'une galerie, faisant terrasse F, portée par des colonnes d'un diametre et d'une élévation moindres que celles du portique D, et qui semblent en rehausser la majesté ; cette belle cour est encombrée de méchants petits habitacles, qui écroulent et se rebâtissent depuis bien des siecles,

siecles, exhaussent le sol, ont déjà enfoui les belles colonnes du portique jusqu'aux deux tiers de leur hauteur, et ferment actuellement jusqu'à la cymaise la porte qui entrait dans les différentes pieces de la partie E de la nef du temple; cette partie de l'édifice sert dans ce moment-ci de magasins à ceux qui ont leur maison sur le comble : un mur de circonvallation forme un couloir G, qui termine à deux fausses portes; ce mur, moins élevé et tout aussi couvert de sculptures que le reste de l'édifice, semble être pour sa décoration extérieure un magnifique soubassement; ce mur d'enceinte est terminé par une corniche, et couvert d'hiéroglyphes en-dedans comme en-dehors : enfin ce monument, qui a plus de 500 pieds de longueur, construit avec un grès qui a l'égalité et presque la finesse du marbre, est couvert d'hiéroglyphes, sculptés d'une maniere si ferme et si précieuse, que le travail a plutôt l'air d'être coulé en bronze et ciselé que d'être sculpté.

Planche XXIX.

Cette planche contient le plan et deux vues du temple d'Hermontis, à présent Ermente; la premiere, No. 1, est une vue latérale, prise d'un bassin antique, qui reçoit l'eau du Nil au temps de l'inondation, et la retient encore malgré l'état de destruction où il est arrivé; quatre escaliers descendent dans ce bassin; c'était sans doute au milieu qu'était le nilometre dont parle Aristide le sophiste; il ne reste rien de la colonne où on dit qu'étaient marqués les degrés de l'inondation; au-dessus de ce bassin est un escalier à découvert et très-bien conservé, dont les marches sont très-basses, et taillées dans un bloc de grès énorme; cet escalier montait à une plate-forme dont on voit encore de chaque côté quelque arrachement de revêtissement. Suivant toute apparence, cette plate-forme servait de terrasse au temple qui est derriere; le sanctuaire en est complétement

conservé; ce que l'on y avait ajouté, et qui n'a jamais été fini, a éprouvé plus de destruction : ce qui est à gauche, près de la colonne isolée, est un tombeau moderne.

No. 5.—Le plan de tout ce qui compose la vue No. 1 : ce qui n'est marqué que d'une taille est détruit jusqu'à rase du sol; la partie du portique n'a jamais été ragréée; la sculpture des chapiteaux n'a pas été terminée; et l'on ne voit que le massif dans lequel devait être pris le relief des hiéroglyphes qui devaient couvrir les panneaux de tout l'édifice : le sanctuaire, plus anciennement construit, a été complétement achevé : il était divisé en trois parties; la premiere ouvre par une porte latérale sur un escalier qui conduit au comble; la seconde piece, 4, ne reçoit de jour que par la porte, le sanctuaire, 5, en était absolument privé, et n'en reçoit maintenant que par une petite porte latérale fort basse; cette piece obscure est cependant tout aussi décorée que tout le reste; le No. 7. du plan est l'arrachement d'un mur, qui doit être ce qui reste de celui de la circonvallation; il n'y a pas à douter que dans les premiers temps on n'avait bâti que des sanctuaires, et que dans des temps postérieurs on y avait ajouté des portiques ouverts, des circonvallations, des galeries, soit pour rendre les cérémonies plus augustes, soit pour y loger des prêtres, ou peut-être les rois.

Planche XXX.

No. 1.—Vue d'un temple isolé, à un mille au-nord-ouest d'Esnê.

Cette partie du portique est la plus conservée; quelques affaissements ont cependant apporté des changements au niveau des colonnes, et dérangé les plates-bandes qui formaient le plafond : les pierres que l'on voit en avant, sont les décombres d'une cour qui était devant ce portique, et qui est entierement détruite, ainsi que le sanctuaire qui était derriere; les bas-reliefs, sculptés au plafond du portique, sont

sont des tableaux astronomiques, dont le travail est fort négligé.

No. 2.—Ruines d'un des temples d'Eléphantine. Ce monument est d'un grand intérêt par sa célébrité, par sa conservation, par la beauté de ses sculptures intérieures; il occupait le centre de l'île Eléphantine, consacré à la sagesse sous le nom de Cneph; conservé presque en entier au milieu des décombres des monumens dont il était entouré, il n'a de dégradé qu'un angle de sa galerie: les deux fragmens parallèles que l'on apperçoit derrière sont deux chambranles d'une porte en granit: la statue qui est sur le second plan est celle d'un dieu, d'un prêtre ou d'un initié; elle est trop fruste pour en distinguer les attributs; elle est en granit et de 10 pieds de proportion: les pierres en avant sont les décombres d'un édifice dont les substructions vont rejoindre la fabrique du temple, et en dépendaient suivant toute apparence: cent toises en avant de cette vue, et jusque sur le bord du Nil, tout l'espace est couvert de débris de fabriques dégradées et presque sans formes.

Planche XXXI.

No. 1.—Vue du portique du temple de Latopolis à Esnê, prise telle que nous l'avons trouvé la première fois que nous sommes arrivés à Esnê, c'est-à-dire encombré d'ordures, et des plus méchantes fabriques, qui semblaient être là pour rehausser la magnificence de cet édifice, que je crois le plus parfait de proportion, et le plus pur d'exécution de tous les temples d'Egypte, un des plus beaux monumens de l'antiquité. *(Voyez le Plan et la Vue géométrale, Planche XXXII.)* Pour donner le type de l'architecture Egyptienne il faudrait mesurer avec la plus grande exactitude toutes les parties de ce temple, leur rapport, l'appareil des pierres, et les détails des ornemens dont elles sont toutes couvertes, les variétés des chapiteaux, la beauté de leur exécution, tous les tableaux scientifiques et mystérieux qui tapissent l'extérieur et l'intérieur de ce monument: toutes les fois que les circonstances m'ont amené à Esnê, j'ai occupé tout le temps que l'armée y a séjourné, à dessiner quelques parties de ce seul reste de l'antique Latopolis. *(Voyez divers Chapiteaux, Planches XLIV, Nos. 1, 3, 7, 8, 9, 10, 11, et 12.)*

Ce beau portique décore actuellement la principale place d'Esnê: cet embellissement, dû aux soins du général Belliard, est peut-être le seul monument que nous aurons laissé dans la Haute-Egypte; et il s'est opéré en déblayant ce fragment des masures qui le couvraient et le masquaient, et en construisant de droite et de gauche des boutiques qui forment un beau bazard: j'ai vu les habitans, charmés de ce projet contribuer avec plaisir à la dépense de son exécution.

No. 2. Contra-Latopolis.

Vue de la ruine d'un temple bâti vis-à-vis Latopolis, à la rive orientale du Nil; c'est un des monumens les plus frustes de l'Egypte, c'est le seul portique où j'ai vu ensemble des chapiteaux à tête d'Isis, comme à Tintyra, et des chapiteaux évasés.

Planche XXXII.

No. 1.—Vue géométrale du portique du temple de Latopolis, déblayé de tout ce qui empêchait de le voir lorsque nous sommes arrivés à Esnê. *(Voyez la description de ce portique à l'Explication du No. 1 de la Planche précédente.)*

No. 2.—Le plan du beau portique de Latopolis, qui précédait sans doute une suite de pièces qui composaient le temple: lorsque je l'ai mesuré, il n'était point encore déblayé, et je n'ai pu savoir si le portique communiquait au reste par une ou trois portes, et quelle était la largeur de leur ouverture, ce qui m'a empêché de rien marquer sur le plan; toute la partie de derrière est détruite, autant que

j'ai

j'ai pu en juger dans l'état d'enfouissement où à mon départ était encore ce monument.

PLANCHE XXXIII.

No. 1.—Vue d'Etfu, du sud au nord. Cette vue générale, ainsi que celle No. 2, présente l'aspect imposant de ce grand édifice, et de l'effet qu'il fait dans l'espace, comparé avec les édifices modernes, avec tout un village, avec les montagnes, avec toute la nature environnante. On ne peut juger d'un tel objet avec de telles comparaisons; dès que l'on est tout auprès on n'a plus d'échelles, un fragment devient un monument, et il perd sa majesté parce qu'on n'en distingue pas la forme. J'ai toujours pensé que les voyageurs ne pouvaient trop s'occuper de cette distinction, pour donner une idée juste de ce qu'ils veulent faire connaître, et qu'avant de s'approcher de l'objet et d'en attaquer les détails, ils doivent toujours en présenter la vue générale, qui tienne lieu de carte topographique du pays. Le No. 1 contient, sur le premier plan, le typhonium. Ce village d'Etfu, le temple d'Apollinopolis Magna, du côté de l'entrée, son portique, et son sanctuaire, son mur de circonvallation, dont on se rendra compte en voyant le plan, Planche XXVIII; derriere est le Nil, et la vallée, bordée à l'est par la chaîne Arabique.

No. 2.—La vue du même temple, du nord au sud; sur le devant la grande route qui amene d'Esné à Etfu, bordée de tombeaux modernes; le temple tout couvert d'hiéroglyphes, les fabriques modernes qui couvrent encore le comble du sanctuaire et du portique; de droite et de gauche, le village d'Etfu, la chaîne Libyque; et dans le ciel une volée de cicognes, dont le pays abonde.

PLANCHE XXXIV.

Vue de l'intérieur du grand temple d'Apollinopolis, prise de dessous le portique entre les deux premieres colonnes de gauche. (*Voyez le plan, Planche XXVIII, lettre* D.) Cette vue donne une idée de l'intérieur de ce monument, de sa magnificence, de la recherche de son exécution, de ses plates-bandes et de ses architraves, de la beauté et de la variété des chapiteaux, des colonnes, de leurs atterrissemens, l'ouvrage des siecles, et qui sont produits par de chétives fabriques construites et détruites successivement sur le comble du temple, et dans la cour qui est entre le portique et la porte d'entrée, qui forme le second plan de cette vue; dans le fond sont les ruines de l'ancienne ville, qui recouvertes de sables forment maintenant des monticules qui dominent le temple à l'ouest.

PLANCHE XXXV.

Vue d'Apollinopolis magna à Etfu, prise de l'ouest à l'est de ce temple sur des hauteurs qui le dominent, et d'où on voit tout à la fois son développement extérieur et quelques parties de son intérieur. J'ai fait un voyage de plus de cinquante lieues dans la seule pensée d'ajouter ce dessin à ma collection, d'achever de faire connaître ce superbe édifice; et cependant, arrivé à Etfu, je fus au moment d'en repartir sans avoir pu le dessiner, par l'impossibilité de supporter l'ardeur du soleil auquel il fallait que je fusse exposé pour faire cette vue. Je dois à l'intelligence du citoyen Baltard d'avoir rendu l'esquisse très-imparfaite, que j'avais faite comme j'avais pu, tourmenté par les éblouissemens que mes yeux éprouvaient de la vivacité du jour, et ceux que mon sang en ébullition me causait à chaque instant : cette estampe est une des nombreuses obligations que j'ai au cit. Baltard, qui s'est prêté à l'exécution de mon ouvrage avec une exactitude, un zele, et une amitié, qui ont égalé le talent qu'il lui était si facile d'y mettre. Dans le développement de ce grand monument on peut remarquer à droite la porte d'entrée; entre les deux grands

grands môles deux pierres avançant sur le chambranle, contre lequel venaient sans doute appuyer les têtes de deux statues en forme de cariatides; les quatre niches longues devant lesquelles ont dû être les obélisques, comme je suis autorisé à le croire par la répétition des mêmes niches derriere des obélisques que j'ai trouvés à Philée; sur les parois des môles trois ordres d'hiéroglyphes, devenant toujours plus gigantesques, et finissant par avoir vingt-cinq pieds de proportion; la cour intérieure, décorée d'une galerie de colonnes, portant deux terrasses, qui aboutissent à deux portes, par lesquelles on arrive aux escaliers qui montent aux plates-formes des môles; dans la cour, les édifices modernes, qui font partie du village d'Etfu, dont on aperçoit l'autre partie au-delà du temple; le portique qui suit contient sans doute différens appartemens, et le sanctuaire du peuple enfoui, et maintenant encombré d'ordures, à l'exception de quelques vides qui servent de magasins aux maisons bâties sur la plate-forme du temple; à l'arasement un mur de circonvallation, décoré en-dedans comme en-dehors d'innombrables hiéroglyphes, exécutés avec un soin recherché; tout à la partie gauche de l'estampe, les tombeaux Arabes que l'on rencontre sur la route d'Esné à Etfu, le Nil dans le troisieme plan, et tout au fond la chaîne Arabique; sur le devant le monticule de décombres, sous lequel sont les restes de l'antique ville d'Apollinopolis, et le groupe des figures, le repas frugal d'une famille d'Arabes.

Planche XXXVI.

No. 1.—Inscription qui est sur le listel du couronnement de la porte de Qouss à sa partie sud, qui était sans doute l'entrée du temple dont cette porte faisait partie: cette dédicace, postérieurement faite du temps des Ptolomées, est actuellement dans l'état où je la donne; le citoyen Parquoi, avec l'attention et le soin dont il est capable, et avec les lumieres qu'une longue étude lui ont acquises, a fait aux lettres fragmentées les restitutions ponctuées que l'on voit à la troisieme et à la quatrieme ligne, et la traduction qui suit.

Il m'a accordé les mêmes bontés pour l'inscription que j'ai rapportée de Tintyra, que l'on peut voir dans le journal, page 283.

No. 2.—Vue pittoresque du village de Qouss, et du monument que l'on voit au milieu de la place, le seul reste de la ville antique d'Apollinopolis parva; le contraste de la gravité de ce seul fragment avec tous les édifices Arabes dont il est environné est encore plus frappant dans la vérité que dans la gravure: si l'on fouillait en avant de cette ruine, on trouverait sûrement les restes du temple dont cette porte faisait partie; l'exhaussement de cette place a été la suite des constructions, ruines, et reconstructions de méchantes barraques Arabes faites sur les combles des antiques édifices, pour se loger d'une maniere plus assurée. Ce que l'on voit au-dessus du listel de cette porte est encore un reste de mur de ces especes de fabriques. Le squelette de chameau qui est en avant rappelle un usage établi en Orient de ne point traîner hors des villes et des villages les corps des animaux qui y meurent, d'en laisser infecter les habitations jusqu'à ce que les corbeaux, les vautours, ou les chiens, auxquels les habitans ne donnent aucune autre nourriture, les délivrent de l'odeur infecte de ces cadavres hideux.

Planche XXXVII.

No. 1.—Vue d'Eléphantine, prise du pied des rochers, sur lesquels sont perchées les ruines de l'ancienne ville fortifiée des Arabes au temps des kalifes, où l'on voit encore des inscriptions Egyptiennes sur les mamelons de granit qui servaient de base à cette ville; à gauche de l'estampe le profil de l'île Eléphantine, les rochers et les revêtissemens antiques qui

qui défendent la partie sud des efforts du courant du Nil, et du poids de la masse de ses eaux au temps de l'inondation ; des mamelons de granit couverts d'hiéroglyphes ; une portion de quai, portant les restes d'une galerie ouverte donnant sur le fleuve ; au niveau des eaux du fleuve une porte ouvrant sur un escalier en granit, qui a pu servir de nilometre ; au-dessus une suite de ruines de monumens Egyptiens, composés de couloirs ; de petites chambres ornées de sculptures hiéroglyphiques très-soignées ; cette continuité de ruines semble aller joindre et arriver aux fabriques qui environnaient un temple. Tout-à-fait à droite de l'estampe, parmi les palmiers, une chaîne à pot pour monter l'eau, posée sur une construction contre laquelle est incrusté un bas-relief en marbre blanc, ouvrage Romain, représentant la figure du Nil dans la même attitude de celle de la statue de ce fleuve qui est au Belvédere à Rome.

No. 2.—Vue de la ruine d'un temple de l'île Eléphantine, prise à l'angle sud-est, d'où on voit la portion de galerie qui entourait le temple.

PLANCHE XXXVIII.

Plan de l'île de Philée, située au-delà des cataractes du Nil, à un coude de fleuve, gisant dans sa longueur du nord-ouest au sud-est ; elle a à-peu-près 800 toises de long sur 120 de large ; elle est presque toute couverte des plus fastueux monumens de divers siecles ; le sud-ouest de sa partie supérieure est occupé par un beau rocher très-pittoresque, dont l'aspect âpre et sauvage semble ajouter à sa magnificence, et faire valoir les belles lignes régulieres de l'architecture des temples qui l'avoisinent.

Le courant du fleuve, venant frapper jusqu'au pied du rocher, lettre &, a dispensé de faire un quai dans cette partie : au moment où manque le rocher, commence un quai re-vêtu Z, d'environ 36 pieds de haut, décoré d'un tore, au-dessus duquel s'eleve un parapet à hauteur d'appui ; sur ce parapet s'élevent deux petits obélisques de grès, sans hiéroglyphes, et d'un travail médiocre ; il n'y en a plus qu'un debout.

Le quai continue en talus, à la partie nord de l'île, avec des poternes (No. 28) qui ouvrent et embarquent sur le fleuve : ce fut par où passerent les habitans lorsqu'ils se sauverent, et nous abandonnerent l'île. (Voyez le Journal, page 217) : No. 27 est une rampe qui amenait du fleuve à une porte ; le mur se prolongeait jusqu'à une autre porte, où il reprend, et va se perdre en ruine ; c'est-là tout ce qui reste de la circonvallation Egyptienne. Les deux portes sont belles et bien conservées.

Le No. 3 est un temple périptere ; les colonnes engagées jusqu'au tiers, les chapiteaux à gobelet surmontés d'une tête d'Isis. (Voyez Planche XLIV, No. 7), portant une architrave et une corniche sans couverture, et fermant de deux portes sans sommiers. No. 4, une galerie de 250 pieds de longueur ; cette galerie était en colonnes assez bien sculptées, à chapiteaux évasés, surmontés d'un dé, d'une architrave, et d'une gorge ; il y a des différences à presque tous les chapiteaux : cette partie de l'édifice était moins ancienne que le temple, mais plus que celle qui lui est parallele, No. 5, et qui, je crois, n'a jamais été achevée de construire, quoiqu'elle soit plus en ruine que la premiere ; elles servaient de corridor à nombre de cellules, No. 6, que l'on peut croire avoir été des chambres de prêtres.

Le No. 10 sont deux pieces formant un édifice à part, un sanctuaire des plus anciens, et sans doute révérés, car il paraît que c'est pour épargner son existence que l'on a gauchi toutes les lignes du plan général ; les sculptures sont en bas-reliefs précieusement sculptés.

Le

Le No. 9 sont deux grands môles en talus, de 47 pieds de large chacun et 22 pieds d'épaisseur, qui flanquent une grande et magnifique porte.

Ils sont bordés aux angles par un tore, et surmontés d'une gorge; les panneaux, couverts de deux rangs d'hiéroglyphes gigantesques, représentant cinq grandes divinités ; au bas, de grandes figures, tenant d'une main une hache levée, et de l'autre les cheveux d'un groupe de trente figures à genoux implorant leur clémence ; au revers de cet édifice quatre figures de prêtres, portant un bateau, dans lequel est un emblême pareil à celui qui est dans le bateau du bas-relief du temple d'Eléphantine ; aux deux côtés de la porte il y avait deux petits obélisques en granit, de 13 pieds d'élévation, couverts d'hiéroglyphes bien purement sculptés, et devant étaient deux sphinxs de 7 pieds de proportion ; tout cela est renversé.

Le No. 11 est une autre cour, de 80 pieds sur 45, flanquée de deux galeries en colonnes, derriere lesquelles à droite est une suite de cellules de 10 pieds de profondeur, et à gauche un édifice particulier, composé de deux portiques (No. 13 et 14), et de trois chambres de diverses grandeurs, se communiquant les unes aux autres, et s'ouvrant sur les portiques : c'est le seul que j'ai vû de ce genre ; s'il était plus éclairé, on pourrait croire que ç'aurait été un principal appartement; son exécution est très-soignée, et son effet très-pittoresque. Le No. 15 est encore un sanctuaire, plus petit que tous les autres, appuyé contre deux autres môles en talus, d'un tiers moins grands que les premiers, et servant de portail à l'édifice le plus grand et le plus régulier de tout ce groupe: la piece qui suit, No. 17 et No. 18, est une espece de portique, décoré de dix colonnes et de huit pilastres de 4 pieds de diametre, aussi magnifique qu'élégant ; les colonnes et les murs couverts en tableaux hiéroglyphiques, sculptés dans le massif, perfectionnés en stucs, et peints ; le portique et deux retours couverts en plafonds en platebandes, sculptés et peints en tableau astronomique, ou en fond d'azur avec des étoiles blanches. La partie numérotée 17 est à ciel ouvert, qui produit un beau jour, et un des plus beaux effets d'architecture : un tableau exact fait avec les couleurs naturelles serait aussi imposant et aussi agréable qu'il serait neuf et curieux ; le relief de l'architecture et de la sculpture donnant des ombres aux teintes plates de la peinture, acheve ici de la faire tourner ; elle prend une harmonie et une magnificence dont je fus étonné : je ne pouvais m'arracher de cette superbe et étonnante piece, dont il faudrait dessiner tous les détails, je n'eus le temps que d'en prendre le plan. (Voyez le Journal, page 221.)

A ce portique ouvert succédait la partie fermée du temple, de 60 pieds de profondeur sur 30 de large, divisée dans sa longueur en quatre pieces communiquant par quatre portes diminuant d'ouverture; la premiere de 7-4, la seconde de 6-4, la troisieme de 5-6, la quatrieme de 4-8 ; un coup d'œil sur le plan donne une idée plus nette qu'une description, où la répétition des mêmes expressions distrait plutôt l'attention qu'elle n'éclaire l'imagination : il serait bien difficile d'assigner l'usage de ces diverses pieces, dont il y en a de si longues, si élevées, si étroites, si ornées, et si obscures ; dans la piece du fond est encore un autel ou un piédestal renversé, et à l'angle droit, No. 22, est une espece de tabernacle ou temple monolite, portant pour décoration la porte d'un temple de 7 pieds de hauteur sur 3 pieds de largeur, et 2 pieds 8 pouces de profondeur, d'une seule pierre de granit: on voit encore dans la pierre le creux où étaient scellés les gonds de la porte, qui avait 3 pieds de haut sur 1 pied 6 pouces de large ; dans la piece

piece latérale, à droite, il y avait en même matière un même monument, dont j'ai fait un dessin à part, No. 1, Planche XLI.

Ces tabernacles étaient sans doute destinés, ou à renfermer ce qu'il y avait de plus précieux dans les temples, comme les choses sacrées, l'or, ou les pierreries, ou peut-être le Dieu lui-même; dans ce cas ce ne pouvait être qu'un reptile ou un oiseau, et la porte aurait été une grille, pour laisser de l'air à l'animal, s'il était vivant. J'ai trouvé depuis, sur un lange de momie, qui était de temps immémorial à la bibliotheque de l'Académie Française, et qui a passé depuis à celle de l'Institut, la représentation d'un de ces petits temples, avec une porte grillée et fermée, et un autre avec la porte ouverte, un oiseau dans le temple, et un homme qui lui apporte à manger, et un troisieme, où le gardien des oiseaux les surveille pendant qu'ils prennent l'air. Cette découverte ne me paraît laisser aucun doute sur l'usage de ces sanctuaires monolites.

Après cette suite d'édifices le monument le plus considérable est un portique carré-long, No. 25, de 64 pieds de long sur 44 de large; quatre colonnes de face, et cinq sur la partie latérale; deux portes de 9 pieds sans sommiers; cet édifice, ouvert pour le ciel, n'était clos que par un soubassement, qui n'arrivait qu'à la moitié de la hauteur de la colonne; ce monument, élevé sans doute dans les derniers momens de la puissance Egyptienne, n'a jamais été fini; mais ce qui en existe atteste que l'art était arrivé alors à son dernier degré de perfection: les chapiteaux sont les plus beaux, les plus ingénieusement composés, et les mieux exécutés de tous ceux que j'ai vus en Egypte; le lotus y est enlacé avec une grâce infinie avec les volutes du chapiteau Ionique et Composite; il n'y a que deux panneaux de soubassement qui aient été achevés. Le lotus était l'ornement qui régnait par-tout dans cet édifice.

Le No. 23 est encore un sanctuaire, très-difficile à séparer de ses propres décombres et de ceux des autres édifices.

Le No. 24 est un petit sanctuaire d'une conservation parfaite; la noblesse de ses proportions fait illusion sur la petitesse de ses dimensions; il consiste en un portique décoré de deux colonnes, et un sanctuaire de 11 pieds 6 pouces de profondeur sur 8 pieds de large; les ornemens en sont très-finis et d'un goût exquis; c'est un véritable temple à antes, amphiprostyle. *(Voyez sa Frise, Planche LVI, No. 1.)*

Le No. 28 sont des parapets bastionnés, qui peuvent faire croire que toute cette île a été enceinte de murailles: il est pourtant possible que celle-ci soit de construction Romaine, comme l'est certainement la fabrique à laquelle elles viennent aboutir, lettre A, qui servait de port ou d'arrivage; les voûtes et le style Dorique de ces ruines ne laissent aucun doute que ce ne sont plus ici des constructions Egyptiennes: serait-ce une douane Romaine? une rampe en gradin, et un petit écueil vis-à-vis en font encore une petite rade pour les bateaux.

La lettre D est une muraille, décorée de pilastres Doriques, vis-à-vis desquels des bâses de colonnes annoncent qu'il y avait une galerie couverte, et derriere la muraille d'autres édifices ruinés.

Le monument de la lettre E est la ruine de l'église Grecque, avec sa nef et le chœur fermé; elle avait été construite de matériaux antiques, aux sculptures desquelles on avait ajouté des croix, des rinceaux, et autres ornemens dans le style du temps.

Le reste de l'île n'offre plus que quelques petites cultures faites dans le terrain, amassées par les alluvions du fleuve; et quelques plantations d'arbres, qui se marient admirablement bien avec les rochers, les monumens, le fleuve, et de beaux fonds, offrent à chaque instant les

les tableaux les plus variés et les plus intéressans.

Planche XXXIX.

No. 1.—Vue de l'île de Philée ; également pittoresque sous tous les aspects : j'ai cru ne pouvoir trop en répéter l'image ; celle-ci est prise de l'est à l'ouest du soleil couchant, telle que je l'ai vue pour la premiere fois ; les rochers qui sont à droite, et qui ont l'air de ruines, sont d'autres îles : dans la petite plaine qui est au-dessous, on trouve encore des monumens : il faut, pour l'intelligence des localités, consulter la carte, Planche XXXVIII, et son explication.

No. 2.—Autre vue de Philée dans le moment où les habitans, nus, et tenant en main de grands sabres, de longues piques, des fusils et des boucliers, montés sur le haut du rocher, nous déclarent la guerre : ce tableau était aussi beau par les couleurs, par les formes de la nature, que par les monumens et les groupes d'habitans qui les parcouraient.

Planche XL.

No. 1.—Vue de Philée, de l'ouest à l'est au soleil levant ; cette île est si pittoresque, que j'ai cherché à la présenter sous tous ses aspects et à tous les instans du jour.

No. 2.—Partie nord de l'île de Philée, avec le développement de tous ses monumens *(Voyez la Carte, Planche XXXVIII, et son explication)* : on peut être étonné de trouver sur la frontiere d'Ethiopie un grand nombre de monumens de cette magnificence, aussi bien conservés après tant de siecles.

Planche XLI.

No. 1.—Ruines d'un temple près Chnubis, à sept ou huit cents toises de l'enceinte de cette ville : ce petit monument situé, comme un hermitage, sur le bord du désert, a un caractere très-imposant ; un sanctuaire de la plus haute antiquité a été entouré postérieurement d'une galerie tournante, qui était terminée par deux portiques qui sont détruits. J'aurais désiré en faire plusieurs vues, car tous ses aspects étaient également nobles et pittoresques ; la nudité du sol à l'entour de ce monument ne laisse aucun doute sur l'isolement où il a été de tous les temps ; et ne doit point y faire chercher l'existence d'une ville perdue dans la nuit des temps.

No. 2.—Vue des ruines d'Ombos, capitale du nome de ce nom, bâtie dans une situation théâtrale, dominant le Nil et toute cette région de la vallée ; les débris de ses monumens sortent encore fastueusement des briques et des tessons de ses édifices particuliers : on voit à droite le mur de sa circonvallation, avec une porte qui y est encore comprise ; la seule fois que j'aie rencontré cette conservation ; les deux môles, qui servaient sans doute d'entrée à l'enceinte du grand temple que l'on voit derriere, bâtis sur un terrain mouvant, ou rapporté, avaient des fondations qui descendaient jusqu'au niveau du fleuve ; le temple, très-avantageusement situé, devait produire l'effet le plus imposant lorsqu'il était environné de tous ses accessoires ; la ruine en est encore admirable. Je ne la vis que pour avoir à regretter de ne pouvoir en faire une vue qui pût donner l'idée de sa splendeur. A gauche, sur un monticule de briques rouges, qui sont les restes de la ville antique, on aperçoit quelques fabriques, qui sont les habitations d'Arabes pasteurs, qui vivent misérablement sur les ruines fastueuses des habitations antiques. J'ai regretté de ne pouvoir chercher dans son enceinte s'il y aurait des vestiges de quelques bassins où auraient été nourris les crocodiles que l'on adorait à Ombos.

Planche XLII.

No. 1.—Vue des ruines de Chnubis, une des villes dont les restes, quoique nombreux,

donnent

donnent le moins d'idée de son plan et de la disposition de ses édifices ; elle aura sans doute été bâtie ou reconstruite à diverses époques : on y voit de très-petits monumens tout près des grands, et également soignés dans leurs détails J'ai vu deux fois Chnubis, et toutes deux de la maniere la plus incommode. *(Voyez le Journal, page 231.)*

Les ruines à droite sont de petites formes, et n'ont pu appartenir qu'à de très-petits monumens ; ce qui les termine, est un groupe de deux figures de granit accolées et renversées : l'endroit où sont les deux personnages isolés est un parapet qui entoure un bassin autour duquel était une galerie en colonnes. Il reste encore de l'eau dans l'emplacement où l'on voit un chasseur qui tire un coup de fusil sur un des oiseaux qui étaient dans le marais. Le monument auprès des hommes à cheval est une galerie de deux especes de colonnes élevées à deux époques, unies cependant par la même plate-bande : seraient-ce les restes d'un temple auquel on aurait fait des augmentations ? Tout près sont deux portes parallèles, de dimensions moins grandes, et ayant appartenu à un autre monument, le tout magnifiquement recouvert de nombreux hiéroglyphes ; mais ce qu'il y a de plus particulier dans les ruines de cette ville, c'est la grande muraille en briques non cuites dont ses monumens sont encore enceints ; on voit tout à gauche une ouverture, qui était sans doute une porte, dont on peut suivre la ligne tout le long du second plan ; derriere est la chaîne Libyque ; en avant du paysage passe le Nil, devant lequel il y avait un quai, dont il reste quelques ruines.

No. 2.—Antinoë vue du Nil : on peut lire dans le Journal, page 344, pourquoi je n'ai pas donné d'autres détails sur ce qui reste de cette ville ; ce qu'on en aperçoit est une porte ou un arc de triomphe qui est à son extrémité sud ; ce que l'on voit à droite sont quelques habitations Arabes sur l'emplacement de l'antique

Besa, dont les ruines m'ont paru s'étendre de là au sud-est : la forêt de palmiers est plantée entre les ruines d'Antinoë et le Nil ; au-delà le village et sanctuaire du Schek-Abade, dont les habitants se sont constamment montrés très-peu hospitaliers.

Planche XLIII.

No. 1.—Tombeaux dans les carrieres de Silsilis : ces carrieres, prolongées dans la masse du rocher de grès, conservaient sur le rivage une espece de façade percée de portes, qui servent d'ouvertures à passer les matériaux tirés de l'intérieur pour les embarquer sur le Nil ; cette espece de façade était décorée de petits portiques pris à même dans la masse et sculptés avec soin, sans ragréer autrement les rochers dans lesquels ils étaient pris, comme on peut le voir à droite de l'estampe ; au milieu, où sont les quatre personnages avec des piques, est l'entrée d'une des rues de ces carrieres ; à gauche une inscription décorée d'un couronnement couvert d'emblêmes sacrés ; et ce qu'il y a d'étrange dans ce monument, c'est que les lignes parallèles entre elles ne sont pas perpendiculaires ; l'espece de champignon qui est à gauche a servi sans doute de témoin pour aider au calcul de l'exploitation de la carriere, comme nous en conservons de nos jours pour les déblaiements des terres où le nivellement d'un sol : l'erreur que l'imagination enfante, et que l'amour du merveilleux propage, serait le plus souvent détruite, si l'on voulait de bonne foi observer et se rendre compte du physique des choses, et ne pas leur prêter une maniere d'être qu'elles n'ont pas. Les voyageurs ont toujours vu ce morceau de rocher comme une des colonnes qui servaient à attacher une chaîne, que l'on croit qui devait fermer le Nil à ce point, où ce fleuve est resserré par les montagnes ; cependant il aurait fallu que cette chaîne eût été ou de corde ou de fer : si elle eût été de fer, son poids eût entraîné une colonne douze

E 2   fois

fois plus grosse que celle-ci ; si elle eût été de chanvre, on verrait encore les marques de l'endroit où elle aurait été attachée ; elle aurait d'ailleurs bien vîte dégradé par le frottement une pierre tendre ; et puis, quelle aurait été la machine qui eût pu tendre une corde qui aurait traversé ce grand fleuve ? La meilleure preuve que ce n'était point là la colonne de la chaîne, c'est qu'une chaîne ne pouvait être attachée à cette colonne, et que, si la chaîne a existé, c'est par d'autres moyens qu'elle a été attachée et tendue.

Nos. 2, 3, et 4.—Figures dans les tombeaux, sur le devant des carrieres de Silsilis. Ces figures, de grandeur naturelle, sculptées à même dans la masse du rocher, étaient le plus souvent à peine ébauchées : chaque chambre de ces tombeaux, de 7 sur 10, et de 8 sur 11 pieds, est constamment revêtue en stuc avec des peintures, et contient une, deux, trois, ou quatre figures.

Planche XLIV.

Divers chapiteaux de colonnes Egyptiennes ; cette planche, ainsi que celle qui suit, est un rapprochement de tous les différens chapiteaux que j'ai rencontrés offrant des particularités remarquables. A voir tant de formes différentes, unissant tant de richesses d'ornement à tant de grâces dans les contours, on est tout étonné de s'être laissé aller à croire sur leur parole les Grecs inventeurs de l'architecture, et que trois ordres soient les seules vérités de cet art ; on peut dire qu'il ne manque à chacun de ces chapiteaux-ci qu'une histoire, comme celle de l'urne de la prêtresse de Corinthe, ou, pour mieux dire, qu'ils n'ont pas besoin d'histoire pareille à celle du chapiteau Corinthien, pour avoir la même célébrité, et pour être une superbe production de l'art. Les Egyptiens ont copié la nature ; ils ont copié là leur ; et les Grecs n'ont qu'ajouté des fables aux vols qu'ils leur ont faits. Ici le calice d'une fleur, au-dessus d'un faisceau de sa tige, a fourni la forme de la colonne, de sa base, et de son chapiteau : le lotus leur en a donné le premier modele ; cette plante exprimait chez eux l'inondation ; elle était l'emblême de l'entrée du Nil dans les canaux, d'un grand bienfait de la nature en Egypte ; ils l'ont fait entrer dans la décoration de leurs temples comme un hommage de leur reconnaissance à Isis, qui présidait à ce bienfait ; comme déesse de la terre, ils lui en ont dédié toutes les productions, des tiges de lotus, de joncs, de palmiers, de vignes, etc. etc.

Je n'avais dessiné ces membres d'architecture que pour m'en rendre compte, et aider mes graveurs dans l'intelligence de mes vues pittoresques ; mais arrivé à Paris, le citoyen Legrand, architecte éclairé, l'ami des arts et le mien, zélé pour tout ce qui peut étendre le domaine de l'architecture, et propager les connaissances, m'enhardit à donner au public et mes plans et les détails architecturals qui pouvaient ajouter de l'intérêt à mon ouvrage : la crainte que le citoyen Pere ne pût faire ou ne pût rapporter les opérations qui lui avaient été attribuées par la commission des arts en Egypte acheva de me déterminer à donner la faible esquisse de mes faibles moyens ; mais, en attendant l'immortel ouvrage entrepris par le gouvernement, monument aussi colossal que les colossals monuments qu'il présentera, le lecteur sera bien-aise de voir une petite image des formes aussi grâcieuses que variées de tous ces significatifs chapiteaux, qui ornent d'une maniere explicative le culte du dieu dont ils décorent le temple. Le No. 1, sur un galbe très-pur s'enlacent très-agréablement les feuilles et les tiges du jonc ; le No. 2, composé de branches et de feuilles du palmier et du régime de son fruit, est peut-être le plus élégant de tous les chapiteaux connus ; et, sans avoir ici le même intérêt qu'en Egypte, il ferait encore la décoration la plus fastueuse d'une salle de fête ;

fête ; le No. 3 est composé de plusieurs calices de la fleur du lotus groupés avec les feuilles de cette plante ; le No. 4, un faisceau de touffes de palmiers, lorsqu'au printemps les branches et les feuilles ne sont pas encore déployées, et où tout l'arbre ressemble à un seul bouton de fleur ; le No. 5 est composé ingénieusement du culot de la plante du lotus, de sa tige, et de sa fleur alternativement épanouie et en bouton ; No. 9, les pampres de vigne mêlés à des palmiers, etc. etc. Cette variété de chapiteaux si richement composés peut faire croire aux pompeuses descriptions qui nous ont été transmises de ceux du temple de Salomon, données dans l'écriture comme des chapiteaux Corinthiens à feuilles de palmiers.

Planche XLV.

Cette estampe est une continuation de la planche précédente. Il est facile de remarquer dans le No. 3 l'origine de la volute Ionique, les caulicoles du chapiteau Corinthien, et les gouttes de l'entablement Dorique ; No. 4, 5, et 6, que je crois pouvoir assurer être les plus anciens chapiteaux Egyptiens, pourraient bien être l'image de la touffe du palmier avant d'être développé, mais est en effet le chapiteau Dorique alongé ; le fût, No. 5, est un faisceau cordé de la tige triangulaire du papyrus, autre plante du Nil ; le No. 8, la tête d'Isis, avec tous ses attributs couronnant les colonnes du temple de Tintyra, dédié à cette déesse ; dans le No. 7, tous les attributs de cette divinité ajoutés à l'emblême du débordement ; le No. 9 est tiré d'un temple qui paraît avoir été dédié à Typhon, dont on voit la figure sur un dé, qui n'est qu'un prolongement de la colonne ; ce membre d'architecture que je n'ai vu que dans la colonne Egyptienne dégage le chapiteau, l'empêche de paraître écrasé par l'architrave, et produit un si bon effet lorsque l'on est près de la colonne, que je suis étonné qu'il n'ait jamais été imité ; le No. 10 est une espece de terme ne portant rien : j'en ai trouvé six comme celui-là placés par trois aux deux côtés de la porte d'un des tombeaux des rois à Thebes ; j'ai trouvé le No. 12 dans une des galeries du grand temple de Karnak.

Planche XLVI.

Réunion de fragments : ce rapprochement met tout à la fois sous les yeux tout ce qui constitue le genre Egyptien, et le style de son architecture et de sa sculpture monumentale.

No. 8.—Une colonne des galeries du temple qui est près de Médinet-Abou à Thebes.

No. 5.—Une des colonnes du temple de l'île d'Eléphantine.

No. 9.—Une colonne du temple de Cneph dans l'île d'Eléphantine.

No. 11.—Une colonne d'une des galeries du grand temple de Thebes à Karnak ; elle ressemble tellement par sa dimension et sa cannelure à la colonne Dorique, qu'elle peut en être l'origine.

No. 2.—Figures de prêtres ou de divinités, employées comme ornement dans divers édifices, et particulierement à celui qu'on est convenu d'appeler le Memnonium à Thebes : les cariatides n'en seraient-elles pas encore une imitation ?

No. 12.—Colonnes terminées par une tête de bœuf, il s'en trouve de ce genre à la porte d'un des tombeaux des rois à Thebes.

No. 4.—Une des pyramides dépouillée de sa couverte, et tronquée comme le Chéops

No. 3.—Un petit temple monolite, sanctuaire où l'on tenait enfermés les oiseaux sacrés.

No. 7.—Un obélisque.

No. 6.—Deux figures colossales, dont on est convenu d'appeler une, la *statue de Memnon* ; sur le premier plan, une statue enfouie ; c'est une des deux figures placées à la porte du village de Luxor ; le pied qui est auprès est celui de la statue qui est devant le Memnonium, et qui avait 75 pieds de proportion ; la tête

d'oiseau

d'oiseau qui est devant est le couvercle d'un vase canopite.

Planche XLVII.

Le No. 5 est le plan d'un temple dédié à Typhon, à en juger par les ornemens des frises, où ce mauvais génie est toujours en attitude d'adoration devant la déesse Isis.

Le No. 6 est le plan d'un temple ouvert, qui n'a jamais été achevé.

Le No. 1 est une vue perspective d'une colonne isolée du péristyle du grand temple; la partie carrée du chapiteau représente un temple avec la divinité sous le portique du sanctuaire; quatre faces d'Isis, avec des oreilles de vache, et la coiffure des femmes Egyptiennes achevent de composer ce chapiteau; tous les ornemens qui couvrent le fût sont exacts, ainsi que la bâse de la colonne, que j'ai fait fouiller pour m'en rendre compte.

Le No. 2, le chapiteau renversé, et vu en plan.

Le No. 3, une des gouttieres qui décorent les côtés de la nef.

Le No. 7, le plan du grand temple et de de son portique, soutenu de vingt-quatre colonnes semblables à celles No. 1 ; les plafonds sculptés et peints sont le planisphere et le zodiaque de la Planche XLVIII, et de la Planche XLIX. La piece qui suit, soutenue de six colonnes, est fort enfouie, et ne reçoit de jour que de la porte ; les chapiteaux des colonnes qui soutiennent les plafonds de cette piece sont composés du chapiteau de la colonne du portique ; plus un chapiteau évasé, comme celui Planche XLV, No. 7 ; je n'ai pu juger du reste de la colonne. La piece qui suit, fort déblayée, est fort obscure ; celle au delà, très-ornée, recevait un peu de jour de larmiers situés auprès du plafond ; la lumiere est représentée en sculpture, sous l'embrâsure du larmier, par des gouttes triangulaires qui vont toujours en se chassant et en s'agrandissant ; toute la face du fond de cette piece est décorée de la belle porte, dont je donne la vue Planche XV, rien ne dénote quel en était l'usage. La piece du fond était sans doute le sanctuaire ; elle ne recevait de jour et d'air que de la porte, qui donnait sur une piece déjà fort obscure : s'il se faisait quelques fonctions dans l'intérieur de ces temples, ce devait être de nuit, car si les cérémonies religieuses n'eussent eu lieu qu'à l'extérieur, à quoi bon l'extrême magnificence des détails de la décoration intérieure ? le sanctuaire, absolument déblayé, a été fouillé jusque sous le sol de son pavé, qui portait sur le rocher aplani ; cette piece était isolée, comme tous les sanctuaires. Sans avoir pu pénétrer dans l'espace qu'il y a entre le mur du fond et celui de l'extérieur du temple, j'ai pu, par la comparaison des mesures intérieures et extérieures, juger de son espace : toutes les parties du plan qui sont ombrées sont des pieces trop encombrées où je n'ai pu pénétrer ; une des trois pieces latérales contient un escalier à palier, dont les marches n'ont que quatre pouces de hauteur, et qui monte sur la terrasse de la nef du temple, d'où un autre escalier latéral montait encore sur la plate-forme la plus élevée du portique : les sculptures de ces escaliers sont aussi nombreuses et aussi soignées que celles du sanctuaire ; celles de l'escalier sont pour la plupart des figures de prêtres et de militaires présentant des offrandes. Le long des marches qui montaient à la plate-forme du péristyle étaient quatorze divinités sur quatorze marches.

A la partie extérieure du fond du temple il y a une tête d'Isis, semblable à celle de la corniche du péristyle, mais dans des dimensions colossales, à laquelle de chaque côté deux figures gigantesques sculptées en bas-relief présentent l'encens.

Le No. 3 est un sphinx à tête de lion, servant de gouttiere à verser l'eau dont on arrosait

sans

sans doute la plate-forme du temple, soit pour la nettoyer, soit pour la rafraîchir.

Ce que j'ai encore à décrire de ce que j'ai pu ramasser à Tintyra consiste en détails hiéroglyphiques, aussi intéressans que ce que j'en ai déjà représenté : j'y ai fait vingt voyages dans lesquels j'ai travaillé autant qu'il m'a été possible ; je l'aurais habité six mois que je n'aurais pas achevé de rendre compte de tout ce qu'il y a d'intéressant.

Planche XLVIII.

Planisphere sculpté sur le plafond du petit appartement qui est sur le comble du grand temple de Tintyra : il est bien difficile de dire quel a été l'usage de ce petit appartement : était-ce un oratoire, un observatoire, un sanctuaire, un appartement ? à en juger par les sujets qui y sont sculptés, on pourrait croire que c'était un lieu d'étude, un lieu consacré à l'astronomie, ou consacré peut-être tout entier à la sépulture d'un personnage recommandable qui y aurait inscrit des découvertes, le résultat des études de sa vie.

Lorsque j'ai fait le dessin de ce planisphere, je n'ai pas espéré en donner l'explication, mais apporter une preuve que les Egyptiens ont eu un système planétaire, que leur connaissance du ciel était réduite en principes, que la seule image de leurs signes prouvait évidemment que les Grecs avaient pris ces signes chez eux, et que par les Romains ils étaient arrivés jusqu'à nous ; j'ai cru enfin me mettre dans le cas d'offrir aux savans et aux antiquaires de l'Europe un hommage digne d'eux, et mériter leur reconnaissance.

Planche XLIX.

Les deux parties d'un zodiaque sur les deux plates-bandes les plus opposées du plafond du portique du temple de Tintyra, les deux grandes figures enveloppantes paraissent être celles de l'année. Le signe ailé qui est devant leur bouche est celui de l'éternité ou le passage du soleil aux solstices : le disque qui est à la jointure des cuisses de la figure No. 1, le soleil, d'où il part un faisceau de lumiere qui tombe sur une tête d'Isis, qui représente ou la terre ou la lune ; le soleil, placé au signe du cancer, peut servir d'époque à l'érection du temple : les figures jointes aux signes, les étoiles fixes ; celles dans les bateaux, les étoiles mouvantes, les planetes, et les cometes. Plus les objets de ces tableaux sont importans, plus ils me paraissent devoir être laissés aux savans à qui ils apartiennent ; mes observations doivent porter plus particulierement sur les petits objets isolés, auxquels les localités, les rapprochemens, les circonstances, donnent de l'intérêt, et auxquels les détails de mes observations peuvent quelquefois donner de l'existence.

Ces grandes plates-bandes sont sculptées et peintes ; les personnages en couleurs naturelles sur un fond bleu semé d'étoiles jaunes : je n'ai marqué que celles qui sont en relief, les autres étant en nombre indéfini, et ayant disparu pour la plupart par la dégradation.

Les inscriptions sont exactes ; j'ai marqué par de petits traits les endroits où la dégradation ne m'a pas permis de distinguer les figures ; un grand éclat de pierre qui est tombé en a emporté plusieurs de la seconde bande

Planche L.

Diverses antiquités, la plupart apportées par le citoyen Descotils.

No. 1.—Morceau de porcelaine bleue de moitié de la grandeur de l'original, avec un creux incliné, absolument dans la forme des écritoires des Chinois ; les caracteres sont en émail noir.

Nos. 2, 3, 4, et 6.—La serrure Egyptienne : elle ferme la porte de la ville, celle de la maison, celle du plus petit meuble ; je l'ai placée à travers les antiquités, parce qu'elle est

est la même que celle dont on se servait il y a quatre mille ans ; j'en ai trouvé une sculptée parmi les bas-reliefs qui décorent le grand temple de Karnak : simple de conception, facile d'exécution, aussi sûre que toutes les autres serrures, elle devrait servir à fermer toutes nos clôtures rurales ; le No. 6 est la clé, qui peut se combiner de mille manieres différentes : No. 3, la serrure fermée, vue par l'intérieur, la clé dans l'acte de repousser les pointes, qui en tombant arrêtent le pêne ; le No. 3, le pêne tiré, et la serrure ouverte ; No. 2, la partie extérieure de la serrure fermée, le pêne arrêté dans la gâche.

No. 5.—Dé en pierre ollaire de la grandeur de l'original ; il a plus l'air d'un poids que de toute autre chose.

No. 7.—Bouchon d'un vase en terre, qui fait voir que l'imprimerie n'est pas une invention Européenne, et que l'usage qu'on en devait faire un jour n'attendait depuis quatre mille ans que l'invention d'un papier facile à fabriquer.

Le No. 8 est une bordure brochée en laine noire, composée dans le meilleur goût.

No. 9.—Lange de momie en toile brodée, et d'une broderie de même style que celle adoptée tout récemment par nos brodeurs, c'est-à-dire, en emportant alternativement tantôt partie de la couverte, tantôt partie de la trame ; les bouts des fils coupés sont crochetés, et tout ce qui est enlevé est remplacé par un tissu passé à l'aiguille, de sorte que la broderie remplace le fil emporté, et a le triple avantage de n'avoir point d'envers, d'être sans épaisseur, et de paraître par conséquent un broché double. Dans le morceau sur lequel je viens de faire la digression ci-dessus, la broderie est en laine, filée très-fine, teinte de couleurs tellement solides, que, malgré l'impression de la liqueur corrosive de l'embaumement, et le laps d'au moins quarante siecles, les couleurs en sont encore très-vives ; il y a du verd, du jaune, du rouge, et de l'orangé. J'ai pensé qu'il serait assez piquant de faire connaître le goût du dessin d'une bordure Egyptienne ; le fragment en question est suffisamment grand pour y distinguer un fond uni, trois bandes ouvrées dans le même tissu, et la bordure bordée : on peut remarquer dans la forme des fleurs le même goût de dessin qui existe encore dans les bordures des schals de l'Inde.

Ces morceaux ajoutent encore quatre articles nouveaux à l'industrie Egyptienne ; la filature de la laine, la teinture, la broderie, et la brochure, c'est-à-dire des manufactures perfectionnées. Peut-être quelque jour trouvera-t-on encore dans la dépouille de quelque momie de l'étoffe brochée en trois couleurs ; dès-lors il ne restera dans ce genre aucune invention à l'industrie Européenne, et peu-à-peu on pourra se convaincre que les hommes sont toujours arrivés aux mêmes résultats par les mêmes moyens, et que les lacunes causées par les révolutions ont fourni à l'amour-propre l'illusion de créations qui ne sont que le retour des mêmes choses retrouvées sous la dictée du même besoin : ceux du superflu sont immenses, et l'on pourrait peut-être déterminer combien telle production industrielle donne de siecles à telle société sous tel climat, et par ce rapport présenter de nouvelles époques pour l'histoire des peuples.

Planche LI.

Nos. 1 et 2.—La face orientale des obélisques qui sont devant le temple de Luxor. *(Voyez Planche XXV.)* J'aurais désiré avoir le temps de dessiner les quatre faces, qui different entre elles, excepté pour les premieres figures du sommet, qui sont sans doute une espece de protocole de la dédicace du monument ; j'ai pensé qu'il serait avantageux d'avoir cette

cette inscription pour ajouter à la suite de celles que l'on a des obélisques qui sont à Rome et ailleurs.

Le travail de celles-ci est d'une telle franchise, que l'on doit croire que les Egyptiens avaient une trempe particuliere pour les outils à tailler le granit ; toute cette sculpture est en creux et relief, de deux pouces de profondeur, et d'une conservation merveilleuse.

No. 3.—Espece de patere en terre cuite jaunâtre très-fine : je l'ai trouvée moi-même dans les tombeaux des rois, à Thebes ; les ornemens en sont d'un goût exquis, et l'exécution parfaite ; les deux têtes sont celles d'Isis et d'Osiris ; ce dernier, sous la figure d'un épervier, a le bec usé ; l'ornement qui est au-dessous est la plante et le bouton du lotus.

Le No. 4 est le dessous de la même patere ; les oves, de l'ordre Dorique, ne sont autre chose que l'ornement qui sert de bordure à ce petit vase.

Le No. 5 est la coupe de ce vase, dont le trait est aussi pur que les ornemens en sont agréables.

Planche LII.

Cette planche est composée d'une espece de collection de figures, prises isolément partout où j'en ai rencontré que je n'avais pas encore vues. Le nombre de serpents qui commencent du No. 1 jusqu'au Numéro 13 sont pris à Latopolis, au plafond du portique du temple, qui est sur la place du bazard à Esnê. On pourrait ranger toutes les autres figures dans la classe de celles qui tiennent le milieu entre la figure hiéroglyphique et le caractere cursif, et l'on pourrait appeler cette catégorie caracteres inscriptifs. Les Nos. 18 et 21 sont des figures simplifiées, se rapprochant du caractere de l'écriture : celle 22 est une espece de lézard, particulier à l'Egypte, et que l'on voit le plus souvent dans les maisons ; je ne

l'ai jamais vu sculpté qu'une fois à la partie extérieure du grand temple de Tintyra. Le No. 23 est une étoile personnifiée ; je ne l'ai vue de même qu'une seule fois. Les Nos. 31, 32, 34, et 39, sont des figures souvent répétées, qui, plus simplifiées, sont devenues des lettres. No. 40. Une outre : je l'ai trouvée souvent. No. 41. Deux figures groupées, et dans un mouvement qui par-tout ailleurs les ferait croire du quinzieme siecle, et de l'école de Michel-Ange : j'ai trouvé deux fois ce même caractere dans le temple d'Apollinopolis magna à Etfu. Les Nos. 47 et 54, l'emblême de la génération ; il me semble que les Egyptiens n'ont eu aucun scrupule à exprimer cette idée par la figure de la chose même : j'ai trouvé ces signes sculptés dans les temples, et souvent répétés. Je crois les Nos. 50 et 71 un nilometre. Le No. 77 m'a semblé un ballot, qui pourrait être l'emblême du commerce ; 78, une Isis, emblême de l'eau ou le Nil lui-même ; 79, un pigeon portant des tablettes ; voilà des ancêtres trouvés à ceux de Damas : je n'ai rencontré ce signe qu'une seule fois à Tintyra. No. 80. Une tête avec l'expression de l'effroi, qui sort du caractere Egyptien ; elle est cependant très-souvent répétée parmi les figures isolées. No. 100. Un temple monolite, fermé, etc. etc.

Tout ce que j'ai hasardé sur ces signes ne sont que les idées, que la vue, le nombre, la comparaison, le lieu où je les ai trouvés, m'ont fait naître, et je les abandonne absolument aux systêmes lumineux des savans qui se sont occupés de ce genre d'observation : je me trouverai assez glorieux d'avoir été dans le cas de fournir de nouveaux objets à leurs doctes recherches.

J'ai écrit le nom en abrégé de tous les lieux où j'ai trouvé ces différens caracteres ; ceux où il n'y a point de nom continuent d'être du même lieu d'où est le dernier inscrit. J'ai mis des numéros à tous, pour aider les citations

Planches LIII et LIV.

Une autre collection de toutes les coiffures emblématiques et hiéroglyphiques, prises partout où j'ai trouvé des différences. J'ai pu remarquer que la plupart de ces coiffures non-seulement étaient posées sur la tête des divinités, mais encore sur celle des prêtres et des triomphateurs, et qu'elles étaient différentes suivant la fonction ou la circonstance de la fonction du culte de telle ou telle divinité: j'en ai trouvé en bois doré, en pierre dure, en pâte, et en porcelaine, ayant toutes un anneau qui les rendait susceptibles d'être portées; j'en ai vu attachées au cou des momies, et qui pourraient faire croire que c'étaient des amulettes indiquant telle ou telle divinité, ou une marque de dignité indiquant le grade d'initiation où était arrivé celui qui la portait.

La planche LIV, est encore une autre collection faite de tous les vases que j'ai trouvés sculptés dans les tableaux hiéroglyphiques de tous les différens monumens de l'Egypte; les Nos. 3, 6, 8, 10, 13, 19, ne sont pas moins élégans que les vases Etrusques, ou, pour mieux dire, les vases Grecs, trouvés en Italie, et qui, comme on peut le voir, ne sont autre chose que des vases Egyptiens; et ainsi peu-à-peu les arts des autres nations ne sont que les dépouilles de ceux des Egyptiens. Le No. 31 est la jarre, de même forme, montée en charpente, comme celle dont on se sert actuellement en Egypte.

Planche LV.

Cette planche ne contient que des objets peints pour la plupart dans les tombeaux des rois, à Thebes, et particulièrement dans quatre petites chambres; chacune de ces petites chambres est décorée d'objets particuliers; l'une était consacrée à la musique, l'autre aux armes, l'autre aux ustensiles et meubles, une autre à l'agriculture.

Dans celle des armes je dessinai, No. 1, un carquois, qui contenait d'autres armes que les fleches, et qui dans les combats s'attachait en-dehors des chars.

No. 2.—Une des armes renfermées dans le carquois ci-dessus, et dont je n'ai pu deviner l'usage.

No. 3.—Un bouclier: on voit dans les figures d'un bas-relief la maniere dont il était porté; l'ouverture qui est à sa partie supérieure pouvait servir à le suspendre, ou à laisser voir à celui qu'il couvrait les mouvemens de celui contre lequel il avait à combattre.

No. 4.—Un sabre, à la poignée duquel est un cordon avec un gland en cuir.

No. 5.—Un autre sabre.

No. 6.—Une cravache.

No. 7.—Une cotte de mailles.

No. 8.—Un poignard dans la même forme que les poignards de ceinture dont on se sert généralement encore dans tout l'Orient.

No. 9.—Une masse d'armes, avec une poignée à cacher la main.

No. 10.—Un fouet.

No. 11.—Un casque.

No. 12.—Une hache d'arme, derriere la lame de laquelle est une masse, pour en rendre le coup plus lourd, et partant plus pénétrant.

No. 13.—Un carquois à fleches.

No. 14.—Pliant matelassé.

No. 15.—Meuble à tiroir et à couvercle, avec des poignées pour lever l'un et tirer l'autre.

No. 16.—Un fauteuil, d'une si excellente forme, qu'il n'en existe pas qui soit d'un meilleur goût; il est tapissé de la maniere la plus commode.

No. 17.—Lit dont nous avons admis la forme depuis que les architectes président à l'ameul'ameublement, comme à la décoration des intérieurs des appartemens.

No. 18.—La chaise du fauteuil No. 16 : dans la peinture on distingue très-bien que l'étoffe qui le couvre est à fleurs, par conséquent brochée, peinte, ou brodée ; le bois est de couleur de bois des Indes, et la sculpture est dorée.

No. 19.—Un coffre à couvercle.

No. 20.—Un pliant à trois matelas.

No. 21.—Un pot à l'eau, et une aiguiere.

No. 22.—Une espece d'armoire.

No. 23.—Une charrue qui ressemble à celles dont on se sert encore à présent ; derriere celui qui laboure est un homme qui seme en jetant le grain par-dessus sa tête.

No. 24.—Un tabouret couleur de bois des Indes, et doré.

No. 25.—Une corbeille d'osier d'une jolie forme, et tressée très-agréablement.

No. 26.—Une harpe à vingt-une cordes ; le vêtement de la figure qui en joue est étrange et désagréable, mais il y a dans la pose de l'enthousiasme et de la vérité.

Nos. 27, 28, 29.—J'ai trouvé ce groupe peint dans des tombeaux sur la montagne à l'ouest de Thebes ; la carnation des musiciens est rouge : celle No. 27 a une tunique juste, dont les manches sont amples ; les tuniques des autres ne se distinguent qu'à la couleur, qui est blanche, et devient rose en ce qu'elle participe de la teinte de la chair que l'on voit à travers ; la gorge des femmes est de la même forme que la gorge des Egyptiennes d'à présent. La figure No. 27 pince d'une espece de théorbe ; celle No. 28, au mouvement du corps, de la tête, et des bras, joue d'un instrument à vent ; il est à regretter qu'une lésion de l'enduit l'ait fait disparaître, car il nous aurait donné un troisieme instrument de la musique des Egyptiens : j'ai consulté les plus petits fragmens au bas du mur, je n'ai rien trouvé qui ait pu m'en rendre compte.

La pose de celle No. 29 est très-souple et très-vraie ; tout bonnement et tout parallelement que sont posées ces trois figures, elles annoncent un sentiment très-délicat et très-juste dans celui qui les a dessinées : on peut y voir la différence de style que les Egyptiens adoptaient dans les figures hiéroglyphiques par le contraste de la roideur de celle qui vient immédiatement après No. 30. Elle est sculptée sur la frise du portique du temple de Tintyra.

No. 31.—Cette quatrieme harpe, si ingénieusement composée, est sculptée dans la troisieme chambre du petit appartement qui est sur le comble de la nef du temple de Tintyra.

No. 32.—Cette figure, et celle No. 36, peintes dans des tombeaux qui sont creusés dans la montagne qui borde Thebes au sud-ouest ; ces porteurs d'eau, de pain, et d'autres victuailles, sont si souvent répétés dans ces sortes de monumens, qu'il est à croire que l'on portait des comestibles dans les cérémonies funebres avec les vases, les trophées d'armes, et les images des dieux, et que ces especes de fonctions se faisaient avec le faste et la profusion proportionnés à la majesté du personnage qui en était l'objet.

No. 33.—Ce vase, ainsi que les deux qui suivent, sont pris dans la représentation peinte des fonctions dont j'ai parlé à l'article ci-dessus, et copiés dans le même tombeau : ce premier est peint en couleur d'or ; c'était sans doute de l'orfévrerie, et de la plus magnifique ; si on a quelque chose à reprocher à la maigreur de la forme de ce vase, on peut admirer sa magnificence et la richesse de sa décoration : ce sont des plantes aquatiques qui en sont les principaux ornemens, une fleur de lotus lui sert de couvercle ; ce cheval passant, ces têtes de chevres et de chevreaux, sont d'un beau style : cela n'a donc pu être que la copie d'une belle ciselure.

No. 34.—Un autre vase d'or, d'une forme ingrate et d'un style corrompu, comme celui dont nous faisions usage dans l'autre siecle avant que les vases Etrusques fussent venus redresser notre goût en ce genre de magnificence ; les branches de lotus indiquent que ce vase était destiné à contenir de l'eau du Nil, de celle du débordement, et le globe ailé, que son usage était sacré.

No. 35.—Ce vase d'une belle forme est peint dans le même tombeau, et de couleur d'argent ; la richesse est distribuée avec une noble simplicité ; la figure à genoux, et la tête de Jupiter qui lui sert de couvercle, annoncent qu'il devait contenir quelque liqueur sacrée, et son goulau qu'il servait à des libations.

No. 36.—Cette maniere de porter est encore en usage en Egypte ; les vases sont parfaitement composés.

PLANCHE LVI.

Frises emblématiques de différents temples Egyptiens.

No. 1.—Hiéroglyphes qui décorent la corniche extérieure de la nef du grand temple de Tintyra ; cet ornement, en se répétant, fait le tour de cette partie du monument. La figure du milieu est la tête d'Isis avec ses attributs ; on la trouve répétée par-tout dans ce temple, qui lui était sans doute dédié. Les deux grands oiseaux ont une tête de vautour, sans plumes, sortant d'une espece d'œuf qui lui sert de corps : cet oiseau est souvent répété dans toutes sortes d'attitudes dans les plafonds, les ailes étendues, tenant dans les pattes l'espece de bâton avec la palme que l'on voit ici en avant ; il accompagne aussi les héros et les rois dans les bas-reliefs représentant les victoires et les triomphes, et semble alors un génie protecteur.

Le No. 2 est la frise intérieure du temple près l'île de Philéc.

No. 3.—Frise du typhonium de Tintyra, ou du temple dédié à Isis, victorieuse de Typhon, le mauvais génie ou le vent d'ouest ; il a une tête de vieillard, le corps gras et de la forme de celui d'un enfant, une queue qui va en grossissant et qui est aussi longue que les jambes ; il est toujours coiffé du même ornement : celui qui lui fait pendant est une divinité du même genre ; la tête a tout à la fois le caractere du chien, du cochon, et du crocodile ; il a les mamelles pendantes comme les femmes Egyptiennes, un gros ventre, et des pattes de lion : cette figure, aussi répétée que l'autre et l'accompagnant pour le plus souvent, m'a paru être la divinité du temple d'Hermontis. On trouve fréquemment des figures de ces deux divinités en forme d'amulettes, en pâte de verre de couleur, et en porcelaine : j'en ai rapporté que j'ai dessinées de grandeur naturelle. Elles étaient très-révérées, soit pour le bien qu'on en attendait, soit pour le mal qu'on en pouvait craindre, soit également pour les deux causes ; car je les crois l'emblême des deux vents qui produisent l'inondation, et peuvent la rendre ou insuffisante ou trop considérable.

Il est à présumer que la figure qui est au milieu de ces deux monstres, assise sur une fleur de lotus à demi épanouie, est celle d'Isis, ou la bonne divinité, qui a obtenu de ces deux redoutables dieux l'équilibre des eaux, qui fait fleurir le lotus dans les canaux quand l'inondation est parfaite.

Le No. 4 est l'ornement de la frise du tout petit temple de l'île de Philée ; l'effet dans la nature est aussi riche qu'agréable : les artistes Egyptiens ont avec un art tout particulier su allier la signification de l'emblême au bon goût de la décoration.

Le No. 5 en est encore une preuve ; c'est la décoration du soubassement intérieur de la chambre du milieu du petit temple qui est situé derriere le grand temple de Tintyra. Cette décoration représente le lotus dans trois instants du développement de la floraison de cette plante. L'épervier sur un autel est pris

pour

No. 1.—L'ornement qui décore la partie supérieure de la principale porte de la nef du temple d'Apollinopolis magna: le soleil qui répand sa lumière sur la terre; opinion d'autant plus probable que le temple était dédié à Apollon, et que le lieu où est cet ornement est un des plus remarquables; des ailes au soleil sont peut-être l'emblême de son mouvement, de sa marche autour de la terre, dont la figure est au-dessous; le scarabée ailé, surmonté de deux têtes de serpents, qui est sur la figure de la terre, autre emblême de la sagesse, du courage, et de l'industrie, qui sont les attributs de la terre; l'espece de nœud qui forme un anneau autour de la queue du grand serpent ailé se trouve presque par-tout; il est joint à toutes les palmes que l'on porte dans les cérémonies; au bâton que l'on met à la main des divinités; il enferme nombre d'inscriptions, de celles qui paraissent par leur position être les plus sentencieuses.

No. 2.—Un des ornemens qui entourent par bandes le fût des colonnes de Tintyra.

No. 3.—Tables d'offrandes avec des vases enlacés de fleurs de lotus en bouton; cet ornement est sculpté en bas-relief sur les tablettes qui engagent les colonnes du temple ouvert de Philée, et lui servaient de clôture.

No. 4.—L'ornement de soubassement d'un des temples de Tintyra, composé de la tige du lotus, du bouton de cette fleur au moment où elle s'épanouit, et à celui où la floraison est à sa perfection.

No. 5.—L'ornement qui décore toutes les corniches du grand temple d'Apollinopolis magna.

No. 6.—J'ai trouvé très-souvent cette figure sans que rien ait pu m'en indiquer la signification; je l'ai trouvée en soubassements rassemblés, comme on les voit ici; j'en ai trouvé d'isolées avec d'autres hiéroglyphes servant à l'écriture; j'en ai trouvé en tableaux dans le sacre du temple d'Hermontis,

pour Osiris ou le soleil; la lune de l'autre côté; un ibis sur des lotus, autre emblême de l'inondation ou de l'entrée du Nil dans les canaux; car le lotus n'a rapport qu'aux canaux, puisqu'il ne croît que dans l'eau stagnante, et ne se trouve jamais dans le courant du fleuve.

Le No. 6, ornement de la frise intérieure du typhonium d'Apollinopolis magna; petit temple, situé près du grand temple: il doit avoir la même signification que celui ci-dessus, No. 3. Il y a de plus trois figures, que, vu l'emploi répété le plus souvent lorsqu'il est question de l'inondation, je croirais être des vases d'eau lustrale ou offrandes d'eau du Nil lors de sa croissance.

No. 7.—Riche et très-agréable frise, qui décore la piece ouverte qui est près de celle où est le planisphere céleste, dans le petit appartement situé sur le grand temple de Tintyra. Le globe qui est au centre doit être le soleil, d'où part le faisceau de lumiere qui vient tomber sur la terre: j'ai été si souvent dans le cas de m'assurer de cette opinion sur ces deux figures, que je crois pouvoir la donner comme irrévocable: cette espece de pluie de globules triangulaires décore l'embrasure de presque tous les larmiers ou fenêtres qui donnent de la lumiere dans l'intérieur des temples.

Les Nos. 8 et 9 sont deux frises d'un temple qui est sur une île près de celle de Philée.

No. 10.—Cette figure, ainsi répétée, décore la corniche de la galerie qui est autour du Typhonium de Tintyra; c'est la tête du Typhon, avec les attributs de la divinité, tels que l'ornement du dé qui est au-dessous des chapiteaux du grand temple dédié à Isis: les petites têtes de huppes, qui sont au-dessus des bâtons, que tiennent le plus souvent les divinités Egyptiennes, sont ajoutées ici au portique qui couronne le dieu.

Planche LVII.

Une seconde planche de frises emblématiques.

No. 7.—Ornement peint dans le plafond du portique du temple principal de Philée. La figure de dessous est celle de la terre sur une barque: ce qui signifierait que les Egyptiens donnaient aussi un mouvement à la terre; la petite divinité à la poupe en dirige le mouvement. Les Egyptiens ont toujours exprimé le mouvement par un bateau, ce qui est naturel à un peuple qui vit toute l'année, ou sur le bord d'un fleuve ou au milieu d'un débordement; le scarabée, le vautour, le globe ailé, employés alternativement, pouvaient être le soleil, la divinité, avec un attribut de circonstance : je croirais qu'ici les ailes étaient le ciel qui enveloppe la terre; les scarabées, la divinité ou le soleil ; et le serpent, la providence ou la sagesse qui regle tout : ce qui détermine encore mon opinion, c'est que cette figure est voisine d'autres figures astronomiques.

No. 8.—Autres ornements des colonnes du temple de Tintyra, citées au No. 2 de cette planche.

No. 9.—Soubassement du temple qui est près de l'île de Philée: cet ajustement ingénieux de deux signes sacrés est d'un excellent effet : ce bâton terminé par une tête, qui a plus l'air d'une tête de huppe que de toute autre chose, est toujours à la main de quelques divinités. La huppe est un des oiseaux les plus abondants de l'Egypte, et y est familiere jusqu'à devenir presque domestique; les anciens Egyptiens lui auront peut-être attribué quelque qualité dont elle sera devenue l'emblême. L'autre figure à laquelle sa forme a fait donner le nom du tau Grec, et que l'on a cru, je ne sais pourquoi, être un phallum; à tous les rapprochements que j'ai pu en faire, est la clef des digues ou des canaux, l'emblême de l'inondation, et pour l'Egypte le signe du plus grand bienfait de la divinité.

PLANCHE LVIII.

Carte et plan du Caire. (Voyez-en l'Explication dans la Description du Caire, par Grosbert. Appendix.)

PLANCHE LIX. et LX.

Deux vues et plans des Pyramides de Ghizé. (Voyez les Explications qu'en donne Grosbert, dans la partie de l'Appendix, intitulée, Description des Pyramides de Ghizé.)

PLANCHE LXI.

Enseignes militaires, bâton augural, et autres emblêmes.

No. 1.— Figure de vautour; l'aile est abaissée de cette manière, lorsque, dans les combats ou les triomphes il accompagne, dirige, ou protége les héros.

No. 2.—C'est ainsi qu'on voit le même oiseau sur la frise des portiques des temples, ou sur les plates-bandes des plafonds des portiques.

No. 3.—Un épervier faisant le même office que le vautour No. 1, et quelquefois conjointement avec lui.

No. 4.—Une tête de chien et une tête de loup ou chakal sur un corps d'épervier, en adoration devant un scarabée à deux têtes de lion, pris sur une des frises du temple d'Apollinopolis.

No. 5.—Ustensile à préparer l'encens ou autre offrande.

No. 6.—Autre espece d'encensoir ou vase à présenter une liqueur enflammée, dont on faisait hommage aux dieux dans les cérémonies religieuses, ou aux héros dans leurs triomphes; la petite figure à genoux acheve de l'indiquer : devant les portiques des temples, des figures colossales tiennent souvent de ces especes d'instruments; les têtes d'animaux qui terminent leurs manches indiquent sans doute au culte de quelles divinités ils étoient consacrés.

No. 7.— Especes d'enseignes prises à Tintyra.

No. 8.—Bâton augural, espece de crosse que l'on voit très-souvent à la main des diverses divinités; j'ai dessiné celui-ci avec exactitude

exactitude d'après une figure colossale qui est sculptée sur le mur extérieur du fond du grand temple de Tintyra; la tête ressemble à celle d'une huppe ou du canard huppé; il est toujours terminé par une double pointe.

No. 9.—Un bâton à quadruple emblême, que j'ai trouvé sculpté contre le mur intérieur du sacré du temple d'Eléphantine.

No. 10.—Bâton terminé par une fleur de lotus, que portaient peut-être les simples initiés, les dieux et les prêtres.

No. 11.— Espece d'enseigne (Voyez, No. 7.)

No. 12.—Ornements placés à côté des portes, et qui par leurs formes redressaient la perpendiculaire, perdue par le talus des chambranles : j'ai pris celui-ci à côté de la porte du sanctuaire, dans le portique d'Apollinopolis magna; il est aussi gracieux par sa forme qu'ingénieux par son usage; le serpent s'enroule très-agréablement autour de ces tiges de lotus portant les trois époques de la floraison de cette plante.

No. 13.— Bâton surmonté de la tête d'Isis, et d'un petit temple, dans lequel est la figure d'Osiris.

Les Nos. 14 jusqu'à 24 sont des figures qui ont été prises isolément dans le petit apartement qui est sur le temple de Tintyra. A la forme de ces figures, à la banderolle qui est à chaque bâton, à l'usage que j'en ai vu dans le triomphe sculpté dans le palais de Médinet-Abou, ce ne peut être que des bannieres religieuses ou des enseignes militaires ; elles sont chargées de tous les animaux qui sont les emblêmes de la divinité. La figure 19, très-soignée d'exécution, doit donner l'idée juste de la forme de l'ibis, constatée par celle des ossements que j'ai trouvés en développant une des momies de cet oiseau. Ces figures d'animaux sont dessinées d'une maniere bien supérieure à celles des divinités et des figures humaines. J'ai cherché à les imiter avec fidélité, et en cela j'ai été parfaitement secondé par le talent du graveur.

Planche LXII.

No. 1. — Quatre hommes enchaînés et menacés d'un dard. Est-ce un sacrifice humain ? est-ce la puissance ou la domination ? c'est ce que nous expliqueraient sans doute les deux petites inscriptions qui y sont jointes. Ce sont ces inscriptions qui m'ont souvent déterminé dans le choix que j'ai fait des tableaux hiéroglyphiques; je les ai dessinées dans l'espérance que quelque jour on pourrait les lire, et qu'elles expliqueraient les figures: celle-ci est sur le mur extérieur du grand temple de Tintyra, à la partie latérale au Sud.

No. 2.—Cet emblême extraordinaire est sculpté sur le mur de la troisieme chambre du petit apartement qui est sur le comble du grand temple de Tintyra.

No. 3.— La figure d'Isis avec tous ses attributs, ayant sur la tête un temple, le disque de la lune, les cornes de la vache, le vautour, dont les ailes lui servent de coiffure, les cuisses et les jambes couvertes des ailes de l'épervier, le corps et l'épaule gauche couverts d'écailles de poisson ; assise sur un tronc décoré de tige de lotus, en tenant une fleur pour sceptre, et de l'autre main une clef des canaux, enfin tout ce qui parle de l'eau, de l'inondation, de tout ce qui produit et fait germer le rassemblement de tous les attributs de cette divinité bienfaisante: celle-ci très-bien sculptée et très-bien conservée, existe de grandeur humaine au Sud de la partie latérale du grand temple de Tintyra.

No. 4.—Un génie bien ou mal-faisant, tenant des ciseaux à la main : lorsqu'il est représenté en action de faire usage de cet instrument, c'est le plus souvent pour couper les tiges de lotus; ce qui pourrait le faire prendre pour le desséchement des canaux,

pour

pour le vent d'ouest, celui qui nuit au débordement, le grand fléau de l'Egypte, ou pour celui qui donne le trop ou le trop peu de la pluie qui produit le débordement; c'est peut-être sous cet emblême qu'il a un gros ventre et de longues mamelles, donnant ou retenant l'abondance: il est là comme une divinité sous un portique qui a presque toujours cette forme dans les bas-reliefs Egyptiens. Cette figure qui a été prise dans l'intérieur du temple d'Hermontis, y est si souvent répétée qu'elle paraît en être la divinité.

No. 5.—Une divinité, qui ressemble à Harpocrate, accroupié sur une fleur de lotus; cette figure trouvée pendant notre séjour à Syene dans l'isle d'Eléphantine, apartient au général Belliard; elle est de la grandeur du dessin; la tige de la fleur de lotus était creusée pour recevoir un manche, et servir comme bâton dans quelques fonctions religieuses: ce bronze du plus beau jet, parfaitement réparé, et couvert de la patine la plus moëlleuse, peut servir de preuve que l'art de la fonderie était dans sa perfection en Egypte, si le monument est Egyptien; et s'il est Romain, que cette colonie y avait adopté le culte du pays, et y avait professé les arts du superflu.

No. 6.— Le sacrifice d'une antelope, espece de gazelle, chevre de Afrique, commune dans l'Egypte: le sacrificateur a une coiffure emblématique; l'inscription qui est au dessons est sans doute explicative: j'ai pris ce tableau sur le mur extérieur de la nef du grand temple de Tintyra.

No. 7.—J'ai rencontré plusieurs fois cette figure sculptée en proportion gigantesque à côté des portes des temples des dieux et des palais des rois; il est à présumer que c'est l'emblême de la force, ou du pouvoir attribué à la divinité ou à la souveraineté; et dans ce cas on pourrait croire que le gouvernement du pays, sans attendre l'obéissance de la persuasion, la commandait par la force et la terreur.

No. 8.—Figure de cinq pieds et demi, prise sur le comble du principal temple de l'isle de Philée.

PLANCHE LXIII.

No. 1.—Ce tableau a plutôt l'air de la représentation d'un évènement que d'un emblême hiéroglyphique; je l'ai trouvé contre le mur de la nef du petit temple d'Eélphantine: il est fruste et dégradé; il m'a semblé représenter un héros qui vient de tuer un brigand, et dès gens qui lui en rendent grâce, ou qui lui font un serment: c'est la seule fois que j'ai vu de tels vêtements; ils ne paroissent point être Egyptiens; c'est la seule fois que j'ai vu trois figures se grouper avec expression. Si je ne l'eusse vu en place, le style ne m'auroit point rappelé la sculpture Egyptienne, et j'aurois douté de son intégrité.

No. 2.—La tête à part de la figure No. 6, même planche; je l'ai faite portrait, parcequ'elle en avoit le caractere, et qu'il m'a paru national par la comparaison que j'ai été dans le cas d'en faire toutes les fois que les figures étoient humaines et non emblématiques.

No. 3.—Un temple sur un bateau; c'est la seule fois que j'ai vu un signe rayonnant. Si cette figure étoit celle du soleil, on pourroit penser que les Egyptiens, dans leur système planétaire, donnoient du mouvement à cet astre, puisque la barque en est toujours l'emblême. Cet emblême, posé sur un autel, étoit peut-être porté sur les épaules dans les fonctions religieuses, comme on peut le présumer à sa forme; il est sculpté sur les murs de la troisieme chambre du petit appartement qui est sur le comble du grand temple de Tintyra. Tout ce qui vient de ce réduit mérite la plus scrupuleuse attention, parceque la perfection de l'art dans tout ce qui

y est

y est exécuté est toujours ajoutée au mystere que le sujet peut renfermer.

No. 4.—Divinité, que j'ai rencontrée souvent dans les tableaux hiéroglyphiques, représentée toujours grasse et sans avant-bras; ses deux jambes sont réunies dans une gaine; celle-ci a cela de particulier qu'il lui sort de la nuque un lotus flétri. Seroit-ce encore un mauvais vent engraissé des désastres de la terre?

No. 5.—La terre au pouvoir de Typhon. Seroit-ce l'emblême du vent dévorant appelé maintenant le kamsin, qui regne dans les mois d'avril et mai, qui précedent l'inondation? pendant ces deux mois l'Egypte desséchée offre un aspect plus triste et plus douloureux que celui des mois de nos plus rigoureux hivers : à côté est la figure de la reproduction ou la nature toujours en érection; elle est représentée tenant à la main un fléau : c'étoit une des principales divinités des Egyptiens, celle à laquelle étoit consacré le grand temple de Karnak, à Thebes. Elle est ici portée par douze prêtres, couverte d'un tapis parsemé de fleurs de lotus épanouies, qui annoncent l'époque de la récolte ou de la maturité. Ce tableau est sculpté dans l'intérieur du temple d'Hermontis.

No. 6.—Figure sculptée sur le mur de l'escalier intérieur qui monte au comble du Temple de Tintyra; elle est en acte d'adoration : elle peut donner une idée du costume civil; une calotte juste remplace les cheveux, les bras et le corps nus, ou couverts d'une chemisette juste, pardessus laquelle deux bretelles portent un vêtement croisé, rayé, et brodé; une ceinture en métal ciselé ou en broderie en relief, dans laquelle passe un poignard, dont le fourreau est décoré comme la ceinture, et un seul bracelet à l'avant-bras droit.

No. 7.—Un prêtre sculpté sur le mur de la piece ouverte d'appartement qui est sur le comble du grand temple de Tintyra : son bâton est terminé par une fleur de lotus : l'ornement qui est sur son justaucorps prouve que les parties de la figure qui paroissent nues étoient couvertes d'un tissu en mailles; la bordure de son vêtement ressemble au signe qui d'ordinaire représente l'eau; la chaussure est une semelle, portant un simple quartier, au bout duquel est attaché un arc, qui passe sur le coude-pied; le devant de la semelle est fixé au bout par un second arc, qui part du sommet de celui qui passe sur le coude-pied, et par un cintre élevé vient aboutir entre le pouce et le premier doigt à la naissance de l'un et de l'autre.

No. 8.—J'aurois cru que cette figure étoit la représentation d'un jeu, d'une cocagne, si la gravité du lieu où je l'ai trouvé, les signes sacrés qui terminent cette espece de mât dressé, ne m'eussent averti qu'il falloit y attacher un sens emblématique. J'ai trouvé deux fois cette même représentation : la première, qui est celle-ci, sur la partie extérieure du mur latéral de la nef du grand temple de Tintyra; l'autre fois dans la partie intérieure du temple. Le panache que portent les personnages qui montent est celui que les prêtres portoient dans les cérémonies : si ce sont des prêtres, cela ne voudrait-il pas indiquer les efforts que cette caste faisoit pour parvenir à la sagesse et à la connoissance des mysteres d'Isis, dont les emblêmes sont à la partie la plus élevée, tandis que les autres, sans y prétendre, ne font que leur prêter secours pour y parvenir? c'est-à-dire, que les uns représenteroient le peuple, dont les travaux aident ceux qui ne s'occupent que de choses relevées, et purement immatérielles; et les différents points d'élévation de ceux qui montent indiqueroient les différents degrés d'initiations pour arriver à la connoissance parfaite des mysteres d'Isis, le principe de tout, dont les signes

signes emblématiques sont au-dessus du mât.

No. 9.— Figure d'un prêtre portant un emblême sacré, sculpté sur une face intérieure d'un mur du temple principal de l'isle de Philée.

PLANCHE LXIV.

No. 1.— Deux chevaux ailés, sculptés sur la troisieme plate-bande du plafond du portique du grand temple de Tintyra; c'est la seule fois que j'aie vu la figure d'un cheval dans des tableaux hiéroglyphiques: on peut voir ici, comme dans les tableaux de batailles, que les Egyptiens les savoient très bien dessiner.

No. 2.— Ce tableau est sculpté en grand au fond du sanctuaire du temple qui est dans l'isle auprès de celle de Philée, et semble être l'emblême de sa consécration; cette figure ne seroit-elle pas celle de la terre environnée du ciel, au milieu duquel seroit le disque du soleil? j'ai déja trouvé pareille figure sous le portique du temple d'Apollinopolis magna.

No. 3.— Le dieu Chat, auquel une figure à bec d'ibis offre un vase; il est dans un temple qui a un demi-fronton ou une espece de toit, que j'ai vu souvent représenté en bas-relief, et que je n'ai jamais trouvé en nature: celui-ci est sculpté dans l'intérieur du temple d'Hermontis.

No. 4.— Tableau sculpté dans l'intérieur du temple d'Hermontis.

No. 5.— Tableau sculpté dans le même lieu que le précédent.

No. 6.— Autre tableau sculpté dans le même temple; les murs intérieurs de ce temple, partagés en compartiments inégaux, sont couverts de bas-reliefs, placés ainsi que dans une galerie où seroient rassemblés des tableaux de différents maîtres; n'ayant pu jamais me flatter dans mes différents voyages à Hermontis d'avoir le temps d'en dessiner des faces entieres, j'ai pris à part tout ce qui m'a paru le plus intéressant. Celui-ci, représentant l'ibis entre deux divinités grasses, ne feroit-il pas allusion à la saison féconde, qui étoit celle du passage de cette espece d'oiseau en Egypte?

No. 7.— Un scarabée sur le disque du soleil ou de la lune; l'inscription au-dessous est exacte, les endroits où elle manque sont fragmentés. Ce bas-relief est sculpté en grand à la partie extérieure du fond du temple d'Hermontis.

No. 8.— Tableau fort remarquable; il est encore de ceux de la collection qui décore l'intérieur du temple d'Hermontis: un épervier en sphinx, avec une queue très extraordinaire, le mauvais génie; devenu le symbole de la propagation, et tenant le fléau de l'abondance.

No. 9.— Un oiseau à tête de cheval, sculpté sur la même plate-bande que le No. 1 de cette même planche.

No. 10.— Bas-relief sculpté au-dessus de la porte extérieure des grottes, qui étoient les tombeaux des rois d'Egypte, tandis que Thebes en étoit la capitale.

No. 11.— Sphinx sculpté contre une des faces intérieures des murs du temple de Tintyra.

No. 12.— Emblême sculpté sur une des architraves du portique du temple d'Apollinopolis magna.

No. 13.— Tableau sculpté et peint sur une des architraves du grand temple de Tintyra; trois loups ou chakals enchaînés à la figure d'Isis, et trois Anubis en adoration; les marques qui sont sur leurs corps sont prononcées comme ici d'une maniere très remarquable.

No. 14.— Cette figure, très souvent répétée dans l'écrit re inscriptive, a été dessinée avec exactitude d'après une sculptée en grand

grand sur une des architraves du portique d'Apollinopolis magna.

No. 15.—Bas-relief sculpté sur la porte de la pièce ouverte de l'appartement bâti sur le grand temple de Tintyra.

No. 16.— Vase extraordinaire, avec une inscription sculptée sur un mur du temple d'Hermontis.

No. 17.—Figure très remarquable d'une girafe, la seule que j'aie vue dans l'innombrable quantité d'hiéroglyphes ou de bas-reliefs que j'ai observés pendant mon séjour dans la haute Egypte; elle est sculptée sur la partie extérieure de la muraille qui fait le fond du temple d'Hermontis.

PLANCHE LXV.

No. 1.—Cette figure de trois quarts de nature sculptée de haut-relief sur la porte principale de l'intérieur du portique du temple de Latopolis à Esnê, est sans doute celle du dieu auquel étoit dédié ce monument, le Jupiter Egyptien, celui adoré à Ammon.

No. 2.—J'ai trouvé plusieurs fois cette grande figure sculptée à côté de la porte des tombeaux, où il n'y avoit qu'un seul corps; je l'ai toujours trouvée dans cette attitude de pitié et d'attendrissement : seroit-ce la veuve du mort exprimant ses regrets ? seroit-ce le costume des femmes Egyptiennes, que l'on ne trouve nulle part ailleurs ? dans ce cas il auroit été aussi incommode à porter que désagréable à voir. Cette figure-ci a été prise dans les tombeaux qui sont dans les carrières de Silsilis (Voyez Planche LXXVI. No. 1.).

No. 3.—Ces figures, prises dans le même temple, et près de celles Planche LXIII. No. 1, pourroient bien être la suite de la représentation du même évènement ; ici ce seroit l'encens présenté au héros qui auroit remporté une victoire : on peut remarquer, comme dans l'autre tableau, des particularités dans le costume, et plus de mouvement dans les figures.

No. 4. — La tête d'Isis, qui occupe le milieu de la corniche du frontispice du grand temple de Tintyra, et qui placée là semble indiquer la consécration de ce monument à cette divinité. Cette même figure est sculptée d'une proportion gigantesque sur la partie extérieure du mur de fond du temple.

No. 5.—Tableau sculpté dans l'intérieur du portique de Latopolis à Esnê. Est-ce une chasse au filet ? en un pareil cas ils n'ont pas mis des figures emblématiques (Voyez Planche LXVII. Lettre F.) Sont-ce trois mois pendant lesquels les ibis se répandoient dans l'Egypte, ou ceux de la retraite des eaux, ceux de l'abondance ? la quatrieme figure, avec une tête d'ibis, et tenant une clef des canaux, sembleroit étayer cette dernière opinion.

No. 6.—Sistre avec la tête d'Isis : on sait que cet instrument étoit employé aux cérémonies du culte de cette déesse; celui-ci, sculpté avec soin, a été dessiné avec exactitude dans le temple de Tintyra.

No. 7.—Offrande faite par un héros au dieu de l'abondance ou de la reproduction, la grande divinité de Thebes ; le héros est en habit militaire, dans le costume des triomphateurs, accompagné d'un génie protecteur. Ce tableau est sculpté en grand dans l'intérieur de la partie sacrée du temple de Luxor.

PLANCHE LXVI.

No. 1.—Figure que je crois celle d'Orus ou de la terre, fils d'Isis ou d'Osiris ; je l'ai vue le plus souvent avec l'une et l'autre de ces divinités, ou leur faisant une offrande, toujours avec une figure jeune et d'une taille plus petite que les autres : j'ai trouvé celle-ci sur une des colonnes du portique de Tintyra ; elle étoit recouverte en stuc, et peinte : le stuc, en partie écaillé, me laissa voir des lignes

lignes tracées comme avec de la sanguine; la curiosité me fit achever d'enlever le stuc, et je trouvai le trait de la figure tracé avec des repentirs de dessin, une division en vingt-deux parties, le départ des cuisses partageant la grandeur totale de la figure, et la tête en formant un peu moins de la septieme partie; les Egyptiens avoient donc un type, un mode, un canon? ils avoient donc un art avec des principes fixes? Ce qui me parut singulier, ce fut de trouver, tout auprès de cette figure si réguliere, des traits tracés deux ou trois mille ans après et par les mêmes catholiques des premiers siecles, qui détruisoient si soigneusement les sculptures du culte Egyptien, et qui, avec toute la gaucherie de la barbarie la plus inepte, s'étoient efforcés de dessiner la figure d'un de leurs évêques avec la mitre et la croix: sans partialité pour l'histoire de l'art, j'ai tout pris avec la même exatitude, et j'en ai conservé la comparaison telle qu'elle m'a frappé.

No. 2.—J'ai trouvé ce groupe très souvent répété, dans les peintures qui décorent les tombeaux des rois de Thebes; la figure attachée au poteau, terminée par une tête de loup ou de chakal, et qui a la tête coupée, est toujours noire avec le caractere negre, et celui qui tient le coutelas est toujours rouge. Il y avoit donc des sacrifices humains? le poteau sacré indiqueroit que c'est une fonction religieuse, et non un supplice; que c'étoit une victime, et non un coupable; que c'étoit un captif et non un criminel; que le rouge étoit la couleur nationale, et le noir la couleur étrangere. On trouve chez tous les peuples des divinités qui veulent du sang, parceque les hommes qui se sont fait des divinités les ont créées à leur image, et leur ont donné toutes leurs passions et tous leurs vices.

No. 3.—Cette figure, qui réunit de grandes curiosités, m'a été communiquée par le général Dugua; elle a été dessinée d'après un fragment de granit près de Souès, et si naïvement, que je ne puis soupçonner la main qui en a fait le dessin d'être capable de la malice d'un faux. L'écriture persépolitaine, jointe au caractere bien prononcé de la tête d'un mage, telle qu'on la voit sur les médailles antiques de Perse, et le signe Egyptien du globe ailé, ce rapprochement d'époques, ce mélange des arts de deux nations rivales; que je n'ai jamais rencontré qu'ici, m'a fait penser que, malgré la loi que je me suis faite de ne présenter à mes lecteurs que ce que j'aurois vu ou dessiné moi-même, je ne pouvois me dispenser d'offrir ce fragment à la curiosité des observateurs.

No. 4.—C'est une espece de chapelle ou d'ex-voto, ou temple votif et portatif, d'une seule pierre de grès: celui-ci a été trouvé à Saccarah; il est du double de la grandeur du dessin; il a été apporté en France par le citoyen Descotil, qui a bien voulu me le communiquer. Les No. 5 et 6 sont les côtés; il falloit sans doute qu'il fût appuyé contre quelque chose, car il n'y a rien de sculpté derriere: la figure du milieu est la tête d'une divinité sur un corps de serpent; aux deux côtés sont un homme et une femme faisant des offrandes.

No. 7.—Ce tableau d'un genre particulier m'a paru être un jeu, et la représentation de tours de force que l'on fait faire à des ânes, dont je n'ai trouvé la figure dans aucun tableau hiéroglyphique; ceux-ci sont sculptés dans une grotte à mi-côte de la montagne libyque, à l'ouest de Thebes. Ce tableau, travaillé sur le massif de la roche, sur la pierre calcaire, est si fin et si recherché pour le travail, qu'il ressemble plutôt à de la ciselure d'orfévrerie qu'à de la sculpture; ce sujet d'un genre tout-à-fait particulier a plus de souplesse dans les contours et plus de grace dans la pose qu'on n'en trouve ordinairement dans les bas-reliefs Egyptiens. Ils avoient

avoient donc une école, et un style à part, exempt des inconséquences des figures hiéroglyphiques. L'usage existe encore dans le pays de lever dans la même attitude les ânes qui viennent de faire une course, afin de les délasser et de leur déroidir les membres.

No. 8.—Ce tableau est de même nature que le précédent, il existe dans la même grotte; il est encore plus évidemment un jeu: la figure du milieu va sauter sur la corde; elle a toute la naïveté de ce mouvement; les autres ne sont pas moins bien dans l'action, et prouvent que, lorsqu'ils en avoient une à exprimer, ils savoient prendre la nature sur le fait et en rendre l'expression. La roche sur laquelle tout cela est sculpté est friable, et s'est effeuillée d'elle-même, ce qui a fragmenté tout naturellement cette petite collection particuliere et très précieuse: j'en aurois dessiné tout ce qui en reste de détails, si je ne l'eusse découvert le soir et à l'instant où j'étois obligé de quitter ce lieu pour toujours.

No. 9.—J'ai joint le développement de ce petit cippe persépolitain pour servir de comparaison avec l'écriture à clou du No. 3.

Planche LXVII.

No. 1.—Un manuscrit en toile ou bandelette de momie, trouvé dans un triage du magasin des curiosités de l'académie des sciences; il est composé d'une suite de dix-neuf pages, séparées et encadrées avec autant de vignettes: la premiere a un titre écrit en rouge; le premier mot de chaque colonne est écrit de même couleur; la boule de la premiere vignette, No. 1, paroît être le soleil; il est coloré rouge; ce qui en sort est sans doute un faisceau de lumiere, composé alternativement de globules rouges, et de globules noirs; ensuite viennent des pages, dont les vignettes sont des oiseaux: je n'ai figuré qu'une des pages d'écriture, parceque la totalité auroit tenu un grand espace, sans ajouter aucun intérêt à l'estampe tant que l'on n'aura pas découvert le moyen de lire ce manuscrit; il suffit d'en voir quelques-uns pour satisfaire la curiosité, et savoir où les autres existent en cas qu'on parvienne à pouvoir les lire; jusque-là les tableaux ont un intérêt plus particulier; comme ici, les temples monolithes No. 13, 17 et 18, qui prouvent évidemment que ces especes de monuments ont servi à tenir les oiseaux sacrés, ainsi que je l'avois pensé lorsque je trouvai le premier encore à sa place dans le temple de Philée (Voyez le plan de cette isle, Planche XXXVIII. No. 92, et le journal.) Le No. 2 est un épervier avec une tête d'homme, une figure devant lui dans l'attitude de l'admiration. No. 3. Un épervier sur une cage. No. 4. Un épervier sur une dalle. No. 5. Un vanneau, oiseau très multiplié en Egypte, et dont il y a nombre d'especes. No. 6. Une demoiselle de Numidie. No. 7. Un serpent à tête d'homme. No. 8. La consécration d'une fleur de lotus. No. 9. Une même consécration devant une tête qui sort de la plante du lotus. No. 10. Un homme prosterné devant trois divinités qui semblent les mêmes. No. 11. Un corbeau perché sur une demi-circonférence toute marquée de points, qui peuvent être des étoiles; ce qui pourroit être l'emblême de la nuit. No. 12. Un bateau sur l'eau. No. 13. Un petit temple monolithe; deux éperviers dehors du temple, posés sur le stylobate; une figure d'homme assise, tenant un bâton, et qui semble être leur gardien; le siége, très élégant, est formé d'un corps d'animal, de ses jambes, de ses cuisses, et de sa queue. No. 14. Une figure, que j'ai toujours cru devoir être celle de la terre, posée et incrustée dans une dalle; un instrument tranchant semble la partager en deux parties. No. 15. Un homme à tête de loup, présentant à manger à une divinité en forme.

forme de terme; il porte en même temps la main sur la partie de la génération de cette divinité. No. 16. Un sacrifice; sous l'autel, sont des vases d'eau lustrale. No. 17. Une figure en admiration devant un tabernacle ou temple monolithe, dont la porte est fermée; la porte est un treillage. No. 18. Un temple monolithe, dont une figure ouvre la porte, et présente à manger à l'oiseau qui y est enfermé. No. 19. La même vignette que le No. 10. Après cela viennent quatre tableaux l'un dessus l'autre, et qui tiennent tout le diametre du manuscrit: celui d'en-haut est un bateau; le second, un homme à genoux fait une offrande de quatre vases, et d'autres choses, que je ne sais comment nommer, à une divinité assise; le troisieme, une autre offrande à deux figures qui paroissent être deux divinités; le quatrieme est à moitié déchiré. Parallèlement sont quatre autres tableaux, qui ne sont point terminés, parcequ'à cet endroit la bandelette a été déchirée: celui d'en-haut représente une offrande de la cuisse d'un animal à trois divinités accroupies, dont celle du milieu est rouge; un bateau conduit par un homme accroupi, tenant une rame à deux mains, et dans la même attitude pratiquée encore aujourd'hui en Egypte: le second tableau, une moisson en maturité, qu'un homme coupe avec une faucille; un autre homme qui soigne une plante, qui n'est plus du bled, mais du riz ou du doura: dans le troisieme, un homme qui laboure; il tient la corne de la charrue, et appuie le pied sur le soc; la charrue est traînée par un bœuf; il y a des arbres très mal dessinés, entre lesquels sont deux figures de la terre; la premiere bande est fort dégradée.

La derniere file, au bas de l'estampe, sont des bas-reliefs pris dans de petits monuments qui sont près des pyramides de Gizéh, représentant diverses actions de la vie privée; une suite d'occupations rurales, de transport de leurs productions aux marchés des villes, de pêche, de chasse, etc. On peut remarquer que, lorsque les figures ne sont plus hiéroglyphiques ou emblématiques, la sculpture perd la roideur de ses poses; que le mouvement indique parfaitement l'action, et souvent d'une maniere très gracieuse, comme on peut le remarquer, lettre D, dans le groupe de cette gazelle qui allaite son petit.

Planche LXVIII.

No. 1.— Figure d'Isis sculptée sur la porte latérale d'une des plates-bandes du portique du temple de Tintyra: cette figure répétée trente fois de suite ne varie que par l'inscription, qui devient nulle par l'impossibilité d'en distinguer les caracteres, et l'éloignement où ils sont placés; inconséquence dont il est difficile de rendre compte, et qui est aussi ridicule qu'il le seroit de placer des livres sur des rayons de bibliotheque où on ne pourroit les aller prendre, inconvénient répété cependant à chaque instant dans les monuments d'Egypte; ce qui y est écrit ressemble à des dépôts d'archives qu'il suffit qui existent, et qu'on n'a jamais besoin de consulter.

No. 2.—Cette figure n'a de particularité que la tête d'Isis sur une gaîne, ce que je n'ai vu que cette seule fois; elle est dans la troisieme piece du petit appartement sur le temple de Tintyra.

No. 3.—Une figure de divinité avec une tête de crocodile; elle est sculptée dans le petit temple qui est derriere le grand à Tintyra.

No. 4.—Tout ce numéro est sculpté sur la face intérieure de la principale porte du temple d'Hermontis: j'ai dessiné ce groupe de tableaux pour faire voir comment ces rassemblements se composent; les inscriptions ne pouvoient être distinguées tant à cause de l'obscurité du lieu que de l'élévation où elles

sont

sont placées; je ne les ai figurées ici que pour donner une idée de leur distribution et de leur nombre. Le tableau principal représente deux figures d'Isis en action de grace devant un emblême d'Osiris, sur un autel rayonnant de tiges de lotus, que de mauvais génies semblent vouloir couper; entre les cornes de la vache, qui est au-dessous, j'ai cru distinguer la figure du petit Orus, que l'on voit répétée sur les genoux des quatre divinités qui sont sur des autels; aux parties latérales sont des cochons, auxquels il semble qu'on fait la chasse.

No. 5.—Ce tableau est sculpté dans le même temple, mais dans la partie secrete, d'autant plus secrete qu'elle n'est éclairée à présent que par une dégradation près du plafond, que la lumiere n'en arrive pas jusqu'au sol, et que pour appercevoir ce qui étoit sur le mur j'étois obligé de fermer long-temps les yeux, et d'aller dessiner dehors ce que j'avois pu entrevoir et ce que ma mémoire avoit retenu.

Les figures des vaches sont-elles des signes célestes, des constellations? est-ce Isis qui leur confie son fils Orus pendant que le soleil est dans le signe du lion, sur la peau duquel elles sont assises? au-dessous on voit le même petit Orus allaité par deux vaches; dans les figures de côté, Isis semble défendre son fils de Typhon en acte de couper les tiges de lotus.

No. 6.—Figure sculptée dans le portique du temple de Latopolis, à Esnê, où il y a tant d'autres figures de serpents.

No. 7.—Figure sculptée dans le portique du grand temple de Tintyra.

No. 8.—Figure d'Osiris dans la piece ouverte du petit appartement sur le grand temple de Tintyra.

No. 9, 10, 11, 12.—Ces tableaux sont tous quatre sculptés dans la troisieme chambre du petit appartement qui est sur le grand temple de Tintyra; ils m'ont paru représenter l'état de la terre ou de la nature à certaines époques de l'année.

No. 12.—Seroit-ce la nature endormie, et toujours vivante, protégée par des emblêmes de la divinité bienfaisante?

Dans le No. 11 la même figure endormie sur le signe du lion, représenté par la peau de cet animal; les quatre figures qui sont dessous pourroient être des constellations, ou les mois du repos de la nature; pendant ce temps une divinité protectrice semble veiller sur elle.

Dans le No. 10 la même figure couchée de même avec quatre nouveaux signes sous le lit de repos; elle paroît s'éveiller, et reçoit l'offrande d'un sacrifice; ce qu'explique peut-être l'inscription qui y est jointe.

Dans le No. 9 la même figure, tout éveillée, et prête à se lever, tient le signe du pouvoir et de l'abondance; elle reçoit la clef des canaux, l'emblême du débordement, qui est le temps où cesse le sommeil de la nature en Egypte.

Planche LXIX.

No. 1.—Le tableau peint sur le plafond du portique du principal temple de l'isle de Philée.

No. 2.—Le sacrifice d'un bœuf fait à Osiris; le sacrificateur en présente la cuisse et le cœur à la divinité. J'ai remarqué toutes les fois que j'ai rencontré l'image de ces sacrifices ou celle des offrandes, que c'étoient toujours ces deux parties qui étoient offertes de préférence; la différence des costumes est très remarquable entre le victimaire, les sacrificateurs, et celui qui offre le sacrifice, d'où il résulte que l'habit long auroit été l'habit noble, et le plus respecté. Ce tableau est sculpté dans la piece ouverte de l'appartement qui est sur le grand temple de Tintyra.

No.

No. 3.—Ce sujet est sculpté dans le grand temple de Karnak, à Thebes; Isis tenant Orus au milieu des lotus pourroit indiquer la terre couverte d'eau; le temps de l'inondation.

No. 4.—Ce tableau m'a semblé représenter le lotus flétri, et ravivé par l'eau qui est versée dessus, ou les maux de la sécheresse réparés par l'inondation; il est sculpté sur le mur dans l'intérieur du portique du temple de Latopolis, à Esnê.

No. 5.—Ce tableau est sculpté dans la partie intérieure du portique du grand temple de Karnak; c'est la seule fois que j'aie vu un arbre dans un tableau hiéroglyphique, et des offrandes au bout d'un bâton.

No. 6.—Ce tableau extraordinaire est sculpté dans le petit temple qui est derriere le grand, à Tintyra; la figure sur laquelle est le serpent m'a semblé dans le relief être une massue, qui paroît être au moment d'écraser le petit Orus, secouru par l'emblême d'Isis; les cornes de la vache, la mesure du Nil, le débordement, qui sauve la terrre des atteintes de Typhon, du vent du désert.

No. 7.—Isis portée par des éperviers et par des chakals, sous un portique formé de trois tiges de lotus. Ce tableau est sculpté dans l'intérieur du portique de Latopolis, à Esnê.

No. 8.—Vase sculpté contre le mur de la partie intérieure du portique de Tintyra.

No. 9.—Orus faisant une offrande à Isis et à Osiris, ou la terre reconnoissante des bienfaits du ciel: quoiqu'il me fût impossible de distinguer les petits caracteres à l'éloignement où ils étoient placés, j'ai dessiné ce tableau avec toutes les inscriptions qui l'accompagnent, pour donner une fois l'idée du nombre de celles dont ordinairement sont surchargés les tableaux hiéroglyphiques, et qui doivent leur servir d'ampliatifs ou être leurs explications. Celui-ci est un des deux mille qui sont sculptés sur les murs du grand temple de Tintyra.

No. 10.—La grande divinité du grand temple de Karnak, à Thebes; le sanctuaire de ce temple, construit en granit, a tout son intérieur couvert en compartiments de petits tableaux de cette forme, où cette divinité est toujours représentée dans la même attitude et recevant des offrandes de différents genres: il est probable que c'est dans ce sanctuaire que se faisoit l'étrange sacrifice dont une jeune vierge étoit la victime, et les prêtres les sacrificateurs; c'est-à-dire la cruauté mêlée de tous les temps à la volupté, qu'il faut cacher et déguiser.

No. 11.—Ce bas-relief hiéroglyphique, d'un dessin très agréable, est sculpté dans le sanctuaire du Typhonium d'Apollinopolis magna, à Etfu; c'est Isis au moment du débordement recevant les clefs des canaux du Nil.

No. 12.—Deux divinités qui enfoncent une espece de pieu dans le calice de deux fleurs de lotus; une étoile surmontée de cornes, le vêtement de la figure de la femme recouvert d'une peau de panthere, sont des particularités que je n'ai vues que cette seule fois.

No. 13.—Je crois cette figure sans signification; dans ce cas elle seroit très remarquable, et feroit voir combien les Egyptiens, lorsqu'ils n'étoient pas retenus par un usage sacré, savoient donner un mouvement gracieux à la pose de leurs figures; la souplesse et la gaieté sont répandues dans toute l'attitude de celle-ci; on en feroit une statue sans rien changer à sa pose; bien exécutée, elle pourroit passer pour une production grecque: j'appelle à l'appui de cette opinion les deux tableaux faits dans la même esprit (Planche LXVI. No. 7, et No. 8); celle-ci est sculptée dans la troisieme chambre

de

de l'appartement qui et sur le grand temple de Tintyra.

No. 14.—Le crocodile sur le couronnement du portique d'un temple, un autel devant lui, et recevant une offrande; ce tableau est sculpté dans la partie intérieure du portique du temple de Latopolis à Esnê.

No. 15.—Un temple avec un fronton; il est sculpté dans le portique du grand temple de Tintyra. Les édifices n'ayant pas besoin de toits en Egypte, où il ne pleut jamais, il en est résulté qu'il n'y a point de fronton dans l'architecture Egyptienne; la représention de celui-ci est tenue par un personnage qui en fait une offrande: c'étoit donc un temple votif, un temple Egyptien, à en juger par la porte, et peut-être érigé par un héros Egyptien dans un pays éloigné de l'Egypte? C'est la seule figure que j'aie vue de ce genre.

PLANCHE LXX.

Tout cette planche a été dessinée d'après différentes parties du temple de Cneph, à Eléphantine; les tableaux semblent représenter la consécration de ce temple par un héros, ou des sacrifices, pour se rendre les divinités propices et pour se mettre sous leur protection.

No. 1.—La partie extérieure latérale du nord dudit temple.

No. 2.—La figure du héros prise à part, pour faire connoître les détails du costume, de la coiffure, du bandeau, du collier : j'ai vu un seul fragment de ce collier en nature; il appartenoit à l'adjudant-général Morand; il étoit en acier, damasquiné en or : des bracelets, une ceinture, avec une agrafe représentant une tête servant à relever le tonnelet, une queue, qui étoit une marque de dignité. Chaque fonction d'une même cérémonie avoit son habit particulier, comme on peut le remarquer même planche, No. 5; quelquefois par-dessus l'habit, No. 2, il a une grande robe blanche de voile transparent, à travers laquelle on distingue les formes et même les couleurs des vêtements qui sont dessous, comme on peut voir à la figure à droite dans le bas-relief No. 5; une espece de frange qui partoit de la ceinture étoit terminée par sept figures de serpent; le brodequin étoit, comme on le voit, extrêmement simple.

No. 3.—Un des petits côtés des piliers qui soutiennent la galerie extérieure qui est autour du sanctuaire du temple.

No. 4.—Un des grands côtés des mêmes piliers.

No. 5.—Un grand tableau en bas-relief, qui tient tout un côté de l'intérieur du sanctuaire du temple; il représente un sacrifice d'animaux domestiques, d'animaux sauvages, d'oiseaux, de poissons, de fleurs, de fruits; le héros qui présente les offrandes tient d'une main l'encens, de l'autre l'eau lustrale.

Sur un grand autel est un bateau, dans lequel est un temple qui paroît ne pouvoir pas contenir ce qui y est consacré.

A gauche, sous une espece de table de promission, sont des fleurs de lotus, des palmes, et des figures emblématiques d'Isis; et le groupe à droite, l'apothéose ou la protection accordée au héros par les deux grandes divinités: le tableau qui faisoit face à celui-ci n'a de différence que dans la figure qui offre le sacrifice, et qui, au lieu de tenir un vase d'eau lustrale, tient un groupe de pigeons par les ailes. J'ai pris toutes les inscriptions hiéroglyphiques avec une scrupuleuse exactitude.

PLANCHE LXXI.

No. 1.—Un mauvais génie, qui menace Isis, assise sur des fleurs de lotus qui ne sont pas encore épanouies: ne seroit-ce pas le vent du désert qui menace la récolte avant sa maturité? Ce tableau est sculpté dans l'intérieur du du temple d'Hermontis, qui m'a paru être consacré à cette divinité mal-faisante.

No. 2.—Signes astronomiques sculptés sur le plafond de la partie sacrée du temple d'Hermontis; sur un fond d'étoiles, qui est le firmament, une grande figure, que je crois être celle de l'année, enveloppe l'écliptique; le soleil, sous l'emblême de l'épervier, a un de ses solstices au signe du scorpion, et l'autre à celui du taureau; la figure sur un bateau peut désigner la marche du soleil, ou le mouvement des astres.

No. 3.—Tableau sculpté sur une des architraves du portique du grand temple d'Apollinopolis magna.

No. 4.—Ce bas-relief fait partie du même plafond où est sculpté le planisphere céleste, dans la seconde chambre de l'appartement qui est sur le temple de Tintyra; ce doit être encore un tableau astronomique: ces quatorze barques portant une boule ou un disque seroient-elles les mois lunaires? mais pourquoi quatorze? le nombre quatorze étoit consacré, No. 2 et 3.

Quel est ce globe ailé devant la bouche de la grande figure? J'ai retrouvé le même emblême dans le même temple à une figure à-peu-près pareille, Planche LXXIV. Est-ce le départ du soleil en commençant son voyage pour parcourir les planetes?

No. 5.—Tableau peint sur le plafond du portique du grand temple de Philée. Sur un fond bleu les trois figures en couleur naturelle: est-ce l'espace dans lequel le soleil et la lune enveloppent la terre, présentés sous les figures d'Osiris, d'Isis, et d'Orus?

No. 6.—Tableau qui occupe la moitié du plafond de la troisieme chambre de l'appartement qui est sur le comble du grand temple de Tintyra (Pl. LX.) Il est difficile d'imaginer ce que ce peut être que ces trois figures de femmes dans de si singulieres attitudes, et qui étendent si étrangement leurs bras pour atteindre à cette petite figure d'Osiris: ce que l'on peut remarquer de plus positif, c'est que les bras qui partent du cerveau prouvent bien évidemment que les Egyptiens avoient des conventions pour exprimer certaines choses, auxquelles ils faisoient céder les lois les plus sacrées de l'art et même de la nature; qu'il ne faut donc pas juger de l'art chez eux d'après les figures emblématiques; qu'ils avoient un art à part, comme je l'ai fait voir ailleurs; mais qu'il étoit retenu dans des limites, et astreint à des usages consacrés par des réglemens séveres; ce qui fait que les productions du genre gracieux sont si rares, qu'avant notre expédition on ne savoit pas s'il en existoit.

No. 7.—Cette figure sans pieds est la seule que j'aie vue: ces figures, qui reparoissent si rarement, devoient apporter de grandes difficultés à la lecture des hiéroglyphiques, et introduire dans cette écriture tous les inconvénients de celle des Chinois, si nombreuse et si pauvre.

Cette figure-ci est sur la frise du portique du grand temple de Tintyra; une autre, qui lui ressemble, est dans le zodiaque qui est sur le plafond du même portique.

No. 8.—Ce tableau est sculpté sur le plafond de la seconde chambre d'un second appartement, parallele à celui dont nous avons si souvent parlé, bâti sur le comble du grand temple de Tintyra; cette vaste plate-forme, entourée de la corniche de l'édifice qui lui servoit de parapet, contenoit dans la seule partie de la nef un petit temple ouvert à l'ouest; et à l'est, en se rapprochant du portique, l'appartement où est le zodiaque, et celui dont il est question ici: ce dernier est si encombré des ruines des mauvaises maisons qu'on a bâties postérieurement sur ce temple, qu'il faut le chercher pour le trouver, et que ce n'est qu'après plusieurs voyages que je l'ai découvert. Ce tableau, qui couvre tout le plafond

plafond de cette chambre, donne 30 pieds de proportion à la grande figure de femme : c'est peut-être celle de l'année ; toutes les petites figures qui sont sur son bras et sur son corps peuvent le faire penser ; ce globe qui a des jambes pourroit être la marche de la terre dans la révolution de l'année ; le même globe passant de la figure du soleil à une autre figure, pourroit bien être la terre entre le jour et la nuit ; dans le globe la figure pliée entre un homme et une femme ne seroit-elle pas celle de la terre, qui présente un côté au jour, tandis qu'elle offre la partie contraire à la nuit ; Isis et Osiris, qui veillent sur elle, la gouvernent, en reglent les mouvemens ? peut-être rien de tout cela, et peut-être toute autre chose ; c'est ce que tout-à-coup décidera la découverte de l'écriture, c'est ce qui servira peut-être aussi à la faire déchiffrer. Je croirois la figure qui est dessous, celle d'Orus ou de la terre, dont le mouvement est en rond et sur elle-même ; les figures d'Osiris aux extrémités de ses bras, le soleil au tropique, s'approchant de chaque pole dans le cours de l'année ; tous ces rayons, des divisions de l'année, ses influences sur la terre, une espece d'almanach : car il ne faut pas s'éloigner de l'astronomie dans les explications hypothétiques que l'on cherche à donner à ces sortes de figures, qui étoient sans doute des signes et des systèmes astronomiques. J'ai relevé avec exactitude toutes les divisions et toutes les figures caractérisées qui y restent tracées ; ce qui en manque a été emporté par une transsudation saline qui a détruit la masse de grès dans laquelle ils étoient pris.

Planche LXXII.

No. 1.—Ce bas-relief est sculpté sur une des plates-bandes du portique du grand temple de Tintyra. Entre les deux bandes, No. 1, il y avoit des caracteres hiéroglyphiques, que je n'ai pas eu le temps de copier ; tous les cartels qui accompagnent les figures sont exacts ; ceux que l'on ne peut distinguer dans la gravure sont de même inintelligibles dans la vérité, soit qu'ils aient été rompus par l'impression des balles de fusil que l'on a tirées dans ce plafond, soit par des stalactites qui en ont couvert le relief ; il en est de même de quelques figures que j'ai données dans le même état où je les ai trouvées ; les étoiles qui accompagnent chaque figure et chaque cartel annoncent que l'objet de ces bas-reliefs est relatif à l'astronomie ; toute la premiere bande est occupée par des figures de serpents, comme au plafond du portique du temple de Latopolis, à Esnê.

Une particularité de la seconde bande est la figure du soleil sous l'emblême de l'épervier, au milieu de figures accompagnées d'étoiles, dont le nombre augmente progressivement d'un à douze, excepté la derniere, à laquelle il en manqueroit deux, qui auront sans doute été détruites. Seroit-ce l'année, et le soleil au milieu de sa course ?

No. 2.—Cette suite de divinités Egyptiennes est sculptée dans cet ordre sur la frise de la porte qui est sous le portique d'Apollinopolis magna, à Etfu ; j'y ai joint avec une sévere exactitude tous les caracteres qui paroissent être les noms, attributs ou qualités de chacune de ces figures : il est à remarquer que quatorze d'elles sont prêtes à monter quatorze marches vides qui aboutissent à un signe, qui est un œil sur une proue de vaisseau dans un disque de la lune, porté sur un support, terminé par une fleur de lotus, derriere laquelle est une petite divinité ; que le même nombre de marches, le même nombre de divinités, le même signe, et le même petit dieu, sont sculptés sur chaque marche du plafond du portique de Tintyra : j'ai encore une fois trouvé la même chose le long des marches de l'escalier qui monte.

monte de la plate-forme de la nef à la plate-forme du portique du même temple, et le même nombre quatorze dans le petit appartement sur le comble du temple. Dans le bas-relief d'Apollinopolis les figures ont les jambes engagées ; dans celui de Tintyra il y a alternativement une figure d'homme, une figure de femme : j'ai cru devoir indiquer ces rapprochements et ces différences matérielles à ceux qui sauront y attacher des idées abstraites.

No. 3.—Je préviens le lecteur que tous les signes des petits cartels intérieurs attachés aux figures sont exacts, mais que toute la bordure ne l'est que dans la forme des inscriptions, que je n'ai pas eu le temps de prendre, et qu'avec du temps je n'aurois pu donner que très imparfaitement, soit par la petitesse des caracteres, soit par l'éloignement où ils sont placés, soit enfin par leur état de vétusté, accélérée par la filtration des eaux à l'usage de ceux qui ont habité dans des temps plus rapprochés sur le comble de ce temple, et y ont bâti des maisons, dont les murailles en briques non cuites existent encore.

Planche LXXIII.

Fragment de bas-reliefs historiques représentant diverses circonstances de l'expédition glorieuse d'un même héros ; dans le fragment No. 1, il saisit par le bras son adversaire, déjà blessé et terrassé ; il est prêt à le percer d'un coup de lance ; un calumet, signe de victoire ou de paix, est à côte de lui : ces bas-reliefs, sculptés sur les murs à l'extérieur du temple de Karnak, sont moins détruits par le temps que par des démolitions ; c'en est une qui nous prive de la tête du héros, dont il eût été curieux de voir l'expression. Si ces bas-reliefs sont les plus anciens de ceux qui sont arrivés jusqu'à nous, à coup sûr il y avoit long-temps qu'on en faisoit lorsque ceux-ci ont été sculptés. Il y a une noble simplicité dans l'agencement des figures, du style, et de l'expression, dans la pose des deux personnages ; on pourroit plus soigner les détails, mais on ne pourroit pas mieux composer un groupe.

No. 2.—Le héros, remonté sur son char, poursuit l'ennemi, déjà en pleine déroute, fuyant dans les bois et dans les marais pêle-mêle avec les habitants du pays, et les animaux de la campagne ; plusieurs, réfugiés dans une forteresse, sont presque aussi effrayés que les autres, et paroissent même atteints des traits du vainqueur. Ce bas-relief-ci, plus barbare que l'autre, peche absolument par la composition, et plus encore par la perspective : mais la pose de chaque figure à part est vraie et expressive ; elles sont toutes en fuite, blessées, effrayées, ou bien mortes ; les animaux en sont beaux et pleins de style ; les chevaux pleins de feu, de simplicité, et de noblesse : les Grecs n'ont pas fait autre chose pour ceux qu'ils ont mis sur leurs médailles.

La forteresse n'a l'air que d'un enclos palissadé ; l'inscription qui est dessus, si nous savions la lire, nous en apprendroit peut-être le nom ; la forêt est représentée par quelques branches, et le marais par quelques fleurs de lotus.

No. 3.—Le vainqueur sur son char, conduisant ses chevaux, dont les têtes sont panachées en signe de triomphe ; il est entouré de toutes ses armes, de sa lance, de son javelot, de sa hache, de son carquois, de ses fleches, et de ses masses d'armes ; deux génies protecteurs l'accompagnent et le couvrent de leurs ailes ; il ramene des captifs attachés ensemble par les bras et dans différentes attitudes ; ces captifs portent une barbe entiere, un habit long, une plume sur leur casque, et ont toute une autre physionomie que les Egyptiens :

tiens: l'une des inscriptions est peut-être le nom du héros, et l'autre celui des peuples vaincus; un calumet marque la paix où la victoire.

No. 4.—Le même héros présentant ses captifs aux dieux: l'inscription est peut-être le nom des divinités; le génie protecteur est encore là.

Dans d'autres bas-reliefs du même genre le héros reçoit les armes des mains de la divinité, ou du prêtre qui la représente; ces rois, ces héros étoient très pieux, et jamais les prêtres n'étoient étrangers à leurs fonctions; ils recevoient les armes d'eux, c'étoit dans leurs mains qu'ils les remettoient; ils ordonnoient de la paix et de la guerre; c'étoit du temple que partoit le roi pour une expédition; c'étoit dans le temple qu'il en rapportoit les trophées.

PLANCHE LXXIV.

No. 1.—Triomphe d'un roi d'Egypte, de Sésostris, d'Ossimandué, de Memnon, d'un des rois conquérants qui ont régné à Thebes; ce bas-relief historique est sculpté sur le mur intérieur d'une des galeries d'une cour, du temple, ou du palais de la partie sud-ouest de Thebes, près le bourg de Médinet-Abou.

No. 2.—Les trois premières figures de la ligne supérieure sont des soldats portant leurs lances et leurs boucliers; des prêtres, avec des habits longs, et des panaches, marchent devant eux, tenant de longues palmes; deux autres tiennent des tablettes, et des bâtons à fleurs de lotus; deux autres semblent faire des proclamations.

No. 3.—Quatre personnages portent des gradins, pour monter sans doute à la chaise triomphale et en descendre.

No. 4.—D'autres prêtres tiennent des plumes, et sont couverts de tuniques transparentes.

No. 5.—Deux enfants tiennent des bâtons avec des fleurs de lotus.

No. 6.—Douze personnages portent sur un brancard le triomphateur, assis sur un trône, couvert d'un baldaquin; le lion, le sphinx, l'épervier, le serpent, sont les emblêmes de la force, du mystere, de la vélocité, et de la prudence, qui caractérisent le héros; le calumet et les palmes sont ceux de la victoire et de la paix; de plus petits enfants que les premiers marchent à côté du siége, portant les armes du héros; le triomphateur est décoré des attributs de la grande divinité de Thebes; il a un collier, et sur son vêtement est une tunique transparente comme celle des prêtres ou des initiés; son nom ou ses victoires sont peut-être inscrits à côté de sa figure.

No. 9.—Un prêtre en haut, un autre en bas, lui présentent l'encens.

No. 10.—Deux autres en grand costume lisent et proclament ses victoires, et huit autres tiennent de grandes plumes; couverts de tuniques, ils marchent devant lui: ils arrivent au temple de la grande divinité; elle est sous un portique formé de deux tiges de lotus terminées par leur fleur, sur lesquelles pose une corniche, composée de serpents; le héros, en habit de guerre, recouvert d'une tunique sacerdotale, présente d'une main l'encens à la divinité, et de l'autre fait une libation sur les préparatifs d'un sacrifice, composé de vases, d'eau, de cœurs et de cuisses de victimes, et de fleurs de lotus: ensuite la marche recommence; deux personnages, No. 21, portent une espece d'autel, sur lequel sont cinq vases renversés; figure que j'ai souvent trouvée à côté de la grande divinité.

Au-dessus, No. 20, deux autres personnages portent une grande tablette, sur laquelle étoient peut-être écrites les victoires du héros; ensuite la grande divinité, portée par vingt-quatre personnages, est entourée de toute la pompe

pompe des cérémonies, de panaches, de calumets, de trophées, de fleurs; le triomphateur marche devant, coiffé d'un autre bonnet, et, toujours accompagné de son génie tutélaire; il est précédé du bœuf Apis, décoré de bandelettes, portant le disque d'Isis entre ses cornes; un enfant lui présente l'encens; vingt-une figures tiennent chacune une divinité ou l'attribut d'une divinité, ou des oiseaux, et autres animaux sacrés. Arrivés à une espèce d'autel, un prêtre paroît être au moment de sacrifier devant ce triomphateur, une jeune victime humaine; un autre laisse aller un oiseau, qui semble être l'emblème de l'âme qui se sépare du corps de la victime; ce qui attesteroit l'usage, que les Grecs nous disent Égyptien, de sacrifier après une victoire le plus jeune des captifs de l'un ou de l'autre sexe: l'inscription qui y est jointe en est peut-être la consécration; le personnage qui est au-dessus, No. 36, et qui tient une tige de lotus rompue dont la fleur n'est pas épanouie, est peut-être l'emblème de la mort prématurée de la victime.

Vient après, No. 40, un sacrifice moins barbare, fait par le héros lui-même, d'un faisceau d'épis au dieu Apis, porté sur les épaules des prêtres.

Dans une proportion plus petite, No. 41, le même héros tient une chaîne, supportée par neuf figures, qui pourroient bien être l'emblème des nations vaincues par lui; son génie protecteur tient le signe de la victoire: un personnage lui présente l'encens; l'autre, marqué 43, semble inscrire ou proclamer ses conquêtes.

Si je me permets de prononcer avec confiance sur des objets si importants et tellement perdus dans la nuit des temps, ce n'est pas par la prétention de convaincre mon lecteur de mes opinions, mais pour l'arrêter un moment par des idées quelconques, pour exciter sa curiosité, même sa contradiction: le voyageur observe, parcequ'il n'est occupé que de ce qu'il est venu chercher, de ce qu'il a payé de tant de peines et de soins; le dessinateur, obligé de se traîner lentement sur les objets, est contraint d'en considérer tous les détails; le curieux, qui le reçoit si commodément tout rédigé, glisse facilement sur eux, s'il n'y est ramené par des observations minutieuses, par des observations même qui le blessent, et lui en font souvent enfanter d'autres qui amènent des découvertes. C'est dans l'envie de satisfaire les questions de l'homme qui tout intéresse, que j'ai dessiné tant d'objets; c'est pour aller au-devant de sa curiosité que j'ai encore fait à part, et dans une proportion plus grande, No. 42, la tête du triomphateur, qui est sans doute portrait, puisqu'elle est toujours la même dans toutes ses répétitions: si c'est celle de Sésostris, il est assez piquant d'en connoître les formes, et de s'assurer non seulement qu'il n'avoit rien du caractere Africain, mais qu'il avoit toute la noblesse et l'élégance des figures Grecques.

Après cette longue bande de bas-reliefs sans interruption, et qui appartient par conséquent au même sujet, suivent de grandes pages d'inscriptions, qui sont sans doute l'explication de cette cérémonie, ou l'histoire du héros qui en a été l'objet.

Après ces inscriptions viennent des tableaux fracturés, qui représentent des faits d'armes, des combats; à travers les dégradations j'ai pu reconnoître le même héros poursuivant des ennemis qui fuient à la nage, No. 46; dans le fragment que j'ai pu dessiner j'ai rendu compte de la manière d'atteler les chevaux, d'en attacher les rênes à la ceinture pour laisser les deux mains libres, et les conserver pour combattre; j'ai fait connoître la forme des chars, leurs petites proportions, la manière d'y être placé, les carquois et la manière d'en faire usage.

Dans le tableau qui suit et qui termine cette

cette planche; le héros, après la bataille, assis en arriere de son char, dont ses pages ou archers tiennent les chevaux, fait compter devant lui le nombre des morts par celui des mains qu'on leur a coupées; le personnage qui les compte tient encore le coutelas sous son bras; un autre les inscrit, un autre, en grand habit, semble en proclamer le nombre : derriere lui sont des prisonniers à longues chevelures, qui servent quelquefois à leur lier les bras; leur coiffure, leur barbe, et leur costume, sont absolument étrangers à l'Egypte; une longue suite de ces derniers se perd dans les dégradations occasionnées par les différents usages que l'on a faits des ces temples à diverses époques.

Planche LXXV.

Des fragments d'hiéroglyphes que j'ai rapportés de Thebes; je les ai dessinés de grandeur naturelle, pour faire connoître le style, le caractere, et les différents genres de ces especes de bas-reliefs, soignés dans leur exécution comme de l'orfévrerie; ces fragments viennent de tombeaux particuliers, situés à mi-côte de la chaîne libyque, à l'ouest de Thebes, creusés dans une roche de pierre calcaire argilleuse, et sculptés dans la masse du rocher.

Toute fantastique qu'est la tête du lion No. 2, le caractere en est grand, sévère, et monumental; la tête de serpent, celle de gazelle, et celle d'épervier, sont pleines de vie, et ont la souplesse et le moëlleux de la nature : on n'auroit qu'un seul fragment antique comme un de ceux-là, qu'il faudroit penser que la nation qui l'a produit était très avancée dans les arts.

La grosse tête qui est au milieu, sculptée en creux et relief, est peinte; sa physionomie peut servir de type au caractere des figures hiéroglyphiques, qui, selon toute apparence, était national, les Egyptiens paroissant n'avoir rien emprunté des autres nations dans les arts.

Planche LXXVI.

Ce second manuscrit, beaucoup plus petit, roulé de gauche à droite, a pour particularité un titre au revers, composé de neuf caracteres, que j'ai placés à la droite de l'estampe; le dedans représente un tableau de trois rangs de figures, parsemées d'inscriptions à colonnes toutes verticales, à l'exception d'une seule ligne horizontale : il n'y a aucune partie qui soit cursive, comme dans l'autre manuscrit; et tous les caracteres étant isolés, et l'un sur l'autre, sans qu'il y en ait jamais deux d'accolés, cela peut faire croire que dans ces caracteres d'inscription chaque figure est un mot. Le tableau général semble être une cérémonie mortuaire; dans la derniere bande on voit évidemment une momie dans une barque, passant un fleuve, le Styx peut-être : dans la partie droite la même momie est reçue dans les bras d'une figure d'Orus ou la terre; dans la bande du milieu il y a une autre barque portant un Jupiter Ammon, traîné par huit personnages alternativement masculins et féminins.

Il est à remarquer que la divinité qui est sur la barque est enveloppée d'un serpent, et quatre divinités de même forme dans la bande de dessous sont assises sur des serpents, et des jets de lumiere leur sortent de la bouche, et descendent jusqu'à leurs pieds; dans la bande de dessus et dans celle de dessous, huit figures humaines, qui semblent être des prêtres, marchent en avant les bras élevés dans l'attitude de l'exclamation : le nombre de huit semble être consacré dans ce tableau, puisqu'il se répete dans les trois bandes de figures.

Sur la bande du milieu, derriere la divinité en bateau, est un autel, sur lequel est accroupi un chakal ou loup d'Egypte; sur le

panneau

panneau de l'autel sont deux vases d'eau lustrale, au milieu desquels est une figure représentant une mesure de l'accroissement du Nil, ainsi que j'ai pu le présumer pour l'avoir vue souvent mieux prononcée dans des figures sculptées avec soin: on doit dire cependant que la négligence avec laquelle tout cela est fait tient plus à la vélocité de l'exécution qu'à l'ineptie du dessinateur; car on peut remarquer, dans ces gros traits peu soignés une précision et un tact qui ne manquent ni de finesse ni de sûreté.

Ce manuscrit est dépourvu des couleurs des autres; on n'y voit que du noir et du rouge: il seroit bien difficile de déterminer quelle est la raison qui a pu motiver cette variété; mais comme il peut y en avoir une, j'ai pris le parti de faire graver par deux lignes fines tout ce qui est en rouge, et une grosse ligne pleine ce qui est en noir.

Planche LXXVII.

Autre manuscrit trouvé à Thebes, et rapporté au moment où j'achevois mon ouvrage: il a été donné au général Andréossy, qui a bien voulu me le communiquer; c'est le plus considérable de tous ceux que j'ai vus: il a douze pieds de longueur, et contient dix-neuf pages d'écriture, qu'il sera très intéressant de publier dès qu'on sera parvenu à lire ces especes de manuscrits: je me suis contenté de prendre la vignette, qui m'a paru assez intéressante pour mériter d'être ajoutée à douze autres estampes que je donne de plus que celles que j'avois annoncées à mes sous-cripteurs.

Ce dernier manuscrit a quelque analogie avec celui en toile (Planche LXVII.) qui a de même dix-neuf pages, un tableau, et une vignette ou espece de frise qui regne sur le dessus de toutes les pages; celle-ci est malheureusement trop fruste pour avoir conservé de l'intérêt, ainsi qu'on peut le voir dans la partie supérieure du tableau; j'ai remarqué dans les fragments qui restent, des crocodiles, un scorpion, une écrevisse: ce manuscrit est divisé par chapitres, le commencement de chacun d'eux est écrit en rouge; trois des pages semblent être la récapitulation ou le titre des chapitres: composés chacun d'une demi-ligne, le premier mot qui commence la ligne est le même tout le long de la page, et semble devoir être un article ou un pronom; il y en a un différent à chacune des pages: je les ai copiés fidèlement. Le papyrus de ce dernier manuscrit m'a paru plus fin, l'écriture d'un plus beau caractere, et la touche du dessin un peu plus ferme, et d'un style plus précis: je crois qu'il est de ces especes de dessins comme de ceux que nous voyons sur les vases étrusques, c'est-à-dire qu'il doit y avoir tout naturellement une grande variété dans la perfection de leur exécution, et qu'il est possible qu'il en existe d'aussi purs et d'aussi précieux que la sculpture de certains hiéroglyphes qui ont la précision de l'orfévrerie. J'ai gravé celui-ci moi-même; et j'y ai mis une grande imitation de la touche; ses couleurs se sont conservées très vives; elles sont posées à plat; je les ai blasonnées dans la gravure pour les faire connoître: la ligne verticale indique le rouge, la ligne horizontale le jaune, l'inclinée le verd, et la croisée le noir; la premiere disposition du tableau avoit été tracée au crayon gris; il en paroît encore quelques traces près des colonnes (Voyez les lignes ponctuées.) En humectant le papyrus pour le dérouler, il a répandu une odeur si forte et si pénétrante, quoiqu'agréable, qu'il a fallu ouvrir les fenêtres pour ne pas en être incommodé. J'ai cru trouver dans les personnages une nouvelle raison de penser que ces coiffures étranges, présentant des têtes d'animaux sur des corps d'hommes, d'hommes, étoient des especes de masques, des signes extérieurs qui indiquoient la dignité attachée aux degrés d'initiations, et dont les initiés étoient revêtus dans les cérémonies. La figure No. 15, dans l'acte d'écrire, est un personnage vivant, dans un mouvement actif; ses jambes et ses bras sont rouges, de couleur animée, et sa tête, surmontée d'un bec d'oiseau, ne doit être qu'une figure superposée. La figure 3, entre deux divinités, est sans marques de dignité, sans barbe; elle a le simple habit sans couleur que portoient tous les Egyptiens; sa chair est rouge; elle est dans l'attitude d'un aspirant, et en est peut-être un: toutes les petites statues, trouvées étudiant sur des manuscrits, sont également sans marque de dignité, sans barbe, et paroissent toutes être jeunes. Les deux figures No. 10 et 13, qui sont sous le fléau de la balance, et qui semblent en régler l'équilibre, sont du genre de la premiere; tandis que la petite, No. 5, vêtue d'une seule toile blanche, et qui met une divinité dans un des bassins de la balance, est de la classe de celle No. 3; elle paroît établir l'équilibre de l'autre bassin, dans lequel est l'emblême de la terre: les deux extrémités du fléau de la balance sont terminées par deux fleurs de lotus, peut-être signifiant l'équilibre des eaux, qui fait seul fleurir cette plante; et la figure du chien ou du cynocéphale, No. 8, qui est au-dessus du support, qui est verte, qui a un gros ventre, et qui épanche de l'eau sur l'image de la terre, qui lui est présentée par l'initié à la figure d'Osiris, est peut-être le vent de la pluie, celui qui presse les nuages contre la chaîne des montagnes de la lune, celui qui produit le trop ou trop peu d'inondation; cette figure d'Osiris, No. 10, paroît avec l'une et l'autre main, en chercher l'équilibre. L'espece de lion, No. 17, avec des mamelles, qui est sur un autel, la gueule ouverte, la langue hâletante, est aussi une particularité que je n'ai trouvée nulle part ailleurs; l'offrande d'une fleur aquatique, et d'un vase transparent à moitié plein d'eau, No. 18 et 19, n'indiqueroit-elle pas l'invocation à la divinité pour obtenir l'entiere inondation dont la terre altérée sollicite le secours? C'est toujours pour obtenir de l'eau que l'on prie en Egypte, parceque c'est toujours l'eau qui y produit tout, qui est le principe de tout, l'objet de tous les vœux, la source de toutes les craintes, parceque c'est le premier besoin, le principe de la végétation et celui de l'abondance.

Chaque antiquité que l'on trouve fournit une assertion qui souvent ne vient qu'à l'appui d'une erreur: voulant donner une histoire à un grand peuple éclairé, puissant, qu'une longue suite de siecles a séparé de nous pendant nombre et nombre de siecles par une barriere mystérieuse, chacun a voulu voir dans les premiers fragments des monuments Egyptiens apportés en Europe l'application d'un système prématuré; impatient, on a voulu y trouver l'explication du ciel, de la terre, les principes du gouvernement de ce peuple, et le tableau de ses mœurs; celui des cérémonies de son culte, de ses arts, de ses sciences, et de son industrie: les formes hiéroglyphiques se sont prêtées au délire de l'imagination; et, s'appuyant sur des hypotheses, chacun s'est avancé avec la même autorité par des routes différentes, et toutes également obscures et hasardées. Un auteur, trouvant un jour une suite de vignettes, s'avisa de parodier ces estampes; le roman se trouvant agréable, personne ne s'avisa de revendiquer sa conquête: mais ici que l'histoire peut protester contre la parodie chaque fois qu'on apporte une authenticité nouvelle, plus les objets de comparaison se multiplient, et plus on craint de hasarder des rêves, et moins par conséquent on ose écrire. Amasser sans système et rassembler des monuments qui offrent

I des

des rapprochements et des rapports, si ce n'est pas donner la lumiere, c'est battre la pierre dont s'échappe l'étincelle qui la produit. Bien pénétré de ce sentiment, j'ai trouvé en moi ce courage passif qu'il falloit avoir pour faire des dessins hiéroglyphiques, cette pieuse ardeur, ce zele aveugle enfin qui ne peut être comparé qu'à celui de nos vestales, qui, naguere, dans une langue étrangere, prioient, croyoient, adoroient, sans comprendre.

Planche LXXVIII.

Un troisieme manuscrit; il m'a été communiqué par le citoyen Amelin: il n'a de particularité que le costume du sacrificateur, qui paroît être un guerrier; sa coiffure surmontée, et traversée par un couteau; sa robe transparente, par-dessus laquelle est une peau de tigre, qui indiqueroit un militaire; il présente un vase dont il semble qu'il sort une flamme. On peut remarquer encore dans ce manuscrit, dont l'écriture est plus grosse et plus soignée, la différence des caracteres d'inscription qui sont au-dessus du tableau, et le caractere cursif du reste du manuscrit. Pour rendre raison des couleurs de ces tableaux j'ai pris de même le parti d'exprimer dans la gravure les couleurs par les tailles, en avertissant le lecteur que la taille horizontale indique le rouge, la taille verticale le bleu; la taille inclinée le verd, et pour le noir une taille croisée.

Planche LXXIX.

Manuscrit trouvé dans l'enveloppe d'une momie.

La premiere observation que l'on peut faire sur ce manuscrit, c'est que le papyrus en est préparé de la même maniere que celui qu'ont employé les Grecs et les Romains, c'est-à-dire de deux couches de la moëlle de cette plante collées l'une sur l'autre, le fil de la moëlle se croisant, et par cela donnant plus de consistance à la feuille; on peut y voir aussi que l'écriture va de droite à gauche, en commençant par le dessus de la page; ce qui est constaté par l'alinéa de la sixieme page, qui se termine à la moitié de la ligne, et qui est suivi d'un post-scriptum.

Le premier tableau à droite représente un sacrifice à quatre divinités, dont la premiere est celle de l'abondance, tenant un fléau tel qu'on l'a rencontré dans tous les temples de Thebes, et particulièrement dans le grand temple de Karnak, à laquelle ce temple étoit dédié: la seconde, une figure d'Isis, coiffée des cornes de la vache, du disque de la lune, et d'un serpent qui les traverse; elle tient en main les clefs des canaux du Nil: la troisieme est Osiris, tenant d'une main le bâton à tête de huppe, et de l'autre une clef: la quatrieme divinité est coiffée d'un temple, tenant aussi une clef. A la partie droite un grand-prêtre vêtu de blanc, avec une fourrure, et des brodequins; il est dans l'acte de faire une offrande; devant lui est un autel en forme de table, sur lequel est un faisceau que l'on peut croire être de fleurs de lotus; le reste de ce qui est sur la table est figuré d'une maniere trop informe pour lui donner un nom; sous cette table sont deux jarres à deux anses, terminées en pointe, d'une forme assez agréable, posées et soutenues sur des especes de trépieds: ce qu'il y a de remarquable à cet égard, c'est que la forme des jarres et la maniere de les asseoir est la même que celle qui se pratique encore en Egypte; tant l'usage de ce qui est d'une absolue et continuelle nécessité franchit les siecles sans éprouver d'altération!

Tout le tableau est encadré d'un portique, composé de deux colonnes de forme bizarre, ressemblant au balustre, portant une courbe qui tient lieu d'architrave et de corniche: ce tableau, dont les couleurs et le contour

contour ressemblent tout d'abord à nos cartes à jouer, n'a que quatre teintes de couleurs entieres; une bleue, ressemblant à celle de l'azur, eu rouge-brun, du jaune couleur de graine d'avignon, et un verd triste, qui sont les seules couleurs que j'aie trouvées employées dans les peintures les plus recherchées, dans les tombeaux des rois, et sur les hiéroglyphes sculptés. Le trait de ce tableau, quoiqu'infiniment négligé, avoit cependant été tracé d'abord avec une couleur rougeâtre claire, comme une premiere esquisse, dont on voit encore quelque repentir; la tête d'épervier a un style et une fermeté qui prouvent qu'il y avoit des modeles bien faits de ces copies médiocres, et qu'en suivant des conventions reçues elles ont été mal dessinées dans des temps qui n'étoient déja plus barbares.

Le second tableau, à gauche du spectateur, est une offrande que fait un prêtre à Isis sous la figure d'une vache, dont on voit les mamelles : elle est coiffée comme les figures humaines de cette divinité, et a sur le cou une espece de joug, que j'ai trouvé à la figure du dieu Apis dans le bas-relief historique du temple de Médinet-Abou, à Thebes : ce qui est devant la figure de vache est peut-être un autel; le tout est posé sur un portique sous lequel est une momie couchée, pareille à celle que j'ai cru être la nature endormie; au-dessus de la vache est un disque d'où descend un serpent : le prêtre est vêtu comme celui du premier tableau, c'est-à-dire avec une tunique blanche et croisée, qui l'enveloppe depuis la moitié des reins jusqu'à la moitié des jambes, soutenues par des bretelles qui passent sur son épaule droite, qui est nue ainsi que ses bras; sur la tête il a un capuchon juste, que l'on pourroit croire de mailles, qui tourne autour de ses oreilles, et les lui laisse découvertes; il tient à la main un vase, d'où sortent deux especes de fleurs, que j'ai trouvées souvent sans pouvoir déterminer ce qu'elles sont. Au-dessus du tableau est une inscription en sept colonnes verticales, et quatre horizontales : on peut remarquer que l'écriture de ces inscriptions est encore différente de celle qui compose les pages de ce manuscrit, et sembleroit être encore une troisieme écriture. On pourroit comparer à notre écriture majuscule les inscriptions sur les obélisques; celle qui est figurée par des objets, comme celles qui sont en colonnes, avec les figures qui ne sont que des diminutifs des autres, à notre écriture moulée ou ronde; la troisieme est une espece de cursive consacrée aux manuscrits : dans cette derniere le nombre des caracteres m'a paru infiniment nombreux et varié, on y reconnoît encore quelques uns des autres, tels que le serpent, les yeux et les oiseaux; mais ces caracteres sont mêlés avec d'autres qui sont conventionnels, et n'offrent plus aucune image. J'ai trouvé, en gravant le manuscrit, le retour de phrases tout entieres, et certains caracteres tellement répétés, qu'ils ne peuvent être autres que des articles, des conjonctions, ou des verbes auxiliaires : il sera facile à ceux qui font une étude particuliere de ce genre d'observations de composer des alphabets, ou des groupes de mots, des tableaux comparatifs, et par le rapprochement de ces trois écritures, de s'en aider pour l'explication générale, qui, d'un moment à l'autre, peut cesser d'être hypothétique : un seul de ces manuscrits devroit donner la totalité des caracteres, si chaque caractere n'étoit qu'une lettre.

La figure d'un 3, que l'on rencontre à chaque instant, ne peut être qu'un article ou la marque d'un pluriel; mais il y a en d'autres qui viennent si rarement, qu'on ne peut aussi les prendre que pour des substantifs appellatifs, ou penser qu'à eux seuls ils sont un mot tout entier, et dans de cas l'alphabet seroit immense :

immense: au reste toutes mes opinions ne me sont dictées que par le zele et par le désir d'accélérer les recherches de ceux qui peuvent avoir déja sur cela des systêmes établis, et des connoissances acquises. Ce manuscrit appartient au premier consul, qui a bien voulu me le communiquer.

Planche LXXX.

Antiquités Egyptiennes.

Scarabées, emblêmes de la sagesse, de la force, de l'industrie; son image se trouve par-tout, ainsi que celle du serpent; il occupe la place la plus distinguée dans les temples, non seulement comme ornement, comme attribut, mais comme objet de culte: ceux-ci se portoient au cou; ils sont faits en porcelaine de toute couleur, en pierre de touche, en cornaline, en jaspe, en pierre ollaire: je n'ai jamais vu deux fois la même empreinte dans le dessous; je n'ai fait graver que cette partie, les Fig. 8 et 12 servant pour le dessus de toutes celles sans variétés, comme celles 10, 15, et 16, dont je n'ai pu deviner le sujet; ils sont tous de grandeur naturelle: celui E, au bas de la planche, appartient à Bonaparte; il est en jaspe, et a été bien évidemment gravé au touret.

La lettre A représente la dessous des pieds d'une momie où étoit tracé cet ornement; celui qui est au bas servoit de bordure en laine à une toile de lin.

Les hiéroglyphes B, D, F, ont été pris dans les grottes qui se trouvent au sud des pyramides, à une distance d'environ 150 toises du sphinx.

La lettre G est le plan d'un temple au nord-est d'Esnê, cité dans le journal, folio 194, et la vue, Planche XXX. No. 1.

Planche LXXXI.

Outre des manuscrits intéressants que m'a communiqués le citoyen Amelin, il a eu aussi la complaisance de me confier les détails de la dépouille d'une momie de femme, trouvée à Thebes, qu'il a développée lui-même avec soin; opération dont il m'a transmis des particularités fort étranges, telles qu'un Priape ayant eu existence, embaumé à part, enveloppé de bandelettes, et superposé à la partie correspondante de la momie; sur l'estomac de la même momie étoit une petite plaque carrée d'argent laminé; c'est le seul morceau d'argent que l'on ait encore trouvé; il atteste à la fois un instrument de mécanique d'une combinaison très avancée: cette plaque étoit percée aux quatre angles, et cousue sur les vêtements; le corps de la momie étoit couvert d'une tunique d'un tissu lâche, et composé d'un fil excessivement fin; le fil à faire la dentelle n'est pas plus délié; plus mince qu'un cheveu, il est retors, et composé de deux brins; ce qui suppose, ou une adresse inouie dans la filature à la main, ou des machines très perfectionnées; autour des reins de cette momie étoit une ceinture, composée de tube d'émail, semblable à ceux qui se font encore aujourd'hui, près de Venise, à la manufacture de Mourano; ce tube, tressé en losange, avoit un petit grain rond de même matiere à son croisement; une bande de même tissu, et qui descendoit par-devant, étoit terminée par huit gros grains de même matiere, formant huit glands, avec leur frange; autour du cou étoient six joyaux de bois doré, No. 23 jusqu'à 28, dont la préparation est la même que la dorure actuelle, c'est-à-dire une impression blanche, couverte d'or battu au livret: particularité très remarquable relativement aux arts; dans ce qui composoit les différentes enveloppes il y avoit des toiles d'especes absolument différentes; outre le tissu lâche et simple, il y avoit un coutil dont les bords étoient terminés par une bordure précieusement faite; une autre espece de toile ouvrée composée de deux brins très

retors

retors pour la trame comme pour la couverte, rayée à bandes de six pouces en six pouces par de gros brins, composés d'un faisceau de même fil, tel que cela se pratique encore dans l'Orient.

On trouve presque toutes ces toiles déchirées ou raccommodées avec des reprises assez mal-adroitement faites; ce qui indiqueroit que tout le vieux linge étoit employé à ensevelir les morts ; car on ne peut imaginer que la toile fût rare, à l'abus qu'on en faisoit pour les embaumements.

Outre les curiosités ci-dessus, j'ai joint tous les scarabées que le citoyen Amelin à rapportés, qui contenoient quelques particularités; sous celui No. 16, est gravé un héros sur son char, dans l'acte de tirer une fleche sur des ennemis vaincus, tels qu'on en voit de sculptés en bas-relief sur les portiques de Thebes; le No. 18 est un bœuf Apis avec des bandelettes; autour de la gravure est un liseret semblable à celui que l'on trouve sur les pierres étrusques; le No. 4 est un petit cube alongé et percé dans sa longueur, sur les quatre faces duquel sont représentées quatre divinités, plus précieusement travaillées que dans les autres pâtes, et ayant deux couleurs comme le nicolo; ce qui prouve qu'ils étoient assez avancés dans cet art pour faire des choses agréables.

L'empreinte No. 6 est une tête d'Isis, avec les oreilles, et les cornes de vache, telle que celle qui est figurée aux chapiteaux du temple de Tintyra; au lieu d'un scarabée c'est une grenouille qui fait le dessus: les No. 10, 12, sont l'image d'un fragment d'une bague, contenant une inscription : je l'ai fait répéter deux fois parceque c'est le seul joyau de cette espece que j'aie rencontré.

Les No. 1, 7, sont deux têtes de béliers, telles qu'on les remarque au temple d'Esnê, surmontées d'un disque de la lune; la premiere est de la même pâte que les scarabées;

la seconde est en cornaline, et prouve qu'ils savoient aussi travailler les pierres dures, et avoient l'usage du touret.

La figure No. 32 et 33 est de faïence, en grosse terre, recouverte d'un émail bleu ; elle représente un Priape en forme circonflexe, sur lequel est accroupi un petit enfant.

Les No. 35, 36, et 37, sont d'autres Priapes en marbre, en terre, en bronze : sont-ils Romains, ou Egyptiens, ou Grecs? c'est ce qu'il est dificile de décider, n'ayant aucun de ces trois styles.

Le No. 13 est un œil, composé d'émaux, bleu, blanc, et noir, posé sur champ, et lié à la maniere de certaines mosaïques trouvées à Pompéïa; les couches subsistent dans toute l'épaisseur du diametre que l'on peut remarquer à cette petite figure, et les couleurs s'en trouvent répétées au revers. Il est bien difficile de savoir si cet œil à lui seul est une chose, ou si c'est le fragment d'une figure entiere; mais ce seul petit morceau atteste un art à part qui ne peut appartenir qu'à une nation très avancée.

Le No. 21 est un petit manuscrit, trouvé dans la main d'une momie, et lié, comme on peut remarquer, avec un fil qui semble être fait de chanvre d'aloès; ce manuscrit a trop souffert pour être développé et copié, j'ai pensé qu'il valoit mieux en conserver l'image, et en donner la forme.

Le No. 31 est un vase, très lourd, très dur, et très compacte; il ressemble assez à du grès; il avoit deux anses, dont on ne voit plus que la fracture; il ne pouvoit être d'aucun usage, par la petitesse de son gouleau, qui n'est que d'une ligne de diametre, et par le peu de vide de son intérieur. J'ai pu remarquer en général, dans les ruines des villes Egyptiennes, que la poterie y étoit extrêmement abondante, mais que la grande majorité étoit mal cuite et commune, comme celle d'à présent; celle qui étoit plus fine

étoit

étoit sans doute fort rare, et les fragments en ont disparu.

Le No. 38 est la figure d'un poisson dans la forme d'un scarabée, en porcelaine, de la grandeur de l'original.

Planche LXXXII.

Momie d'ibis. Les pots dans lesquels ces oiseaux sont fermés, et qui leur servent de sarcophages, sont de terre rouge et commune, de 14 à 18 pouces de hauteur (voyez la forme de ce pot, lettre A); on les trouve en grand nombre à Saccara, dans des chambres souterraines; ces chambres sont si saines, que ces pots semblent encore neufs en en sortant, et qu'on douteroit de leur antiquité si la méthode de l'embaumement n'étoit perdue, et si l'oiseau dont on trouve le squelette n'eût disparu du sol de l'Egypte: on dit que de temps à autre on en voit encore quelques individus dans le lac de Menzaleh, entre Damiette et Peluse; cependant, malgré mes questions obstinées à tous les chasseurs du pays et à tous ceux qui s'occupent d'histoire naturelle, je n'ai trouvé personne qui m'ait assuré en avoir vu.

Je fis avec le cit. Jeoffroy l'ouverture de deux de ces pots et des momies qu'ils contenoient: un léger effort fit céder la soudure du couvercle, qui n'est qu'une espece de chaux; nous trouvâmes l'emmaillottement de l'oiseau ballottant dans le diametre du pot, ce qui est cause sans doute que presque toutes les momies de cette espece, envoyées en Europe, y arrivent réduites en poussiere par les secousses de la route. Leur premier aspect est celui de la momie d'un enfant qui vient de naître (voyez les figures B, C, D, E); une toile assez fine, bistrée, et qui semble avoir été imbibée d'un fluide aromatique, après avoir été croisée à la partie inférieure, en couvre tout un côté (voyez lettre B); sous cette enveloppe un fil double serre horizontalement et transversalement la momie dans toutes les parties (voyez figure C); sous ce fil la seconde enveloppe est comme la premiere, formée du même lange, ensuite on trouve de petites bandelettes d'un pouce et demi de diametre, qui, comme le fil, serpent l'oiseau dans tous les sens (voyez F, G, H), qui sont les deux côtés de la momie dans cet état; ces bandelettes enlevées, on trouve encore un troisieme lange, sous lequel sont de petits tampons de toile adaptés à la partie inférieure, et placés là pour soutenir la forme de la momie, et lui donner plus de consistance; tout cela ôté, la momie prend la figure d'une nymphe de chenille prête à devenir un papillon (voyez figure I); cette derniere enveloppe, beaucoup plus grossiere que la premiere, trempée dans un baume plus compacte, en a reçu une couleur plus brune et d'une consistance plus forte; on commence alors à découvrir quelque forme de l'oiseau: nous ouvrîmes cette enveloppe; mais, comme si la matiere eût été employée trop chaude, ou qu'elle eût eu quelque qualité corrosive, elle avoit carbonisé tout ce qu'elle avoit pénétré, et les os tomboient en poussiere à mesure que nous les découvrions ou que nous voulions les détacher de l'adhérence qu'ils avoient à la toile ou à la matiere embaumante. Le desir de rendre notre opération complete nous fit ouvrir mon second pot; nous y trouvâmes une momie plus grande, plus compacte et plus pesante: la seule différence que nous trouvâmes dans les enveloppes de cette seconde fut qu'au lieu d'un lange pour derniere couverte, c'étoient des bandes de deux couleurs, alternativement posées et recouvertes par des fils enveloppant symétriquement le petit maillot (voyez figure C). J'ai trouvé encore deux autres différences depuis (voyez figures D et E): dans celle figure B il y avoit une espece de petite cocarde, qui nous

parut

parut d'abord un jeu de l'embaumeur ; c'étoit un petit morceau de bandelette plié et attaché au maillot par le gluten de la matiere : j'ai été dans le cas de voir depuis que c'étoient, ainsi que les figures No. 12 et 13, de petits fragments de plumes, retrouvés peut-être après l'opération faite, et scrupuleusement enveloppés, et adaptés à la masse principale, pour que rien ne fût séparé. Ce soin scrupuleux peut faire voir combien les Egyptiens attachoient d'idées religieuses à ces embaumements, et m'a expliqué dans la suite ce que c'étoit que de petites momies que j'ai trouvées depuis en dépouillant des embaumements humains; on en peut voir une figure de grandeur naturelle, et l'explication, No. 5 et 7, Planche C. Toutes les autres enveloppes de notre seconde momie étoient les mêmes que celles de la premiere; la derniere n'étoit point adhérente, et nous trouvâmes dessous le plus beau petit squelette possible (voyez lettre G), pas une fracture des os même les plus délicats (voyez les os gravés de grandeur naturelle dans la partie supérieure de la même Planche); les pennes et les barbes étoient conservées; on pouvoit juger, malgré la teinte altérée par l'impression de la liqueur balsamique, que la partie supérieure en avoit été blanche, et les extrémités roux-brun ; la queue courte avec des pennes de peu de consistance.

Par cette double opération nous fûmes dans le cas de nous rendre compte du procédé employé dans cette espèce d'embaumement : le voici en sens inverse de ce que je viens de le présenter, et tel qu'il devoit s'effectuer. Celui qui opéroit ôtoit toutes les parties intérieures de l'oiseau ; les faisoit bouillir dans le baume, et les replaçoit; ensuite il prenoit l'oiseau, en plioit les ailes contre le corps, ce qui donnoit la grandeur totale de la momie; il reploit les jambes en les relevant des deux côtés du sternum, lui rabattoit la tête entre les deux cuisses, de maniere à ce que l'extrémité du bec arrivât à l'extrémité de la queue, et, tenant d'une main par la partie inférieure l'oiseau ainsi troussé, il adaptoit le premier linceul très imbibé de matiere balsamique et glutineuse, et achevoit de l'envelopper par la partie inférieure, en y ajoutant deux petits tampons, pour donner plus de consistance à cette partie, où il ne se trouvoit que la queue, les pennes des ailes, et le bec; ensuite venoit le grand linceul, de cinq pouces de large et trois pieds de long, d'une toile plus fine, et trempée dans une liqueur plus fluide; il l'appliquoit d'abord du haut en bas; il tournoit sans ordre du fil autour pour le fixer ; ensuite il le tordoit au-dessous, puis adaptoit sur le linceul les bandelettes de deux à trois pouces de large, dont les extrémités étoient toujours fixées par le gluten de la matiere noire et épaisse; ensuite reprenant le linceul, il recouvroit les bandelettes, et les fils, comme je l'ai déja énoncé.

Planche LXXXIII.

No. 1.—Une inscription gravée sur la partie supérieure du bras du colosse renversé, qui est près du Memnonium, à Thebes. Cette inscription, qui est sculptée d'un pouce de profondeur, et qui a plus de quatre pieds de hauteur, ne fait pas plus d'effet sur la masse totale de cette figure gigantesque qu'un chiffre tatoué sur le bras d'un être vivant.

S'il étoit possible de lire cette dédicace, elle applaniroit peut-être toutes les questions, et leveroit tous les doutes sur la situation des statues, palais, tombeaux, et temples de Memnon et d'Ossimandue.

No. 2.—Inscription, prise sur le chambranle de la porte d'un petit temple monolite en granit noir, dont on trouve les restes à Apollinopolis parva ou Kous. Ce fragment, si on parvient à le lire, indiquera l'usage de ces

ces petits sanctuaires; la lettre A indique le commencement de l'inscription, qui se prolonge en droite ligne à la lettre B, et se continue à la lettre C jusqu'à la lettre D, No. 2, bis, que le monument est rompu; la perfection de ces hiéroglyphes est telle, soit par le style du dessin, soit par la précision de l'exécution, que, n'eût-on trouvé que ce seul fragment en Egypte, il ne seroit pas permis de douter que la nation qui l'a anciennement habitée n'eût connu les arts, et n'eût porté leur perfection à un haut degré.

No. 3.—Ce fragment est le torse d'une statue colossale, en marbre blanc, placée en dedans d'une des portes du grand temple de Karnak; il a cette particularité d'avoir une ceinture dans laquelle est passé un poignard à la maniere orientale: j'ai mis au bas la petite inscription gravée sur le médaillon qui décore cette ceinture.

No. 4.—Une inscription, trouvée à Thebes sur une statue fragmentée.

No. 5.—Une grande figure en bas-relief, sur le plafond de la chambre ou est le planisphere céleste, dans le petit appartement qui est sur le grand temple de Tintyra; cette figure tient tout le diametre du plafond de cette pièce; quoique fragmentée comme on peut le voir, elle offre encore un contour bien roulant, et de belles proportions; ses pieds, conservés, sont du plus beau style; elle ne présente aucun attribut, excepté un collier, que j'ai vu souvent aux figures d'Isis; la chevelure est frisée en forme de tire-bouchon; les deux inscriptions latérales sont exactes.

No. 6.—Une inscription monumentale, gravée profondément et avec soin sur le rocher de granit qui est auprès de l'isle de Philée. Il y avoit plusieurs especes de ces inscriptions; les unes qui n'étoient que tracées; les autres qui étoient monumentales, comme celles-ci, gravées de près d'un pouce de profondeur: ces inscriptions étoient sans doute des consécrations ou des dédicaces. Cette roche extraordinaire, à laquelle la nature avoit donné la forme d'un siege gigantesque, et auquel on avoit ajouté le travail d'un escalier pris dans la masse, étoit peut-être consacrée aux cinq divinités dont les images sont tracées au-dessus de l'inscription.

No. 7.—Un petit tombeau de grandeur naturelle, en bois de sycomore, contenant un petit simulacre de momie en résine ou baume odoriférant et précieux : étoient-ce des tombeaux votifs? étoient-ce des cénotaphes de personnages morts dans des expéditions lointaines, et ajoutés aux sépultures des familles coutenant toute une lignée.

No. 8.—Petite figure de grandeur naturelle, en gomme aromatique, trouvée dans des caisses de momie.

No. 9 et 11.—Est une tête de femme, sculptée en bois, couverte d'une impression à la colle peinte et vernie; elle a cette particularité très remarquable que la chevelure en est laineuse, les traits Africains, quoique délicats, et la couleur parfaitement Européenne; les yeux étoient sans doute en métal, et auront été arrachés par l'avidité des Arabes.

No. 10.—Tête moulée en terre, peinte, et appliquée sur les planches des caisses des momies de Saccara. Il y a plusieurs particularités à observer dans ces antiquités; premierement c'est qu'elles sont en terre non cuite, pétrie avec de la paille hachée très menue, ou de la fiente de vache: ce qui indiqueroit que les Egyptiens ont fait de toute antiquité usage de cet amalgame; que les grandes murailles de Syene, certains monuments près des pyramides, d'autres à Thebes, à Cnubis, et à Hilaum, bâtis en briques de terre non cuite, sont des ruines Egyptiennes ainsi que les temples; et que si les maisons particulieres,

particulieres, trop légèrement bâties avec les mêmes matériaux, ont absolument disparu, les grands monuments ainsi construits n'ont éprouvé d'altérations que celles produites par l'animosité et les efforts destructifs des mains ennemies.

Ces sortes de têtes, peintes en détrempe, sont de trois couleurs; il y en a de rouges, de couleur de chair blanche, et de vertes. Strabon a parlé d'hommes rouges; étoit-ce une espece d'hommes à part? Dans les tombeaux des rois, à Thebes, j'ai vu dans les peintures des hommes rouges et des hommes noirs; j'y ai vu des hommes rouges couper la tête à des hommes noirs, et jamais des hommes noirs couper la tête à des hommes rouges; j'ai vu des figures de divinités avec une teinte verte: étoient-ce des divinités aquatiques? car il n'a jamais été question nulle part d'hommes verts par leur nature. Il y a aussi de ces têtes entierement dorées.

No. 12.—Un petit Anubis de bois de sycomore, de la grandeur de l'original; il est dans l'attitude de tirer une fleche: c'est la premiere divinité Egyptienne que j'aie vue dans cet acte, il a cela de particulier que dans ses deux grandes oreilles il y en a deux plus petites, comme on en voit à certaines chauves-souris. Ce morceau de sculpture coupé dans un bois tendre, a toute la fermeté de l'ébauche d'une pierre dure, taillée par méplat dans les plus graves principes; on pourroit y compter chaque incision de l'outil et quoiqu'en très-petite proportion pour une matiere aussi grossiere, tout y est ménagé avec autant de science que de dextérité.

Planche LXXXIV.

L'obélisque de la Matharée, à deux lieues du Caire, sur la route de Belbeys. Il s'éleve au milieu de quelques ruines informes, qui indiquent l'ancien site d'Héliopolis, il est d'une seule piece de granit rouge; et couvert dans toute sa hauteur, et sur toutes ses faces, d'hiéroglyphes parfaitement conservés; il est absolument de la même dimension que celui qui est resté debout à Alexandrie.

La vue de cet obélisque n'est pas tirée du Voyage de M. Denon. Elle est copiée d'une des planches du Voyage de Syrie et d'Egypte par M. Cassas, ouvrage immense dont il a déjà paru 200 planches, mais qui probablement ne sera jamais achevé. L'imagination de cet artiste a embelli son dessin d'une foule d'accessoires qui font un effet fort agréable sur l'estampe, mais que l'on chercheroit vainement sur les lieux. La plaine de la Matharée sur laquelle s'éleve l'obélisque en question, est déserte et aride; on n'y trouve de l'eau que lors du débordement du Nil.

Les Français avoient commencé à faire des fouilles parmi les ruines qui entourent cet obélisque, et l'on avoit lieu d'en espérer quelques découvertes, intéressantes pour les arts et la connoissance de l'antiquité: mais la conquête du Caire les ayant forcés d'évacuer le pays, les recherches qu'ils avoient commencées sont restées sans effet.

Planche LXXXV.

Ruines de la ville d'Alexandrie. Cette planche est, ainsi que la précédente, tirée de l'ouvrage de M. Cassas. Elle offre la vue d'une église dédiée jadis à Saint Athanase, et maintenant convertie en mosquée. Les trois fragments que l'on y remarque, sont les restes des colonnes de granit qui soutenoient autrefois un portique magnifique conduisant à la porte de Canope. Quant à la mosquée, anciennement l'église de Saint Athanase, si l'on veut la connoître plus en détail, il faut lire la description qu'en a donnée le Docteur Clarke, dans sa Dissertation savante sur le Sarcophage qui étoit dans cette mosquée, avant d'être apporté à Londres et déposé au Muséum Britannique, et que l'auteur croit avoir été le tombeau d'Alexandre. Pour un plan plus détaillé de cette église, on peut également voir la planche 3 de cet ouvrage.

Planche LXXXVI.

No. 1.—Un jeune Mamelouk en grand costume, les mains cachées par respect sous ses longues manches, comme lorsque son maître lui adresse la parole; le turban de schal, l'habit en petit drap de toutes couleurs, le plus souvent jaune ou poupre; la veste, qui a de si longues manches, en velours ou satin, le plus souvent rayé; une grande culotte en pantalon immensément ample; des chaussettes de cuir jaune, et des sandales de même couleur; une ceinture en schal, un sabre, un cangiard, un poignard, et à gauche une giberne à cartouches; souvent dans un sac de même forme, des reliques, des talismans, de la vieille huile pour les blessures, ou un livre du Koran, qu'ils croient tous également propre à prévenir les accidents de la guerre ou à y remédier : dans le fond une femme du peuple dans la rue.

No. 2.—Une almé ou bayadère d'Egypte; la robe en petit drap, la chemise en gaze, le turban et la ceinture en schal. Dans le fond une petite vue d'une mosquée de Rosette.

No. 3.—Un Mamelouk en habit de guerre; dans le fond deux jeunes Mamelouks avec des bâtons, s'exerçant à espadonner: le paysage est celui où sont situées les pyramides de Saccara.

No. 4.—Le costume d'un marchand; un turban de laine rouge ou blanc, un gilet de drap, une culotte lâche et courte de toile blanche, un surtout de toile bleue, une ceinture de toile des Indes, rayée bleu et blanc,

qui sert à envelopper tout ce qu'il veut transporter. Dans le fond une boutique d'un bazard; un marchand et deux acheteurs qui disputent sur le prix, espece de récréation, ou un moyen de ne rien faire, auquel le vendeur se prête avec une extrême complaisance.

No. 5.—Une dame allant à pied dans la rue; plus l'ampleur et le nombre de ses habits lui font perdre ses formes et rendent sa marche gauche et embarrassée, plus elle se croit dans le cas de penser qu'on doit la regarder comme une grande dame; la derniere enveloppe est d'ordinaire en taffetas noir qui tombe jusqu'à terre, et ne laisse pas même voir le bout des pieds; de toute la personne on n'apperçoit que les yeux, encore le plus souvent y suspendent-elles un anneau devant, qui a la vertu de repousser les enchantemens et les mauvais sorts.

A droite, dans le fond, des psylles, faisant voir des serpents et des lézards; à gauche, un négociant musulman fumant sa pipe.

Je dois ces cinq costumes au citoyen Rigo, membre de l'institut du Caire, qui, de retour, a bien voulu me les communiquer.

No. 6.—Un paysan de la haute Egypte, mangeant la premiere pousse de la luzerne; à droite, deux santons; à gauche, l'accouplement du chameau.

No. 7.—Un santon, espece d'imbécille, dont on a pitié pendant qu'il vit, et que l'on révere après sa mort, usage assez général et aussi ancien que le monde : derriere lui est un chien de l'espece des mâtins, celle qui est l'espece la plus nombreuse : à droite est un vieillard aveugle conduit par son petit enfant, groupe attendrissant que l'on rencontre malheureusement trop souvent en Egypte.

No. 8.—Une femme noble dans l'habit qu'elle porte dans le harem, tenant un chasse-mouche; celle à droite est dans l'acte de marcher, relevant ses habits pour pouvoir avancer les pieds; à gauche, de jeunes enfants barabras

barabras d'au-delà des cataractes; une femme pauvre, qui préfere employer ce qu'elle a de vêtement à s'envelopper le visage qu'à se cacher le derriere.

No. 9.—Un habitant de Darfour, un conducteur de caravanes qui amene les Negres et les Négresses en Egypte; tout son costume consiste en une draperie de laine blanche, qu'il promene alternativement sur toutes les parties de son corps; sa chevelure est frisée en tire-bouchon, à la maniere des anciens Égyptiens. Dans le fond est une conversation établie entre un grand et un homme du peuple.

Planche LXXXVII.

No. 1.—La tête à gauche, coiffée d'un turban, est celle d'un jeune prince Arabe de la race des Ababdes, qui vint faire alliance avec nous après la défaite des Mamelouks à Syène, ce fut celui qui nous accompagna la premiere fois que nous allâmes à Cosseir, et qui me donna à dîner dans le désert; la tête à côté, No. 2, est celle de son oncle; ils étoient basanés, fort glorieux, et fort intéressés; leurs manieres étoient cependant douces et polies, et leur caractere tranquille. Le jeune homme qui a la tête nue, No. 11, étoit un page favori du jeune prince, il avait de très-beaux yeux, et au premier aspect paroissoit être une jeune fille; il montoit un petit dromadaire charmant; tout son vêtement consistoit en une saie rayée, qui lui ceignoit les reins; il avoit pour armure, une lance, un sabre, et sur le bras gauche une javeline; ses cheveux crépus et non laineux, étoient parfumés; noués au-dessus de la tête, ils étoient toute sa coiffure, malgré l'ardente chaleur du tropique et du désert.

La tête, No. 3, est celle d'un Mamelouk noir, d'une grande beauté, et offrant l'aspect d'un de ces héros Africains dont l'histoire et les contes Arabes nous font concevoir l'idée; celui du milieu, No. 4, étoit un Mamelouk, appartenant au chef Elbekri, un des grands seigneurs du Caire, descendant des Kalifes; ce Mamelouk étoit un de ses favoris; il devoit épouser une fille de son maître, et faisoit les honneurs de sa maison, lorsque, quelques jours avant le départ de Bonaparté, ce seigneur lui donna une fête, à l'issue de laquelle il imagina de lui faire présent du jeune homme qui l'avoit servi: par hazard il fut celui qui accompagnoit Bonaparté le jour qu'il partit du Caire, et fut celui de sa maison qui fut amené en France; tant le sort qui agit sur toutes nos destinées influe plus puissamment encore sur celles de cette espece d'hommes, née pour appartenir jusqu'à ce qu'elle commande! Les deux têtes à droite, No. 5 et 6 sont celles d'un jeune noir de Darfour, destiné aussi à être un Mamelouk, et qui, lorsqu'il m'échut en partage, faisoit sa premiere éducation au service des femmes, auquel sont employés les jeunes esclaves jusqu'au temps où on commence à les exercer aux armes et à l'équitation.

No. 10.—Une tête de Cophte. No. 9, un esclave de la Mekke: je l'ai dessiné lorsque douloureusement affecté, il regardoit son maître qu'il croyoit au moment d'expirer; je regrette de ne l'avoir pas dessiné lorsqu'il apprit qu'il ne mourroit pas, pour faire connoître à quel degré le physique d'un être sensible peut être changé par la différence de ses affections, et comment cette physionomie si longue, si sévere et si triste, pouvoit devenir aimable et gaie. 8. Un Arabe. 7. Un homme de loi.

No. 14 et 15.—Deux membres du gouvernement d'Alexandrie, dessinés le jour de notre entrée dans cette ville. La tête vue de face, No. 13, est celle d'un Arabe; son caractere de dignité rappelle celui des têtes de Raphaël et du Poussin: ces deux grands artistes avoient sans doute fait dessiner les figures

figures des orientaux pour en caractériser leurs sublimes conceptions, ou bien le besoin de rendre ce qu'ils vouloient exprimer leur en avoit fait deviner les belles formes et la noble gravité. La tête, No. 12, est celle de Koraim, schérif d'Alexandrie, qui commandoit dans cette ville lorsque nous y arrivâmes : ce fut l'avarice qui trompa son esprit naturel ; il nous trahit par la crainte de compromettre sa fortune ; il quitta notre parti qu'il avoit embrassé, il devint criminel, et fut puni comme traître.

No. 22.—Un Arabe qui a une fluxion sur l'œil : dans ces cas fréquents ils baissent leurs turbans sur la partie affligée, et continuent à veiller à leurs intérêts. No. 21, un Cheikh de village. No. 20, un jeune homme marié de l'année, auquel par cela il vient d'être permis de porter la barbe ; cette figure, naïve et douce, est peut-être l'expression et le caractere le plus général des jeunes gens de cet âge en Egypte ; les enfants sont laids et débiles, et presque tous les vieillards sont beaux. Les trois têtes qui suivent sont trois vieux Mamelouks ; celui No. 19, étoit un Kiachef d'Osman-bey que nous avions fait prisonnier ; il étoit d'origine allemande, ce qu'on voit d'abord ; cinquante ans d'expatriation, et la barbe n'avoient point encore changé en lui le caractere national. No. 18, un grave Asiatique, Mamelouk réformé, et vivant d'une pension de son maître, comme il arrive lorsque, faute de talents ou de circonstances heureuses, un Mamelouk n'a jamais été dans le cas d'être avancé en grade ; une paye de retraite et quelques gratifications assurent à ses derniers jours une douce tranquillité, soit dans la maison du bey auquel il a appartenu, soit dans la maison d'un paysan auquel il paie pension. No. 17, vieux Mamelouk de race Maure. No. 16, un Mamelouk en activité, de race Espagnole.

Planche LXXXVIII.

No. 23.—Un moine Grec. No. 24, un Juif de Jérusalem. No. 25, un primat d'Alexandrie, homme plein d'esprit, de noblesse et de grâce, mais dont toutes les qualités étoient gâtées par un orgueil désordonné. No. 26, un autre Grec de Rosette.

No. 22.—Muley-Salamé, le frere aîné du roi de Maroc ; il revenoit de la Mekke, et retournoit dans le royaume où il avoit été roi, pour savoir apparemment ce que le sort avoit ordonné de lui ; sa démarche étoit aussi noble que sa personne.

No. 27 et 28.—Deux Turcs.

No. 30, 31, et 32. Trois têtes d'Arabes. J'ai pensé qu'une suite de têtes des différentes nations qui habitent l'Egypte pouvoit intéresser la curiosité des observateurs ; ces têtes dessinées rapidement et sans avoir fait poser les personnages, ont conservé la naïveté du caractere, qu'elles auroient peut-être perdu en acquérant plus de fini ; la difficulté de lire dans de si légeres esquisses, à qui n'a pas vu les modeles, m'a déterminé à graver moi-même ces têtes avec la même liberté avec laquelle elles ont été dessinées.

Ces trois personnages étoient freres, des plus riches et des plus puissants de Kéné, fort raisonnables et fort intelligents ; ils s'étoient fort attachés à nous, et venoient continuellement nous communiquer leurs idées sur leur conduite personnelle, et nous aviser sur ce qui pouvoit nous être plus avantageux : j'allois journellement dans leur maison, et j'ai mangé plusieurs fois familierement, arrivant au moment du repas ; sans interprete nous étions parvenus à nous entendre, et à établir entre nous gaité et cordialité : celui du milieu, que j'aimais d'avantage, me dit que pour être plus libres ensemble, il falloit que nous établissions une parenté : je lui proposai d'être son pere ; il accepta avec attendrissement

ment, et, se rangeant dès-lors à son devoir, il en prit le prétexte de m'envoyer à tout moment quelques galanteries, comme des fruits, tant qu'ils étoient rares, des parfums, du café exquis et qu'on ne pouvoit trouver ailleurs; il acceptoit en retour avec beaucoup de grâce des choses de nulle valeur, me disant toujours que je ne lui devois que protection et tendresse. L'esprit délicat dicte le bon ton et les mêmes manieres en Afrique comme dans les cours les plus recherchées de l'Europe.

No. 33.—Le fellah, l'homme de journée, le serviteur des serviteurs, la derniere classe de la société. No. 34, un habitant des bords du Nil au-delà des cataractes. Nos. 35 et 36, Reys ou commandants des barques du Nil. No. 37, le portrait du vieux Kaymacan ou commandant de la gendarmerie de la province de Kéné, chez lequel nous logeâmes près Samata.

No. 38.—Portrait du pacha qui commandoit les troupes au débarquement d'Aboukir, en l'an 7, et qui fut fait prisonnier à la bataille du 7 thermidor; blessé au bras gauche, et voyant la déroute totale des siens, il se précipita sur celui qui la causoit, et blessa le général Murat d'un coup de pistolet.

PLANCHE LXXXIX.

Nos. 39 et 40.—Deux freres, cheikhs de Ballasse, d'un caractere raphaélesque. 41. Un cheikh de Fua; son teint brun et sa barbe blanche faisoient un beau contraste; ils m'offroient l'image de Laban. 42. Tête d'un Arabe Bédouin.

Nos. 43, 44, 45, et 46.—Quatre Arabes, ce furent ceux qui furent nommés municipaux par le peuple de Rosette, lorsque le gouvernement Mamelouk quitta cette ville à l'approche de notre armée: le premier à gauche fut choisi, parce qu'il étoit brave et avoit ramené une fois les femmes de Rosette, qui allant pleurer hors de la ville sur les tombeaux de leurs parents, avoient été enlevées par les Arabes du désert; le second parce qu'il étoit le plus doux et le meilleur; le troisieme, parce qu'il étoit éclairé; le quatrieme, parce que c'étoit le personnage le plus riche et le plus distingué. Peut-on mieux composer un corps des décisions duquel la société va dépendre? si chacun de ces hommes avoit eu les qualités de tous les quatre, l'harmonie, l'ensemble n'eût peut-être pas été aussi parfait.

No. 47 est un habitant de Benhoute; j'ai dessiné tous ces personnages pendant et après le siége du château de ce village. Nos. 48, 49, et 50, sont trois croisés de la Mekke; c'étoient de beaux et vigoureux hommes, que le malheur des circonstances nous obligeoit à regarder avec horreur. No. 51. Tête d'un mendiant du Caire, il parcouroit les rues tout nu, et chaque partie de son corps avoit comme sa tête, tout le caractere du Silene antique; je le vis le jour de l'insurrection, et j'espérais trouver un moment plus opportun pour le dessiner tout entier: je ne sais s'il fut victime de cet événement, mais je ne l'ai plus revu depuis.

No. 52.—Un mendiant du Caire qui avoit la barbe et la chevelure du Jupiter des Grecs. Nos. 53, 54, et 55, trois têtes d'Adgis maugrabins ou pelerins du Nord, revenant de la Mekke. No. 56, un mendiant de Boulac: il savoit qu'il avoit une belle figure, et ne s'étonna pas de me la voir dessiner; il faisoit semblant d'être imbécille auprès de ceux seulement auxquels il pensoit que cela inspireroit plus d'intérêt.

PLANCHE XC.

No. 57.—Toutes ces têtes sont celles de cheikhs de Kournou, que j'ai dessinées pendant le dernier séjour que j'ai fait à Thebes.

Nos. 58 à 62.—Têtes d'Arabes.

Toute

Toute la premiere file a été prise à une assemblée de notables dans le moment qu'on leur faisoit lecture d'un manifeste.

Les deux derniers de la seconde file, deux cheikhs de Fua, dans la basse Egypte : le second, le domestique qui m'a servi dans toute l'expédition, aussi distingué par le caractere moral que par la noblesse des formes ; il avoit non seulement toutes les qualités qu'on recherche dans un serviteur, mais toutes celles qu'on peut désirer dans un ami : il n'a renoncé à me suivre que parce qu'il n'a pu résister aux justes regrets et aux larmes de sa mere ; c'est le seul qui m'en ait fait verser en quittant l'Egypte : je ne me consolai de le perdre qu'en lui donnant tant de choses, que toutes rassemblées je pusse penser que je lui assurois une petite fortune.

No. 63.—Cheikhs Arabes ; le premier des quatre est le bon et honnête cheikh du village de Chaabbas-Amrs, dont je parle dans mon journal.

Nos. 64 et 65.—Têtes de Cophtes.

Planche XCI.

Nos. 64 à 67.—Têtes de négociants de la Mekke, que j'ai dessinées à Cosseïr ; leurs turbans en soie jaune et rouge, avec de longues franges, les coiffent d'une maniere patriarchale, et leur donnent un air tout-à-fait imposant ; ils ajoutent à l'habit ordinaire de Musulman une large et longue béniche en laine à larges bandes noires et blanches.

Nos. 69 et 70.—Deux moines Copthes. No. 68, est Malem-Jacob, personnage distingué et d'un mérite remarquable ; il avoit fait les campagnes de Mourat-bey dans les guerres de ce bey contre les Turks, et en étoit fort estimé et fort regretté ; il avoit embrassé notre parti, et y a été constamment fidele ; il respectoit Desaix, et lui étoit très-attaché ; il fit avec lui, comme intendant-général, toute l'expédition de la haute Egypte, et nous fut toujours d'une grande utilité : il jouissoit d'une fortune considérable dans le pays ; il déployoit un faste oriental, qui étoit d'une opposition très-remarquable avec la simplicité de son général. Lorsqu'il apprit qu'après la mort de Desaix on s'occupoit de lui élever un tombeau, il écrivit qu'à quelques sommes que pussent s'élever les frais de ce monument, il s'engageoit à en payer le tiers, à condition qu'on inscriroit sur le mausolée que Malem-Jacob, l'ami de Desaix, avoit toujours combattu près de lui. Il y a dans le sentiment de cette phrase autant de sensibilité que d'amour de la belle gloire. Ce brave homme, ce prodige de sa race, qui avoit suivi les français dans leur retraite, mourut dans la traversée ; et les dernieres paroles qu'il prononça, furent pour demander que son corps fût déposé dans le tombeau de Desaix.

No. 1.—L'ichneumon connu aussi sous le nom de rat de Pharaon, de la famille des mangoustes ; il se cache le plus souvent à travers des joncs, et se tient dans les marais près des villages, dont il va dérober les poules et les œufs : j'en ai vu de la grosseur d'une loutre et du même poil ; l'individu que j'ai dessiné étoit jeune, ce que l'on raconte de l'antipathie de l'ichneumon et du crocodile, que le premier non seulement mange les œufs de l'autre, mais que, lorsqu'il dort la bouche ouverte, il franchit son gosier et va lui dévorer les intestins, est une des nombreuses fables ridicules que l'on fait du crocodile : ces deux animaux n'ont jamais rien à démêler ensemble ; ils n'habitent pas les mêmes parages ; on ne voit point de crocodile dans la basse Egypte ; on ne voit point d'ichneumon dans la haute.

No. 2.—La sauterelle du désert, la plaie de l'Egypte, elle ne doit point être confondue avec les autres sauterelles grises, dont les champs,

champs, et particulierement ceux de la basse Egypte, sont couverts, sans qu'elles y causent aucun désastre : celles-ci, couleur de rose et noir, de la même grandeur de l'estampe, sont vraiment un fléau; elles sortent du désert, passent et ravagent comme un torrent dévastateur: je ne puis juger si dans une saison où elles auroient trouvé pâture, elles se seroient fixé davantage; mais, dans la saison seche où je vis arriver la colonie, elles avoient l'inquiétude et l'instabilité de la faim qui ne trouve rien à dévorer; sauvages comme le pays d'où elles sortent, elles sont seches et vigoureuses comme les autres habitants du désert.

No. 3.—Etude d'une tête de chameau, qui crie lorsqu'on le charge trop ou qu'on le charge mal; car ce bon animal ne se plaint que de l'injustice, encore faut-il qu'elle soit extrême.

No. 4.—Serpents dont les psyllés se servent pour leurs jongleries; lorsqu'ils sont irrités ils se dressent, comme on peut le voir dans cette figure, leur gorge se gonfle, se dilate, s'aplatit; du reste ils ne sont ni méchants ni dangereux.

Pline dit que le tombeau de leur roi Psyllus subsistoit encore de son temps; il ajoute que les psylles guérissoient de la morsure avec leur simple salive, ou par le seul attouchement, du moins il le publioit : selon le même auteur, ces peuples furent taillés en pieces par les Nasamons, leurs voisins, qui s'emparerent de leurs demeures; mais il en échapa quelques-uns à la défaite générale, et de son temps il y en avoit encore qui descendoient de ces anciens psyllés.

No. 5.—Un poisson du Nil dont toute la partie du ventre fait une seconde vessie.

Planche XCII.

No. 1.—Conseil Arabe près Sahmath: au milieu de l'estampe un grand sycomore fait le plus bel abri de cette enceinte; tous les cheikhs Arabes des environs sont rassemblés pour traiter des projets utiles à la province, des travaux à faire pour l'ouverture des canaux à recevoir l'inondation du Nil, et de la répartition des frais à imposer sur chaque village en raison des avantages du résultat des opérations. Ce conseil étoit présidé par le général français; tout y étoit discuté avec tranquillité, décence et dignité; tout ce qui étoit juste et utile, de quelque part qu'il vînt, étoit aussitôt approuvé et adopté. Après le conseil, le kaïmakan ou commandant de la gendarmerie, chez lequel il se tenoit, donna à souper à tous les chefs, à nous et au détachement qui nous accompagnoit; c'est ce qui fait le sujet de la planche, No. 2, où l'on voit la maison des champs du kaïmakan, homme riche, vieux, et en grande considération dans le pays; c'est lui qui, à cause de son grand âge, est couché sur le lit qu'on voit au milieu de l'estampe; il est servi par ses enfants, et ne mange qu'avec son petit-fils, le respect filial ne permettant pas que le fils se mette à table avec le pere, et l'étiquette ne prononçant rien à l'égard du petit-fils; un tapis étendu sur la terre, et tous les convives à l'entour; le général et son état-major sont à la partie supérieure : les domestiques font le service en courant à travers les plats ; à droite ils apportent le riz et les autres mets: la fumée est l'endroit où se faisoit la cuisine. Toujours à droite une sentinelle en védette, et deux estafettes arabes envoyées en commission. Derriere le mur d'enceinte est un jardin avec un bois de palmiers; sur le devant une partie du même sycomore qui est dans l'estampe de dessus. Cette habitation n'a l'air au premier coup-d'œil que d'un emplacement où il y a un angar, tenue propre et rafraîchie par de perpétuels arrosements, décorée de beaux tapis, animée par une quantité

tité de personnages ayant chacun une suite, de la magnificence en chevaux, en armes, une gravité, une décence nobles, une profusion de serviteurs apportant à chaque instant quelque chose à manger ou à boire, on est surpris d'abord d'un luxe nouveau; on s'apperçoit bien-tôt qu'il a ses agréments comme le nôtre, et l'on finit par céder à une molesse qui a bien quelque charme: j'y passai deux jours et deux nuits, et déjà je m'y trouvais très-bien.

Planche XCIII.

No. 1.—Manière de passer le Nil assis sur un double faisceau de paille, avec une courte et double rame, les jambes servant d'avirons; les habitants de la haute Egypte traversent ainsi montant et descendant le Nil; ils tiennent à l'eau deux et trois heures, jusqu'à ce que la fascine soit absolument imbibée. Lorsque nos marches se dirigeoient vers les villages situés entre le désert et le fleuve, et proche de l'un et de l'autre, les femmes et les enfants étoient envoyés en avant dans le désert; et le reste de la population, lorsqu'elle nous voyoit arriver, se lançoit à l'eau sur autant de ces fagots, nous regardoit passer de l'autre rive, et revenoit dans les habitations dès que nous étions éloignés.

Les deux figures qui sont au-dessous de l'homme qui est dans l'acte de passer, sont celles du bateau et de la rame pris géométralement.

No. 2.—Une assemblée de cheikhs: le sentiment de vérité de ce petit dessin a donné au citoyen Bertaux le desir de le graver; et il l'a fait avec tant de talent, que j'ai cru devoir le joindre aux autres productions dont cet habile artiste a décoré mon ouvrage.

No. 3.—Barbier Egyptien dans sa boutique. On ne sait ce dont on doit le plus s'étonner, ou de la patience calme de l'opéré, ou de la gravité imposante de celui qui opère: fort adroits à cette opération, les barbiers orientaux, après avoir rasé la tête, parfument la barbe, et lui donnent la tournure analogue à la physionomie et au caractere du personnage auquel ils ont affaire, le tout avec l'importance qu'une de nos marchandes de modes sait mettre en essayant un bonnet à une de nos élégantes; du reste ils sont toujours conteurs, nouvellistes, politiques comme dans les Contes arabes, et bavards en Egypte comme sur tout le reste du globe.

No. 4.—Manière de faire le macaroni: la manufacture et tout à la fois la boutique sont dans la rue; un four, sur lequel une grande plaque de cuivre est échauffée; le marchand fait tomber une pâte fine et liquide, qui se tamise à travers les trous d'un vase qu'il promene sur la plaque; au bout de quelques minutes, les filons de pâte sont durcis, desséchés, et cuits par une même chaleur entretenue sans relâche par une égale quantité de branches de palmier, dont on chauffe perpétuellement le four. On donne, dans le même espace de temps, le même degré de cuisson au macaroni, que l'on renouvelle continuellement sur la plaque, et qui se vend à mesure qu'il le fait.

Planche XCIV.

Vue d'une portion du port de Rosette. Les fabriques qui y sont représentées, appartenant à des Francs, et la plupart bâties par eux, sont un mélange de constructions qui ressemblent plus à nos maisons du quatorzieme siecle qu'aux fabriques orientales des autres villes de l'Egypte; celle où est le pavillon appartenoit à la maison Varsi, où étoit logé le général Menou. La scene représentée fut celle de la prestation de serment du gouvernement du pays entre les mains de ce général:

général : les coups de bâton distribués, un reste de pratique orientale généralement établie pour écarter la foule, ennoblir la fonction, et avertir le foible de la présence du pouvoir, et de l'éloignement dans lequel il doit l'envisager. Nous n'arrivions jamais dans un village, que le cheikh, pour nous faire honneur, n'en ordonnât une distribution, qui ne cessoit qu'à notre réquisition, et lorsqu'il croyoit que sur cela le témoignage de son respect s'étoit suffisamment manifesté. A droite, le Nil, sur lequel on voit un aviso armé, et dans le fond l'isle de Varsi.

Planche XCV.

No. 1.—Vue de Tfémi, gros village de la province de Bahiré, situé sur le bord du Nil, vis-à-vis Métabis.

No. 2.—Vue du Nil, d'où on apperçoit tout à la fois, à droite, Sandion, bourg dans le Delta; au centre, Métabis, aussi dans le Delta; et Tfémi, de l'autre côté du fleuve.

No. 3.—Métabis, petite ville de la province de Garbié, dans le Delta, connue par ses mœurs dissolues, et le nombre d'almés qui l'habitent.

No. 4.—Vue de Sandion dans le Delta, et de Deirut, dans la province de Bahiré ; les villages dans le Delta, à l'abri des incursions des Arabes, sont toujours plus peuplés, plus riches, et mieux bâtis.

No. 5.—Cafr Schaabas-Ammers, petit village fortifié, situé dans le Delta : Cafr veut dire faubourg ou hameau séparé, mais dépendant de la ville de Schaabas-Ammers. La fumée que l'on voit est la suite de l'embrasement de cette petite forteresse : sur le devant la digue rompue, sur laquelle nous fûmes obligés de porter nos blessés.

No. 6.—Un de nos logements dans le Delta; c'étoit à Derouty, la maison s'appelloit le palais : dans la partie intérieure étoit un angar, et une cour dans laquelle il y avoit un sycomore; il faut toujours compter l'abri d'un sycomore en Egypte comme un appartement d'été, ou un logement pour les gens de la suite; un escalier montoit à une galerie ouverte, qui étoit la piece principale; à droite une grande piece servant de magasin; au bout de la galerie, la chambre d'honneur. La scene ressemble à celle qui auroit pu avoir lieu si c'eût été un bey qui eût été en tournée, et qui eût donné audience par la fenêtre ; sous la porte sont les gens qui apportent le déjeuner fourni par le pays.

Planche XCVI.

No. 1.—Une mosquée, avec plusieurs santons ou tombeaux situés au nord de Rosette; le mur à hauteur d'appui, qui est dans le milieu de l'estampe, sert de chaussée, lors de l'inondation, pour communiquer des habitations au Nil : dans le fond est l'isle Baschi.

No. 2.—Vue intérieure du jardin de Cassim-bey, devenu le jardin de l'institut du Caire. Je l'ai prise au moment de l'inondation, pendant laquelle on peut également s'y promener à pied et en bateau ; les grands arbres qui sont au milieu sont des épines d'Egypte, espece de cassie, de la famille des mimosas, celui qui produit la gomme arabique : le petit monument qui est dessous est un kiosque turc à prendre du café, fumer et reposer sa nullité, faire des calculs d'intérêt personnel, ourdir des trames en silence, prévoir ou concentrer le projet d'une conspiration, et ne s'émouvoir que pour l'exécuter. Quelle différence, depuis qu'il étoit devenu le point de ralliement des membres de l'institut ! que de mouvements ! que de rapides discussions ! que de franches communications ! que de projets proposés, avortés, remplacés par de nouvelles conceptions, souvent utiles, et toujours brillantes ! L'étincelle naissoit du choc

choc de la pensée, la plaisanterie terminoit la dispute, et la gaieté nous ramenoit tous au logis.

Planche XCVII.

No. 1.—Le khalydge, ou canal qui conduit l'eau du Nil au Caire, lorsque l'inondation est arrivée à une certaine élévation; l'ouverture de ce canal est une fête annuelle, d'autant plus gaie qu'elle annonce l'abondance, puisque le manque d'eau est le seul fléau qui puisse amener la disette en Egypte.

Le jour de cette cérémonie, les beys étoient placés dans le kiosque que l'on voit dans cette planche : le canal y est représenté dans le moment où il porte les bateaux du Nil au Caire ; dans le fond est l'isle de Rhaoudah; à gauche de l'estampe sont des montagnes de décombres, et la prise d'eau du grand aqueduc. Tous les voyageurs ont fait la description de l'ouverture du khalydge, et particulièrement Savari.

No. 2.—L'aqueduc qui conduit l'eau du Nil au Caire; les colonnes que l'on voit en avant renversées et rompues sont les ruines d'un édifice, dont l'institut me demanda un rapport, et dont je vais rendre compte en citant le rapport lui-même.

Ces fûts de colonnes, éloignées d'environ 40 centimetres du minaret d'une mosquée en ruine, qui a été bien bâtie, et dont les arrachements prolongés ont nécessairement englobé ces débris, doivent porter à croire qu'ils en faisoient partie : la richesse de la matiere de ces fragments, la perfection d'une partie de ces colonnes, l'inégalité absolue de leurs dimensions, l'empreinte des mains barbares marquée sur toutes leurs réparations, le style, plus barbare encore, de tous les détails qu'on y a ajoutés, font penser que s'il existoit quelques morceaux antiques dans cet édifice, ils y avoient été employés dans un temps rapproché de ces époques malheureuses, où la gloire des armes ne s'alliot point à la philosophie et à l'amour des arts, où le caprice brutal, la barbare adulation en régloient les déterminations politiques, faisoient bâtir une ville où Amroun avoit dressé sa tente, la faisoient abandonner pour aller la rebâtir où Saladin avoit vaincu le dernier des souverains Mamelouks. Dans ces temps, les beaux restes de la noble antiquité étoient groupés avec de lourdes inepties, et formoient de monstrueuses magnificences, ainsi qu'on peut le remarquer dans cette immense fabrique, appelée le Palais de Joseph, construite, comme celle-ci, de morceaux précieux et inégaux, et raccordés par les mêmes moyens; dans ces constructions, où les chapiteaux et les bases avec toutes sortes de profils vont chercher les colonnes quand les colonnes n'arrivent pas jusqu'à eux. Mais pour assigner un siecle à ces édifices, il faudroit connoître celui où ont régné les princes qui les ont fait construire : peut-être est-il réservé à l'activité française de rendre des annales aux Arabes; plus instruits dans leur langue, de découvrir des manuscrits qui fixent des époques à leur histoire, et de jeter des lumieres sur la ténébreuse antiquité par la lecture des hiéroglyphes, de fixer le temps moyen par des recherches littéraires sur le regne des kalifes, par là laisser la part qui appartient aux siecles d'engourdissement où nous avons trouvé l'Egypte, et de faire une nouvelle époque en ramenant les sciences et les arts dans leur pays natal.

Planche XCVIII.

No. 1.—Une vue du vieux Caire ou Forstah, bâti par Amrou; à gauche, une maison à l'usage du pays, et bâtie sur la rue: les fenêtres grillées, les auvents qui sont dans la partie supérieure, sont tournés au nord pour en recevoir l'air frais, et le diriger dans

un

un trou qui est au bas, pour être de là distribué dans toutes les parties de la maison.

Dans le fond, l'isle de Rhaoudab, à la pointe de laquelle est le Mekkias ou nilometre; le petit mur en rond, que l'on voit au premier plan, au milieu de l'estampe, est une bâtisse que l'on élève autour des jeunes palmiers et des sycomores, pour les soigner et les arroser, jusqu'à ce qu'ils soient venus à un certain degré de force pour se défendre eux-mêmes.

No. 2.—Vue prise du vieux Caire, où l'on voit d'une maniere plus détaillée le Mekkias, et le palais qui y est attenant, bâti dans le même temps de l'expédition de S. Louis en Egypte: on apperçoit les pyramides dans le lointain; sur le devant, deux sycomores avec leurs formes surbaissées. On peut remarquer dans cette estampe l'usage que l'on fait de l'ombre de cet arbre, l'utilité dont il est dans un climat si chaud, et les établissements que l'on fait sous son abri: les vues naïves de ce genre peuvent peut-être suppléer à de longues descriptions.

Planche XCIX.

No. 1.—Boulac, petite ville séparée du Caire, et que l'on peut regarder comme son port; c'est à ce port que se rendent toutes les embarcations de la basse Egypte et toutes les provisions et marchandises qui viennent de la haute: Boulac, bâtie dans les premiers siecles de l'hégire, a des monuments arabes d'une charmante exécution.

La scene représente le marché aux bleds, que l'on voit exposés en tas, et le marché aux poissons, qui se fait aussi dans ce même lieu.

Sur le dernier plan, derriere les barques, on apperçoit Embabéh, village devenu fameux par la bataille des pyramides.

No. 2.—Bathen-êl-Baqarah ou le ventre de la vache; c'est la pointe sud du triangle du Delta, qui sépare le Nil en deux branches, et l'envoie ainsi partagé se jeter dans la Méditerranée: cette position est une des plus belles de l'Egypte, celle qui seroit peut-être préférable pour y établir la ville qui en deviendroit nécessairement la capitale; au centre des plus riches provinces, à portée de tout, elle seroit approvisionnée tout naturellement par le commerce des ports de la Méditerranée, et par toutes les productions de l'Afrique que lui apporteroit le Nil: jusqu'à présent il n'y a cependant dans cette situation privilégiée qu'un mauvais petit village qui n'a pas seulement un petit port. A droite est la branche qui conduit à Damiette; à gauche, celle de Rosette, qui, pendant un moment de l'année, arrive jusqu'à Alexandrie par le canal de Rahmanier.

Planche C.

Vue générale de la ville et des environs du Caire, dans laquelle on voit le cours du Nil, dans un espace de trois lieues. Cette vue a été levée par Mayer, dessinateur renommé par son grand talent pour la perspective, que le Chevalier Ainsley, anciennement ministre Britannique à Constantinople, a employé à lever pour lui un nombre considérable de vues du Levant. Cette vue du Caire est prise du pié de la citadelle, que l'on voit à droite, sur la colline où commence à s'élever la chaîne des montagnes arabiques, dite le Mokattan. A gauche est la plaine des cimetieres et des tombeaux des Musulmans. En face est l'aqueduc qui fournit l'eau du Nil au Caire; le village que l'on remarque à l'extrémité de la gauche est le Vieux Caire; de l'autre côté du Nil, est celui de Gizé; entre ces deux villages, au milieu du Nil, est l'isle de Rhaouda, dans laquelle est situé le Nilometre. On apperçoit dans l'éloignement les pyramides dites de Gizé

Gizé, situées à trois lieues du Nil dans le désert de Lybie. Le dessinateur a cherché à donner une idée de ces solitudes brûlantes et arides, dont le seul aspect attriste le cœur et flétrit l'imagination : on aperçoit à droite sur le bord du Nil le village de Boulac, qui sert de port à la ville du Caire ; les Français avoient fait une plantation d'arbres entre le Caire et Boulac, les habitants l'ont détruite après leur départ d'Egypte.

Planche CI.

No. 1.—Vue du couvent de la Poulie, prise du nord au sud, sur la rive droite du Nil.

No. 2.—Autre Vue du couvent de la Poulie, du sud au nord, prise dans la direction du cours du Nil ; on voit le couvent isolé dominant le désert, qui est derrière à l'ouest, le pays cultivé et le fleuve ; il pourroit devenir un poste militaire en y fabriquant un moyen d'y arriver et d'en sortir : les cavités de ces rochers escarpés sont remplies d'oiseaux de toutes especes qui y font leurs nids ; on voit sur le devant la chaîne avec laquelle les moines tirent l'eau dont leur territoire est absolument privé ; on voit aussi comment ils demandent la charité aux passagers, en suivant à la nage les bateaux qui montent et descendent.

Planche CII.

No. 1.—Miniet, que l'on croit être bâti sur les ruines de Cô, où étoit un temple dédié à Anubis : la chaîne de montagnes que l'on voit dans le fond est toute percée de grottes, anciennement habitées par les premiers cénobites ou les peres de l'église, qui, dans les temps de persécutions et de proscriptions, s'y retiroient, ou y étoient relégués lorsqu'on ne les envoyoit pas jusque dans les oasis ; ensuite, par zele, ceux de leur ordre venoient occuper les mêmes lieux qu'ils avoient habités.

Sur la rive du fleuve est une forêt de palmiers de plusieurs lieues de longueur, dans laquelle sont quatre beaux villages, qui formoient une des plus riches propriétés de Mourat-bey.

No. 2.—Vue pittoresque et perspective de Sienne. Le Nil traversant les rochers de granite ; à droite, l'isle Eléphantine ; à gauche, la ville Arabe ; au dessous les thermes romains, servant de moles pour le petit port d'Assuan.

Planche CIII.

No. 1.—Vue de la partie sud de Bénisouef, sur la rive gauche du Nil ; à la rive opposée on voit l'entrée de la vallée qui conduit à la plaine de Sannur ou du Chat, dans laquelle est la gorge formée par le mont Askar ou très dur, et le mont Culil ou du bien-aimé, au pied duquel sont les ruines d'une ville inconnue ; la plaine de l'Araba ou des Chariots, où l'on dit qu'étoient d'antiques carrieres de marbre jaune ; et enfin le mont Kolzim, au pied duquel sont bâtis les monasteres de S. Pierre et S. Paul hermites, d'où l'on découvre les sommets du mont Horeb et du mont Sinaï.

No. 2.—Vue de la partie de la ville de Siuth ou Ossiot, qui est sur le canal d'Abou-Assi, à une demi-lieue du Nil, et à égale distance de la chaîne libyque. On croit que cette ville est bâtie sur l'emplacement de Lycopolis ou la ville du Loup, la quantité de tombeaux que l'on trouve dans la montagne que l'on voit dans l'estampe, et leur magnificence, attestent irrévocablement qu'il y a eu une grande ville près de là.

Planche CIV.

No. 1.—L'entrée du Nil dans l'Egypte ; cette

cette vue est une espece de carte qui présente tout à la fois l'aspect d'un site extraordinaire, dans lequel on voit la situation de nombre de points intéressants.

Le Nil, après avoir traversé les cataractes, courant du sud-est au nord-ouest, tourne tout-à-coup au nord en traversant un banc de granit, dont il déchausse les roches, et dont son cours est déchiré : diverses oppositions rendent ce paysage aussi varié qu'étrange; les deux chaînes libyque et arabique, nues, jaunes, brûlées, et sablonneuses, contrastent merveilleusement avec les aiguilles noires et aiguës des roches de granit; ces rochers, baignés par le courant du fleuve, formant des isles que les alluvions arrosent perpétuellement, se couvrent alternativement de grands arbres et de champ, de verdure, à travers desquels on apperçoit des ruines de tous les temps. Ce que l'on voit à droite de l'estampe sur le premier plan, est ce qui reste d'un monastere des premiers siecles de la catholicité; au-dessus est la védette dite des quatre vents, d'où j'ai fait cette vue. C'est au bas de ce premier plan qu'étoit l'antique Contra-Syene, à présent Garbi-Assuan ou Essuen-occidentale; la grande isle, au milieu du Nil, est l'Eléphantine, aujourd'hui Geziret-êl-Sag, l'isle Fleurie; au milieu, le village moderne; la partie supérieure de l'isle couverte des ruines des monuments égyptiens; sur la rive droite du Nil un monument romain qui arrive jusque dans le fleuve, et a résisté à son courant; c'étoient des thermes, et nous en avions fait une batterie: sur les rochers, au-dessus de ce monument, sont les ruines de la ville arabe du temps des kalifes; dans le lointain des châteaux sur des pointes de rochers: sur la plus grande plate-forme le fort que nous avons construit; dans la petite vallée et à travers des tombeaux, l'on voit les restes de la route antique qui passoit de Syene au-delà des cataractes, et servoit de communication pour le transport des merchandises de l'Egypte en Ethiopie; au devant de tout cela Assuan ou la Syene moderne, ses jardins, et son mauvais château turc.

No. 2.—La derniere cataracte, c'est-à-dire le dernier saut que fait le Nil marchant au nord; ce n'est proprement qu'une barre, formée par un banc de granit, qui, traversant le fleuve pendant l'espace d'une lieue et demie, ne le laisse passer qu'en s'échappant à travers des rochers plus ou moins hauts, et plus ou moins aigus, et qui d'espace en espace lui font faire de petites nappes de quatre pouces à un pied, pendant le temps de l'année que les eaux sont basses; c'est dans ce temps que les bateaux rencontrent des obstacles qu'ils ne peuvent franchir, et que les eaux du fleuve écumeuses et bruissantes prêtent en quelque sorte aux idées qu'on s'est faites en Europe de ces cataractes si fameuses : au reste le passage est fermé neuf mois de l'année pour tous bateaux chargés, et six pour toutes especes de barques : c'est à ce gros rocher qui est au milieu que nous fûmes arrêtés, quoique les eaux ne fussent pas encore arrivées à leur grand décroissement et que notre barque fût des plus légeres. La route par terre depuis là jusqu'à Philée passe à travers de petits villages composés de quelques maisons, de rochers, de petites portions de terre cultivée qui ressemblent à des jardins, de parties sablonneuses et désertes, d'amas de ruines de la nature, de petites chûtes d'eaux s'échappant de toutes parts avec fracas, et qui offrent une variété tout-à-fait pittoresque.

No. 3.—Autre aspect de ce qui forme la cataracte du Nil.

Planche CV.

No. 1.—Un rocher de granit à qui la nature a donné la forme d'un fauteuil, et sur lequel il est possible que les Egyptiens, toujours

jours colossals dans leurs entreprises, aient eu le projet de placer une statue gigantesque ; ils avoient déja achevé ce que le hasard avoit commencé en perfectionnant la foulée du siége, en taillant dans le rocher un escalier pour y parvenir, et en décorant ce rocher de belles inscriptions hiéroglyphiques ; cette singularité de la nature est située à l'est de Philée.

No. 2.—Mamelons de granit déchaussés et arrondis par le temps ; ils sont situés sur la grande isle, au nord de celle de Philée ; les figures peuvent servir d'échelle pour prendre une idée de leur grosseur : ce qui paroît des tentes sont des habitations construites en nattes à travers ces blocs, et où sont logés les pasteurs qui habitent cette isle sauvage.

PLANCHE CVI.

No. 1.—Bloc de granit destiné à être sculpté ; transporté hors de la carriere, il a été abandonné sur le grand chemin qui conduisoit de Philée à Syene ; les hiéroglyphes dont il est couvert sont exacts dans l'estampe ; les figures en proportion peuvent servir d'échelle pour mesurer le bloc ; une telle masse transportée par terre suppose des machines très puissantes : le petit monument à droite est un tombeau arabe, comme il y en a beaucoup dans cet espace de Syene à Philée ; les inscriptions qui sont sur les pierres sepulcrales, qui m'ont paru de caracteres arabes pourroient donner l'époque de ces nombreux monuments, et par cela devenir intéressantes pour l'histoire des bas siecles ; je n'ai jamais eu assez de temps pour en copier.

No. 2.—Rochers de granit sur la grande route de Syene à Philée ; l'inscription hiéroglyphique est ici telle qu'elle existe là.

No. 3.—Vue des carrieres de granit, situées à un mille au sud de Syene ; les marques qui sont tracées horizontalement et verticulement sont d'antiques travaux preparés pour détacher le bloc dont on voit la surface ; ces travaux devoient recevoir, ou des coins de fer que l'on frappoit tous à la fois, ou des coins de bois sec que l'on mouilloit pour faire éclater et déliter la partie destinée à être enlevée ; tous les rochers avoisinants qui offrent des superficies planes ont été travaillés de même, et les traces des travaux s'y sont conservées aussi vives que s'ils n'eussent été abandonnés que la veille.

No. 4.—Roches de granit de 150 pieds d'élévation, qui ressemblent à des restes de palais construits par des géants, et sont en effet les ruines de la nature ; chaque mamelon est monumenté par une inscription hiéroglyphique en caracteres inscriptifs, et en figures hiéroglyphiques. A gauche la plaine est traversée par une espece de monument appelé Hhait-al-Adjouz, la muraille de la Vieille ; les temples que l'on apperçoit dans le milieu de l'estampé sont ceux de l'isle de Philée ; les montagnes qui bordent l'horizon sont celles de la chaine arabique ; l'arbre qui est au milieu de la plaine est un thérébinte, arbre qui croît d'espace en espace dans le désert, et dont la ramification légere divise les rayons du soleil, et dérobe un instant la tête du voyageur à leur poignante ardeur ; ce qui dans ces climats avares paroît aux êtres reconnoissants un bienfait de la Providence.

PLANCHE CVII.

Vues de Mocha et de Gedda sur la Mer-Rouge. Ces deux vues ont été levées et communiquées à l'éditeur par un officier attaché à l'état major de l'armée de Sir David Baird, qui vint de l'Inde en Egypte par la Mer Rouge, pour coopérer à l'expulsion des Français.

PLANCHE CVIII.

Plan de la bataille des pyramides.

J'y ai joint ceux de la ville du Caire, de Boulac, de Djyzéh, du vieux Caire, et d'Embabé, des isles de Raoudhah et de Boulac, des pyramides, et du cours du Nil; j'ai marqué le mouvement des troupes par des lignes, pour une plus facile intelligence, et j'ai mis des figures dans tous les points où il y a eu engagement de combats, pour achever de donner une entière connoissance de cette importante bataille. J'emprunte ici les détails qu'en a donnés le général Berthier dans sa relation des campagnes du général Bonaparte en Egypte, et en Syrie.

Rapport du général Berthier.

" Mille souvenirs se réveillent à la vue
" de ces plaines, où le sort des armes a tant
" de fois changé la destinée des empires.
" L'armée, impatiente d'en venir aux mains,
" est aussitôt rangée en ordre de bataille.
" Les dispositions sont les mêmes qu'au combat de Chebreisse. La ligne formée dans
" l'ordre par échelons et par divisions qui se
" flanquent refusoit sa droite; Bonaparte ordonne à la ligne de s'ébranler: mais les
" Mamelouks, qui jusqu'alors avoient paru
" indécis, préviennent l'exécution de ce
" mouvement, menacent le centre, et se précipitent avec impétuosité sur les divisions
" Desaix et Reynier qui formoient la droite;
" ils chargent intrépidement ces colonnes,
" qui, fermes et immobiles, ne font usage de
" leur feu qu'à demi-portée de la mitraille et
" de la mousqueterie. La valeur téméraire
" des Mamelouks essaie en vain de renverser
" ces murailles de feu, ces remparts de baïonnettes: leurs rangs sont éclaircis par le
" grand nombre de morts et de blessés qui
" tombent sur le champ de bataille, et bien-
" tôt ils s'éloignent en désordre, sans oser
" entreprendre une nouvelle charge.

" Pendant que les divisions Desaix et
" Reynier repoussoient avec tant de succès la
" cavalerie des Mamelouks, les divisions Bon
" et Menou, soutenues par la division Kleber,
" commandée par le général Dugua, marchoient au pas de charge sur le village retranché d'Embabé: deux bataillons des
" divisions Bon et Menou, commandés par
" les généraux Rampon et Marmont, sont
" détachés avec ordre de tourner ce village,
" et de profiter d'un fossé profond pour se
" mettre à couvert de la cavalerie de l'ennemi,
" et lui dérober leurs mouvements jusqu'au
" Nil.

" Les divisions, précédées de leurs flanqueurs, continuent de s'avancer au pas de
" charge: les Mamelouks attaquent sans succès les pelotons de flanqueurs; ils font
" jouer et démasquent quarante mauvaises
" pieces d'artillerie: les divisions se précipitent alors avec plus d'impétuosité, et ne
" laissent pas à l'ennemi le temps de recharger ses canons. Les retranchements
" sont enlevés à la baïonnette; le camp et le
" village d'Embabé sont au pouvoir des
" Français. Quinze cents Mamelouks à cheval, et autant de fellahs, auxquels les généraux Marmont et Rampon ont coupé
" toute retraite en tournant Embabé, et en
" prenant une position retranchée derrière
" un fossé qui joignoit le Nil, font en vain
" des prodiges de valeur: aucun d'eux ne veut
" se rendre, aucun d'eux n'échappe à la fureur du soldat; ils sont tous passés au fil
" de l'épée, ou noyés dans le Nil. Quarante
" pieces de canon, quatre cents chameaux,
" les bagages et les vivres de l'ennemi tombent entre les mains du vainqueur.

" Mourat-bey, voyant le village d'Embabé emporté, ne songe plus qu'aux moyens
" d'assurer sa retraite. Déja les divisions
" Desa

" Desaix et Reynier avoient forcé sa cavalerie de se replier; l'armée, quoiqu'elle marchât depuis deux heures du matin, et qu'il en fût six du soir, le poursuit encore jusqu'à Gizeh. Il n'y avoit plus de salut pour lui que dans une prompte fuite; il en donne le signal, et l'armée prend position à Gizeh après dix-neuf heures de marches ou de combats.

" Jamais victoire aussi importante ne coûta moins de sang aux Français : ils n'eurent à regretter dans cette journée que dix hommes tués, et environ trente blessés; jamais avantage ne fit mieux sentir la supériorité de la tactique moderne des Européens sur celle des orientaux, du courage discipliné sur la valeur désordonnée."

Planche CIX.

Plan de la bataille d'Aboukir.

Voyez le récit de cette bataille dans le journal, les renvois explicatifs sont au bas du plan. Je joins ici le rapport militaire fait par le général Berthier, dans son ouvrage intitulé, Relation des campagnes du général Bonaparte en Egypte et en Syrie, afin de ne rien laisser à désirer relativement à cette intéressante bataille.

Bonaparte arrête les colonnes, et fait ses dispositions d'attaque.

Le général de brigade Destaing, avec ses trois bataillons, marche pour enlever la hauteur de la droite de l'ennemi, occupée par mille hommes; en même temps un piquet de cavalerie a ordre de couper ce corps dans sa retraite sur le village.

La division Lannes se porte sur la montagne de sable, à la gauche de la premiere ligne de l'ennemi, où il y avoit deux mille hommes, et six pieces de canon; deux escadrons de cavalerie ont l'ordre d'observer et de couper ce corps dans sa retraite.

Le reste de la cavalerie marche au centre.

La division Lanusse reste en seconde ligne.

Le général Destaing marche à l'ennemi au pas de charge; celui-ci abandonne ses retranchements, et se retire sur le village; la cavalerie sabre les fuyards.

Le corps sur lequel marchoit la division Lannes, voyant que la droite de sa premiere ligne est forcée de se replier, et que la cavalerie tourne sa position, veut se retirer; après avoir tiré quelques coups de canon, deux escadrons de cavalerie et un peloton des guides coupent la retraite, et forcent à se noyer dans la mer ce corps de deux mille hommes; aucun n'évite la mort : le commandant des guides à cheval, Hercule, est blessé.

Le corps du général Destaing marche sur le village, centre de la seconde ligne de l'ennemi; il le tourne en même temps que la trente-deuxieme demi-brigade l'attaque de front; l'ennemi fait une vive résistance, sa seconde ligne détache un corps considérable par sa gauche pour venir au secours du village; la cavalerie le charge, le culbute, et poursuit les fuyards, dont une grande partie se précipite dans la mer.

Le village est emporté, l'ennemi est poursuivi jusqu'à la redoute, centre de sa seconde position; cette position étoit très forte, la redoute étoit flanquée par un boyau qui formoit à droite la presqu'isle jusqu'à la mer; un autre boyau se prolongeoit sur la gauche, mais à peu de distance de la redoute; le reste de l'espace étoit occupé par l'ennemi, qui étoit sur des mamelons de sable et dans des palmiers.

Pendant que les troupes reprennent haleine, on met des canons en position au village et le long de la mer, on bat la droite de l'ennemi et sa redoute; les bataillons du général Destaing

taing formoient au village qu'ils venoient d'enlever le centre d'attaque en face de la redoute; ils ont ordre d'attaquer.

Le général Fugière reçoit l'ordre de former en colonne la dix-huitieme demi-brigade, et de marcher le long de la mer, pour enlever au pas de charge la droite des Turcs; la trente-deuxieme, qui occupoit la gauche du village, a l'ordre de tenir l'ennemi en échec, et de soutenir la dix-huitieme.

La cavalerie, qui formoit la droite de l'armée, attaque l'ennemi par sa gauche; elle le charge avec impétuosité à plusieurs reprises; elle sabre et force à se jeter à la mer tout ce qui est devant elle: mais elle ne pouvoit rester au-delà de la redoute; se trouvant entre son feu et celui des canonieres ennemies, emportée par sa valeur dans ce défilé de feux, elle se reploit aussitôt qu'elle avoit chargé; et l'ennemi renvoyoit de nouvelles forces sur les cadavres de ses premiers soldats.

Cette obstination et ces obstacles ne font qu'irriter l'audace et la valeur de la cavalerie; elle s'élance et charge jusque sur les fossés de la redoute, qu'elle dépasse; le chef de brigade Duvivier est tué; l'adjudant-général Roze, qui dirige les mouvements avec autant de sang-froid que de talents, le chef de brigade des guides à cheval, Bessieres, l'adjudant-général le Turq, sont à la tête des charges.

L'artillerie de la cavalerie, celle des guides prennent position sous la mousqueterie ennemie, et par le feu de mitraille le plus vif concoureut puissamment au succès de la bataille.

L'adjudant-général le Turq juge qu'il faut un renfort d'infanterie; il vient rendre compte au général en chef, qui lui donne un bataillon de la soixante-quinzieme; il rejoint la cavalerie; son cheval est tué; alors il se met à la tête de l'infanterie; il vole du centre à la gauche pour rejoindre la dix-huitième demi-brigade, qu'il voit en marche pour attaquer les retranchements de la droite de l'ennemi.

La dix-huitieme marche aux retranchements; l'ennemi sort en même temps par sa droite; les têtes des colonnes se battent corps à corps; les Turcs cherchent à arracher les baïonnettes qui leur donnent la mort; ils mettent le fusil en bandouliere, se battent au sabre et au pistolet: enfin la dix-huitieme arrive aux retranchements; mais le feu de la redoute, qui flanquoit du haut en bas le retranchement où l'ennemi s'étoit rallié, arrête la colonne: le général Fugière, l'adjudant-général le Turq, font des prodiges de valeur; le premier reçoit une blessure à la tête, il continue néanmoins à combattre; un boulet lui emporte le bras gauche, il est forcé de suivre le mouvement de la dix-huitieme, qui se retire sur le village dans le plus grand ordre en faisant un feu très vif. L'adjudant général le Turq, qui avoit fait de vains efforts pour déterminer la colonne à se jeter dans les retranchements ennemis, s'y précipite lui-même; mais il s'y trouve seul, et y reçoit une mort glorieuse; le chef de brigade Morangié est blessé.

Une vingtaine de braves de la dix-huitieme restent sur le terrain; les Turcs, malgré le feu meurtrier du village, s'élancent des retranchements pour couper la tête des morts et des blessés, et obtenir l'aigrette d'argent que leur gouvernement donne à tout militaire qui apporte la tête d'un ennemi.

Le général en chef avoit fait avancer un bataillon de la vingt-deuxieme légere, et un autre de la soixante-neuvieme sur la gauche de l'ennemi; le général Lannes, qui étoit à leur tête, saisit le moment où les Turks étoient imprudemment sortis de leurs retranchements; il fait attaquer la redoute de vive force par sa gauche et par sa gorge; la vingt-deuxieme et la soixante-neuvieme, un

M bataillon

bataillon de la soixante-quinzieme, sautent dans le fossé, et sont bientôt sur le parapet et dans la redoute, en même temps que la dix-huitieme s'étoit élancée de nouveau au pas de charge sur la droite de l'ennemi.

Le général Murat, qui commandoit l'avant-garde, qui suivoit tous les mouvements, et qui étoit constamment aux tirailleurs, saisit le moment où le général Lannes lançoit sur la redoute les bataillons de la vingt-deuxieme et soixante-neuvieme pour ordonner à un escadron de charger, et de traverser toutes les positions de l'ennemi jusque sur les fossés du fort ; ce mouvement est fait avec tant de précision, avec tant d'impétuosité et d'à-propos, qu'au moment où la redoute est forcée, cet escadron se trouvoit déja pour couper à l'ennemi toute retraite dans le fort; la déroute est complete; l'ennemi en désordre, et frappé de terreur, trouve par-tout les baïonnettes et la mort; la cavalerie le sabre; il ne croit avoir de ressource que dans la mer ; dix mille hommes s'y précipitent, ils y sont fusillés et mitraillés : jamais spectacle aussi terrible ne s'est présenté ; aucun ne se sauve; les vaisseaux étoient à deux lieues dans la rade d'Aboukir: Mustapha pacha, commandant en chef l'armée turque, est pris avec deux cents Turcs ; deux mille restent sur le champ de bataille ; toutes les tentes, tous les bagages restent au pouvoir des Français.

taing formoient au village qu'ils venoient d'enlever le centre d'attaque en face de la redoute ; ils ont ordre d'attaquer.

Le général Fugiere reçoit l'ordre de former en colonne la dix-huitieme demi-brigade, et de marcher le long de la mer, pour enlever au pas de charge la droite des Turcs ; la trente-deuxieme, qui occupoit la gauche du village, a l'ordre de tenir l'ennemi en échec, et de soutenir la dix-huitieme.

La cavalerie, qui formoit la droite de l'armée, attaque l'ennemi par sa gauche ; elle le charge avec impétuosité à plusieurs reprises ; elle sabre et force à se jeter à la mer tout ce qui est devant elle : mais elle ne pouvoit rester au-delà de la redoute ; se trouvant entre son feu et celui des canonieres ennemies, emportée par sa valeur dans ce défilé de feux, elle se reploit aussitôt qu'elle avoit chargé ; et l'ennemi renvoyoit de nouvelles forces sur les cadavres de ses premiers soldats.

Cette obstination et ces obstacles ne font qu'irriter l'audace et la valeur de la cavalerie ; elle s'élance et charge jusque sur les fossés de la redoute, qu'elle dépasse ; le chef de brigade Duvivier est tué ; l'adjudant-général Roze, qui dirige les mouvements avec autant de sang-froid que de talents, le chef de brigade des guides à cheval, Bessieres, l'adjudant-général le Turq, sont à la tête des charges.

L'artillerie de la cavalerie, celle des guides prennent position sous la mousqueterie ennemie, et par le feu de mitraille le plus vif concoureut puissamment au succès de la bataille.

L'adjudant-général le Turq juge qu'il faut un renfort d'infanterie ; il vient rendre compte au général en chef, qui lui donne un bataillon de la soixante-quinzieme ; il rejoint la cavalerie ; son cheval est tué ; alors il se met à la tête de l'infanterie ; il vole du centre à la gauche pour rejoindre la dix-huitieme demi-brigade, qu'il voit en marche pour attaquer les retranchements de la droite de l'ennemi.

La dix-huitieme marche aux retranchements ; l'ennemi sort en même temps par sa droite ; les têtes des colonnes se battent corps à corps ; les Turcs cherchent à arracher les baïonnettes qui leur donnent la mort ; ils mettent le fusil en bandouliere, se battent au sabre et au pistolet : enfin la dix-huitieme arrive aux retranchements ; mais le feu de la redoute, qui flanquoit du haut en bas le retranchement où l'ennemi s'étoit rallié, arrête la colonne : le général Fugiere, l'adjudant-général le Turq, font des prodiges de valeur ; le premier reçoit une blessure à la tête, il continue néanmoins à combattre ; un boulet lui emporte le bras gauche, il est forcé de suivre le mouvement de la dix-huitieme, qui se retire sur le village dans le plus grand ordre en faisant un feu très vif. L'adjudant général le Turq, qui avoit fait de vains efforts pour déterminer la colonne à se jeter dans les retranchements ennemis, s'y précipite lui-même ; mais il s'y trouve seul, et y reçoit une mort glorieuse ; le chef de brigade Morangié est blessé.

Une vingtaine de braves de la dix-huitieme restent sur le terrain ; les Turcs, malgré le feu meurtrier du village, s'élancent des retranchements pour couper la tête des morts et des blessés, et obtenir l'aigrette d'argent que leur gouvernement donne à tout militaire qui apporte la tête d'un ennemi.

Le général en chef avoit fait avancer un bataillon de la vingt-deuxieme légere, et un autre de la soixante-neuvieme sur la gauche de l'ennemi ; le général Lannes, qui étoit à leur tête, saisit le moment où les Turks étoient imprudemment sortis de leurs retranchements ; il fait attaquer la redoute de vive force par sa gauche et par sa gorge ; la vingt-deuxieme et la soixante-neuvieme, un

M bataillon

bataillon de la soixante-quinzieme, sautent dans le fossé, et sont bientôt sur le parapet et dans la redoute, en même temps que la dix-huitieme s'étoit élancée de nouveau au pas de charge sur la droite de l'ennemi.

Le général Murat, qui commandoit l'avant-garde, qui suivoit tous les mouvements, et qui étoit constamment aux tirailleurs, saisit le moment où le général Lannes lançoit sur la redoute les bataillons de la vingt-deuxieme et soixante-neuvieme pour ordonner à un escadron de charger, et de traverser toutes les positions de l'ennemi jusque sur les fossés du fort ; ce mouvement est fait avec tant de précision, avec tant d'impétuosité et d'à-propos, qu'au moment où la redoute est forcée, cet escadron se trouvoit déja pour couper à l'ennemi toute retraite dans le fort ; la déroute est complete ; l'ennemi en désordre, et frappé de terreur, trouve par-tout les baïonnettes et la mort ; la cavalerie le sabre ; il ne croit avoir de ressource que dans la mer ; dix mille hommes s'y précipitent, ils y sont fusillés et mitraillés : jamais spectacle aussi terrible ne s'est présenté ; aucun ne se sauve ; les vaisseaux étoient à deux lieues dans la rade d'Aboukir : Mustapha pacha, commandant en chef l'armée turque, est pris avec deux cents Turcs ; deux mille restent sur le champ de bataille ; toutes les tentes, tous les bagages restent au pouvoir des Français.

AVIS DE L'ÉDITEUR.

L'aperçu qui suit du Voyage de M. Denon, a paru dans un Journal Français, après que l'impression du Premier Volume de cette Edition a été achevée. On a pensé que les lecteurs trouveraient avec plaisir cet aperçu au commencement de ce Second Volume.

"*Voyage dans la Basse et la Haute-Egypte, pendant les Campagnes du Général* Bonaparte; *par* Vivant Denon.

" L'Egypte, dont le nom rappelle, et dont le sol cache tant de choses; cette mere heureuse et malheureuse de deux éternelles ennemies, la philosophie et la superstition; cette auguste institutrice de toutes les nations éclairées, devenue la vile esclave des hordes les plus ignorantes, et qui dans toutes les images d'Orus enchaîné par Tiphon, semble, de quarante siecles d'avance, s'être prédit à elle-même ses destinées : l'Egypte enfin, cette terre favorite de la nature et des arts, également féconde en moissons et en monumens, vient de sortir pour jamais des ténebres où ses indignes maîtres la tenaient ensevelie. Ce n'est point Mars tout seul, c'est Minerve aussi qui en a pris possession ; une troupe de savans mêlée dans une armée de héros s'y est montrée, et les uns et les autres ont cueilli les palmes différentes qui les attendaient.

" Mais qu'elles sont belles ces conquêtes des savans qui ne coûtent ni sang, ni larmes; qui laissent le genre humain comme il est, en attendant qu'elles le rendent mieux qu'il n'était; et dont le butin à jamais conservé, devient le trésor de toutes les générations !

" A l'avant-garde de cette innocente légion de conquérans, on a vu sur les décombres de Memphis et de Thebes, et dans les sables abandonnés à une éternelle stérilité; on a vu au pied, au sein même des pyramides, audelà des cataractes, au milieu du tumulte des armes et dans le silence des tombeaux, on a vu, dis-je, un homme, c'était M. Denon, que ni le devoir, ni l'intérêt, ni l'ambition, ni le chagrin, ni l'ennui n'avaient fait sortir de sa patrie pour courir à tant de fatigues et à tant de périls; mais il cédait à un

enthou-

enthousiasme invincible pour un homme étonnant; il y joignait cette curiosité savante qui voudrait évoquer tous les mânes et disputer au temps toutes ses proies ; il était sur-tout entraîné par sa brûlante admiration pour cette antiquité toujours nouvelle, qui domine en reine sur toutes les générations des hommes, qui ne cesse de rappeler tous les arts et toutes les sciences à son école, et qui, semblable à une montagne toujours croissante, cache sa tête dans l'épaisseur des siecles amoncelés.

" La société savante qui prépare, dit-on, de son côté une relation de son expédition d'Egypte, ne manquera pas d'y répandre beaucoup de nouvelles lumieres propres à nous guider dans cette région de prodiges, de doutes et de ténebres; mais quelque facilité que ces écrivains nous donnent pour la parcourir, quelque soin qu'ils prennent d'en applanir les routes, nous plaindrons toujours ceux qui n'auront pas M. Denon pour compagnon de voyage. Au reste, ne comparons pas avant de connaître, et contentons-nous en attendant, de nous promener en Egypte dans la société d'un homme qui mêle tant de choses aimables à tant de choses nouvelles, qui aperçoit si vîte, qui voit si juste, qui rend si bien, qui sait aider si à-propos son crayon de sa plume et sa plume de son crayon, qui d'un regard mesure une pyramide, qui dessine une carte d'un trait, devine des temples sous terre, comme Bléton des fontaines, qui reconnaît chaque siecle pour ainsi dire à son écriture, et dont la pensée ressuscite les empires.

" D'autres antiquaires, après de longues recherches et de plus longues discussions, nous présenteront sans doute une foule d'observations que M. Denon regrette de n'avoir pu faire; d'autres savans se livreront peut-être à beaucoup de conjectures dans lesquelles M. Denon a craint de s'égarer; d'autres philosophes s'encourageront et s'entr'aideront les uns et les autres à établir des systêmes pour lesquels M. Denon n'a pas trouvé que son autorité toute seule fût suffisante; d'autres artistes finiront, à tête reposée, ce que M. Denon a esquissé, comme il le dit lui-même, *tantôt à toutes voiles, tantôt à toutes jambes.* Mais montrera-t-on comme lui l'effet varié de tant de choses diverses sur l'âme du même observateur ? Que plusieurs hommes distingués s'occupent d'un travail quelconque, ils peuvent mettre leurs connaissances en commun ; mais chacun d'eux garde pour lui son âme, et c'est là précisément ce qui manque à toutes les sociétés. Dans tout ce qui en émane, rien ne se montre comme

il

il est venu ; à chaque discussion, chacun a voulu retrancher du vôtre pour y mettre du sien : aucune pensée n'a ses traits primitifs, la critique a touché à tout : aussi le premier attribut de ces rédactions combinées est-il la circonspection, et l'on sait que le premier attribut de la circonspection est la froideur. En un mot, l'originalité, l'ensemble, l'accord manquent d'ordinaire aux ouvrages de plusieurs mains, et l'on peut tout attendre d'une réunion, excepté de l'unité.

" En général, il est plus aisé à un homme de faire l'office de plusieurs qu'à plusieurs de faire l'office d'un seul ; et sur-tout nous doutons qu'une société de savans, quelle qu'elle soit, se permette jamais d'être aussi aimable que M. Denon. Il s'en trouvera, sans doute, beaucoup dans le nombre qui nous instruiront autant que lui, mais qui est-ce qui nous amusera comme lui ? où trouver cette grâce, cette aménité, cette gaieté, cette sensibilité, cette familiarité naïve dont M. Denon semble avoir dérobé le secret à Montaigne, et qui fait qu'on s'intéresse autant au conteur qu'au récit ? Ce n'est pas un historien qui se présente au lecteur, c'est une société, ce sera bientôt un ami ; vous vivez, vous causez, vous naviguez, vous galopez avec lui, vous souffrez quand il souffre, vous vous réjouissez s'il se réjouit, et vous souhaitez autant pour lui que pour vous, qu'il fasse à chaque instant de nouvelles découvertes. Il vous permettra de rire quelquefois de son maintien pacifique au milieu des plus ardens guerriers dont il partage gaiement les dangers et les travaux sans se permettre de prétendre à leur gloire. Que fait-il au plus fort de la mêlée ? il observe. Quelle est son arme ? un crayon. Que répond-il à cet Arabe qui le couche en joue à bout portant ? il le tire à sa manière et ne le manque pas. Du reste, il braverait mille morts pour aller chercher un sépulcre, et il abandonnerait de bon cœur un prisonnier tout couvert d'or et de pierreries pour une momie bien conservée. Supposez-le pour un instant chargé en chef de l'expédition, vous verrez un tout autre plan de campagne, il laissera les meilleures forteresses pour des ruines, les palais pour des caveaux ; il ouvrira la tranchée devant Thebes, Apollinopolis, Tentyris, et d'autres cités de ce genre, qui ne seront visibles que pour lui seul ; tout le poids des contributions portera sur l'ancienne Egypte, plutôt que sur la nouvelle ; ce ne sera point Mourat-Bey ni ses partisans qu'il cherchera jusqu'en Nubie, mais Sésostris, Aménophis, Osimandias, Apriès et leurs pareils ; car ce n'est point aux Mamelucks qu'il fait la guerre, c'est à l'oubli."

FRONTISPICE.

Une idée très-ingénieuse de M. Denon, nous a fourni le sujet d'un Frontispice qui se place d'une maniere naturelle et piquante, au-devant du Recueil de Planches que nous donnons.

Le voyageur avait à représenter les ruines de la ville d'Hiéraconpólis. Ces ruines, dit-il, consistent en une seule porte, fort dégradée, et d'une forme peu intéressante à conserver; autour de ce vestige isolé on ne voit que quelques chapiteaux très-frustes, quelques fragments de granit sans forme, et une grande quantité de matoni, qui annoncent l'antique existence d'une ville considérable. Comme tout cela ne pouvait former qu'un triste tableau, j'ai ajouté quelques groupes de tout ce qui formait mon train à l'époque de sa grande magnificence: mon serviteur, mon petit negre, mon cheval, mon âne, et mon pliant portatif, qui composait à lui seul l'établissement de mon atelier; je me suis représenté avec toutes les ruines de mon costume, suite inséparable de mes marches continuelles, de la perte de mes équipages, et du peu de soin et de temps que j'avais à donner à ma personne; occupé de mes dessins et de mon journal, je ne soignais qu'eux; je n'ai jamais quitté mon porte-feuille, je le portais par-tout, et la nuit il me servait d'oreiller: sur la fin du voyage son poids avait considérablement augmenté: mon nécessaire, semblable à celui de Robinson, était composé de deux pistolets à deux coups, d'un sabre, de quelques charges de balles, d'une ceinture où il y avait cent louis d'or, pour me faire porter à la suite de l'armée en cas que je fusse blessé, d'une cuiller, d'une fourchette, et d'un gobelet d'argent, de papier à dessiner et à écrire, ce que je faisais presque chaque fois que dans les marches on laissait respirer un moment l'infanterie: car c'est ainsi que j'ai fait mon journal et mes dessins, pour qu'ils eussent, sinon le mérite de la pureté, au moins la naïveté du moment et la vérité de la nature.

APPENDIX

AU

VOYAGE

DANS

LA BASSE ET LA HAUTE ÉGYPTE,

PAR

V. DENON.

APPENDIX, &c.

COMMISSION DES ARTS ET SCIENCES.

Rapport *fait au Premier Consul* Bonaparte, *par le Citoyen* Ripaud, *Bibliothécaire de l'Institut d'Egypte.*

Citoyen premier consul,

J'ai l'honneur de vous présenter la description abrégée des principaux monumens de la Haute-Egypte; elle est extraite des notes étendues que j'ai écrites sur les lieux. J'ai évité, autant que l'ai pu, d'y répéter ce qu'ont dit les voyageurs qui nous ont précédés.

J'y ai joint un exposé rapide des travaux de la commission des arts. L'ouvrage qu'elle se propose de mettre au jour sous vos auspices, donnera de ce qu'elle a fait une plus juste idée que le compte rendu le plus circonstancié.

Aucun voyageur, avant nous, n'a parcouru l'Egypte avec une sécurité égale à celle dont nous avons constamment joui, et dont nous vous sommes redevables.

Le cours du Nil doit être maintenant aussi bien connu que celui d'aucun fleuve de l'Europe. La position des principaux monumens, des villes actuelles les plus importantes, a été déterminée par des observations astronomiques.

A Phylé, lieu présumé de la sépulture d'Osiris, et derniere borne de l'empire Romain du côté de l'Ethiopie, nous avons gravé la longitude et la latitude de cette île et de la ville de Sienne. A Thebes, nous avons également gravé sur la porte de l'ouest du palais de Karnack, celles de douze des plus anciennes villes. Nous avions quelque satisfaction à associer après 5 ou 6000 ans, nos faibles observations à la durée de ces indestructibles monumens.

Nous avons campé pendant 25 jours sur les ruines de cette ancienne capitale de l'Egypte. Ce séjour, à raison du nombre des membres de la commission, équivaut à celui d'un seul homme pendant deux ans, et nous jouissions de l'avantage d'avoir un plus grand nombre d'yeux ouverts sur les mêmes objets. Nous discutions sur les lieux les différentes opinions que faisait naître l'attention soutenue donnée à l'examen de l'architecture des temples et des palais, de l'ensemble et des détails de la sculpture et des bas-reliefs.

Suivis de la bibliotheque portative qui m'était confiée, nous comparions les descriptions des voyageurs qui nous ont précédés, avec les monumens dont ils ont essayé de donner une idée. Nous avons vu avec chagrin qu'en les louant d'une maniere exagérée, ni leurs écrits, ni leurs dessins, ne présentaient la juste mesure de l'intérêt qu'ils offrent.

Norden n'a laissé que des vues inexactes et insignifiantes, des descriptions obscures et vuides. Il n'était pas instruit; d'un caractere timide, il visita l'île de Philé à la lueur d'une lanterne.

Paul Lucas est un voyageur aveugle, un exagérateur ridicule. Il a pris pour du granit le grès dont tous les temples de la Haute-Egypte sont construits.

Sicard, plus sage et plus exact, n'a pas peu contribué à éclaircir ce que la géographie ancienne de cette contrée offrait d'incertain et d'obscur. Sous ce rapport, il a été d'un puissant secours à notre compatriote d'Anville.

Ce savant distingué a été l'objet continuel de notre étonnement. Par la seule force de sa critique, il a assigné, avec une justesse qui nous confondait de surprise, la position des villes anciennes, celle des villages, et le cours des canaux d'un pays qu'il n'avait jamais visité.

Le consul Maillet, Vansleb et le copiste Savary n'offrent rien d'utile ni de vrai dans leurs ouvrages.

Les deux voyageurs les plus estimables qui aient écrit sur l'Egypte, sont Granger et Pococke. Le premier, médecin et Français, visita ce pays en 1730; il est à regretter que son ouvrage soit trop court; cet auteur est instruit, judicieux et vrai.

Le second est le plus savant de tous. Ses descriptions sont celles qui approchent le plus de la vérité. Il ne manquait ni d'ardeur, ni de constance. Presque tout ce qu'il a écrit lui-même est bon; les dessins qu'il a fait exécuter par d'autres, sont infideles.

Quoique nous paraissions prononcer un peu séverement sur ces écrivains, nous sommes fort éloignés, cependant, de ne pas leur tenir compte des difficultés sans nombre qu'ils ont dû éprouver; difficultés que nous avons à peine soupçonnées, grâce aux dispositions que vous a dictées la bienveillance distinguée dont vous nous avez toujours honorés.

Il est probable que, dans l'introduction du livre que la commission se propose de publier, on ne s'exprimera pas aussi librement que je le fais, sur les écrivains dont j'ai eu l'honneur de vous entretenir; on ne les contrariera que par l'exposé des faits; car il me semble que cet ouvrage doit être traité comme si nul autre avant lui n'avait été publié sur le même objet.

Campés auprès de l'emplacement des monumens, chacun de nous s'est emparé du travail

APPENDIX.

vail qu'un long exercice lui rendait le plus familier. Des vues dessinées par les citoyens Dutertre, Cécile et Balzac, constatent l'état présent des temples, et des palais. Lepere, architecte, et plusieurs ingénieurs des ponts et chaussées, en ont levé les plans, pris les élévations et les coupes avec une exactitude très-propre à en donner une idée complette et satisfaisante. Les bas-reliefs et les peintures à fresque qui les décorent, ont été copiés avec fidélité par les jeunes gens de la commission des arts; la topographie des villes anciennes est due aux ingénieurs des ponts et chaussées et aux géographes. Je me suis occupé, avec les citoyens Fourrier et Costaz, des descriptions écrites qui doivent accompagner les plans et les dessins.

J'ai l'honneur de vous présenter, maintenant, citoyen premier consul, les résultats des opérations qu'ont faites les membres de la commission des arts, et auxquelles l'inspection des monumens a donné lieu; ils ont besoin d'être confirmés par des mémoires étendus où l'on s'attachera à ne fournir que des preuves solides et incontestables, en s'abstenant de tout ce qui n'est que conjectural et systématique.

Une colonie sortie de l'Ethiopie a peuplé l'Egypte; elle a suivi le cours du fleuve qui l'arrose. Les premiers hommes qui s'y fixerent étaient Troglodytes, c'est-à-dire, qu'ils habitaient les grottes creusées dans les rochers par la nature; ils s'établirent dans la partie la plus méridionale de ce pays.

Les monumens sont d'autant plus anciens qu'ils sont plus voisins du Tropique. A Philœ, île située au-delà de Sienne, deux temples ont été détruits, et de leurs matériaux, deux autres, encore subsistans, ont été rebâtis. Ainsi s'établit, pour ainsi dire, une génération de monumens, et l'âge de chacun d'eux est triple de celui des états les plus vieux de l'Europe. " Le temps ne manque point à la nature," a dit Volney, dans une réflexion aussi juste que facilement exprimée; et l'inspection des monumens et des phénomenes naturels que présente la Haute-Egypte, confirme cette vérité; les rocs de granit qui environnent Sienne sont entierement délités, et les obélisques, élevés depuis plus de 4000 ans, sont demeurés insensibles à l'action de l'air.

Tous les temples et les palais sont bâtis en grès; deux ou trois le sont en pierre calcaire, et, excepté les obélisques et les colosses, on trouve plus de granit mis en œuvre sur les seules ruines d'Alexandrie et dans ses mosquées, qu'on n'en peut rencontrer du Caire aux Cataractes.

Les monumens n'ont été construits entierement en granit que lorsque le siége de la monarchie fut transporté à Memphis. Alors on dépouilla l'Egypte Supérieure de tout ce qui pouvait en être enlevé, et on enrichit, à ses dépens, l'Inférieure; alors les arts étant parvenus à un plus haut degré de perfection, on mit du luxe dans le choix des matériaux, et le temple d'Isis à Bahbeit fut construit en granit, et l'on tira des rochers d'Eléphantine ces blocs énormes dont on fit les chapelles Monolithes de Sais et de Butos; leur poids était de plusieurs millions. Les travaux nécessaires pour les séparer du rocher, les placer sur des radeaux, les transporter à 220 lieues des carrieres d'où elles avaient été extraites, les tailler, les creuser, les polir, nous forcent à l'estime pour la constance de ce peuple

dans

ses hautes entreprises; mieux dirigée, cette constance eût pu lui faire exécuter les plus grandes choses.

L'érection seule d'un obélisque fait encore aujourd'hui la réputation d'un architecte, et les Egyptiens en ont détaché, ébranlé et dressé un très-grand nombre. En réfléchissant sur les efforts qui conduisaient à sa fin cette prodigieuse opération, on se pénètre de respect pour ceux qui l'entreprenaient et l'exécutaient, et on a la juste mesure des moyens physiques et moraux dont la réunion leur était indispensable.

Les monumens de l'ancienne Egypte attestent que tout dans ce pays a été fait pour les dieux et les rois. Cinq palais immenses, 34 temples subsistent encore, et la seule habitation de particulier qu'on puisse y reconnaître, se démêle à travers des décombres amoncelés qui en indiquent faiblement le plan.

Un temple, chez les Egyptiens, n'était autre chose qu'un grand livre ouvert à leur respect et à leur adoration. Aussi tous les lieux consacrés au culte sont-ils revêtus de tableaux sacrés et de maximes saintes, intérieurement et extérieurement. Ces sujets se retrouvent sous les portiques, sur les colonnes, dans les salles basses, sur les parois des escaliers et dans leurs couloirs. Qu'on se reporte au temps où le pieux Egyptien était introduit dans cette enceinte. Les images multipliées de ses dieux l'environnent, des bas-reliefs colossaux les lui représentent partout; ses lois, l'explication sacrée des mysteres qu'il honore, se reproduisent autour de lui en mille endroits. Des couleurs vives et tranchantes, en décorant avec fracas ces tableaux, contribuent à ébranler son imagination, tandis qu'un demi-jour religieux le conduit à l'adoration par la frayeur.

C'est sous les portiques ou vestibules des temples que sont gravés les sujets astronomiques, comme si les prêtres avaient voulu préparer le respect pour la religion par l'estime pour les sciences.

Les temples de Denderah et d'Esné sont les constructions les plus récentes, et les zodiaques qui en décorent les plafonds, représentent l'état du ciel à 4,800 ans de distance du tems où nous les voyons. Quel peuple a jamais servi aussi puissamment l'astronomie, et lui a rendu un plus solide hommage, en conservant les résultats de ses observations?

L'éternelle durée des monumens, tel est le but que se proposaient les Egyptiens en les élevant; et vingt temples subsistent encore aussi bien conservés que le plus récent de nos bâtimens. Leur solidité est, à la vérité, favorisée par le climat qui n'offre aucune cause de destruction.

L'Egypte est le berceau de l'architecture; les monumens qu'on y voit encore atteignent le but principal que cet art se propose; le premier regard est satisfait; ils étonnent.

On peut leur reprocher la pesanteur, mais elle est liée à la solidité; et nous devons à cette derniere de revoir après six mille ans ces constructions gigantesques.

L'élégance des proportions, la grâce des détails, la beauté, l'harmonie de l'ensemble, enchantent dans les ordres Grecs; la hardiesse et la légereté des parties élevées

plaisent

plaisent dans les édifices Gothiques ; la masse et la solidité en imposent dans les monu-mens des Egyptiens.

En élevant la premiere colonne, ils paraissent n'avoir eu d'autre but que de dresser un calice de *lotus* sur sa tige. C'était un hommage rendu à la plante qui, lors de leur premier établissement, avait fourni à ces nouveaux colons un aliment sain et abondant.

Aucun voyageur, avant nous, n'avait saisi la ressemblance des colonnes Egyptiennes avec différentes productions de la nature, et cependant ceux qui les ont posées n'ont rien négligé pour en rendre l'imitation parfaite. A la base de la colonne, ils ont gravé cir-culairement les feuilles de la *nymphea*; ils ont donné à la partie du fût la plus voisine du chapiteau, la forme d'un faisceau de tiges de *lotus*.

Ils ont ensuite étendu cette imitation à d'autres productions du regne végétal, et ils ont représenté le bouton de la même plante, la tête du datier, et, parmi les ornemens de dix chapiteaux différens, ils ont dessiné les branches du palmier *doûm* et les fleurs du *nelumbo*.

Il est facile d'appercevoir des points de conformité entre l'architecture des Egyptiens et celle des Grecs. Ceux-ci paraissent avoir d'abord reçu et adopté, sans aucune espece de changement, les colonnes élevées sur les bords du Nil. Bientôt, en les perfection-nant, ils se les sont appropriées à force de graces, de goût et de talent.

Le plan de leurs temples les plus élégans est également imité de celui des petits temples péryptères Egyptiens.

Ainsi pourrait se détruire la fable ingénieuse de Vitruve qui attribue l'origine de l'architecture à l'imitation des cabanes en bois qu'ont habitées les premiers peuples de la Grece. Leurs descendans, jaloux de s'emparer de toute espece de découverte, n'ont rien laissé échapper qui pût faire reconnaître leurs obligations envers les Egyptiens dans cet art. Sans désigner aucunes de celles qu'ils avaient contractées en grand nombre avec eux, ils les ont loués généralement et vaguement d'une sagesse qu'on a depuis essayé de révoquer en doute.

Le goût Egyptien différait de celui des Grecs et du nôtre en ce qu'ils se plaisaient à rapprocher des masses que nous isolerions soigneusement. A Luxor, dans un espace de trente pieds, on voit deux obélisques de 92 pieds de hauteur, derriere deux colosses de 35 pieds de proportion, et plus loin deux môles de 55 pieds d'élévation. Personne ne résiste à l'impression de grandeur que produit l'accumulation de ces masses.

Si le premier aspect d'un temple opere sur l'esprit un vif étonnement, les tableaux qui en décorent la surface dans toutes ses parties, prolongent cette surprise et l'étendent. Tous sont relatifs au culte des dieux de l'Egypte: ils représentent des offrandes, des sacrifices, des sujets qui appartiennent à l'astronomie et à l'agriculture. Nous y avons reconnu plusieurs divinités dont on n'avait fait que soupçonner l'existence, et plusieurs autres dont l'histoire ne nous avait conservé aucun souvenir.

Le dessin des bas-reliefs a ses incorrections, comme les détails de l'architecture ont

leurs

leurs défauts. On peut appliquer à l'un et à l'autre ce que Winckelmann a dit à l'occasion du premier : " Les Egyptiens ont sacrifié à toutes les divinités, excepté aux " grâces."

Les ornemens sont bizarres dans l'invention qui ne peut à la vérité se rapporter qu'à la religion, et lourds dans l'exécution : ils n'offrent point de repos à l'œil. Le dessin des figures d'hommes est quelquefois maussade, celui des animaux approche souvent de la perfection.

Chaque tableau est communément composé de trois personnages. La divinité à laquelle s'adresse l'offrande, le prêtre qui la leur présente, et une divinité d'un ordre inférieur, placée derrière la premiere. Leur attitude, en général, est roide et gênée ; les artistes de ce pays ignoraient l'art de la perspective, et ne savaient pas groupper les figures. Avec tous ces défauts, les bas-reliefs plaisent et attachent par l'intérêt des sujets qu'ils retracent. D'ailleurs si l'ensemble est incorrect, les parties qui le composent, sont quelquefois d'une exécution soignée et précieuse.

Sans doute, quelques préjugés religieux nuisaient à l'avancement des arts dans ce pays, et comprimaient leurs progrès. Comment concevoir, sans cela, qu'après 5 ou 6000 ans d'un exercice soutenu dans le dessin, il ne se soit pas élevé quelques artistes distingués, capables de prendre un essor hardi, et d'atteindre à la perfection où leurs éleves sont ensuite arrivés si rapidement ? Les lois qui les astreignaient à l'imitation servile des premieres figures tracées dans l'enfance de la monarchie et de l'art, ne s'étendaient vraisemblablement pas jusqu'aux animaux. Aussi les représentations de ces derniers sont-elles infiniment supérieures aux autres.

Les tableaux qui ornent les palais, contribuent autant à marquer la différence qui existe entr'eux et les temples, que la distribution même des appartemens. Presque tous consacrent des faits et des exploits militaires, des passages de rivieres, des siéges de places fortes, des combats sur terre et sur mer, des marches de troupes. La forme des armes et leur nombre indiquent assez que, dès ce tems, les moyens de destruction étaient aussi variés et aussi étendus qu'ils le sont de nos jours.

Les bas-reliefs qui retracent les triomphes du vainqueur, suivent ceux qui représentent ses victoires. On traîne les prisonniers en sa présence, et on compte sous ses yeux des monceaux de mains et de membres virils. Il ne faudrait pas se former, d'après ces tableaux, une opinion défavorable du caractere des Egyptiens. Les parties génitales dont on fait l'énumération, sont celles des ennemis morts sur le champ de bataille, et réunies aux pieds du héros comme trophées de la victoire. Tous les prisonniers conduits devant lui, ne paraissent pas avoir éprouvé cette mutilation.

On accuse les anciens Egyptiens d'avoir immolé des hommes : des bas-reliefs, en conservant le souvenir de cette barbare coutume, nous apprennent que c'étaient des ennemis qu'ils immolaient ainsi. Peut-être ces sculptures ne font-elles que rappeler le souvenir de sacrifices faits dans des tems antérieurs à leur civilisation. Presque tous les

peuples,

peuples, à certaines époques, n'ont-ils pas payé tribut à cet horrible usage? ce crime n'est-il pas celui de l'enfance de la société?

Les morts ont partagé, avec les dieux et les rois, les soins et les hommages des anciens Egyptiens. La vie la plus longue d'un monarque devait lui laisser à peine assez de tems pour creuser son tombeau; aussi les sépultures des souverains de Thebes sont-elles ce que les efforts réunis du travail et de la patience offrent de plus surprenant.

On ne pouvait employer à l'excavation des grottes, qu'un nombre très-borné d'ouvriers, et cependant elles sont décorées jusque dans leurs moindres parties, de tableaux et d'hiéroglyphes, dont les couleurs ont conservé toute leur fraîcheur et leur vivacité. Les figures qui n'ont point été coloriées ont reçu un poli égal à celui du plus beau stuc.

Les anciens Egyptiens croyaient qu'après un nombre déterminé de siecles, ils reviendraient à la vie, si leurs corps n'avaient éprouvé aucune altération dans les tombeaux; de là l'embaumement et les soins particuliers qu'ils prenaient pour mettre les momies à l'abri des inondations du fleuve. Le monarque et le sujet, le riche et le pauvre, dans l'espérance de cette future résurrection, prenaient les mêmes précautions avec la même sollicitude.

La chaîne Lybique est percée en face de Thebes d'un nombre prodigieux de grottes sépulchrales. Les savans qui nous ont précédés en ont négligé l'examen, et seules elles auraient été le digne objet d'un voyage important. L'ordre des richesses a réglé l'ordre de leurs positions dans le flanc de cette montagne; les plus voisines du sol appartenaient aux familles les plus opulentes; leur grandeur et leurs ornemens l'indiquent ainsi: celles des citoyens d'une fortune médiocre, étaient creusées à la moitié de la hauteur du rocher. Les pauvres occupaient les plus élevées; elles sont aussi les plus intéressantes.

On y lit l'histoire de la marche et des progrès de la civilisation dans les bas-reliefs, ou les peintures à fresque, qui représentent les différens travaux auxquels se livraient les anciens Egyptiens. La chasse, la pêche, le labourage, les récoltes, la navigation, le commerce d'échange, les exercices militaires, les procédés de certains arts et métiers, les cérémonies nuptiales et funéraires y sont rétracés en mille endroits.

Partout où l'on voit, dans la Haute-Egypte, l'emplacement et les ruines d'une ville ancienne, on peut chercher avec certitude les tombeaux de ses habitans au sein des montagnes qui l'avoisinent. On peut chercher aussi dans chacun de ces tombeaux, l'histoire de l'Egyptien qui y fut enseveli, elle est tracée sur les murailles.

Ces grottes servirent de premiers asyles aux premiers hommes qui peuplerent les bords du Nil. Ils en firent ensuite leur derniere demeure, le dépôt conservateur de ces corps qui devaient se ranimer un jour. Quelques siecles après, nos pieux et fous anachorettes s'y ensevelirent vivans: elles ne changerent pas de destination.

Lorsqu'avec le siége de la monarchie, la population descendit vers la Basse-Egypte, les rois qui s'établirent à Memphis, pleins de l'impression de puissance et de grandeur que le souvenir des sépultures des souverains de Thebes laissé après lui, dirent: égalons

les

les travaux de nos prédécesseurs ; faisons, pour défier le regard, ce qu'ils ont fait pour s'y dérober et s'y soustraire, et ils éleverent les pyramides.

L'amour du gigantesque, particulier aux nations du Levant, enfanta les uns et les autres de ces monumens. Les rois Grecs d'Alexandrie ne dédaignerent pas d'imiter les premiers.

Quand on les considere, ces temples, ces palais, ces tombeaux, tous ces impérissables monumens, on se demande sous quel gouvernement ont-ils été élevés ? et quand on sait que ce fut sous celui des prêtres, on s'étonnerait que l'autorité sacerdotale eût jamais pu produire quelque chose de grand ou de bon, si l'on ne songeait que les Egyptiens en étaient alors à ce point de civilisation où il est difficile de n'être pas asservi aux institutions religieuses.

Cambyse a renversé le gouvernement des prêtres, il a renversé les monumens qu'ils avaient élevés ; on voit encore les traces des coins qui ont séparé le colosse de Memnon et brisé les obélisques de Thebes.

Etait-ce par ignorance, était-ce par politique ? qu'importe si les résultats sont les mêmes. Cependant l'intérêt de la vérité autorise cette discussion, elle peut contribuer à faire deviner jusqu'où s'étendait l'influence et le pouvoir des prêtres sur les habitans de l'Egypte.

Cambyse paraît avoir eu le goût des arts ; il emporta dans la Perse les sculptures précieuses par la matiere ou le travail ; il emmena dans ses états cette colonie d'artistes qui éleva les palais encore subsistans de Persépolis. Il n'avait donc d'autre but que de diminuer, d'anéantir le respect des Egyptiens pour leurs prêtres, en brisant à leurs yeux les monumens qui contribuaient à entretenir cette vénération. Il punissait, sur cette classe seule et sur les objets de son culte, les révoltes des citoyens ; heureux encore s'il n'eût jamais fait couler d'autre sang que celui du bœuf Apis.

Voltaire a mis en doute si cette action est raisonnable ou folle, et il penche pour la premiere opinion. Il témoigne peu d'estime pour ce qu'il appelle la prétendue sagesse des Egyptiens. Peut-être a-t-il attaché une signification trop étendue à ce mot qui semble pouvoir s'entendre, particulierement de la science. Dans ce sens, ils ont mérité les éloges que leur prodiguerent les Grecs. Peut-être aussi, dans la rigoureuse acception du même mot, n'ont-ils pas mérité la sévere critique de Voltaire.

Les Egyptiens obéissant à des lois qu'ils s'étaient données, se conformant aux réglemens de la politique qu'ils s'étaient imposée, observant les préceptes de la morale qu'ils avaient consacrée, offrent dans ces trois genres de grands et estimables modeles. Le plus ancien gouvernement du monde en fut le plus durable. Ce serait-là sans doute un puissant argument en faveur de la sagesse des prêtres qui dicterent des lois accommodées au climat de l'Egypte, au caractere de ses habitans, et il disposerait à l'estime pour le peuple qui s'y soumit avec docilité et les suivit avec constance, pendant un laps de tems qui étonne l'imagination, si une seule considération n'altérait beaucoup ce sentiment.

APPENDIX.

Les prêtres, après avoir conduit les Egyptiens à l'état de civilisation qui, en flattant leur amour propre, favorisait leur autorité, firent, pour les retenir à ce point, des efforts égaux à ceux qu'ils avaient déjà employés pour leur imprimer l'élan qui les y avait portés; et ceux-ci persisterent dans leur obéissance au moment où, en accusant leur faiblesse, elle cessait d'être une vertu.

Si la disposition physique d'un pays, si l'influence du climat, ne sont pas applicables à l'examen du caractere de tous les peuples du globe, au moins ces causes sont-elles suffisantes pour expliquer celui des habitans de l'Egypte.

Gage de la fertilité de leurs terres, le Nil l'était aussi de leur asservissement. Il garantissait la possesssion du pays au conquérant qui s'était rendu maitre de son cours. Les déserts qui l'environnaient, refusant aux Egyptiens les moyens de se soustraire à la servitude par l'émigration, et l'action soutenue de la chaleur les condamnant à l'inertie morale et physique, les disposaient à une obéissance servile. Assujettis à une vie claustrale, sous la direction de leurs prêtres, esclaves sous les Perses, sujets sous les Macédoniens, ils se soumirent ensuite avec la même docilité aux empereurs Romains et aux souverains Grecs de Constantinople.

Au moment de l'invasion d'Alexandrie, ils étaient déjà bien au-dessous de leurs ancêtres, ils avaient perdu leur caractere national. La gravité, l'austérité, qu'ils devaient à leur vie réguliere et monastique, devinrent, sous la tyrannie des Perses, l'humeur sombre et morose d'un esclave mécontent et lâche.

Ce vice de l'esprit et du caractere devait les disposer à se jetter dans tous les travers de la misantropie et de la superstition. Le pays où les hommes se réunirent les premiers en société, fut celui où ils songerent les premiers à la dissoudre, ou tout au moins à s'en séparer à jamais.

Les bords du Nil virent les premiers moines et les plus nombreux martyres. Ses habitans n'avaient plus alors que le courage des faibles: la résignation.

L'Egypte, le berceau des arts et des sciences, fut aussi celui des religions; le culte de ses dieux se répandit presque sur toute la terre. Nous retrouvons dans les bas-reliefs de ses monumens l'origine de plusieurs cérémonies du culte chrétien; la représentation fidelle de ses vases sacrés, les détails des ornemens de ses prêtres, et les habillemens de ses moines.

De tout tems l'esprit d'intolérance a animé les hommes qui habiterent ce pays. L'ignorance et la barbarie en étendirent les effets jusques sur les figures inanimées qui décoraient les anciens temples. Chrétiens et Musulmans, s'accordant en ce seul point, la destruction, mutilerent à l'envi les sculptures; les uns crurent effacer l'image des démons en brisant les têtes des animaux; les représentations humaines satisfirent, en tombant, aux scrupules des autres.

Les temples des Egyptiens ont été successivement ceux des sectateurs de Jésus et de Mahomet. Les figures des quatre évangélistes, décorées de l'auréole, ont remplacé celles de Cnuphis et de Phthu, d'Osiris et d'Isis. Sur le débris de l'autel du Christ on a dans la mosquée creusé la niche qui regarde la sacrée Kéabé. Ces lieux saints ne sont plus maintenant que des étables.

L'ordre des tems aurait dû amener plutôt de dernieres réflexions sur le caractere des Egyptiens. L'historien Josephe dit de ceux de son tems, qu'ils n'ont ni la fermeté des Macédoniens, ni la prudence des Grecs, et que leurs mœurs sont corrompues. Ammien-Marcellin, trois siecles après lui, nous les peint sérieux et tristes, ardens dans tous leurs mouvemens, chicaneurs, importans, solliciteurs impitoyables, assiégeant sans cesse la cour des empereurs de réclamations pécuniaires. " C'est une honte chez eux, dit-il, " d'avoir payé le tribut de bonne grâce, et sans y avoir été forcés à coups de fouet." Ces traits ne caractérisent-ils pas encore les habitans qui leur ont succédé?

Telles sont, citoyen premier consul, les réflexions premieres qu'a fait naître en nous la vue des temples, des palais, des grottes sépulchrales, des statues, des bas-reliefs, des peintures qui enrichissent encore la Haute-Egypte. Si elles obtiennent votre suffrage, je me féliciterai, comme membre de la commission des arts, d'avoir contribué à entretenir la bienveillance et l'estime que vous avez voulu témoigner à cette association.

En vous accompagnant, elle a contracté une obligation importante; l'engagement qu'elle a pris avec l'Europe, n'est ni moins grand ni moins vaste. Elle ne paraîtra digne du héros qu'elle a suivi, du gouvernement puissant qui l'a protégée, qu'autant que ses travaux n'auront rien de faible ni de médiocre. A cet égard, je me plais à espérer que les membres qui la composent, auront quelque droit à l'estime due aux talens, après avoir mérité celle qu'on accorde au courage et au dévouement.

Citoyen Premier Consul,

Salut et respect,

RIPAULT,
Bibliothécaire, et Membre de l'Institut d'Egypte.

Description

APPENDIX.

Description abrégée des principaux Monumens de la HAUTE-EGYPTE, *accompagnée de Détails sur les Tableaux qui, en les décorant, servaient à faire conjecturer à quelles Divinités les Temples étaient consacrés.*

Phylæ

Phylæ est, à proprement parler, un rocher de granit; c'est-là que paraît s'être réfugié tout ce qu'il y a de pittoresque en Egypte. La longueur de cette île est, à peine, de 150 toises; sa largeur n'est pas de plus de soixante-dix. Sur cette surface étroite on trouve trois temples entiers, les débris du logement de la cohorte Romaine qui gardait ce poste, et l'on peut y soupçonner l'existence de deux autres temples.

Deux passages, l'un de Diodore de Sicile, l'autre de Sénèque, portent à croire que Phylæ passait chez les anciens pour avoir servi de sépulture à Osiris. L'entrée de l'île était défendue, sous peine de mort, à tout Egyptien. Les prêtres s'en étaient réservé l'habitation exclusive. Une trentaine de familles de Barbarins y ont actuellement fixé leur séjour; on y voit encore les ruines d'une petite ville chrétienne, qui paraît avoir été détruite lors de l'invasion de Khaled-ebn-walid.

Le grand temple de Phylæ regarde le sud-sud-ouest. Les anciens Egyptiens, en le construisant dans cette position, paraissent avoir voulu ménager un point-de-vue, d'un grand effet, aux voyageurs qui descendaient le fleuve.

Le témoignage de Strabon et le grand nombre de figures d'éperviers, auxquels on voit offrir des sacrifices et rendre des hommages religieux, annoncent que le grand temple était consacré à cet oiseau, l'emblême d'Osiris.

Le plan des temples qui se trouvent dans cette île, est fort irrégulier; ce qui provient de l'intervalle qui a été mis dans la construction des différentes parties qui les composent. On peut remarquer, à cette occasion, que presqu'aucun des monumens de la Haute-Egypte, n'a été entièrement achevé.

On entre dans le grand temple de Phylæ par une porte percée entre deux murailles pyramidales de soixante quinze pieds de hauteur. La porte en a vingt-six d'élévation, et est ornée d'une corniche très-pure, dont la courbure est imitée de celle de la branche de palmier.

L'épaisseur de l'embrasure de cette porte est de quinze pieds. L'extérieur du môle est orné de tableaux, représentant des figures colossales; sur la gauche est une figure de vingt pieds de proportion, saisissant de la main gauche et par les cheveux, une trentaine d'hommes; de la droite, elle tient une hache dont elle se dispose à frapper ces malheureux, qui joignent les mains dans une attitude de supplians. Leur costume est celui des barbares, dont les guerres et les défaites sont représentées sur les murs de Thebes. Celui qui frappe, porte un bonnet qui appartient exclusivement aux sacrificateurs. Il couronne la tête de tous les Egyptiens qui commettent des actions meurtrieres sur les hommes ou sur les animaux : une semblable figure est placée sur la droite du môle ; elle est dans la même attitude.

Les prêtres Egyptiens ne négligeaient rien pour préparer à la superstition par la crainte, et des sacrificateurs sont placés là, ainsi que sur la plupart des môles, comme gardiens des temples. Cette premiere porte conduit à une cour de 120 pieds de longueur ; des deux côtés est une colonnade qui sert de portique à deux corps de bâtimens dont les prêtres avaient fait leur habitation. C'est peut-être le seul endroit où l'on trouve quelque trace du logement des hommes consacrés au service des temples.

Une seconde porte, percée dans un môle semblable au premier, conduit à un vestibule soutenu par des colonnes dont trois sont placées de chaque côté, et quatre au milieu. On y distingue quatre chapiteaux différens ; l'un d'eux imite le calice du Lotus Nélambo ; l'autre la tête de Palmier : le troisieme la fleur de Lotus ; le quatrieme ressemble en partie au premier, et de plus est orné de tiges de Lotus et de branches de Palmier doûm, ou palmier à éventail. Sur les murailles de droite et de gauche du péristile sont des tableaux dont les couleurs sont très-bien conservées. Les compositions sont de trois figures. La couleur bleue paraît affectée à Ammon et à Osiris, et la verte à Taut. Le péristile a 60 pieds de longueur et communique par une troisieme porte, avec une chambre de quinze pieds de long et 25 de large ; une quatrieme porte de cette salle a une chambre de treize pieds quarrés. Elle tire son jour d'en haut par une ouverture d'un pied de longueur et d'un pied et demi de largeur. Une cinquieme porte conduit à un troisieme salon de 40 pieds de long. Trois portes se présentent ensuite, une en face et deux sur les côtés ; celle du milieu conduit à *l'aditum* du sanctuaire ; il a vingt pieds de long sur quinze de large A droite et à gauche, des portes conduisent à un appartement de vingt pieds quarrés. Dans *l'aditum* est une chapelle monolithe, ainsi nommée parce qu'elle est d'une seule pierre. C'est le logement de l'épervier sacré. Sa hauteur totale est de douze pieds, sa largeur hors œuvre est de quatre pieds et d'un pied et demi dans œuvre ; elle ne s'éleve au-dessus du sol que de six pieds et demi. Elle offre le modele antique d'une entrée de temple. On parait avoir voulu imiter particulierement la porte qui est sous le péristile.

Dans une chambre parallele à *l'aditum*, on voit une seconde chapelle monolithe en tout semblable à la premiere. On a affecté de la disposer dans l'angle de la muraille, et elle paraît avoir été destinée à dresser l'épervier sacré et à le disposer aux pieux exercices qu'il devait ensuite répéter en public et dans le sanctuaire.

Temple d'Isis.

Ce petit temple est placé derriere le premier môle du grand temple. Tous les tableaux gravés sur l'extérieur et l'intérieur de ce monument, sont relatifs à l'éducation d'Harpocrate.

d'Harpocrate. La construction en est très-pure ; le plan differe de celui du premier, en ce que sa distribution intérieure ne présente que trois salles.

Petit Temple non-achevé.

Il est périptere et d'un fort beau travail. La *cella*, qui devait former le lieu des sacrifices, n'a point été élevée. C'est, peut-être, avec Denderah, la moins ancienne des constructions Egyptiennes. Les temples péripteres sont les plus élégans qui se trouvent en Egypte, et paraissent avoir servi de modele à ceux qui depuis ont été élevés par les Grecs.

Les monumens qu'on voit à Phylœ, ne sont pas les premiers qui aient été élevés en Egypte, quoiqu'ils soient situés sur les frontieres de ce pays du côté de l'ancienne Ethiopie. On peut le conjecturer, en voyant que dans l'emploi des matériaux pour la construction des temples, on s'est servi d'une très-grande quantité de blocs de pierre couverts d'hiéroglyphes, et qui, n'ayant aucune marque apparente de dégradation, ne pouvaient être considérés que comme matériaux de rebut ; débris de temples démolis par le temps seul, ils indiquent presque une génération de monumens qui reculerait la construction des premiers bâtimens élevés à une époque antérieure à celle que les Chrétiens assignent à la création du monde.

Assouan Syene.

Cette ville a occupé trois emplacemens différens. La Sienne des Egyptiens, des Grecs et des Romains était située sur la hauteur qui domine la ville actuelle, construite aux bords du fleuve ; celle du moyen âge était placée au sud de l'une et de l'autre, et embrassait une partie de la surface qui couvrait la premiere, dont l'extrémité méridionale est indiquée par des monceaux de décombres et de fragmens de briques cuites et crues de fabrique Egyptienne.

Au-dessous du roc de granit qui domine la ville actuelle, et sur le rivage du Nil, on trouve deux colonnes de granit ornées d'un astragale ; ce qui indique qu'elles sont de travail Grec ou Romain. On y voit encore deux pilliers en granit qui paraissent avoir appartenu à une porte, des colonnes accouplées et taillées dans le même bloc qui étaient vraisemblablement destinées à orner deux des angles d'une salle carrée. Elles sont de même travail que les précédentes. Du reste, aucune indication du puits du Tropique.

Ile d'Eléphantine.

Elle est située en face de Syene. Sa longueur est d'environ 1500 toises ; sa plus grande largeur est de 400. Elle a été formée par les alluvions du Nil qui a déposé successivement son limon au pied des rochers de granit qui servent de noyau à cette île. Il y avait, ainsi qu'à Phylœ et à Syene, une cohorte Romaine en garnison dans ce poste.

On y distingue un petit temple Egyptien, les ruines d'un Nilometre et une statue d'Osiris en granit, qui n'a pas été finie. Ce petit temple est périptere : il est composé de deux salles dont la seconde a été construite après coup ; car le mur du fond renferme les deux colonnes parallèles à celles de la face. L'emploi des matériaux indique que la construction de ce temple remonte à la plus haute antiquité. On peut remarquer en général que les plus petits temples que se voyent en Egypte, sont ceux qui appartiennent aux tems les plus reculés.

C'est à l'Eléphantine qu'on commence à voir les premiers Barbarins. Au tems de Strabon, la population de cette île, ainsi que celle de Phyloe, était formée moitié d'Ethiopiens, et moitié d'Egyptiens. Le petit temple paraît avoir été consacré à Horus. Les figures dont il est décoré, ont plus qu'en aucun autre endroit les caractéristiques des negres.

Coum Ombos.

On y distingue des ruines de deux temples, seuls restes de l'ancienne ville d'Ombos, connue par le culte qu'on y rendait au crocodile. Les deux temples sont situés au bas d'une hauteur formée de débris de murs de briques cuites et crues ; on croit reconnaitre là les traces d'un grand incendie.

Le grand temple est dédié au crocodile ; il est presqu'entierement encombré par les sables : le portique est la seule chose assez bien conservée ; son aspect est plein de grandeur et de majesté. Une singularité qu'on ne rencontre que dans ce seul temple, c'est qu'il a deux portes. Elles conduisaient vraisemblablement à deux divisions de la même enceinte. Elles sont séparées par le rang de colonnes placées au milieu du portique. En voulant donner de la grandeur à l'extérieur du temple, ils ont été limités par la portée des pierres. La plus grande partie des tableaux qui décorent l'intérieur, sont relatifs à l'adoration du crocodile. Partout les offrandes sont adressées à une figure d'homme portant la tête de cet animal. Comme ils ne pouvaient pas lui adresser leurs hommages exclusivement à Osiris, ils mettent les sacrifices offerts à ce dernier dieu en pendant avec ceux offerts au crocodile. Ce fait peut expliquer comment il se trouvait deux portes et deux distributions dans un même temple. Chacune des divinités qui partageaient l'adoration des Ombites, était révérée dans une division particuliere.

Parallelement au cours du fleuve est un second temple consacré à Typhon. On y trouve fréquemment la figure de ce mauvais génie représenté avec une tête de crocodile, et le reste du corps de l'ours. Une moitié du temple est tombée dans le fleuve qui a prodigieusement gagné sur cette rive. A quelque distance de là, on voit les débris d'un des côtés d'un môle fort altérés. C'est à Ombos qu'ont été employés les plus grands matériaux, et les deux temples paraissent n'avoir succombé que sous le poids énorme des pierres dont ils étaient construits.

APPENDIX.

Gebel el Silsili. Montagne de la Chaîne.

On a donné ce nom à la montagne qui se trouve sur la rive gauche du Nil, parce que quelques auteurs ont avancé assez gratuitement, ce me semble, qu'une chaîne de fer barrait en cet endroit le cours du fleuve. On essayait d'opposer cet obstacle (facile à surmonter) aux bateaux Nubiens qui à une époque reculée, descendaient le fleuve pour faire des courses dans le pays. Les seuls monumens qu'on y voit, sont deux chapelles taillées dans le rocher et dont la façade regardait le Nil.

Des grottes sépulchrales sont taillées en grand nombre près de ces deux chapelles. Elles étaient destinées à recevoir les corps embaumés des habitans d'une ville dont l'emplacement se retrouve encore à une demie-lieue au-dessous et sur la rive droite du Nil.

Le Gebel el Silsili paraît avoir servi de carriere et avoir fourni à une exploitation considérable. On y voit un sphinx ébauché. Les temples qui se trouvent au-dessous de cette montagne ont été vraisemblablement construits du grès qui en a été tiré.

Edfou, autrefois Apollinopolis Magna.

Ce temple est le mieux conservé, le plus beau, le plus vaste, et celui où l'architecture Egyptienne se déploye avec le plus de majesté. Maintenant sa cour sert d'étable aux troupeaux du village Arabe bâti autour du temple. Plus de trente familles ont construit des habitations sur sa terrasse, et se servent des appartemens intérieurs de ce lieu sacré comme de magasins et de caves.

Ce temple était consacré à Horus, l'Apollon des Grecs. Les deux môles qui ornent son entrée, sont intacts. La porte est plus élevée qu'en aucun autre endroit; elle conduit à une vaste cour environnée de colonnes en forme de péristile; les logemens des prêtres étaient pratiqués derriere ce péristile. Le portique est formé de six colonnes de front et trois de profondeur; la distribution intérieure est semblable à celle du temple de Dendera. Il est fort difficile d'y pénétrer, parce que les encombremens s'élèvent jusqu'au plafond. Le temple est environné extérieurement d'une muraille d'enceinte qui ne se trouve nulle part. Elle est, sur les deux faces, décorée de tableaux et d'hiéroglyphes. Sa hauteur est d'environ vingt pieds, sa largeur de six pieds, et sa distance du temple, de douze pieds. Elle commence où finit le portique; le plan en général en paraît plus soigné que celui d'aucun des autres monumens Egyptiens; c'est-là que les grands matériaux ont été le mieux mis en œuvre, quoique plusieurs dés ne soient pas d'à plomb sur les chapiteaux, quoique plusieurs colonnes ne soient pas d'un diametre semblable. Cependant, après Dendera, c'est-là qu'on trouve la plus grande perfection dans la main-d'œuvre. Le dessin des figures est correct; on commence à voir même quelque connaissance de la perspective, dans la position des figures d'Isis qui décorent la frise du portique du temple.

Typhonium

APPENDIX.

Typhonium d'Edfou.

Au sud et à deux cents pas des môles du grand temple, on en voit un petit consacré à Typhon, ainsi que l'indiquent les tableaux qui en ornent l'intérieur, et les figures du mauvais génie, qui servent de chapiteaux aux colonnes; il est périptere comme toutes ces sortes de temples. Les tableaux qu'on y remarque, sont ceux qui représentent le triomphe de l'Hyppopotame, animal en horreur aux autres Egyptiens, et ceux qui retracent le souvenir des moyens employés par les femmes au service d'Isis, pour éloigner le mauvais génie, au moment où cette déesse allaite son enfant; elles frappent du *tabor*, espece de tambour dont se servaient les Hébreux, et agitent le sistre.

Eilethia, Ville de Bubaste.

L'emplacement d'Eilethia, maintenant El Kab, est indiqué par une enceinte de trois cents quinze toises de côté. On y trouve des fragmens de colonnes, quelques statues et sphinx de marbre noir et blanc. A cinq cents toises au nord des murs de la ville, sont les ruines d'un petit temple périptere fort délabré. La montagne arabique dans le voisinage de ce temple est percée d'un grand nombre de grottes qui servaient de sépulture aux habitans de la ville d'Eilethia. La plupart de ces grottes consistent en une salle de 8 pieds carrés, sur un des côtés de laquelle on voit un trou qui conduit aux souterrains destinés à recevoir les momies. Les souterrains sont vastes et paraissent chacun isolément, avoir servi à une seule famille.

Il paraît vraisemblable que l'on embaumait des poissons; car on voit dans le rocher des ouvertures de deux pieds de long et de huit à dix pouces de largeur, semblables (aux dimensions près) à celles où l'on trouve encore des chacals à Siout. On y voit une grotte qui semble avoir servi de sépulture aux crocodiles. On a vu des monceaux composés de trente ou quarante têtes de ces animaux parmi les grottes d'Elkab. Il y en a deux particulierement remarquables. La plus grande a dix-huit pieds de long et neuf de largeur; au fond et dans une niche de quatre pieds de profondeur, sont trois statues de proportion naturelle. Celle du milieu représente un homme assis, que deux femmes, également assises, soutiennent par dessous les bras.

Cette figure est vraisemblablement celle de l'Egyptien enseveli dans cette grotte. Les deux côtés de la muraille offrent, d'une maniere très-distincte, les détails du labourage, de l'ensemencement, des récoltes des différens grains, de la vendange, de la pêche, de la chasse, de la dessication et de la salaison du poisson et des oiseaux, de la navigation, des offrandes aux dieux, et des cérémonies funéraires. Les choses les plus remarquables de ces tableaux, sont des attelages d'hommes employés à traîner la charrue; ce qui n'empêche pas que des bœufs ne remplissent les mêmes fonctions à côté d'eux. On y distingue jusqu'aux détails les plus minutieux des procédés de la récolte de l'orge et du lin, du battage des grains, de leur emmagasinement, de la préparation des alimens pour la nourriture des moissonneurs.

On peut remarquer que les anciens Egyptiens paraissent avoir mis infiniment d'ordre dans l'administration de leurs affaires. Par-tout où l'on rencontre des hommes employés à différens travaux, on en voit aussi d'occupés à les inscrire sur un *volumen*, à l'aide des *calamus* ou plumes de roseaux. On en remarque qui sont relatifs aux soins qu'ils prenaient des troupeaux; des hommes chassent devant eux des troupes de bœufs, de chevres et d'ânes. Ils n'ont négligé aucune occasion de faire passer dans l'imitation de la nature, les traits qui peuvent la rendre plus exacte, et qui sont fondés sur la connaissance du caractère et des habitudes des animaux.

Ce qu'il y a de plus frappant dans les détails de la navigation, regarde la forme des bâtimens qui ressemblent assez aux *schermes* dont on se sert actuellement sur le Nil. La seule différence consiste en ce que les chambres sont plus hautes et plus précieuses, et qu'il n'y a qu'une seule voile dont la forme est carrée. Le gouvernail, dirigé par un seul homme et placé sur la chambre du bâtiment, est fort large à l'extrémité qui plonge dans l'eau: la barre en est longue et épaisse; pour en faciliter le mouvement une roue est adaptée à son extrémité; et se meut sur la chambre dans le sens de sa largeur. On y distingue un bâtiment à la voile et une autre à la rame. Les avirons sont semblables aux pagayes dont se servent les insulaires de la mer du Sud. Les procédés de la pêche et de la chasse aux oiseaux ne laissent rien à désirer dans leur imitation. Les petites figures qui composent ces différens tableaux ont huit pouces de hauteur, les moyennes en ont dix-huit, et la grande figure à laquelle paraissent se rapporter tous les différens tableaux, est de proportion naturelle. Les hommes sont peints en rouge et vêtus d'une espece de pagne qui, commençant à la ceinture, finit aux genoux, en leur tenant lieu de tout autre habillement. Les femmes sont peintes en jaune et couvertes d'une tunique qui prend au-dessous du sein et tombe jusqu'à la hauteur de la cheville du pié. Les enfans sont nuds et conservent la couleur de leur sexe.

Dans la cérémonie funéraire on distingue plusieurs femmes formant une espece de concert; l'une joue de la flûte à deux tiges et à embouchure commune, flûte que les Grecs ont imitée des Egyptiens. Une jeune fille marque la mesure avec deux baguettes courbées, et une troisieme pince d'une harpe à dix cordes; d'autres exécutent des danses devant le mort. L'entrée de chaque grotte sépulchrale est gardée par deux figures armées d'un bâton, et placées dans l'épaisseur de la porte. La seconde grotte d'Elkab renferme des détails précieux sur l'embaumement.

Esné, ancienne Latopolis.

Le temple est placé dans l'intérieur de la ville; le portique seul est bien conservé, le reste est enseveli sous les décombres. Vingt-quatre colonnes placées sur six de front et quatre de profondeur, et surmontées de leurs architraves et des plafonds, sont les seuls restes de ce monument. Les chapiteaux des colonnes différent tous entr'eux; c'est-là qu'ils sont les plus élégans et les mieux exécutés. Ce temple était dédié à Jupiter Ammon, ainsi que l'indique un médaillon sculpté au-dessus de la porte de l'intérieur du temple. Les hiéroglyphes et les tableaux représentent un grand nombre de sacrifices offerts à ce dieu et à des béliers, emblêmes de ce dieu.

Les plus curieux sont relatifs aux offrandes faites au crocodile et au culte que l'on rendait au Nil. On y distingue également les triomphes des signes du lion et du cancer. Les hiéroglyphes sont gravés en relief sur les colonnes. Le temple est un des plus importans de la Haute-Egypte, autant par la parfaite conservation des parties qui subsistent encore et leur belle exécution, que par l'intérêt des tableaux qu'ils présentent, et qui sont tous relatifs aux détails les moins connus du culte Egyptien. C'est-là que se trouve un des quatre zodiaques qui se voient encore.

A une lieue et demie au nord-ouest d'Esné, est un autre temple qu'on a cru, jusqu'à ce moment, consacré au crocodile. Il est fort ruiné, et on y voit encore quelques-uns des signes du zodiaque qui en décoraient le plafond.

En face d'Esné, à l'est, et sur la rive droite du fleuve, est encore un petit temple fort délabré : la seule chose remarquable qu'on y trouve, est une galerie formée dans l'épaisseur des murs, et qui fait le tour du temple ; elle servait à favoriser les jongleries des prêtres, soit dans les oracles qu'ils rendaient, soit dans les mysteres de l'initiation vulgaire : car les grandes initiations devaient se faire à Thebes, à Apollinopolis Magna, à Dendera ou à Philœ. Le temple, dans un rayon de 400 pas, est entouré de fragmens de briques, qui paraissent indiquer l'emplacement de la ville connue sous le nom de Contralatopolis.

Taud, autrefois Tuphium.

Le temple est éloigné de la riviere d'une demi-lieue. Il est enfermé dans un village, et fait partie des habitations des naturels. Les traces de construction qui restent de ce temple maintenant rasé presqu'à dix pieds de ses fondations, indiquent qu'il a dû être fort grand. Les tableaux principaux représentent des crocodiles à tête d'épervier, et les mêmes animaux parfaitement conservés. Au sud et à 200 pas du temple, on trouve les ruines d'un vivier assez large, qui paraît avoir servi à la conservation ou du crocodile ou des poissons sacrés.

Erment, autrefois Hermuntes.

Ce temple est un des plus jolis et des plus élégans ; il paraît avoir été consacré à Isis. Cinq colonnes du portique sont encore en place. L'intérieur est divisé en trois salles. Une ouverture pratiquée dans le mur de droite du temple, conduisait à l'*aditum* dont l'entrée a été forcée. Cet *aditum* paraît avoir servi à loger la génisse consacrée à Isis. Son plafond est orné de figures relatives à l'astronomie, et deux des murailles sont couvertes de tableaux qui regardent le culte rendu à la génisse ; l'accouchement d'Isis y est gravé en bas-relief. Sur le mur extérieur du fond du temple on distingue une giraffe, et dans la premiere salle, Typhon. Un autre bas-relief représente Typhon se masturbant en présence d'un épervier.

A cinquante pas à l'est du temple, est un vivier destiné au crocodile sacré, dont on retrouve des figures multipliées dans le temple. Dix degrés conduisent au vivier; chacun d'eux n'a pas plus de douze pouces d'élévation; ce qui permettait aux prêtres de marcher avec la gravité qu'ils affectaient dans l'exercice de leurs fonctions.

Thebes.

Il est encore permis de douter que Thebes ait occupé les deux rives du fleuve. Le Nil, en face de cette ville, est plus large qu'en aucun autre endroit de l'Egypte. On n'ignore pas que les Egyptiens n'ont jamais bâti de ponts, parce qu'ils étaient étrangers à la construction des voûtes. Les communications entre les deux parties de la ville, sur les rives opposées du Nil, auraient-elles pu exister avec la facilité nécessaire pour les besoins des habitans d'une même ville?

L'usage des monumens differe ici de l'emploi qu'ils avaient ailleurs. S'il s'y rencontre des temples, ils ne sont là que comme accessoires, et faisant partie de grandes constructions qui ne sont autre chose que des palais.

Les monumens les plus précieux sont sur la rive droite du Nil. La ville s'étendait au sud, depuis le village Arabe de Luxor jusqu'à celui de Karnac, qui en est éloigné de trois quarts de lieue. Rien n'assigne son étendue du côté du Nord. Luxor et Karnac sont bâtis au milieu des restes des deux palais de l'Egypte qui imposent le plus par leur grandeur et les matériaux prodigieux employés à leur construction.

Luxor.

Les premiers objets qui frappent les regards, en visitant le palais de Luxor, sont deux obélisques d'un seul bloc. Ils sont placés en face d'un môle, et à la distance de quatorze pas; entre eux et le môle sont deux statues colossales en granit noir, éloignées de trois pas du môle, et de huit des obélisques. Ainsi, dans l'espace de onze pas, on réunit des monumens énormes, dont chacun d'eux, isolé, frapperait par sa grandeur. Il semble que les principes du goût des Egyptiens aient différé du nôtre, en ce qu'ils se plaisaient à rapprocher des masses que nous isolerions soigneusement. On peut reprocher à leurs architectes le défaut de symétrie qui regne dans la disposition de ces monumens. Les obélisques et les colosses ne s'alignent ni entre eux, ni avec la porte.

Ces défauts d'ensemble sont récompensés par l'exécution des détails. Il n'existe rien au monde de comparable à ces obélisques. Les barbares qui ont dévasté les monumens de l'Egypte supérieure, paraissent avoir en quelque sorte respecté ceux-ci, et en essayant de couper un d'eux à sa base pour le renverser, ils n'ont altéré en aucune maniere les figures qui le décorent; elles sont disposées en trois colonnes : celles du milieu

ont

ont deux pouces de creux; les moyennes figures dans les colonnes de droite et de gauche, ont un pouce de profondeur, et les petites neuf lignes. Le fond de celles-ci est brut, ce qui les fait différer de couleur avec la colonne du milieu, dont le fond est poli avec autant de soin qu'une pierre précieuse. Les obélisques sont terminés par un pyramidion dont les arrêtes décrivent une ligne courbe. Ils sont inégaux en grandeur, et reposent sur un socle enfoui à peu près de quinze pieds. Les deux colosses placés derriere sont en granit noir; ils ont trente-huit pieds de proportion, et représentent un homme assis. Ses deux mains sont appliquées sur ses cuisses. Les extrémités sont mal faites dans ces deux colosses; quelques parties sont d'une belle exécution.

A gauche, en sortant du môle, on trouve une colonnade faisant partie maintenant de constructions Turques. Les deux ailes de bâtiment qui doivent se trouver derriere ce môle, sont entierement ruinées. Elles conduisaient à une seconde colonnade qui subsiste encore. Elle est formée de deux rangs de huit colonnes à calice de Lotus. La hauteur totale est de cinquante-six pieds, le diametre de neuf, l'évasement du chapiteau de treize, et l'entre-colonnement de quinze pieds.

A vingt-cinq pas à droite et à gauche de la grande colonnade, commencent deux autres rangs de colonnes dont le chapiteau imite le bouton de lotus tronqué. Le diametre des colonnes est de cinq pieds, leur hauteur de trente, et l'entre-colonnement de huit pieds. Cette colonnade coupe à angle droit celle à calice de lotus; au milieu est un intervalle qui servait d'avenue pour conduire au palais dont la porte se voit en face. Elle a été murée par les chrétiens qui, dans son épaisseur, ont creusé une niche où était leur autel; ils l'ont revêtue de plâtre et ornée de peintures à fresque, représentant des saints. Le portique entier leur servait d'église, et l'avenue de grande nef. Cette porte conduisait à une salle dont les plafonds sont soutenus par quatre colonnes; elle est carrée et a quarante pieds de côté. On remarque à l'extrémité du palais, sans parler des autres appartemens qui le composent, un sanctuaire isolé dans son pourtour par un intervalle de six pieds. C'était là vraisemblablement la chapelle du palais. Les tableaux qui la décorent, sont soigneusement exécutés.

Le plan général de ce bâtiment indique qu'il était composé d'à-peu-près soixante bâtimens. Les figures dont les murs des salles sont couverts, offrent beaucoup moins de sujets religieux que par-tout ailleurs. En revanche, on y trouve un grand nombre d'offrandes faites à Mendès, regardé comme le dieu de la génération. Il est représenté sous la figure d'un jeune homme en érection et le fouet à la main. La situation de ce palais est plus pittoresque que celle de Karnac. Les bâtimens regardent le fleuve. On trouve là les ruines d'un quai dont la largeur est de quinze pieds; la longueur est de vingt pas.

L'inspection de cette construction seule suffirait pour convaincre de l'exhaussement du lit du Nil. Ce fleuve, dans sa crue, baigne les fondations du palais de Luxor en recouvrant le quai. Il n'est pas probable que les anciens Egyptiens, qui ont tant fait pour l'éternelle durée de leurs monumens, eussent élevé ce palais dans un endroit aussi bas, si le Nil n'eût été tellement au-dessous du niveau de leur construction, qu'il ne laissât aucune inquiétude sur les atteintes qu'il pouvait porter à leur solidité.

Karnac.

On peut regarder ce palais comme l'habitation des rois. Le môle principal est tourné du côté du Nil. Il a cent quarante pas de longueur; son épaisseur est de vingt-cinq. Il conduit à une cour de cent dix de longueur, et dont la largeur égale la sienne. Deux rangs de six colonnes à calice de Lotus, placés dans l'alignement du môle, conduisent au portique composé de cent trente-six colonnes, placées sur seize de hauteur. Les deux rangs du milieu sont formés chacun de six colonnes à calice de Lotus; de chaque côté sont sept rangs d'autres colonnes dont les chapiteaux imitent le bouton de Lotus tronqué. Celles-ci sont moins élevées que celles du milieu: le diametre des plus hautes est de onze pieds; celui des moins grandes est de sept pieds.

La longueur de ce vestibule est de soixante-dix-huit pas; sa largeur est la même que celle du môle. Le vestibule, dans toute son étendue, était couvert; il ne recevait de jour que par des fenêtres à claire voie, percées au-dessus des colonnes à calice de Lotus. Des tassemens formés sous cet édifice ont fait tomber plusieurs colonnes. La chûte du môle qui regarde la cour, aurait dû entraîner celle du bâtiment entier, s'il n'avait pas été construit avec autant de solidité. On passait de ce vestibule dans une cour, où se trouvaient quatre obélisques dont il ne reste plus qu'un seul. On ne sortait de cette premiere cour, que pour entrer dans une seconde ornée de deux autres obélisques et de douze figures colossales, en forme de gaines, tenant la croix à anse sur la poitrine.

Deux autres cours conduisent ensuite à l'appartement du roi. Dans l'alignement des portes, on voit deux salles de granit qui paraissent avoir été les appartemens de parade. Il est vraisemblable qu'à l'époque de la construction de Thebes, on employait beaucoup moins de granit que ne l'ont fait depuis les rois Egyptiens de Memphis et les souverains Grecs d'Alexandrie. A droite et à gauche de cette salle sont les appartemens de la cour. On pourrait y reconnaître ceux du roi et de la reine dans deux salles dont les portes sont en granit noir. Leur forme était carrée; elles ne paraissent pas avoir plus de douze pieds carrés. Les sujets représentés dans les corridors qui environnent les salles de réception, sont tous relatifs au pouvoir ou aux richesses des souverains. On a gravé sur les murailles des cassettes, des écrins, des colliers de perles, des cassolettes, des coffres forts, des chaperons ornés de pierres précieuses. On y trouve aussi des tableaux qui retracent différentes cérémonies de l'initiation; plusieurs représentent également des sujets amoureux.

A cent pas de distance et à l'est du palais, est une longue colonnade servant de portique à des constructions qui paraissent avoir été le logement des gens de la suite du roi.

On y distingue un grand nombre d'appartemens particuliers. Leur forme est oblongue, leur largeur est de douze à quinze pieds, leur longueur de vingt à vingt-cinq. Tous sont décorés de tableaux. Une porte d'un très-beau style, élevée à l'est du palais, et à quatre cents pas du corps de logis qui le termine, conduisait à cette partie de l'habitation des princes.

Au sud de la cour des obélisques, étaient élevés quatre môles qui s'alignant les uns avec les autres, formaient de ce côté, l'avenue du grand palais. C'était vraisemblablement par là qu'entraient les rois d'Egypte. Le peuple n'était admis que dans le vestibule soutenu par la forêt de colonnes dont on a parlé. Peut-être les audiences particulieres se donnaient-elles dans les salles de granit. La porte du môle, située le plus au sud, était construite ou plutôt revêtue en granit. Elle était précédée d'une allée de lions dont un grand nombre sont encore très-bien conservés. Leur stature est colossale et leur longueur d'environ quinze pieds. Le nombre de ces statues est de quatre-vingt-dix. De chaque côté, l'intervalle de l'une à l'autre n'est que dix pieds, et les lions qu'elles représentent sont couchés sur un locle de trois pieds d'élévation.

Une allée de sphinx coupe à angle droit celle de l'est à l'ouest, et va rejoindre une allée de béliers placés dans la même attitude. En face de la porte du petit palais de Karnac, cette derniere avenue se prolonge jusques à environ six cent toises de celui de Luxor auquel elle paraît avoir abouti.

En face de chacun des môles qui conduisent à la cour des obélisques du grand palais, sont deux et quelquefois quatre statues colossales en grès ou en granit. Les figures qu'elles représentent n'ont que deux attitudes différentes ; elles sont ou assises et dans la position de celles de Luxor, ou debout, dans l'action de marcher, les bras pendans sur les côtés et armées d'un poignard courbé.

Plusieurs des côtés de ces môles ont éprouvé différens accidens, la construction intérieure en est défectueuse. Quelques précautions que les Egyptiens, en général, aient prises pour assurer la durée de leurs monumens, ils ont assez compté sur l'heureuse qualité de l'air qui ne présente là aucun motif de destruction, pour s'occuper plus particulierement d'orner et de revêtir avec élégance l'extérieur de leurs ouvrages, que de soigner la construction des massifs qui en composent l'intérieur.

Au sud, et à deux cents pas du flanc de ces môles, est une superbe porte qui conduit à un petit palais placé dans l'alignement de la cour du grand palais. Cette porte est, peut-être, le seul morceau d'architecture des Egyptiens dont l'imitation puisse plaire maintenant. Elle est dégagée des deux môles qui la flanquaient, et qui sont arrasés au niveau du terrain. Les portes Egyptiennes, en cet état, sont infiniment plus belles que lorsqu'elles font partie de ces mêmes môles, dont la grande élévation nuit à leur effet, en les resserrant et les écrasant. La corniche qui les termine, imite dans sa courbure l'inclinaison de la branche de palmier ; les détails en sont soigneusement exécutés. Elle est

revêtue

revêtue de tableaux intérieurement et extérieurement, et elle conduit au petit palais dont on a déjà parlé. Il consiste en une quinzaine d'appartemens éclairés par des fenêtres à claire voie, telles qu'on n'en rencontre jamais dans les temples. La porte du Sud est précédée d'une allée de beliers, de la même proportion que les lions qui sont devant la porte de granit.

A l'ouest du petit palais est un petit temple qui lui servait de chapelle. Les tableaux et l'architecture en sont extrêmement soignés. Au nord du grand palais de Karnac, on retrouve le plan d'une troisieme construction, indiquée seulement par l'emplacement des fondations. Elle était précédée d'un môle. Entre ce môle et la principale porte se trouvait une allée de trente-deux Sphynx de chaque côté ; il n'en reste que quinze ou dix-huit plus ou moins mutilés.

A droite de cette allée on voit une petite maison Egyptienne bâtie en grès, et divisée en deux appartemens de vingt-quatre pieds sur quinze.

A gauche sont d'autres ruines, moins distinctes, de maisons particulieres. En avant de la porte étaient deux statues colossales en grès ; à quarante-cinq pas au sud de cette porte, sont les bases de deux obélisques engagés dans une muraille, et dont les débris existent autour. La masse des bâtimens qui composaient le palais, en face duquel étaient les obélisques, paraît avoir occupé quatre-vingt-dix pas de longueur sur cinquante-cinq de largeur. On retrouve là plus de fragmens de statues de granit noir et rouge qu'on n'en rencontre sur toute la surface entiere du grand palais. La plupart des statues représentent des prêtres.

A l'extrémité de l'allée de lions, qui précede l'enfilade des môles, on trouve dans une espece d'île formée par l'exhaussement du terrein, et environnée d'eau, au moment de l'inondation seulement, un assez grand nombre de statues en granit noir. Elles sont comme emmagasinées dans une tranchée pratiquée dans l'intérieur de la terre, et revêtues à droite et à gauche de briques cuites de fabrique Egyptienne ; ce qui pourrait indiquer l'époque à laquelle elles ont été enfouies. Elles représentent une figure de femme assise ; leur ressemblance la plus marquée est celle du lion ; mais on y distingue quelques-uns des traits du chien et du chat. Leurs mains reposent sur leurs cuisses, et de l'une d'elles, elles tiennent une croix à anse, symbole de la divinité chez les anciens Egyptiens. Aucune n'a conservé le bonnet symbolique dont elles étaient coëffées. Les deux magasins furent ouverts en 1760 par un cheik Arabe pour un prêtre Vénitien nommé Donati, qui paya une somme exorbitante la premiere statue qui en fut tirée. Ils sont restés exposés aux regards jusqu'à ce moment ; mais toutes les figures en ont été mutilées par les voyageurs qui ne pouvant les emporter, ont désiré s'emparer de quelques-unes de leurs parties.

Les tableaux qui décorent l'extérieur de ces différens palais, représentent des sujets militaires. On y voit des sièges de villes et des combats de terre, des offres de paix et des soumissions faites par les barbares, ainsi que les triomphes du héros qui les a vaincus.

Il est représenté sous la figure d'un jeune homme de six pieds de proportion, monté sur un char entièrement semblable, pour la forme, à ceux dont les Grecs se servaient. Les soldats auxquels il commande, ont à peine pour proportion le quart de sa grandeur. Les ennemis qu'il met en déroute, sont représentés par des hommes barbus, coiffés communément d'une toque semblable à celle des Espagnols, et revêtus d'une tunique à mouche angulaire. Les armes dont se servent les Egyptiens, sont l'arc et les fleches. Il arrive souvent que le héros Egyptien perce cinq à six ennemis d'un même trait. Les barbares portent un bouclier; indépendamment de l'arc qui fait l'arme principale des premiers, ils se servent encore de sabres courbes, de poignards, de la lance, du javelot et de l'épée droite. La bride des chevaux ressemble beaucoup à celle qu'on emploie encore en Arabie. Dans les tableaux où sont gravés les triomphes du guerrier Egyptien, les prisonniers qu'on lui mene sont tous liés d'une maniere ingénieusement barbare et très-pénible. Il est à remarquer que sur les môles où l'on représente un sacrificateur immolant des hommes, ceux qui se disposent à frapper, ont le même costume, le même air de figure que ces prisonniers.

Rive gauche du Fleuve.

Les principaux monumens élevés sur cette rive, et les seuls qu'on puisse croire avec quelque fondement avoir dépendu de Thebes, sont le Memnonium, ou palais de Memnon, Medinet-Abou, autre palais, et les deux statues colossales si connues par leurs proportions prodigieuses.

Le Memnonium regarde l'est. Dans une de ses cours, se voyent les débris de la célebre statue de granit rouge, qu'on peut regarder comme celle de Memnon. Sa proportion était de 64 pieds; les débris en sont dispersés dans un rayon de 40 pas; un de ses pieds presqu'entier subsiste encore; sa largeur, à la naissance des doigts, est de quatre pieds et demi; une de ses oreilles a 39 pouces de longueur. On remarque encore les excavations faites pour placer les coins qui ont séparé le monument lorsqu'il fut renversé par Cambise. A l'entrée de la porte qui de la seconde cour conduit au palais, sont les débris d'un colosse de granit de moindre proportion. La tête de l'un d'eux est parfaitement conservée; elle est de granit rose, tandis que le reste du colosse était de couleur noire. C'est le plus précieux monument de l'ancien style Egyptien. L'exécution en est fort belle. Le Memnonium n'a pas été fini, ainsi que la moyenne partie des ouvrages Egyptiens, où l'on trouve à côté de choses ébauchées, des détails parfaits.

Au sud de ce palais et au pied de la montagne Lybique, on trouve dans l'enceinte d'un ancien couvent Cophte, un petit temple d'Isis aussi précieux par sa parfaite conservation que par l'exécution et l'intérêt des tableaux qu'il renferme.

Au nord du même palais on voit les ruines d'une construction Egyptienne qui paraît avoir appartenu à un temple, et être d'un travail beaucoup plus récent qu'aucun des autres monumens Egyptiens; ce qui indique le soin avec lequel furent gravés les hiéroglyphes et une espece de voûte dont une portion est encore entiere. Elle n'est point faite sur les mêmes principes que les nôtres et prouve que les Egyptiens ignoraient l'emploi des voussoirs.

Entre le Memnonium et le palais de Medinet-Abou, sont les deux plus grands colosses qui subsistent encore en Egypte. Les socles sur lesquels ils reposent, ont onze pieds de hauteur. L'exhaussement du sol les a enterrés de cinq pieds. Les traces que le Nil a laissées de son séjour sur chacun des côtés, s'élevent jusqu'à vingt-huit pouces du pied de la statue; ce qui prouve qu'il y a eu depuis leur construction un attérissement de huit pieds huit pouces. Le colosse placé au nord, a été brisé dans sa partie supérieure. Un préfet Romain l'a fait rebâtir. Sur ses cuisses et ses jambes sont un grand nombre d'inscriptions Grecques et Latines qui attestent que ceux qui les ont tracées, ont entendu la voix de Memnon, dont la statue résonnait au lever du soleil.

La proportion de l'un et l'autre est d'environ cinquante-huit pieds. Leur attitude est celle de toutes les statues assises. Trois petites figures de femmes accompagnent chacun des colosses; elles sont debout, placées aux deux côtés du fauteuil et entre les jambes de la figure principale.

Entre le Memnonium et Medinet-Abou, distant l'un de l'autre d'environ une demi-lieue, on voit les débris d'un grand nombre de colosses, et des traces de constructions qui indiquent que ces deux palais communiquaient l'un à l'autre par une suite de bâtimens aussi considérables que le montre la distance qui les sépare. Cette masse de constructions paraît avoir été ce que Diodore de Sicile appelle le tombeau d'Osymandias. On est confirmé dans cette conjecture par la conformité qui existe entre les monumens dans leur état présent et les descriptions étendues et soignées que cet écrivain a laissées de tableaux qu'on retrouve dans les deux palais. Ces tableaux représentent des siéges de places fortes, des invasions d'ennemis et des victoires remportées par les Egyptiens. Les barbares avec lesquels combattent ceux-ci, ont ainsi qu'eux, l'usage des chars, avec cette différence que trois d'entr'eux sont placés dans le char. L'un tient les rênes des chevaux; l'autre tire de l'arc, et le troisieme les protége tour à tour de son bouclier.

Medinet-Abou.

Le palais est dans un bel état de conservation. Le morceau le plus important qu'on y voit, est un péristile de cinquante-cinq pas de longueur sur soixante-cinq de largeur. Il est formé de quatre rangs de colonnes placées sur les quatre côtés de la cour. La ligne des soffites est d'une élégance et d'une pureté qu'on ne trouve nulle part ailleurs. Les colonnes ont sept pieds de diametre et quarante-cinq de hauteur. C'est là que les matériaux sont le mieux appareillés. On paraît avoir eu en vue l'immortalité de ce monument entier et de ses moindres parties.

Les grandes figures ont communément deux pouces de relief, et les petits hiéroglyphes gravés en creux ont depuis un jusqu'à six pouces de profondeur.

Les Turcs avaient fait de ce péristile une mosquée; la Kéabé s'y trouve encore. Le péristile est fermé, et les amoncellemens s'élèvent en certains endroits fort près de sa corniche. Plus de 60 habitations ont été élevées sur les terrasses. Auprès de la cour sont cinq appartemens, dont deux paraissent avoir été le trésor du palais. Les coffres en pierres qui le renfermoient subsistent encore, et ainsi que dans le voisinage des salles de réception de Karnac, on a représenté sur les murailles tout l'étalage des richesses du prince.

Au nord et à côté du palais est un petit temple qui en dépendait. Il est bâti sur le plan adopté pour toutes les constructions de ce genre. Le tableau le plus intéressant qu'on y rencontre, représente un homme qui semble embrasser les parties de la génération du dieu en érection. On peut croire, avec quelque fondement, que ce dieu n'est autre que Mendès. On y voit aussi un prêtre traçant, avec un hoyau, un sillon aux pieds du même dieu, comme s'il l'invitait à favoriser le labourage.

Au milieu des monumens de l'ancienne Thebes, on trouve un grand nombre de traces du culte des premiers chrétiens pendant les quatre cents ans qu'ils ont joui du libre exercice de leur religion. Ils paraissent en avoir célébré les cérémonies dans les temples mêmes de leurs ancêtres. On y voit fréquemment les images du Christ et des saints; ils sont peints à fresque et ornés d'auréoles. La plus grande partie des figures qui décorent les temples et les palais, a été mutilée par les Chrétiens et les Turcs. Les premiers effaçaient les figures d'animaux qui, d'après leurs idées religieuses, leur représentaient des diables. Les seconds se chargeaient de renverser celles des hommes. Il faut qu'à une certaine époque le gouvernement ait encouragé ces actes de barbarie, car on a porté le ciseau de la destruction jusqu'à des endroits où l'on ne pouvait atteindre sans employer de grands moyens mécaniques.

Le palais de Médinet-Abou était environné d'un mur d'enceinte, qui subsiste encore dans une étendue de quarante-cinq pas. Sa partie supérieure est défendue par des créneaux absolument semblables à ceux qu'ils ont représentés dans leurs bas-reliefs au-dessus des tours assiégées. L'intérieur de la cour représente plusieurs combats et le triomphe du vainqueur. Il est assis sur le derriere de son char, et sa position est telle qu'il tourne le dos à ses chevaux. Des soldats Egyptiens lui présentent ses prisonniers, tandis que plusieurs hommes sont employés à compter des mains et des membres virils amoncelés à ses pieds. On ne peut pas en conclure qu'ils mutilaient les ennemis que le sort des armes avait fait tomber entre leurs mains, puisque ceux qu'on présente au vainqueur, jouissent de l'usage de tous leurs membres. Il est plus raisonnable de croire que les parties naturelles accumulées et comptées sont celles des vaincus morts sur le champ de bataille. Les Egyptiens les enlevaient comme marques et trophées de la victoire.

A l'extérieur et sur un mur du palais, un bas-relief représente une chasse aux lions et une tentative de descente faite par des étrangers, dont le costume ressemble beaucoup à celui des Indiens. Les Egyptiens s'opposent à cette descente et par terre et par mer : par-tout les barbares sont mis en déroute. Au-dessous du tableau, on voit des marches de troupes ; on y distingue des soldats pesamment armés, et d'autres armés à la légere. Quelques-uns ne portent qu'une massue, le plus grand nombre joint à son bagage une très-grosse outre.

Un des tableaux les plus singuliers se trouve placé au-dessus d'une des portes d'entrée du palais ; il représente un roi faisant quelques caresses à une jeune fille ; d'une main il lui presse le sein, de l'autre il lui souleve sa tunique.

A une lieue et demie de ce palais, on voit un petit temple parfaitement conservé. Il était consacré à Horus ; il est placé sur la lisiere des terres cultivées.

Entre ce temple et Medinet-Abou, plusieurs collines formées de mains d'hommes indiquent l'emplacement d'un lieu de course ou d'exercices militaires. Sa forme est celle d'un parallellograme rectangle ; sa longueur est de trois quarts de lieue, sa largeur d'un quart.

Au sud et à cent cinquante toises de Medinet-Abou, se trouvent encore les ruines d'un petit temple consacré à Taut. Il n'a jamais été fini.

Sépultures de Thebes.

Toute la partie de la montagne Lybique, qui commence à une demi-lieue à l'ouest du Memnonium et finit en face de Medinet-Abou, est percée depuis sa base jusqu'aux trois quarts de son élévation, d'un grand nombre de grottes sépulchrales. Les plus voisines du niveau du sol sont les plus soignées et les plus spacieuses ; celles qui se trouvent dans la partie la plus élevée de la montagne, sont beaucoup moins riches et moins bien exécutées. Les grottes qui sont percées entre les deux, tiennent le milieu pour l'exécution comme pour la position qui indique l'ordre des richesses, en observant que celles des pauvres offrent plus d'intérêt, parce qu'on y voit toujours quelques-uns des procédés des arts et métiers pratiqués à cette époque. Le plan de ces grottes differe peu ; une porte ouverte à l'orient conduit à une galerie d'environ vingt pas de longueur. Quelquefois cette galerie est percée dans l'axe de la porte, quelquefois elle la coupe à angle droit. Elle est soutenue indifféremment par des colonnes ou des pilastres dont le nombre varie depuis quatre jusqu'à dix. A l'extrémité de cette galerie est un puits qui conduit aux catacombes où étaient déposées les momies. La profondeur de ces puits varie depuis quarante jusqu'à soixante pieds. Ils aboutissent à de longues allées souterraines, taillées grossierement dans le roc, et qui se terminent à une salle carrée d'environ trente pieds. Cette salle est soutenue par des piliers, et renferme encore beaucoup de débris de momies.

momies. On y trouve des traces d'un grand nombre de conduits souterrains qui menent vraisemblablement à d'autres salles dont la connaissance nous est maintenant dérobée.

Dans la galerie supérieure sont sculptés en bas-reliefs ou peints à fresque, une foule de sujets relatifs aux cérémonies funéraires. Les tableaux les plus intéressans qu'on y rencontre sont ceux qui offrent les détails qui appartienent aux arts des anciens habitans du pays. On y retrouve leurs premieres occupations, telles que la chasse et la pêche; on peut y suivre les progrès de la civilisation; on y voit les arts du sellier, du charron, du potier de terre, des tableaux de change et de commerce, des scenes agricoles, des marches de troupes et quelques-unes des punitions en usage chez eux. Chaque grotte est ornée d'un plafond sur lequel on a peint des sujets de fantaisie, dont le dessin est exactement le même que celui des papiers que la mode avait fait adopter en France il y a 30 ans.

Les tombeaux des rois sont à 3200 toises du fleuve; ils ont été creusés dans une vallée étroite au centre de la montagne Lybique; le chemin qui y conduisait autrefois est encore ignoré, et on y pénetre par un passage forcé. Ils occupent un grand ravin et deux lits de torrent situés sur le flanc de ce ravin. Le plan d'un seul de ces tombeaux suffit pour indiquer la disposition générale des autres.

Chaque grotte communique avec la vallée par une large porte; elle conduit à une galerie creusée dans le rocher. Sa largeur et sa hauteur sont communément de douze pieds. Sa longueur jusqu'à la seconde porte est de vingt pas. Cette porte conduit à une seconde galerie de même largeur et de vingt-quatre pas de longueur. A droite et à gauche de cette galerie, sont des chambres de cinq pieds de large sur dix de profondeur. On y trouve des dessins d'armes, telles que hâches, poignards, sabres courbes, épées droites, lances, javelots, arcs, fleches, carquois, cottes de mailles et boucliers, les travaux du labourage, des vases, des bijoux de toute espece; les détails de la préparation des alimens y sont représentés.

C'est dans l'une de ces chambres qu'on voit les deux harpes qu'a dessinées Bruce. Une troisieme galerie suit celle-ci; sa hauteur et sa largeur sont les mêmes. Elle conduit à une salle au-dessus du niveau des autres appartemens : elle a dix-huit pieds carrés. On ne sort de cette salle que pour entrer dans une galerie de 34 pas de longueur. Elle a même une cinquieme galerie en pente, dont la longueur est de 28 pas. A son extrémité se trouve une autre corridor de seize pas; il conduit à une salle de onze pas carrés. De celle-ci on passe dans une seconde salle de même grandeur, dont elle n'est séparée que par une galerie de six pas. Elle aboutit à un sallon carré soutenu par huit piliers. Sa longueur est de 25 pas, sa largeur de 20. C'est dans cette salle qu'est le sarcophage qui renfermait la momie du roi. Les Romains ont fait quelques tentatives pour enlever ce sarcophage de la grotte où il est déposé. Ils avaient essayé de niveler le terrain pour en faciliter la sortie; mais ils ont promptement renoncé à cette entreprise.

Après

APPENDIX.

Après la salle du sarcophage, on en trouve une seconde de 25 pas de largeur, sur 40 de longueur. La hauteur de cette tombe est de 7 pieds, sa longueur de 8, et sa largeur de 6. La longueur totale de la galerie est de 225 pas. Les tombeaux des rois, dans toute leur étendue, sont couverts de tableaux et d'hiéroglyphes. La plus grande partie sont peints à fresque. Ces tableaux représentent des sujets de la plus grande bisarrerie. Il paraît que c'est là que les Romains ont puisé l'idée des grotesques dont leurs dessinateurs et leurs peintres ont fait le principal sujet de leurs compositions pendant les second et troisieme siècle de l'empire. Les fouilles d'Herculanum ont fait découvrir un grand nombre de tableaux exécutés dans ce goût.

Une des grottes les plus intéressantes, est celle qui renferme un sarcophage, encore entier et en place : sa longueur est de 16 pieds, sa hauteur de 12, et sa largeur de 6 ; il conserve son couvercle sur lequel est l'effigie du roi ; il est d'un seul bloc de granit. La surprise que l'on éprouve en considérant cette masse énorme, transportée à l'extrémité d'un souterrein de 200 pas de longueur, n'a plus de bornes lorsque l'on considère qu'il n'a dû être travaillé que sur place. Quelles ont donc dû être les difficultés qu'entraînait le transport d'un masse pesant plusieurs centaines de milliers, à travers les chemins presqu'impraticables de la montagne ?

On distingue beaucoup de sacrifices humains. On y remarque encore deux tableaux représentant un homme répandant sa semence ; des enfans naissent de cette semence à l'instant.

Du tems de Strabon, on comptait 17 tombeaux de rois ; on trouvera encore le même nombre, si on veut faire entrer dans cette énumération une superbe grotte dont le plan est aussi vaste et plus beau que celui des sépulchres des souverains de Thebes.

Cette grotte est à une demi-lieue au nord du Memnonium, et creusée à la base de la montagne dans l'enceinte de laquelle se trouvent les autres tombeaux. L'entrée de plusieurs est condamnée ; presque toutes l'ont été. Il paraît que ceux des anciens Egyptiens qui étaient demeurés fidelles à leur culte, essayerent, par respect pour la mémoire de leurs princes, de dérober la connaissance de leur sépulture, ou à leurs conquérans, ou à ceux qui professaient une autre religion que la leur.

Deux des grottes n'ont jamais été finies. Une troisieme est entierement dépourvue de sculptures, et quelques autres offrent encore des choses imparfaites. C'est là que la magnificence des Egyptiens se déploie avec plus de grandeur. Il ne fallait pas moins que la durée du regne d'un homme pour entreprendre un ouvrage de ce genre, où l'on ne pouvait employer à la fois qu'un nombre fort limité d'ouvriers.

Les anciens Egyptiens, depuis le monarque jusqu'aux sujets, ne prenaient de leurs sépultures un aussi grand soin, que dans la croyance que leur âme devait, après plusieurs milliers d'années, venir rehabiter leur corps, dans le cas où il serait conservé intact ; de-là l'embaumement et la position des sépultures dans des lieux inacccessibles à l'inondation du fleuve.

Dans

Dans le voisinage du Memnonium, et parmi les grottes de particuliers, on en trouve plusieurs encore remplies de fragmens de momies. Lorsque les Arabes qui regardent les grottes comme la propriété de chaque famille, s'aperçoivent qu'elles peuvent être visitées par des étrangers, ils mettent le feu aux momies qu'ils renferment, afin d'en éloigner les curieux. Il reste encore quelques caveaux intacts, mais ils sont ignorés des voyageurs.

Les sépultures les plus riches sont maintenant épuisées; aucune des momies que vendent les habitans du pays n'est garnie de l'enveloppe sur laquelle était peinte l'effigie du mort; on ne voit plus que quelques fragmens de ces enveloppes. Il est étonnant que jusqu'à ce moment, aucun voyageur n'ait trouvé les manuscrits sur Papyrus, que les momies des hommes les plus distingués renferment habituellement. Ces manuscrits sont, sans contredit, les plus anciens qui aient été conservés. Ils paraissent renfermer des prieres faites pour le mort et à son intention. Ils sont écrits en hiéroglyphes ou en caracteres cursifs. On y a dessiné des tableaux semblables à ceux qui décorent les murs des tombeaux.

Plusieurs momies ont les ongles des pieds et des mains dorés: le nombre des rouleaux de Papyrus qu'on y rencontre, est quelquefois de deux; ils sont souvent placés sous une des aisselles; quelquefois on les trouve dans la séparation des cuisses, dans le voisinage des parties de la génération. Les Français, pendant leur séjour en Egypte, ont trouvé huit à dix manuscrits entiers, sans préjudice d'un assez grand nombre de fragmens.

El Gournon.

Les ruines du temple Egyptien qui se voient à El Gournon, village Arabe, indiquent qu'il était construit sur un plan différent des autres monumens de ce genre, mais qui ne leur cede en rien; on ignore jusqu'au nom de la ville dont il faisait partie.

Kous.—Apollinopolis-parva.

On ne trouve d'autres restes de cette ancienne ville, que l'entablement d'une porte dans le style de celle de Thebes, et enterrée jusqu'au tiers. Sur le petit carré qui surmonte la corniche, est une inscription Grecque, qui atteste qu'un des Ptolomées a visité le monument avec la reine sa femme. On trouve une semblable inscription à Denderah, à Koum-Ombos, à Gawel-Sharkié. Il est à remarquer qu'à cette époque les rois Grecs de l'Egypte paraissaient avoir fort peu de vénération pour le culte Egyptien, puisqu'ils effaçaient les hiéroglyphes et les tableaux des temples pour y substituer leurs inscriptions.

Keft

APPENDIX.

Keft.—Coptos.

On ne trouve d'autre indice des ruines de cette ville que l'exhaussement du terrain, quelques fragmens de granit, et des sarcophages qui peuvent y avoir été transportés dans des tems plus récens. Toutes les villes Egyptiennes étaient bâties sur des éminences faites de mains d'hommes; leur forme était ordinairement carrée, et elles étaient environnées d'une enceinte de murailles construites en briques crues; l'épaisseur en est assez communément de 30 pieds. Coptos, sous le regne du second des Ptolomées, était l'entrepôt du commerce de l'Inde. Kenné, ville Arabe, distante de celle-ci de 4 lieues, l'a remplacée dans ce commerce.

Denderah.—Tentyris.

Cette ancienne ville était située à une demi-lieue du fleuve, sur la rive Lybique; le plus grand nombre des villes Egyptiennes était bâti à cette distance du Nil. On trouve encore à Denderah trois temples; le plus grand, consacré à Isis, est le monument le mieux conservé de l'Egypte. Aucun des matériaux qui y ont été employés n'a souffert, ainsi que l'ont fait ceux dont on s'est servi dans la construction d'Edfou et de Koum-Ombos.

L'exécution des figures gravées sur les murs extérieurs et intérieurs à Denderah, est portée au plus haut point de perfection qu'ayent atteint les Egyptiens; les détails même des ajustemens y sont d'une pureté, d'une finesse d'autant plus difficile à concevoir, que la pierre sur laquelle ils sont tracés est fort ingrate.

Le grand temple d'Isis est bâti sur le même plan à-peu-près que celui d'Edfou; la figure de la divinité à laquelle il était consacré, se retrouve dans toutes ses parties, sur ses tableaux, dans sa frise élégante, jusque sur les quatre faces des chapiteaux des colonnes du portique et de la salle qui le suit.

La façade du temple a 72 pas de largeur, sa longueur est de 145 pas; une porte d'un goût très-pur et semblable à celle de Karnac, autrefois engagée dans les môles dont on voit les arrangemens, conduisait au temple dont elle était séparée par une vaste cour. Le portique du temple a 60 pas de largeur et 30 de longueur. Les tableaux les plus remarquables qu'on y trouve, sont le grand Zodiaque divisé en deux bandes : il décore le plafond des derniers entre-colonnemens de droite et de gauche. On peut remarquer que c'est ordinairement sous les portiques des temples que les Egyptiens ont représenté les sujets relatifs à l'astronomie, comme s'ils avaient voulu par-là commander en même tems le respect pour la religion et les égards dûs aux sciences.

La salle qui suit le portique est soutenue par six colonnes, dont les chapiteaux représentent 4 figures d'Isis à oreilles de chat : elle est carrée et a 24 pas de côté. La seconde salle a 10 pas de longueur sur 24 de largeur; la troisieme est de même grandeur.

deur. L'Aditum qui suit cette derniere salle, a 24 pas de longueur sur 6 de largeur; il est isolé, ainsi qu'à Philœ, par deux autres salles placées sur ces côtés. On peut présumer qu'un corridor percé derriere, l'isole également sur ce point. Dans la deuxieme salle, à droite et à gauche, sont deux escaliers qui conduisent à la terrasse du temple; ils sont formés de degrés de deux pouces de hauteur sur 20 de longueur: les parois de leurs murailles sont décorés de tableaux où l'on distingue particulierement un grand nombre de femmes, ce qui autorise à croire, contre l'opinion reçue, que les femmes étaient employées au service des temples.

Sur la terrasse du grand temple, on en retrouve un petit : les colonnes sont entierement semblables à celles du portique; elles ont 10 pieds de hauteur. Le temple est carré et a 9 pieds de côté; c'est le portique d'une petite chapelle dont on ne voit pas d'autres traces. Dans une cour de l'intérieur du temple est une salle où se trouve un second zodiaque. Celui-ci est circulaire; il occupe la moitié du plafond de cette derniere salle qui paraît, toute entiere, consacrée à l'astronomie. Il est séparé d'un second tableau astronomique par une figure de femme, dont on a mutilé les parties sexuelles. Il est à remarquer qu'à Denderah, toutes les figures de face sont parfaitement exécutées: par-tout ailleurs elles le sont fort mal, quoique les profils soient généralement pleins de grâces.

Petit Temple d'Isis.

Derriere, et à dix pas du grand temple, on en voit un second qui, comme le premier, paraît consacré à Isis; il est quarré, et a 17 pas de côté en-dehors. Il est divisé en deux salles: la premiere a 14 pas de longueur, sur 4 de largeur. Trois portes s'ouvrent dans cette salle; celles des côtés conduisent aux couloirs qui isolent l'*aditum*; leur longueur est de dix pas, leur largeur de 5 pieds; ils sont décorés de tableaux dans toute leur étendue; l'*aditum* a dix pas de long sur six de large. Les jours sont plus multipliés dans les temples de Denderah que dans ceux qui se trouvent plus reculés vers le sud. Il y a deux soupiraux au moins dans chaque salle, et sur chacun d'eux on a gravé un disque répandant des rayons autour de lui.

Typhonium de Denderah.

Il est situé à droite de la porte qui conduit au grand temple; il est périptere; sa forme est quarrée, et il a 34 pas de côté; il est composé de trois salles. L'*aditum* est isolé par deux couloirs totalement encombrés. Les sujets des tableaux sont à-peu-près les mêmes que ceux du Typhonium d'Edfou, et paraissent présenter un historique de la naissance d'Harpocrate, et des précautions qu'on a prises pour le préserver des poursuites de Typhon. En avant, et à 50 pas de la porte du nord, sont les ruines d'un temple qui n'a jamais été fini; il était péryptère comme le premier, et avait quatre colonnes de face et cinq de côté; les chapiteaux sont à peine dégrossis; ils étaient l'essai d'un nouveau genre d'ornement tenté par les Egyptiens. Au sud, et à 450 toises à peu près du grand temple, on trouve les ruines d'une porte qui paraît avoir été révérée à Denderah. Les ruines de la ville indiquée par des monceaux de briques cuites, des débris de vases dont on retrouve quelques-uns entiers, et une grande quantité de fragmens très-divisés de porphire, occupent un espace quarré d'environ 900 toises de côté.

Gawel Sharki.—Antæopolis.

Il ne reste de cette ville que le portique d'un assez grand temple, les ruines d'un quai et celles d'un petit temple péryptere. Le portique est composé de dix-huit colonnes, dont six de face sur trois de hauteur. Sa longueur est de 45 pas, sa largeur de 18. Les chapiteaux sont faits à l'imitation de la tête de palmier; mais leur proportion est beaucoup moins élégante que celles des chapiteaux de Philœ et d'Esné. Le travail n'est pas aussi parfait que celui des deux temples précédens; ce qu'on doit à l'ingratitude de la pierre calcaire dont il est bâti. A 90 pas du portique du côté qui regarde le sud et dans l'axe de la porte, est une chapelle monolithe, creusée dans un bloc de sept pieds et demi de côté. Comme cette chapelle devait être placée dans l'*aditum*, elle donne nécessairement la longueur du temple. Sur la frise de la porte d'entrée, est une inscription grecque semblable à celle de Kous. A une lieue au sud-est de Gawel-Sharkié et dans la montagne arabique, on voit une vaste carriere; c'est de là qu'on peut avoir extrait les pierres employées à la construction de la ville. Elle a 400 pieds de profondeur et 600 de longueur. On voit encore au plafond le tracé qui indiquait la maniere dont les pierres devaient être coupées. On distingue sur des piliers de la carriere une inscription Egyptienne en caracteres cursifs, semblables à ceux des rouleaux de papyrus.

Au nord de ces carrieres, sont les grottes sépulchrales de la ville; elles sont creusées avec plus de soin que celles qui se voient dans le voisinage de Thebes. Les Egyptiens ont imité les voûtes par-tout où ils ont pu le faire. Les grottes sont taillées en berceau; une porte ceintrée conduit dans une salle aux deux côtés de laquelle sont des niches où l'on voit des images du mort. Des puits pratiqués derriere des angles conduisent aux catacombes.

Siout.—Lycopolis.

Quelques colonnes de granit et de marbre qui se voient à l'entrée de la ville du côté du fleuve, sont les seuls restes de Lycopolis, dont le voisinage est beaucoup mieux

attesté

attesté par le grand nombre de grottes percées dans la montagne Lybique. On y distingue particulierement trois grottes et une chapelle sépulchrale taillée dans le rocher; la chapelle est parfaitement semblable, pour le plan, aux temples de la Haute-Egypte; les couleurs en sont parfaitement conservées; dans l'une d'elles on voit une marche de guerriers armés de lances et de boucliers. La porte de chacun de ces tombeaux est ornée, en face et dans son embrasure, de deux figures d'hommes armés d'un bâton; elles semblent en être les gardiens. On trouve dans les catacombes de Siout quelques momies d'hommes, et un grand nombre de momies de Chakals. Les voyageurs ont jusqu'à ce moment regardé comme grotte sépulchrale, une vaste carriere semblable à celle de Gawel-Sharkié.

Schiekabadé.—Antinoé, autrefois Besa.

Il ne reste aucune trace de l'ancienne ville Egyptienne. On sait que lorsqu'Adrien visita l'Egypte, il fit bâtir la ville dont on voit les ruines, en l'honneur de son favori Antinoüs, qui mourut dans le voyage. On y trouve les ruines d'une porte triomphale placée sur les bords du fleuve à l'ouest, d'un théâtre bâti au sud de la ville, d'un stade à l'est, et d'un monument sépulchral au nord. L'ordre le plus fréquemment employé est le Corinthien. La porte du théâtre subsiste encore; elle est ornée de quatre colonnes Corinthiennes en pierres numismales. Le théâtre est entierement renversé et arrasé au sol; on en distingue cependant encore fort bien le plan. Une rue d'environ une demi-lieue de longueur conduisait du théâtre au monument dont il ne reste que quelques débris; cette rue était ornée d'un portique composé de colonnes d'ordre *pæstum*. Aux deux tiers de sa longueur était une petite place décorée de quatre colonnes Corinthiennes; elles paraissaient avoir été destinées à soutenir des statues. L'arc de triomphe communiquait avec le stade où hyppodrome, par une rue tirée de l'ouest à l'est, qui coupait à angle droit celle du nord au sud, et elle était, comme la premiere, décorée de portiques du même ordre. On trouve dans cette rue, les ruines de quelques maisons particulieres et d'un bain public. Elle se termine par une porte qui devait être semblable à celle du théâtre. L'hyppodrome est assez bien conservé; sa longueur totale est de 160 toises: la mesure de la course doit être prise sur la *spina*, dont la longueur est de deux stades Romains, de 75 toises trois pieds. L'arrête ou spina s'éleve d'environ trois pieds au-dessus du sol. Des amoncellemens de sables masquent le côté septentrional du stade. Son côté méridional élevé ainsi que l'autre de trente pieds est soutenu par un mur construit en pierres calcaires. A la moitié de sa longueur est un perron dont les degrés conduisent sur les gradins. Entre les deux escaliers du perron, on voit une niche où devait être placée une statue. Les juges des jeux avaient une place distinguée au centre de la courbe du stade. On voit encore les fragmens des colonnes qui décoraient les parties de cette construction.

Les

Les Romains, dans les édifices qu'ils ont élevés, paraissent avoir eu en vue la commodité des citoyens et la satisfaction du regard, plus que les Egyptiens, dont les monumens sont rarement disposés sur un emplacement qui les mette en évidence.

Antinoé fut bâtie en trois ou quatre ans, au milieu de la ville Egyptienne nommée Besa, et dans ce court espace de tems elle se vit embellie de tous les établissemens publics dont jouissaient les villes Grecques et Romaines. On trouve parmi les décombres de cette ville un nombre prodigieux de fragmens de granit, de porphyre, de marbre blanc d'Italie, et même de marbre de Paros. On voit encore dans la rue qui conduit de la porte triomphale au stade, un torse d'Antinoüs, en marbre blanc; il est de travail Romain et d'une assez belle exécution.

Aschmounein. Hermopolis magna.

Les ruines de l'ancienne ville d'Hermès sont à-peu-près à une lieue et demie du fleuve, sur la rive Lybique; elles sont situées dans une plaine superbe, et occupent une longueur d'une lieue et demie sur une demie de largeur. Le portique du grand temple consacré à Hermès, est la seule chose qui subsiste encore; il regarde le sud-est, et est composé de deux rangs de colonnes à bouton de lotus tronqué : elles sont construites en pierre calcaire, semblables à celui de Gawel Sharkié. Les tableaux et hiéroglyphes sont fort bien faits, la plupart relatifs à Taut, l'Hermès des Grecs, auquel le temple était dédié. C'est à tort que les voyageurs ont cru y voir la couleur d'or qui est fort rare dans les monumens Egyptiens. On a trouvé parmi les ruines un chapiteau d'ordre Ionique.

Fayoum.

C'était dans le voisinage du lac Keroun, placé dans le Fayoum, qu'était un des deux labyrinthes. On ne retrouve plus maintenant, quoiqu'en aient dit quelques voyageurs, aucune ruine de ce vaste édifice : seulement on voit à deux lieues au sud du lac Keroun une construction qui peut avoir appartenu à un temple. Il paraît avoir servi autrefois de limites entre les terres cultivées et le désert. Plusieurs temples de la Haute-Egypte sont construits dans la même position. Celui-ci n'est décoré d'aucun tableau, si on en excepte les ornemens communs à tous les lieux sacrés. Il consiste en un globe ailé aux deux côtés duquel sont deux serpens; on y a trouvé un petit autel portatif. On voit dans le voisinage de ce temple un grand nombre de débris qui indiquent l'emplacement d'une ancienne ville. Ceux qui attesteraient l'existence de l'ancienne Arsinoé, capitale de la province connue sous le nom de Fayoum, se rencontrent auprès de la ville Arabe appelée *Medinet El-Fars*. Dans le défilé qui conduit de la province de Benisouef à celle de Fayoum, on voit les restes des deux grandes pyramides d'Haonara et d'Illahon : ce sont les plus reculées vers le sud que l'on connaisse.

Pyramides de Sakkara.—Memphis.

On retrouve les ruines de Memphis, cette seconde capitale de l'Egypte suivant l'ordre des tems, dans les villages Turcs nommés *Metrahenny* et *Mohannan*. Memphis parait avoir occupé une surface d'une lieue et demie de longueur sur une de largeur. Les temples, les palais, les édifices publics enfin, étaient situés sur des éminences, tandis que les habitations des particuliers construites en briques crues occupaient le niveau de la plaine. C'est sur les éminences où sont bâtis les villages Arabes, qu'on retrouve une assez grande quantité de fragmens de granit, de marbre, de poteries antiques, pour indiquer l'emplacement d'une grande ville. Au nord de Metrahenny, et entre ce village et celui de Mohannan, est une grande plaine sur laquelle on peut chercher, avec quelque raison, les ruines du célebre temple de *Phtha*, le Vulcain des Grecs. Ce monument est le plus beau qui ait décoré l'ancienne Memphis; on y trouve plusieurs colonnes de granit, des fragmens de la même pierre, ornés de bas-reliefs, et ceux d'un colosse d'environ trente-cinq pieds de proportion. Le village de Mohannan offre encore quelques restes de l'antiquité. On ne sera pas étonné de trouver si peu de traces de l'emplacement de cette grande ville dont le nom se conservait encore il y a mille ans dans celui de *Menf*, lorsqu'on réfléchira que les matériaux les plus précieux ont été employés dans la construction d'Alexandrie, et que deux capitales (Fostat et Marr) se sont élevées à trois lieues de distance. On voit encore à la citadelle du Caire, dans la salle appelée le divan de Joseph, un grand nombre de colonnes de granit d'un seul bloc, qui doivent avoir été prises sur ces ruines. On retrouve encore des colonnes semblables dans le voisinage de l'aqueduc Arabe qui conduit les eaux du Vieux Caire à la citadelle, et elles ont été retouchées par les Grecs qui y ont ajouté l'astragale, ornement inconnu aux architectes Egyptiens. Si l'on voulait retrouver les colonnes de granit, de porphire et de marbre qui ont orné les temples de la Basse-Egypte, il faudrait les chercher dans les mosquées dont elles font la principale décoration.

Au sud-ouest et à une demie-lieue de l'emplacement de Memphis, cessent les terres cultivées et commence le désert ; c'est-là qu'on voit les pyramides appelées maintenant du nom du village de Sakkara, le plus voisin d'elles ; elles doivent avoir servi de sépultures au plus grand nombre des rois qui ont gouverné Memphis ; elles le cedent toutes, en grandeur et en travail, à celles de Gizé ; leur nombre est d'environ trente, encore subsistantes : on retrouve les traces d'un grand nombre d'autres. L'inspection de ces dernieres porte à croire qu'en élevant les pyramides, les Egyptiens avaient soin, pour di-

minuer

minuer le travail, de choisir un terrain élevé en forme de tertre dont ils faisaient le noyau de leur construction, qui, dès lors, se bornait à un simple revêtement de l'épaisseur de quelques pieds plus ou moins.

Parmi les pyramides, on en distingue une composée seulement de trois assises disposées par étages, une autre dont les arrêtes sont courbes ; elle avait été commencée sur un plan qui l'aurait rendue au moins égale en hauteur à la plus grande de celles de Gizé. On fut dans la suite effrayé de l'entreprise, et, pour terminer subitement, on prit le parti de la finir par une courbe. La troisieme est construite en briques ; elle a été ouverte, et la distribution de l'intérieur ressemble beaucoup à celle de la grande pyramide. On trouve, dans le désert de Sakkara, un grand nombre de grottes souterraines où étaient déposées des momies d'hommes, et particulierement un grand nombre de momies d'Ibis. Ces souterrains consistent en une longue galerie divisée en plusieurs embranchemens, des deux côtés desquels sont des réduits de huit pieds de haut sur six de large. C'est là que sont les pots qui renferment les momies d'Ibis : leur disposition est celle de bouteilles dans les caves. Il est probable que Memphis était la sépulture de tous les Ibis morts dans les temples, ou trouvés dans les différentes parties de l'Egypte.

Thebes paraît avoir joui autrefois de l'étrange privilége d'ensevelir les animaux sacrés ; car on y trouve tous ceux qui étaient l'objet du culte des Egyptiens, l'épervier, l'ibis, différentes sortes de poissons, des chiens, des chacals, des chats et des serpens.

L'emplacement qu'occupent les pyramides de Sakkara, a environ deux lieues et demie de largeur, de l'est à l'ouest, sur sept de longueur, du nord au sud ; on y trouve beaucoup de fragmens de vases de purification en granit, en albâtre et en porphire, matieres précieuses dont le goût s'était introduit au tems où existait Memphis.

Les pyramides les plus septentrionales de Sakkara sont éloignées de celles de Gizé de trois lieues et demie. Il est probable que toute la plaine des momies qui se voit à l'ouest de Memphis, ne servait de sépulture qu'aux rois, aux prêtres et aux grands : il faut chercher les plus intéressantes, celles du peuple, dans les grottes percées dans le Mokattan, à l'est du fleuve. Les Egyptiens, en ensevelissant leurs morts dans le désert, se conformaient à une de leurs plus anciennes et de leurs plus sages lois, qui défendait d'enterrer un homme partout où il pouvait croître un arbre.

Pyramides de Gizé.

Les pyramides de Gizé sont au nombre de trois grandes et trois petites, placées au sud-ouest et dans l'alignement des autres : elles ont servi de sépultures à trois rois de Memphis. La plus grande est celle de Chéops ; la seconde a été construite par Chephren, et la troisieme par Mycerinus. La plus orientale est aussi la plus élevée en construction, quoiqu'elle paraisse moins haute que celle qui la suit, ce que la seconde doit à sa position sur un rocher élevé de 40 pieds au-dessus du niveau du sol de l'autre.

La

APPENDIX.

La grande pyramide a 434 pieds de hauteur sur 704 de base. Elle a été ouverte par un calife Arabe. Le roi qui l'avait construite, n'avait rien négligé pour dérober à la postérité la connaissance de sa sépulture. On y trouve son sarcophage placé dans une salle revêtue en granit. On n'a employé cette pierre que dans les endroits où on avait l'intention de rendre l'ouverture plus difficile. Toutes les pyramides sont bâties en pierres *numismales*, extraites des carrieres du Mokattan, dans la partie connue sous le nom de *Monts Troyens*. Ces carrieres sont situées sur la rive Arabique et à 5 lieues de distance.

La troisieme pyramide a été revêtue en granit; il subsiste encore un assez grand nombre de blocs de cette pierre employée dans la construction de la masse de ce bâtiment ou brisées au bas de ses arrêtes; la pyramide orientale est environnée d'un très-grand nombre d'autres qui lui sont fort inférieures en grandeur, et qui paraissent avoir été la sépulture des gens de la cour du roi. Autour de la deuxieme pyramide au nord et à l'ouest, on a coupé le rocher en forme de muraille, et on a creusé dans son épaisseur des grottes sépulchrales : sur le plafond de l'une d'elles on a imité des troncs de palmier. A l'est de la troisieme pyramide, on voit les ruines d'un temple qui pourrait indiquer que l'ouverture de cette pyramide regardait le Nil.

Dans l'alignement et à l'est de la seconde pyramide est le sphinx dont parlent tous les voyageurs. La longueur du rocher auquel on a donné la forme de cet animal chimérique, est d'environ 95 pieds jusques à la croupe; sa hauteur, depuis les genoux jusques au sommet de la tête, est de 38 pieds. Les anciens croyaient assez généralement qu'un conduit ouvert dans le corps du sphinx menait, par des canaux souterrains, à l'intérieur de la pyramide. Il est encore permis à présent de conjecturer que sous ces masses énormes on a creusé des grottes que quelques auteurs croyent avoir servi aux mysteres de l'initiation. Sur la tête du sphinx on voit un trou de 5 pieds de profondeur; on ignore s'il ne se poussait pas plus loin. On trouve encore les traces d'une seconde ouverture de ce genre sur le dos de cette figure. La tête du sphinx porte les caractéristiques de negres, chose qui lui est commune avec toutes les figures de divers monuments de l'Egypte, lorsque le nez en a été enlevé. Aucun voyageur ne parle des grottes sépulchrales qui se trouvent en assez grand nombre dans le voisinage des deux principales pyramides; elles renferment à-peu-près les mêmes sujets que ceux qu'on voit dans la Haute-Egypte, avec cette différence que l'exécution de quelques-unes d'elles est plus parfaite. Les pyramides tenaient un vaste plan; quoiqu'imparfait dans les détails, il ne devait pas manquer de grandeur dans l'ensemble : il renfermait plusieurs temples; et une superbe chaussée dont on apperçoit quelques restes, servait à la communication de Memphis avec les pyramides.

FIN DU RAPPORT.

APPENDIX

APPENDIX, &c.

DESCRIPTION DES PYRAMIDES DE GHIZÉ, DE LA VILLE DU KAIRE ET DE SES ENVIRONS.

Par J. GROBERT, *Chef de Brigade d'Artillerie, Membre de l'Institut de Bologne.*

AVIS.

J'AI long-tems retardé la publication de cet ouvrage. Les matériaux que j'avais assemblés dans le tems où je commandais à *Ghizé*, étaient destinés à aider le travail des personnes qui n'eussent pas obtenu des facilités pareilles à celles que j'ai pu acquérir. Un espace de tems trop petit s'est écoulé depuis l'instant où, cédant au désir de plusieurs artistes ou lettrés, je me suis décidé à rédiger ce mémoire. Mon style se ressent peut-être de cette rapidité. Je puis garantir en revanche au lecteur le désir sincere de lui peindre avec vérité ce que j'ai vu dans cette région. *

---

* Le modele représentant le rocher Lybique sur lequel sont élevées les pyramides de *Ghizé*, a été déposé au muséum du jardin des plantes. La savante administration de cet établissement a décidé la construction d'une *salle Egyptiènne* au milieu de laquelle ce modele serait placé; elle serait ornée de tous les objets qu'elle possède relatifs à l'Egypte, et de ceux qu'elle attend des savans et artistes qui sont encore dans cette région.

DESCRIPTION

APPENDIX.

DESCRIPTION DES PYRAMIDES, &c.

Depuis le vingt-troisieme jusqu'au trente-unieme degré de latitude septentrionale*, entre le cap *Bourlos*, et la ville d'*Assouan*, est une région étroite dans la plus grande portion de son étendue, et jadis habitée par la mer †.

Un des plus grands fleuves de notre globe, *le Nil*, charrie, des contrées plus éloignées que l'Ethiopie, un sable rougeâtre qu'il dépose sur les surfaces couvertes par ses eaux. Tout est *désert* dans l'assiette primitive. L'apport du limon qui noircit après la retraite du fleuve, couvre ce sol stérile d'une croûte, plus ou moins épaisse, selon la durée de l'inondation. Car la hauteur des eaux contribue autant que leur durée à fixer le degré de l'abondance annuelle. Ce limon contient le germe d'une fécondité étonnante.

Au-dessus du 30e. degré L. N., le fleuve se divise en deux branches, dont l'une se jette dans la mer près de *Damiat* (Damiette) (‡), l'autre près de *Raschid* (ou Rosette). L'île triangulaire dont les deux grands côtés sont baignés par le Nil, a été appellée *Delta* par les Grecs. Chacun sait que la lettre **D**, dans l'alphabet de cette nation, est représentée par un triangle.

---

* Plus exactement : Assouan est situé à 23 degrés 50 minutes de lat., et le cap *Bourlos*, ou l'extrémité septentrionale du *Delta*, à 31 degrés 21 m. Voilà ce que les cartes moins fautives nous apprennent. L'élévation au pôle du rivage de l'Egypte près de la Méditerranée sera déterminée par les travaux d'un astronome qui est en Egypte. Il a fixé avec précision l'emplacement du lac *Menzalé* ; la publication de la carte de la *Chaourkié*, levée par le général Reynier qui commande dans cette province, donnera une continuation de la région qui est à l'est du Nil jusqu'à la proximité du Kaire. Nous aurons lieu de parler souvent de la difficulté de lever aucun plan dans cette contrée.—On a tracé plusieurs itinéraires, et il existe assez de matériaux pour avoir la carte la plus vraie de la Basse-Egypte qui ait été connue en Europe jusqu'à ce jour. J'ai indiqué les travaux les plus remarquables par la précision sévère des opérations faites sur le sol.

† Ceux qui douteraient de cette vérité auraient aperçu légerement l'Egypte. Le soupçon d'Hérodote a été confirmé par l'avis de plusieurs écrivains. Des indices encore plus authentiques sont la quantité et la qualité des coquillages que l'on trouve auprès des pyramides. J'y ai recueilli des *clovisses* de Provence bien conservées, et une grande quantité de coquilles usées par le sable. Peut-être une grande portion de l'Afrique a-t-elle été couverte par les eaux qui comblent en ce moment le bassin de la Méditerranée ; les Arabes de la *Bahiré* attestent que l'on trouve des coquilles dans leurs déserts.

‡ Guillaume, archevêque de Tyr, écrit que de son tems Damiette n'était éloignée de la mer que d'un mille. Les apports du Nil ou la retraite de la mer l'ont éloignée beaucoup plus en ce moment ; Guillaume, de Tyr, mourut en 1184.

C'est ainsi qu'il parle de la ville de Damiette (liv. 20, chap. 16) : *Est autem Damieta inter Ægypti metropoles antiqua et nobilis plurimum, secus ripam Nili sita, ubi secundo ostio prædictus fluvius mare ingreditur, intrà fluminis alveum et mare, situ valdè commodo posita, a mari tamen quasi milliario distans.* Le mille Romain était de 756 toises. Voyez les Mémoires de l'Académie des Inscript. et Belles-Lettres, vol. xxviii. page 346.

APPENDIX.

Le mont *Mokattan*, à l'Est, et la montagne qu'HÉRODOTE appele de la Lybie, à l'Ouest, bordent le vallon de l'Egypte jusqu'à la hauteur du Kaire. La montagne Lybique se prolonge au-delà vers le N., et s'affaisse, enfin au N. O. du lac *Natron*. Mais la région située à l'est reçoit le Nil dans une vaste plaine dont la culture se termine, en ce moment, sur les directions de *Bilbéïs* et *Salahié*. L'entretien des canaux, un meilleur emploi des eaux, et sur toutes choses, la sûreté du pays, pourraient augmenter cette surface cultivable, et la prolonger vers l'isthme.

Vous qui étudiez l'ordre des tems, dites-nous l'effrayante chronologie des événemens aussi grands et aussi reculés. Si vous doutez de l'immense antiquité du globe, visitez les déserts de l'Egypte. Expliquez-nous comment ces prêtres dont la mémoire et les traditions ne pouvaient pas indiquer les premiers rois ou pontifes fondateurs de leur culte, comment ils ne conserverent pas quelques notions sur l'époque où la mer se dégorgea de cet immense pays, vers l'un des deux hémispheres. Tout porte l'empreinte de ses traces ; toute atteste irrévocablement la pression de ses eaux. Lisez la durée de notre planete dans les bermes rocailleuses des cataractes, dans le granite d'Eléphantine, et les marbres de l'Ethiopie. Comptez le travail de la nature pour coaguler ces masses, prolongées dans des régions dont l'étendue effraie l'œil et l'imagination ; essayez l'effort de l'acier pour les séparer, en calculant sur leur invincible dureté l'antiquité d'une formation lente et successive.

C'est donc au-dessus du 30e. degré L. N. que le sommet du *Delta* est situé, et quelques lieues au-dessous est le *Babylon* de l'Egypte ou le Vieux-Kaire, au S. O. du Kaire moderne, et sur la rive occidentale du fleuve. En face de ce faubourg, mais tant soit peu au Sud, sont les *Pyramides de Ghizé* ; monumens bizarres de l'ignorance et de l'orgueil !

La doctrine de la restitution de l'âme à sa premiere enveloppe est de la plus haute antiquité*. Tous les soins des vivans étaient alors portés à préparer l'habitation de la mort. Des matieres résineuses garantissaient le corps, purgé de ses intestins, de l'atteinte de l'air extérieur, ou de tout contact avec un principe dissolvant ; ensuite ces cadavres farcis et emmaillotés étaient déposés dans des souterreins. Les anciens Chrétiens y ont trouvé un asyle dans la Thébaïde ‡ ; les grottes qu'ils ont habitées n'étaient

---

* Je n'entreprendrai pas de rien ajouter à la riche érudition sur le culte et les opinions religieuses des Egyptiens que le véridique VOLNEY nous a transmise. (Voy. les notes à son ouvrage *des Ruines*.)

† Au commencement de la Basse-Thébaïde dont jadis Antinoë, actuellement *Scheckabade*, était la capitale. Celles qui parmi ces grottes sont plus rapprochées de la rive occidentale, et plus souvent remarquées, sont situées en face de la ville de *Bénéhassén* entre celle de *Miniet* actuellement existante, et le village de *Matura* placé sur la rive droite à 28 degrés 15 min. L. N. *Matura* est aussi appelé *Motæghera*. Le voyageur célebre que nous avons cité dans la note précédente, prévient avec raison ses lecteurs sur la difficulté de reconnaître certains noms occasionnée par la prononciation variée des voyageurs de différentes nations.

que des vastes sépulchres. Les Egyptiens modernes ont construit, dans quelques-unes, des villages ; elles offrent des abris contre la chaleur, et un asyle assuré contre les Arabes de la montagne.

Cette élévation de roc et de sable qui sépare la Lybie de l'Egypte, recele des vastes cavités. Les rois de Thebes n'eurent pas besoin d'élever des pyramides pour construire leurs tombeaux. Tous les habitans de ces contrées trouverent, dans les flancs de ces montagnes arides, le refuge que leur croyance et leur faste même pouvaient désirer.

Les savans et les artistes, envoyés vers la fin de l'an 6 dans la Haute-Egypte, porteront à la patrie les résultats d'un beau travail exécuté, sous un ciel brûlant, avec le courage et l'attention qui ont d'avance obtenu notre admiration et notre reconnaissance.

La montagne Lybique s'abaisse en s'approchant du *Delta*. Les rois de cette ancienne contrée ne crurent pas devoir s'obstiner à habiter la région de *Thebes*, et la Basse-Egypte sembla leur offrir un climat moins ardent, une plus grande proximité avec la mer et les régions qui leur étaient plus connues ou plus utiles. Ils bâtirent *Memphis*, le vaste réservoir qui conservait les eaux du Nil, les labyrinthes et les palais dont l'histoire fait mention et dont il ne reste presqu'aucun vestige dans le *Faïoum*. Mais l'objet principal de leur luxe et de leur culte, le goût passionné des tombeaux immenses et d'un accès difficile, ne trouvait pas ici des montagnes élevées dans le sein desquelles leurs cadavres embaumés eussent attendu les périodes de la métempsycose.

Il fallut donc, obéissant à la nature du sol, construire, en relief et hors de la surface de la terre, ces tombeaux qui pouvaient être cachés dans son sein à la hauteur de *Dindera* et de *Luxor*. Il fallut proportionner les dimensions des masses à l'importance de la conservation des individus. Le vaste cimetiere de *Sakhara** fut couvert de pyramides. Le canal que l'on traversait pour apporter les morts à l'inhumation fut appellé fleuve de l'oubli ; *Caron* était le batelier permanent ; les Arabes modernes ont conservé la dénomination de *Birket Caroun*, et les Grecs ont puisé dans cet endroit la fable du *Stix*, du *Léthé* et de *l'Elysée*.

Les pyramides de *Sakhara*, plus anciennes que celles de *Ghizé*, n'ont pas souvent arrêté les regards des curieux. Elles sont difformes ; quelques-unes sont bâties en briques ; leur distance du Kaire a rebuté les voyageurs.

Celui qui publie des recherches dont le résultat serait même incertain ou erroné, prépare des matériaux à la perfection que la postérité peut atteindre. Si je puis, dans ce petit ouvrage, relever les erreurs de quelques voyageurs, d'ailleurs recommandables

par

---

* Nous avons adopté, en écrivant l'Arabe en Français, l'ortographe du cit. LANGLES, l'un des plus modestes et des plus savans professeurs des langues orientales qui soient connus dans la littérature moderne.—Il dispose nos lettres comme il convient qu'elles soient prononcées, *par un Français*, pour imiter la bonne prononciation Arabe.

APPENDIX.

par leur zele et leur instruction, je me prévaudrai, par le même principe, des vérités que j'ai recueillies dans leurs écrits. Celui de M. NORDEN est de ce nombre.

Cet illustre voyageur est le seul qui ait tant soit peu décrit les pyramides de *Sakhara* que les anciens historiens n'ont pas eu soin de distinguer de celles de *Ghizé*.

Si l'on sort du Vieux-Kaire en marchant le long du Nil vers le Sud, on trouve, après trois quarts d'heure de marche, une mosquée à laquelle est adossée, sur le bord du fleuve, une cazerne de Mamelouks et le logement d'un *Kachef*.*. Cette mosquée est nommée *Atter-El Nébi*. On peut distinguer de cet endroit les pyramides les plus apparentes de *Sakhara*, situées au S. O. du rivage opposé. On en compte *neuf*. Il en existe en outre huit petites que l'on n'aperçoit gueres que sur les lieux.

Les voyageurs n'ont pas entretenu leurs lecteurs de ces pyramides. Les difficultés pour y arriver sont plus grandes, et leur construction est brute et peu remarquable. Elles sont aussi placées sur un plateau que j'ai jugé élevé de 50 pieds sur la plaine; la montagne de Lybie les tourne à l'Ouest. La plus considérable a 800 pieds environ mesurés sur la base apparente. Sa forme est celle d'une console quarrée renversée. Ses arrêtes sont figurées par des courbes mixtes; leur profil est tel que la moitié inférieure présente la partie convexe, et la moitié supérieure la partie concave de la courbe. Elle est construite en grandes briques; on aperçoit une légere section sur le sommet; elle est d'ailleurs très-dégradée.

Si l'on mesure la base apparente de la seconde, on la trouve tant soit peu moindre que celle de la deuxieme pyramide de *Ghizé* appellée le *Chéphren*. Sa forme est quarrée, et sa hauteur semble approcher de celle de la grande pyramide de *Ghizé*. Cette pyramide a été ouverte à-peu-près à la même hauteur que celle dont nous venons de parler. La branche descendante de cette ouverture n'est pas très-rapide; elle est encombrée de sable et de pierres attendu qu'elle est rarement visitée. Il serait impossible d'y descendre en ce moment sans un travail long et pénible.

PIETRO

---

† C'était l'avant-poste du Kaire. *Mohammed-Bey*, le prédécesseur d'*Ibrahim* et *Mourat-Bey*, après avoir fait autour de Ghizé une faible enceinte, avait formé le projet de construire un mur depuis *Atter-El-Nebi* jusqu'au sommet des montagnes sur lesquelles le *Mokattan* se prolonge; par ce moyen, il se mettait à l'abri au moins des incursions des Arabes qui venaient de la Haute-Egypte par un chemin trop facile; il eût fallu tourner le sommet de ce mur flanqué par un fort, et passer dans la vallée de l'*Egarement* ou de *Tineh* Ce projet était assez vaste.—Lorsque les Beys partaient pour une expédition, ils se retiraient un mois auparavant dans cette cazerne; de-là, ils donnaient des ordres pour acheter à crédit dans le Kaire tout ce qui leur était nécessaire.—On fait voir dans cette mosquée la *pierre* sur laquelle est l'empreinte du pied du *prophéte*. J'ai vu la pierre, mais aucunement l'empreinte. Il y a grand nombre de ces pierres dans l'empire Turc.

PIETRO DELLA VALLE y pénétra vers la fin de 1615 ; depuis cette époque, les dégradations sont augmentées. Ce voyageur passionné visita quelques chambres ; voici la description qu'il nous a laissée*.

" Au pied de la descente nous ne trouvâmes pas une montée ainsi que dans l'autre
" pyramide ; mais immédiatement la chambre sépulcrale très-grande et très-élevée.
" Le plancher n'est pas horizontal ainsi que dans l'autre ; mais angulaire vers le sommet,
" en se rétrécissant graduellement. De cette chambre, par une petite porte assez basse,
" l'on entre dans une chambre semblable qui a les mêmes dimensions et la même struc-
" ture ; car la pyramide était peut-être construite pour plusieurs personnes : mais je n'ai
" trouvé aucune cuve ou tombeau dans l'une ni dans l'autre. Il faut qu'il n'y en eût point
" ou qu'ils eussent été mis en pieces depuis. Il est bien vrai que l'on voit dans la
" seconde chambre une porte très-élevée qui a été pratiquée au milieu des marbres, dans
" laquelle je jettai une pierre en observant qu'elle allait fort loin ; mais la hauteur est
" telle qu'il faudrait une grande échelle pour l'atteindre. Quelques personnes du pays
" attestent que la cuve sépulcrale est dans cette troisieme chambre ; je l'ignore, attendu
" que je n'ai pu la voir ; mais cela pourrait être. On y aurait peut-être mis le cadavre
" afin qu'il fût plus à l'abri des atteintes, par les difficultés que l'on éprouverait pour y
" parvenir."

Les pyramides de *Sakhara* s'étendent jusqu'à *Méheddoun*. Celle qui est appellée de ce nom est la plus méridionale ; elle est composée de quatre assises dont chacune a vingt-deux pieds de hauteur verticale. Elle est située sur une colline coupée en pyramide tronquée. Sur la section est placée cette masse étagée que la colline en question égale en hauteur. Quelques habitans l'appellent, pour ce motif, *la fausse pyramide*.

Les autres pyramides intermédiaires qui sont répandues dans la plaine de *Sakhara* attirent, moins que les précédentes, les regards des voyageurs. Quelques-unes sont

cons-

---

* Viaggi di PIETRO DELLA VALLE, il Pellegrino ; stampati in Roma presso Vitale Mascardi MDCL.—Lettera II. Del Cairo del 25 di Gennaio 1616.

" A pie' della scesa non trovammo a salire come nell' altra piramide. Ma subito la camera della
" sepoltura grande assai ed altissima : e la volta non è piana come in quell' altra ; ma fatta ad angolo in
" cima andandosi sempre stringendo. Da questa camera per una porticella assai bassa si entra in un
" altra camera simile dell' istessa grandezza e fattura ; che forse la piramide era fatta per piu' d'una
" persona ; ma nè dentro all' una, nè dentro all' altra camera trovai avello alcuno ; e bisogna che non vi
" fossero, o sono stati rotti e guasti. E'ben vero che nella seconda camera si vede una porta lasciata fra'
" i marmi, nella quale tirando io un sasso sentii che andava dentro assai : ma l'altezza è tale che vi
" vorrebbe una grande scala par salirvi ; alcune persone del paese dicono che là sopra in quella terza
" camera stia il sepolcro ; io nol' sò che non potei vederlo ; ma potrebbe essere ; messovi forse acciocche'
" il corpo, per la difficoltà di entrarvi, stasse più sicuro di non esser toccato, etc."

APPENDIX.

construites par étages et par assises verticales. Leurs noms et celui de leurs fondateurs sont inconnus. La seule qui soit ouverte est celle dont nous venons de parler.

Une méthode vicieuse, autant pour la forme que par le choix des matériaux, avait été remarquée par un roi orgueilleux qui voulait effacer ses prédécesseurs par un monument étonnant.—Sésostris apporta des richesses immenses de ses longues et vastes conquêtes*. Phéron, Protée† et Rhampsinite qui lui succéderent, augmenterent ces trésors. Chéops, successeur de ce dernier, avait devant ses yeux le travail immense de ce lac *Mœris*‡, qui assurait aux habitans de Memphis la provision des eaux que le Nil y versait ; ce bassin, creusé à bras d'hommes, donnant aux palais, dont ses bords et sa surface étaient parsemés, la fraîcheur si rare et si restaurante en ce climat. Il voyait le temple majestueux de Vulcain, son riche portique récemment élevé, une foule de monumens propres à enflammer l'imagination d'un roi opulent, qui cherchait le genre de renommée le plus facile et le plus pompeux§.

Il projetta donc alors ce tombeau gigantesque dans lequel il n'osa pas se faire transporter après sa mort ; tant les vexations qu'il exerça pour le parfaire l'avaient rendu odieux

---

* Hérodote (Euterpe, liv. II.) dit que Sésostris passa d'Asie en Europe ; mais il ne croyait pas, qu'après avoir soumis les Scythes et les Thraces, il eût été plus loin. Cela est possible du côté du continent ; mais la proximité de l'Italie, la fertilité de cette contrée, et les facilités qu'il avait acquises dans la navigation sur l'*Erithrée*, par la construction des vaisseaux longs qu'il avait inventés, n'ont-elles pas pu lui inspirer le goût de cette conquête ? On le croirait, si l'on examinait le rapprochement étonnant des mœurs, des passions, de l'accent, de la physionomie et des gestes des habitans de la partie méridionale de l'Italie. Il n'est personne qui ait voyagé en Egypte et en Calabre, qui méconnaisse ces indices. Si ce n'est par une incursion de Sésostris, il serait curieux de savoir comment ce rapprochement existe entre les deux nations.

† C'est auprès de ce roi que Pâris amena Hélene qu'il avait enlevée. On lui érigea, à Memphis, un temple qui portait le nom de *Vénus l'étrangere*.

‡ Le lac *Mœris* avait 3600 *stades* de pourtour, et 50 *orgyes* de profondeur. Le stade olympique était la huitieme partie du mille Romain ; 3600 stades font 141¼ de lieues de 2400 toises. Cinquante orgyes forment 50 fois la hauteur d'un homme, si l'on suit la premiere idée attachée à ce mot ; en évaluant ensuite l'orgye pour 6 pieds Grecs, le rapport du pied Grec au pied Romain comme 24 est à 25, et en supposant, avec Edouard Bernard, le pied Romain de 116 lignes, l'orgye serait de 58 pouces 7 lignes, et le lac aurait eu, dans sa plus grande profondeur, 210 pieds 9 pouces.

§ Voici une réflexion de Diodore de Sicile dont le ministre *Louvois* eût dû se pénétrer. (Diod. liv. II, sect. 1) ; " On convient que ces ouvrages sont au-dessus de tout ce qu'on voit en Egypte, non-
" seulement par la grandeur de la masse et par les sommes prodigieuses qu'ils ont coûté, mais aussi par la
" beauté de l'exécution ; et les ouvriers qui les ont rendus si parfaits, sont bien plus estimables que les
" rois qui en ont fait les dépenses : car les premiers ont donné une preuve mémorable de leur génie et de
" leur adresse ; au lieu que les rois n'y ont contribué que par les richesses qu'ils avaient reçues de leurs
" ancêtres, ou qu'ils extorquaient de leurs sujets."

odieux à ses sujets! Il voulut s'éloigner du cimetiere de Memphis afin que son monument ne fût pas confondu avec les autres. Il choisit, au S. O. de *Ghizé*, le plateau d'un rocher éloigné de cette ville de 5000 toises environ, et élevé, dans l'état actuel du sol, de 102 pieds au-dessus du canal de la *Bahiré*. Ce canal coule presque parallèlement au rocher, du Sud au Nord, à la distance de 118 toises environ de sa saillie moins éloignée.

Tous les auteurs modernes sont, à quelque chose près, d'accord sur la distance des pyramides au Nil, à laquelle ils ajoutent seulement celle du Kaire au Vieux-Kaire, et la traversée du fleuve pour se rendre à *Ghizé*. Des officiers d'infanterie qui nous ont accompagné, avant la crue du Nil, ont bien voulu me seconder en comptant les pas, évalués à deux pieds, depuis la porte méridionale de *Ghizé* jusqu'au bas du rocher. Ils ont presque tous trouvé au-delà de seize mille pas, dont il faut soustraire quelques sinuosités dans la marche. Elles ne sont pas bien remarquables lorsqu'il n'existe pas des maîtres d'eau immédiatement après l'inondation.

HÉRODOTE accuse 100 pieds *environ* pour l'élévation du rocher; M. NORDEN 63, etc. Mais aucun de ces auteurs n'indique le point duquel il est parti pour apprécier cette hauteur. Le défaut d'évaluer à l'œil des dimensions dont la vérification était difficile, paraît avoir été de tous les tems; c'est, à mon avis, un des motifs des contradictions que l'on rencontre dans différens ouvrages. J'ai cru que le niveau des eaux indiquant le point le plus bas, il fallait niveler depuis le canal jusqu'au bas de l'arrête N. E. du *Chéops*.

On ne saurait choisir un emplacement plus avantageux pour un monument de cette nature. La montagne Lybique, plus élevée au Nord à une lieue de distance, s'abaisse ici tout-à-coup. Le plateau du rocher s'avance comme un isthme du désert vers les terres labourées. Les deux plus grandes pyramides qu'il présente sont vues quelques heures après la sortie d'*Ouardâne*, c'est-à-dire, à plusieurs lieues de distance au Nord de la rive gauche du Nil. Elles sont aperçues du désert de l'Ouest vers lequel le plateau s'incline sur son revers. Le rocher domine tous les mouvemens du sol jusqu'à Memphis et au-delà; et dans la belle plaine qui les sépare de *Ghizé*, elles sont exhaussées par l'élévation du rocher même, qui ajoute beaucoup à l'idée que l'on se forme de loin de leur hauteur au-dessus de l'horizon. Enfin, ce rocher, taillé en pente de l'Est au Sud-Ouest, fait valoir au spectateur arrivant de la Haute-Égypte chacune des pyramides assez artistement distribuées pour produire cet effet. Elles se dessinent dans l'horison, à une petite distance du lac *Birket-Et-Hadji*, à quelques lieues N. E. du Kaire. On les aperçoit dans toutes les plaines qui bordent les deux rives, sous différens aspects, et dans des positions qui semblent créer par-fois des illusions sur leur situation réciproque.

La premiere et la plus grande des pyramides que l'on rencontre au N. E. du rocher, est celle du *Chéops**.

En montant le rocher par la pente la plus douce et la plus alongée, on se trouve vis-à-vis de la face septentrionale, mais plus près de l'arrête N. O. Il n'est pas très-rare de rencontrer sur ce talus, couvert d'un sable très-fin et très-profond, quelques nacres de perles et autres débris de coquillages. La disposition générale du sol, si on le considere du Sud au N. O., annonce une route ou terrasse artificielle qui du rocher s'alonge vers la partie la plus élevée de la montagne Lybique qui est au Nord. On aperçoit, à l'endroit où les saillies de cette montagne sont plus prononcées, de grandes carrières taillées verticalement et dont on a évidemment extrait la pierre qui a servi à la construction de toutes les pyramides de *Ghizé*. Des *Fellah* ou paysans du village de *Gherdasse* situé à proximité m'ont apporté des morceaux de cette pierre dont la qualité blanche et friable est exactement semblable à celle du *Chéops*. La couleur qu'elle offre et l'identité de cette masse, liée sans solution de continuité avec celle du rocher, ne laisse aucun doute sur cette vérité. Lorsque, dans un voyage ultérieur, je suis arrivé au rocher par les villages situés au Nord de la pyramide, j'ai reconnu, dans les parties inférieures de ces carrieres très-prolongées, que notre premier aperçu était exact.

Les faces de toutes les pyramides de *Ghizé* sont disposées vers les quatre points cardinaux. A l'Est de la grande, est une grande cavité creusée dans le roc et faite en talus; sa longueur est de 25 toises, sa plus grande profondeur est de 30 pieds environ, et sa largeur de 28. Les côtés latéraux sont presque verticaux, ce qui ne pourrait pas exister si elle était creusée dans le sable. En longeant cette même face, on trouve presque vis-à-vis l'arrête S. E. trois petites pyramides; celle du milieu est alignée avec la face Sud; la plus méridionale et qui est hors de cette direction est moins dégradée. Il existe à-peu-près moitié de l'intermédiaire, et la plus septentrionale est entierement ruinée. Ces pyramides sont construites en assises verticales assez élevées, dans le genre de celles de *Sakhara*; mais, ayant moins de hauteur, elles sont en plus grand nombre.

---

* DIODORE de Sicile, liv. i. sect. ij. prétend que CHEMMIS était le constructeur de cette pyramide. Tous les commentateurs, notamment LARCHER, conviennent que CHÉOPS et CHEMMIS ne sont que le même individu. Malgré quelques erreurs dont l'histoire d'HÉRODOTE est parsemée, et qui ne lui sont pas propres, vu qu'il écrit ce que les prêtres ont dit, on démêle dans cet auteur une bonne foi et une judiciaire qui doivent inspirer de la confiance aux lecteurs; sur-tout à ceux qui comparent avec l'ancien, l'état actuel des choses; car il est indubitable qu'HÉRODOTE a séjourné en Egypte. Il est une ville appellée anciennement *Chemmis* ou *Chemme*, et, par les Egyptiens modernes, *Ichmin* ou *Ahkmin*. Ce n'est pas la seule fois où l'on aurait confondu le nom d'une ville avec celui d'un homme; ce CHÉOPS aurait peut-être pris le surnom de cette ville par quelque bienfait, ou par tout autre motif. Des dénominations de cette nature ne sont pas sans exemple dans l'histoire.

APPENDIX.

On monte avec difficulté sur ces masses informes, et l'on n'aperçoit aucune cavité sur leur section supérieure.

En parcourant ensuite de l'Est à l'Ouest la face méridionale du *Chéops*, on rencontre encore deux petites pyramides dont une est placée vis-à-vis le milieu de cette face, et l'autre à côté, mais plus à l'Est. Leur grandeur approche de celle des trois dont nous venons de parler *; mais elles sont plus couvertes par les sables. Les historiens ne nomment pas les constructeurs des trois petites pyramides orientales H G F; ils attestent seulement que ce roi les fit bâtir pour des femmes de sa famille, ou pour ses concubines. Mais celle qui est placée au milieu de la face méridionale, au point I, mérite une attention particuliere que tous les voyageurs lui ont refusée, vu son état de vétusté et la petitesse de son volume. Il est évident que cette pyramide est celle que la fille de Chéops fit construire en se prostituant pour satisfaire à cette dépense, ainsi qu'Hérodote l'atteste. Euterpe, Liv. II, § CXXVI. " Elle pria tous ceux qui la venaient voir, de
" lui donner chacun une pierre pour des ouvrages qu'elle méditait. Ce fut de ces
" pierres, me dirent les prêtres, qu'on bâtit la pyramide qui est au milieu des trois, en
" face de la grande pyramide, et qui a un *plethre* et demi de chaque côté."

M. Shaw (Voyages, tom. II. pag. 149) est excusable d'avoir indiqué la seconde des grandes pyramides pour celle dont il est question ici, s'il n'a pas étudié soigneusement, comme il paraît que la presque totalité des voyageurs a négligé de le faire, tous les détails du rocher Lybique. Effectivement Hérodote s'exprime mal en affirmant que cette pyramide était *au milieu des trois*. Elle se trouve confondue dans les trois, et peut être envisagée comme, en quelque sorte, étant *au milieu* du sol occupé par les trois. On a remarqué plusieurs fois que cet auteur faisait usage, en écrivant sa langue, de phrases qui lui étaient exclusivement propres. Les dissertations et les commentaires nombreux faits sur son ouvrage, parlent presque toujours de cette différence que les traducteurs ne peuvent saisir avec précision. Mais cette expression, *qui est en face de la grande*, eût dû faire raviser M. Shaw; car, la pyramide D E n'est pas en face de la grande, mais bien au S. O.

Cette pyramide, la deuxieme parmi les grandes, fut construite par Chéphren frere de Chéops †. Les trésors étaient épuisés; on avait achevé avec peine la premiere. Il fallut renoncer, dans la construction de celle-ci, au revêtement en marbre d'Ethiopie, dont la dureté et le transport augmentaient prodigieusement le coût; et quoique, par son

---

* C'est afin d'introduire plus de clarté et de facilité dans ce mémoire, que nous nous sommes proposé d'indiquer à part et dans un seul paragraphe ci-après consacré aux dimensions, celles de chaque pyramide.

† Ci-après est le canon chronologique des rois d'Egypte extrait d'Hérodote par Larcher; j'y ai ajouté un petit nombre de dates relatives à des époques à-peu-près contemporaines de la construction des pyramides, ou qui concernent Hérodote lui-même.

élévation,

APPENDIX.

élévation, elle rivalisât à peu de chose près la grande pyramide, on en diminua considérablement le cube, par la diminution de la base.

Mais, en servant toujours la passion qui avait dicté ces extravagans édifices, on disposa les choses en sorte que, dans l'éloignement, et par rapport à l'horison, cette pyramide égalât le *Chéops*. On profita, à cet effet, de la disposition du sol, qui, en s'élevant progressivement de A en M, offrait entre les points D E la compensation de la différence qui existe entre les verticales des deux pyramides. Mais il fallait ici se niveler sur le point le plus sûr de l'emplacement choisi. Ce point est dans la direction E e; l'on tailla, à cet effet, le rocher, et l'on forma un plateau D K D E e, sur lequel le *Chéphren* fut construit. Il résulta alors une espece de fossé K D dont les paremens paralleles aux deux côtés Nord et Ouest de la pyramide sont taillés d'apic. On creusa derriere ces paremens des galeries, dans lesquelles on pénetre par de petites portes également taillées dans le roc; elles suivent la direction du fossé. Le parois qui est du côté Nord est parsemé d'hiéroglyphes, dont j'ai inutilement essayé d'arracher une portion, car ils sont sculptés dans la masse. La pierre de cette masse est la même que celle des carrieres dont nous avons parlé, car elle tient à la même formation et au sistême de cette montagne.

Si, en quittant le *Chéphren*, on remonte parallélement au côté B C du *Chéops*, on trouve des débris assez considérables d'un mur, dont les pierres bien taillées et *parementées* ont de très-grandes dimensions. Ce mur est à angle droit du fossé K; la surface qui rejoint son sommet est couvert de sable. Je n'y ai trouvé aucun indice, ni ruine, qui annonçât que le mur en question était le côté d'un quarré ou d'un édifice quelconque. J'ai aperçu seulement, en parcourant le plateau qui lui est superposé vers le milieu du côté K, et sur la crête du parement du fossé, une petite quantité d'albâtre blanc brisé par petits morceaux; ces morceaux étaient tous mamelonnés, et leurs parties convexes présentaient des joints qui, dans leur glomération, annonçaient une qualité d'albâtre très-différent de celui de *Volterre* en Toscane; car ce dernier présente une coagulation uniforme et continue. Mais ces morceaux n'étaient pas assez nombreux pour annoncer qu'il eût existé en cet endroit quelque monument, tant soit peu considérable, construit en albâtre. Je n'ai pas pu en apercevoir ailleurs, dans toute l'étendue de la surface occupée par les pyramides. Il existe certainement en Egypte, dans la région déserte, comprise entre le Nil et la mer Rouge, une montagne d'albâtre[*]. Elle a été connue des Grecs, qui ont donné le nom d'*Alabastropolis*, à la ville construite sur son extrémité septentrionale. Cette ville était située vers le 29e. degré L. N., et le 50e. degré de longitude.

Pour assurer toutefois, sans laisser aucun doute, que la masse Y n'a pas été le mur

---

[*] Ce mont est appelé actuellement *Khalil*, ou le Bien-Aimé. Entre ce mont et celui de *Kholzim* qui borde presque la mer Rouge, est la plaine de l'*Araba*, ou des Charriots.

de noyau d'un grand bâtiment, il faudrait fouiller, à une certaine profondeur, tout le plateau Y Z ; et comme ce travail ne conduirait à aucun résultat très-utile, il est à présumer qu'il ne sera pas entrepris de long-tems.

Si l'Egypte échéait en partage à quelque nation policée, le besoin du sol ferait sentir l'importance d'établir une législation telle, que la condamnation de la chaîne utilisât, pour les travaux publics, ceux que le code criminel a frappés. La restauration et l'augmentation des canaux ; la construction des ponts et des forts ; l'aplanissement des surfaces qui environnent le Kaire ; l'exploitation de quelques mines ; enfin, le déblayement des anciens monumens, emploieraient une prodigieuse quantité de bras. De semblables travaux ne sauraient être payés, sans que cette dépense, ajoutée à la solde et à tous les frais administratifs, n'excédât de beaucoup le revenu de cette contrée, même dans le maximum de sa prospérité. Mais, d'un autre côté, la difficulté de garder dans un pays ouvert, et infesté sur tous les points par des hordes vagabondes, un nombre considérable de condamnés, contraindrait le gouvernement à borner le nombre de ces forçats. De telles vérités ne peuvent être appréciées que par ceux qui ont habité cette région.

Les débris des murs *y y*, élevés parallelement à la face *e* D du *Chéphren*, annoncent aussi l'enceinte d'un temple ; elle était encore saillante en 1738, lorsque M. NORDEN visita ces monumens. Actuellement, les débris indiqués sur la planche, sont les seuls qui existent, et l'on voit seulement, par la disposition du sol, qu'ils formaient le côté d'un quarré dont les derniers restes sont peut-être ensevelis sous les sables.—Il est à observer que lorsque les *beys* ou les particuliers bâtissaient un palais ou une mosquée, ils préféraient ces pierres, qui étaient taillées, à celles du *Mokattan*. Ils s'abonnaient avec des Arabes ou avec les habitans des villages d'*Abousiri* et de *Gherdasse*, pour faire apporter les morceaux que l'on pouvait charger à dos de chameau ; on plaçait sur de gros batelets les autres, lorsque le canal de la *Bahiré* était plein. Tous les *cheiks* des villages voisins attestent ces faits.—Il est peu étonnant, d'après cela, que les édifices accessoires ainsi que le revêtement magnifique du *Chéops*, aient disparu, sans que l'on en trouve que très-peu de vestiges dans les environs.—Il est peu de seuils de portes, à *Ghizé*, à *Gygéri* et dans les villages environnans, qui ne soient en granite d'Eléphantine ou en jaspe d'Ethiopie.

HÉRODOTE dit (EUTERPE LIV. II. § CXXIV) : " sans compter le tems que l'on " employa aux ouvrages de la colline sur laquelle sont élevées les pyramides, et aux " édifices souterreins qu'il fit faire pour lui servir de sépulcre, *dans une île formée par les* " *eaux du Nil qu'il y introduisait par un canal*." Et plus bas (§ CXXVII), en parlant de la pyramide le *Chéphren :* " Elle n'a ni édifices souterreins ni canal qui y conduise les " eaux du Nil, au lieu que l'autre (le *Chéops*) se trouve dans une île, et qu'elle est en-" vironnée des eaux du Nil qui s'y rendent par un canal construit à ce dessein."

Aucun voyageur n'a fait mention de ce canal, sans excepter DIODORE de *Sicile*. Il est vrai que cet auteur n'a pas trop décrit les objets qui environnent les pyramides. Il

est

APPENDIX.

est certain aussi que le canal en question ne peut être aperçu de nos jours. La seule trace probable que l'on puisse soupçonner est la cavité située vis-à-vis la face orientale du *Chéops*, et qui est indiquée dans le plan par la lettre *a*. Mais ce canal a dû exister ; car HÉRODOTE, qui a infailliblement vu les pyramides et qui en a mesuré les bâses, en parle d'une maniere bien positive.

Or un canal qui parcourt la bâse de la grande pyramide, offre une surface trop grande, pour qu'il puisse y avoir équivoque sur la maniere dont il a été aperçu par un homme qui a visité ces monumens. Certes, si l'on examine avec soin les mouvemens du sol près de la bâse du *Chéops*, la distance uniforme à laquelle les pyramides F G H J I se trouvent placées, eu égard aux faces de la grande, et si l'on réfléchit qu'il n'existait aucun motif pour déterminer après coup l'excavation de la cavité *a*, on ne doutera pas de la probabilité de l'assertion de l'historien Grec. Il est peu étonnant que ce canal ait été promptement comblé par les sables et par les débris du revêtement du *Chéops* qui s'y précipitaient de toutes parts. Il a dû bientôt disparaître ; il était très-profond *, mais proportionnellement étroit, et l'apport des sables agités par le vent était fréquent et volumineux.

En étudiant la disposition générale du sol, il paraît évident que l'entrée des eaux du Nil dans ce canal était au N. E. Les ponts qui sont établis à quelque distance dans la plaine, et qui ont embarrassé POCOCKE et NORDEN, ne pouvaient être destinés qu'à franchir une dérivation du canal actuel de la *Bahiré* (qui avait peut-être un autre cours) pour amener des eaux dans le canal du *Chéops*. Il est indubitable que le sol est trop élevé du côté Sud et du côté Est du rocher, pour présumer que le canal eût traversé le rocher dans ces directions. Il est au contraire très-applani et d'un talus fort doux en arrivant vers le N. E. Le sable y est beaucoup plus profond.

Chaque arrête du *Chéphren* présente comme celles des autres pyramides un grand arrachement à son extrémité inférieure. A chaque face est adossé un monticule de sables et pierres dégradées dont le point culminant répond au milieu de la face. Cet accident est remarquable parce qu'il est commun à toutes les pyramides.

On ne saurait monter sur le *Chéphren* sans quelque danger, vu la différence de l'appareil de la pierre. Les assises sont irrégulieres, et ne présentent pas les faces d'un prisme rectangulaire, ainsi que celles du *Chéops*. Quelques-uns de nous ont pu monter jusqu'à la portion du revêtement que le tems a respectée, et qui s'étend à 40 pieds environ au-dessous du sommet ; mais il a fallu le secours d'un Arabe pour descendre. On a retiré des fragmens de ce revêtement ; il ne reste plus de doute sur la matiere dont il est formé †.

---

* Nous indiquerons sa profondeur en parlant des dimensions de ces monumens.

† L'éleve studieux du cit. DOLOMIEU a pu monter et descendre sans secours.—Nous parlerons dans la suite de la matiere dont le sommet du *Chéphren* est couvert.

APPENDIX.

Il est certain que l'enveloppe du *Chéphren* était lisse et parallele au talus de la face. La portion qui est restée l'indique autant que l'appareil dont nous venons de parler. La partie inférieure, jusqu'à *la premiere assise*, au dire d'Hérodote, *était en pierres d'Ethiopie de diverses couleurs*. Il paraît effectivement que l'on avait fait quelques assises quarrées vers la base, en guise de socle, pour imiter tant soit peu le *Chéops*, avec lequel on ne pouvait rivaliser ; car les finances étaient épuisées, et le mécontentement du peuple porté à son comble. Voici le dire de Diodore de Sicile (liv. I. sect. II) : " Quoi-
" que ces deux rois les eussent fait faire pour leur servir de sépulture, aucun des deux
" n'y a pourtant été enseveli. Car les peuples irrités des travaux insupportables aux-
" quels ils avaient été condamnés, et des autres violences de ces deux rois, jurerent qu'ils
" tireraient leurs corps de ces monumens, pour les mettre en pieces. Les deux rois, qui
" en furent informés, recommanderent à leurs amis de déposer leurs corps dans des lieux
" sûrs et secrets *."

D'après cette assertion, je présume que l'on ne doit qu'à l'imagination de M. Maillet les longues hypotheses qu'il forme, pour expliquer comment on a enfermé, avec le corps du roi, des hommes vivans, auxquels on aurait donné de la nourriture par des canaux dont il n'existe extérieurement aucune trace imaginable.

Si, en quittant le *Chéphren* par la sortie du fossé d dans la direction dE, on chemine vers le Sud-Est, l'on trouve, à une distance beaucoup plus grande que celle qui éloigne la pyramide intermédiaire de la grande, une enceinte ruinée, indiquée par la lettre R dans le plan †. Cette enceinte était celle d'un temple semblable à celui qui existait à l'Est du *Chéphren*. Les pierres avec lesquelles elle est construite sont énormes ; il en est qui ont 20 pieds de longueur. Devant l'entrée, à l'Est, était jadis une avenue, tracée dans la carte de Norden, mais qui est actuellement détruite.—Le respect religieux que la proximité de ces temples inspirait, ajoutait au faste de ces édifices, et garantissait de plus en plus l'inviolabilité des tombeaux. La croyance s'est dissipée avec les erreurs des siecles éteints, et les masses mêmes ont inutilement opposé leur inertie à la cupidité plutôt qu'à la curiosité des hommes.

Derriere le temple est la troisieme des pyramides les plus remarquables en cet endroit ; Mycérinus, fils de Chéops, la fit construire. Son revêtement récemment enlevé, est au pied de sa base. Il était en granite rouge, de l'espece que l'on trouve à l'île d'Eléphantine, vis-à-vis d'*Assouan*. Le plus grand nombre des obélisques d'Egypte est formé de ce granite. Les *parpains* des assises sont bien conservés, et leurs paremens, coupés à angles droits, apprennent que l'appareil extérieur de cette pyramide

ressèmblait

---

* Hérodote dit également, en parlant du *Chéops*, " que c'est là *où l'on croit* qu'est le tombeau,
" etc."

† Toutes les distances ont été mesurées et exactement rapportées dans le plan.

APPENDIX.

ressemblait exactement à celui du *Chéops*. Ici, le sol formait un cil à l'Ouest, et l'on a été contraint de tailler le roc comme autour des deux côtés du *Chéphren*. Sous la portion entamée, on a également pratiqué des galeries et des chambres.

Au Sud et au S. O. du *Mycérinus*, sont trois petites pyramides que l'on n'aperçoit gueres si l'on ne parcourt pas toute la base de celle-ci. La premiere, terminée en cylindre, est cachée par l'épaisseur du *Mycérinus* même, et par la saillie des deux grandes, lorsque l'on arrive par l'Est ou N. E. On la voit en longeant la rive gauche du Nil, lorsqu'on suit son cours. Les deux autres sont placées sur un sol qui s'abaisse vers l'Ouest, et si le spectateur était placé perpendiculairement à la plus orientale, celle-ci les déroberait entierement à la vue. Il est peu étonnant que des voyageurs qui ne s'avancent pas vers le désert ne les aient pas aperçues. Elles sont d'ailleurs peu remarquables, et NORDEN même ne fait mention que de la premiere, parmi les trois dont nous venons de parler.

Il faut maintenant quitter la place éloignée des pyramides et redescendre vers l'Est. On suit le plateau ; on passe devant la face méridionale du *Chéphren*, et en s'éloignant tant soit peu vers la droite, on descend sur une pente assez douce, pour trouver le *Sphinx*, presqu'entierement couvert par les sables, et dont la tête saillante est dérobée à l'œil par tous les accidens du sol.

VOLNEY, le seul auteur à citer lorsqu'on voudra retracer une idée saine sur cette région, a observé avec raison que le profil entierement Ethiopien du *Sphinx* attestait, d'une maniere authentique, que cette nation a donné aux Egyptiens ses lois, ses mœurs et sa religion. Ces derniers ne sont qu'une colonie descendue du *Sennahar* et des vastes régions qui environnent la *Nubie* ; elle s'est abâtardie en se mêlant avec les Arabes. Les étrangers qui pourront supporter l'aspect dégoûtant de la *Hokéla* où l'on vend les negres*, n'y trouveront gueres de profils qui ne ressemblent au *Sphinx*.

Cette

---

* Le roi d'*Ethiopie* qui est Chrétien, et celui du *Sennahar* qui est Mahométan, possedent des enceintes ou *parcs* peuplés de femmes ; on y *jette* de tems à autre des hommes : ni les uns ni les autres ne connaissent leurs parens. Les enfans qui naissent sont élevés par leur mere jusqu'à l'âge de 4 ou 5 ans. Alors on les envoie avec la caravanne. Si ce sont des filles, elles sont *cousues* au préalable. Cette caravanne est grossie par quelques esclaves appartenans à des particuliers, et par ceux que les Arabes volent et vendent aux marchands dans leur route. On achete ces esclaves avec des chapelets de verroterie. Depuis l'âge de 10 jusqu'à celui de 20 ans, un negre ou négresse coûte par moyenne 15 ou 20 piastres sur les lieux ; il faut y ajouter la douane, leur nourriture et transport jusqu'au Kaire. On les vend dans cette ville, année moyenne, depuis 40 jusqu'à 60 piastres. Les filles de 16 ans et bien faites coûtent jusqu'à 80 piastres. On paie un droit au *divan* qui délivre un titre de possession timbré de son cachet. — Les chameaux qui portent dans des paniers couverts ces esclaves, coûtent une piastre ou deux dans le *Sennahar*. Il en meurt ordinairement le tiers en route ; on les nourrit dans le désert avec la paille de leurs bâts qui doit suffire pendant cinq jours. — Cette caravanne qui paie un droit considérable en entrant dans la Basse-Egypte, apporte aussi des perruches, des singes, des dents d'éléphant, de la poudre d'or et des plumes d'autruches.

Cette statue monstrueuse, et vraiment colossale, a été sculptée dans un morceau saillant du roc sur lequel elle est assise. Elle est d'un seul morceau ; la qualité de la pierre est parfaitement semblable à celle du roc même, sinon qu'elle a été peinte en jaune, et la couleur a été conservée jusqu'à nos jours dans les parties qui ne sont pas ébréchées. Les peintures trouvées dans la Haute-Egypte attestent le talent des Egyptiens pour la composition des couleurs, et l'influence de la sécheresse du climat pour leur conservation.

Le *Sphinx* est actuellement très-dégradé ; beaucoup plus qu'il ne l'était en 1738, lorsque NORDEN l'a dessiné. J'ai fait découvrir son dos assez pour le mesurer. Mais il y aurait une fouille très-considérable à faire pour le découvrir en totalité. Si l'on monte sur la tête, on aperçoit un trou qui a quinze pouces de diametre à l'endroit le plus ébréché, et environ neuf pieds de profondeur. Sa direction est oblique ; on voit que la profondeur a été diminuée par les pierres que l'on y a jetées. Il serait difficile de déterminer l'usage de cette cavité, à moins que l'on ne soupçonnât quelque souterrein auquel ce canal aboutissait, et que les prêtres, cachés dans cet endroit, ne rendissent des oracles. Le *Sphinx* était infailliblement une idole et la divinité tutélaire de ce cimetiere ; la disposition des sables environnans fait soupçonner que la plaine qui est au bas du rocher du Sud, et qui est plus élevée que la crue ordinaire du fleuve, était également parsemée de tombeaux.—Tant soit peu au S. O. est un *santon* ou hermite Turc qui habite une chapelle autour de laquelle on a planté quelques arbres.

En remontant le rocher vers le N. E., si l'on promene sur le talus saillant au Levant, on rencontre plusieurs grottes dans lesquelles sont des hiéroglyphes sculptés dans les parois ; ce sont des tombeaux à l'instar de ceux de la Thébaïde, mais beaucoup moins étendus. Je crois ces grottes plus anciennes que les pyramides mêmes ; leur capacité n'est pas telle qu'elle puisse avoir fourni la quantité de pierres nécessaires pour construire les pyramides de *Ghizé*.

En face du *Chéops*, on peut remarquer dans la plaine quelques restes très-informes des piliers qui supportaient une chaussée inclinée de l'Est à l'Ouest pour traîner les pierres dures dont le revêtement était formé, et que l'on transportait, de la Haute-Egypte ou du désert de l'*Araba*, sur le Nil, jusqu'à *Ghizé* ; et peut-être jusqu'au pied de la chaussée, par des canaux dont quelques-uns existent encore. Il faut presque deviner à présent cette chaussée qui, au dire d'HÉRODOTE, avait *cinq stades de long sur dix orgyes de large ; qui était de pierres polies, ornée de figures d'animaux, et dont la construction avait coûté dix années de travail*. Mais les motifs que j'ai accusé plus haut, ont hâté sa destruction. Elle était plus avancée dans les terres habitées ; les peuples abhorraient la mémoire des tyrans qui avaient élevé les deux grandes pyramides. On a utilisé des matériaux dont on n'entretenait pas l'assiette et l'assemblage ; les habitans les ont successivement enlevés pour leur usage. Cette chaussée n'existait déjà plus du

tems

APPENDIX.

tems de Diodore de Sicile* quoique, encore une fois, je soupçonne cet auteur d'avoir parcouru légerement les monumens en question et les surfaces environnantes.

Nous avons dit, d'après Hérodote, que les rois Chéops, Chéphren et Mycérinus avaient construit les trois pyramides de *Ghizé*.

C'est d'après cet auteur que nous fixerons les époques de leurs regnes. Il n'est gueres d'objections à faire contre la certitude de cette chronologie, qui n'aient été produites. Nous renvoyons les lecteurs qui désireraient approfondir cette aride discussion, à tous les écrivains qui ont infirmé ou défendu Hérodote. Ces derniers sont beaucoup plus nombreux, et si l'autorité de leur renom ou la force de leurs raisonnemens peut laisser des doutes, c'est en méditant le sol même de l'Egypte† que l'on peut connaître jusqu'à quel point l'historien Grec était bien instruit.

Il est certain que l'année chez les Egyptiens, les peuples le plus anciennement exercés dans les observations célestes‡, a été constante et à-peu-près semblable à la nôtre pour sa durée §.—Qui peut fixer l'époque où le gouvernement théocratique fut établi

---

* Diod. de Sic., liv. I, sect. II, § XVI. " Mais ce qu'il y a de plus incompréhensible dans cet " ouvrage, est qu'étant au milieu du sable on n'aperçoit aucune trace ni du transport, ni des pierres, ni " des terrasses dont nous avons parlé ; de telle sorte qu'il semble que, sans emprunter la main des hommes " qui est toujours fort lente, les Dieux ont placé tout-à-coup ce monument au milieu des terres."

† Ce sol a infailliblement changé d'aspect ; et l'espace vuidé par la retraite de la mer annonce une prodigieuse antiquité! Voici une note à la page 105 de la traduction des voyages de Pococke, tome II : " Les Arabes rapportent autrement l'origine de *Memphis*. Si l'on en croit leurs traditions, il y a " plus de cinquante mille ans que l'Egypte était gouvernée par des rois qui avaient le siége de leur do- " mination dans la partie supérieure de ce royaume: Ils firent d'abord leur résidence à *Syene* dont la " mer était alors fort éloignée ; mais, à mesure qu'elle baissa, et qu'elle abandonna certains terreins, ces " princes abandonnerent de même la Haute-Egypte pour se rapprocher de ses bords, et transporterent " près de ses rivages leur cour et leur empire. Au bout de quarante mille ans, la mer ayant enfin laissé " à découvert ce vaste terrein qui est entre l'Egypte supérieure et les pyramides, il se forma sur ses bords " un bourg ou village qu'on appela *Memphis*, c'est-à-dire *la demeure des relégués*, parce qu'on y en- " voyait en exil ceux que l'on voulait bannir de la cour."

‡ Tenir le journal du ciel, ou raisonner sur son mécanisme comme Galilée, Newton et Laplace, sont deux choses différentes. Je ne crois pas que des peuples qui ignoraient les premiers élémens de la perspective, fussent bien savans géometres, et que l'on puisse leur accorder le titre d'*astronomes*, qui, chez les modernes, offre une idée plus relevée. Il est des matelots et des bergers qui connaissent assez bien le lever, le coucher, et la position des astres. Je crois que les Egyptiens étaient un peu au-dessus de ces derniers, il semble qu'ils n'ont pas méconnu la précession des équinoxes ; mais la maniere dont ils avaient mesuré, dans des tems plus récens que ceux dont nous parlons, l'arc du méridien depuis *Syene* jusqu'à *Alexandrie*, sans avoir égard à la longitude de ces villes, offre aussi une preuve de leur médiocrité.

§ Anni certus modus apud solos semper Ægyptios fuit. Macrob., Saturnal., lib. I, cap. XII, pag. 469.

dans cette antique région ? Mais la méthode de compter par génération, adoptée par Hérodote, est raisonnable ; elle donne une évaluation assez exacte, même des lacunes qui se trouvent dans sa chronologie. La premiere de ces lacunes est entre le regne de Ménès, premier roi d'Egypte, et celui de Mœris. Or, cet espace de tems dont la premiere et derniere époque sont accusées, ne peut causer aucune erreur sensible.

L'historien ajoute quelque clarté en indiquant que trois-cent-vingt-neuf rois, dont le dernier fut Mœris, regnerent dans l'espace de 870 ans. Il paraît seulement, ou que leurs regnes furent très-courts par les orages politiques qui agiterent l'Egypte pendant ce tems, ou que plusieurs rois régnerent à-la-fois. La seconde lacune est entre le regne d'Anysis et celui de Séthos ; celle-ci est la plus incertaine ; mais, comme elle est postérieure à la construction des pyramides de *Ghizé*, elle n'influe en rien sur la probabilité de cette époque. Après ces observations, nous insérerons dans son intégrité le canon chronologique dont nous avons parlé.

Canon Chronologique des Rois d'Egypte, selon Hérodote, par Larcher.

	Pér. Jul.	Années av. J.C.
Les grands prêtres des huit plus anciens dieux gouvernent ce pays. On ignore en quel tems commença leur regne		
Les grands prêtres des douze dieux suivans s'emparerent de l'autorité, et commencerent à gouverner, vers l'an		17570
Les grands prêtres des dieux du troisieme ordre leur succéderent. Celui d'Osiris régna vers l'an		15570
Ils furent dépossédés par celui d'Orus. L'on ignore en quel tems		
Ménès, premier roi d'Egypte, régna 62 ans, selon Eratosthenes. Syncelli, chronogr., pag. 91		12356
Trois cent vingt-neuf rois, dont le dernier est Mœris, commencerent à régner vers l'an		12294
Mœris, 68 ans. Vecchietti	3290	1424
* Fondation de la ville de Troyes, Clem. Alex. Strom., lib. I, pag. 401 . .	3291	1423
Sésostris, 44 ans	3358	1356
Phéron, 18 ans	3402	1312
Protée, 50 ans	3420	1294
* Siége de Troyes par les Grecs	3434	1281
Rhampsiminite, 66 ans. Manéthon	3470	1244
Chéops, 50 ans. Hérodote	3536	1178
Chéphren, 56 ans. Hérodote	3586	1128
Mycérinus, 20 ans	3648	1072
Asichis, 40 ans	3662	1052
Anysis, 58 ans	3702	1012
Se réfugie dans l'île d'Elbo . . . . }	3703	1011
Un prince Ethiopien s'empare de l'Egypte et la gouverne 50 ans . . . . }		

APPENDIX.

	Pér. Jul.	Années av. J.C.
Anysis sort de l'île d'Elbo après la retraite du prince Ethiopien. Hérodote	3753	961
Il meurt 7 ans après, vers l'an	3760	954
Intervalle de 241 ans, pendant lequel Sabacos, roi d'Ethiopie, fait la conquête de l'Egypte, et la gouverne 50 ans	3951	763
Séthos	4001	713
Bat les Assyriens	4002	712
Anarchie de deux ans, selon Diod. de Sicile	4041	673
Douze rois, du nombre desquels est Psammitichus, régnent ensemble 15 ans. Diod. de Sicile. Psammitichus régne seul 39 ans†; en tout, 54 ans. Hérod.	4058	656
Nécos, 16 ans. Hérodote	4097	617
Psammis, 6 ans. Hérod.	4113	601
Apriès, 25 ans. Hérod.	4119	595
Amasis, 44 ans. Hérod.	4144	570
Psamminite, 6 mois. Hérod.	4189	525
Conquête de l'Egypte par Cambyse	4189	525
Amyrthée, roi d'Egypte, se réfugie dans l'île d'Elbo	4256	458
* Hérodote lit une partie de son histoire aux Jeux Olympiques	4258	456
* Hérodote lit une partie de son histoire, à Athenes, aux Panathénées, dans le mois de Juin	4270	444
* Fondation de la ville de Thurium en Italie, par les Athéniens. Hérodote, âgé de 40, et l'orateur Lysias étaient du nombre des colons	4270	444

La pyramide que nous avons attribuée à Mycérinus fils de Chéops aurait été construite, selon quelques auteurs, par Rhodope. Une faute de chronologie assez remarquable peut détruire cette opinion. Je transcrirai la citation d'Hérodote (Euterpe, Liv. II, § CXXXIV). " Il y a des Grecs qui prétendent qu'elle est de la courtisane " Rhodopis; ils se trompent, et il me semble qu'ils ne connaissent pas même cette " courtisane.‡ S'ils l'eussent connue, ils ne lui eussent pas attribué la construction d'une

---

† On aperçoit ici une difficulté; car, s'il a existé un intervalle de 54 ans, et que l'époque de l'anarchie fût en 4041 selon le canon de Larcher, la fin du regne de Psammitichus ne peut pas être en 4058. Cette remarque ne saurait atténuer la confiance que l'on doit aux savans travaux de Larcher. La différence naît peut-être de la nécessité d'accorder les dates de Diodore de Sicile avec celles d'Hérodote.

‡ Cette assertion est incontestable. Le code le plus authentique de la chronologie, les marbres de Paros attestent que Sapho, dont il est parlé ci-après comme contemporaine de Rhodope, passa en Sicile en 4118 de la période julienne, ou 596 ans avant J.C. Sapho vécut donc du tems des rois Egyptiens Apriès et Amasis.

APPENDIX.

" d'une pyramide qui, pour le dire en peu de mots, a coûté des sommes immenses;
" d'ailleurs Rhodopis n'a pas vécu sous Mycérinus, mais sous Amasis, c'est-à-dire, un
" grand nombre d'années après la mort des rois qui ont construit les pyramides.

" Rhodopis était originaire de Thrace, esclave d'Iadmon fils d'Hephestopoolis de
" l'île de Samos, compagne d'Esope le fabuliste; car Esope fut aussi esclave d'Iadmon*,
" on en a des preuves, et une des principales est que les Delphiens ayant fait demander
" plusieurs fois par un héraut, suivant les ordres de l'oracle, si quelqu'un voulait venger
" la mort d'Esope, il ne se présenta qu'un petit fils d'Iadmon qui portait le même nom
" que son aïeul.

" Rhodopis fut ensuite menée en Egypte par Xantus de Samos, pour y exercer le
" métier de courtisane. Charaxus de Mytilene, fils de Scamandronyme et frere de
" Sapho dont nous avons les poésies, donna un prix considérable pour sa rançon. Ayant
" ainsi recouvré sa liberté, elle resta en Egypte où sa beauté lui procura de grandes
" richesses pour une femme de son état, mais fort au-dessous de celles qui étaient né-
" cessaires pour la construction d'une telle pyramide. On doit d'autant moins lui attri-
" buer de si grands biens qu'on peut en voir encore aujourd'hui la dixieme partie ; car
" voulant laisser dans la Grece un monument qui transmît son nom à la postérité, elle fit
" faire autant de broches de fer pour rôtir un bœuf, que pût y suffire la dixieme partie de
" son bien; chose que personne n'avait encore imaginée, et dont on n'avait point encore
" fait d'offrande. Elle les envoya au temple de Delphes où on les voit encore aujour-
" d'hui entassées derriere l'autel que les habitans de Chéos ont élevé vis-à-vis du temple
" même.

" Les courtisanes sont ordinairement d'une grande beauté à Naucrasis. Celle dont
" nous parlons devint si célebre qu'il n'y avait personne en Grece qui ne sût son nom.
" Une autre courtisane, nommée Archidice, acquit aussi après elle beaucoup de célé-
" brité en Grece; mais elle fit moins de bruit. Charaxus étant retourné à Mytilène,
" après avoir rendu la liberté à Rhodopis, Sapho le déchira dans ses vers. Mais en
" voilà assez sur ce qui regarde cette courtisane."

J'ai dit plus haut que les faces des pyramides étaient disposées *vers* les quatre points cardinaux. Elles ne sont pas toutefois exactement orientées. Charelles et Picard avaient aperçu quelque dérivation. Mais les savans récemment envoyés en Egypte, en opérant avec plus de loisir et de précision, ont totalement levé le doute. Le citoyen Corabœuf, ingénieur très-instruit, a transmis une notice qui a été communiquée à l'institut national. Il a fait connaitre les travaux du célebre astronome Nouet pour déterminer non seulement la différence dont il est ici question, mais aussi la position géographique

---

* Esope fut précipité des roches Phaedriades en mai ou juin de l'an 4154 de la pér. jul., et 560 ans avant J. C.

phique des principaux points de l'Egypte. Je croirai faire chose agréable aux lecteurs en insérant et l'extrait de la lettre du citoyen Corabœuf, et la table du citoyen Nouet, à la suite de ce mémoire.

Après avoir ainsi parcouru la totalité de la surface du rocher Lybique occupée par ces pyramides ; après que le voyageur aura empreint dans son imagination le morne tableau d'une montagne de roches et de sables, couverte par des tombeaux, brûlée par le soleil, et jamais mouillée, si ce n'est par les larmes d'un peuple tout entier qui construisit pour un seul ces monstrueux asyles de la mort ; que le curieux qui a traversé la mer et les déserts pour se procurer un tel spectacle, prenne au pied du *Chéops* un instant de repos.

Comme l'ami de la vérité est irrité des exclamations de ces voyageurs romanesques qui associent l'idée du beau à celle de l'énormité : qui ont voulu deviner les efforts de l'art là où l'on n'aperçoit que la patience et la fatigue d'une nation asservie ; qui, dépourvus des moindres connaissances de la construction, ont appelé parfaits ces bâtimens qui seraient désavoués de nos jours par l'artiste le plus médiocre ! Ah ! vous qui rapportez, d'un point de la terre à l'autre, les études des sciences et des arts, si l'improbation des siecles à venir vous effraie, dites la vérité. Il n'est pas de lieu inhabité et d'un accès difficile où quelque motif n'amene un jour vos descendans. Et si vos écrits sont alors sous leurs yeux, redoutez leur blâme, et peut-être leur malédiction.

Il faut l'avouer ; l'idée de l'immensité, la seule qui puisse commander l'étonnement, est prodigieusement affaiblie au pied de la grande pyramide. La hauteur que l'œil aperçoit à une grande distance était composée de celle de la pyramide même et de l'élévation du rocher au-dessus du niveau de la plaine. Le profil de la montagne du Nord au Sud permet à ces monumens de plonger dans l'horizon qui en éclaire les contours. Ces prestiges disparaissent aux regards du spectateur qui a monté le rocher, et qui n'évalue que la verticale des pyramides. Un homme est facilement distingué sur le sommet, et sa voix réfléchie par l'écho trèssensible des faces est nettement entendue au pied. La base seule parait imposante, vu que nous sommes ainsi affectés par les cubes d'une grande étendue. Mais la grandeur de cette base diminue d'autant l'élévation du monument.—La dimension peut être classée parmi les idées les plus simples et les plus parfaites. D'où vient que des voyageurs qui ont visité les pyramides, divaguaient à l'envi sur l'appréciation des mesures de toute espece ? Quel homme dont les organes seraient grossiers ou peu exercés pourrait douter, au simple aspect du *Chéops*, que sa base n'excéderait pas sensiblement sa hauteur ? Comment un consul de France qui a habité, pendant un si grand nombre d'années, cette région, peut-il insérer dans ses ouvrages un profil qui annonce une hauteur presque double de la base ? Comment Pococke et Norden ont-ils pu adopter des illusions semblables ?

Que le voyageur jette donc loin de lui, et ces images mensongeres, et les récits passionnés,

APPENDIX.

passionnés. Muni d'une mesure quelconque, qu'il monte la pyramide, et qu'il l'applique patiemment sur chacun de ses élémens. Car, si les hommes ont attaché quelqu'importance à l'étude de ces montagnes artificielles, que l'observateur impartial cherche la vérité en secondant même leur faiblesse.

Cette méthode a paru la plus sage et infailliblement la plus exacte à tous nos camarades. Malgré la fatigue inséparable de ces travaux, plusieurs d'entr'eux m'ont aidé dans ces recherches *. Je dois à leurs soins réunis la construction de la table suivante. Elle indique la hauteur individuelle de chaque assise du *Chéops*, prise depuis l'assise inférieure la plus apparente, sur l'arrête N. O. Il convient d'ajouter, pour la hauteur réelle au-dessus du sol du rocher, celle de *onze pieds*, valeur de trois assises que j'ai trouvé enterrées, en déblayant la partie inférieure de cette arrête dans un voyage ultérieur. Au-delà de ces trois assises j'ai reconnu le rocher caché, en cet endroit, plutôt par les décombres que par la glomération du sable.

Voici la table dont je viens de parler. Tout voyageur pourra vérifier son exactitude.

PYRAMIDE LE CHÉOPS.

NOMBRE DES ASSISES.	HAUTEURS DES ASSISES.			NOMBRE DES ASSISES.	HAUTEURS DES ASSISES.		
	Pieds.	Pouces.	Lignes.		Pieds.	Pouces.	Lignes.
1	3	10	6	19	1	8	
2	3	6	6	20	2	10	
3	3			21	2	4	
4	3			22	1	10	
5	3	1	6	23	2		
6	3		6	24	2	7	
7	2	11		25	1	11	
8	2	8		26	2	2	
9	2	5		27	2	1	
10	2	3		28	2	2	
11	2	6		29	2	3	
12	2	2		30	2	1	
13	2	4		31	2	2	
14	2			32	2		
15	2	2		33	4		
16	2	4	6	34	3	4	
17	2	9		35	2	10	
18	1	10		36	2	8	
	47	11	6		90	10	6

---

* Les citoyens BERGE et VERRIER, capitaines d'artillerie.

APPENDIX.

NOMBRE DES ASSISES.	HAUTEURS DES ASSISES.			NOMBRE DES ASSISES.	HAUTEURS DES ASSISES.		
	Pieds.	Pouces.	Lignes.		Pieds.	Pouces.	Lignes.
37	2	10		83	1	10	
38	2	8		84	2	1	
39	2	3		85	1	7	
40	2	4		86	1	10	
41	2	2		87	1	6	
42	2	7		88	1	8	
43	3			89	1	9	
44	3			90	2	1	
45	1	10		91	2	8	
46	2	6		92	2	9	
47	2	9		93	2	7	
48	2	6		94	2	4	
49	2	9		95	2		
50	2	1		96	2	1	
51	2			97	2		
52	1	10		98	1	10	
53	2			99	3	6	
54	1	11		100	3		
55	2			101	2	10	
56	2			102	2	6	
57	2	2		103	2	4	
58	2	5		104	2	4	
59	2	2		105	2	2	
60	2	6	6	106	2	1	
61	1	11		107	2		
62	2	2		108	2	1	
63	2	1		109	2	4	
64	2			110	2	1	
65	2	1		111	1	8	
66	1	11		112	2		
67	2	8		113	1	11	
68	2	7		114	1	11	
69	2	5		115	2		
70	2	3		116	1	10	
71	2	3		117	2	2	
72	2	3		118	2		
73	2	1		119	3		
74	2	5		120	2		
75	2	4		121	2	6	
76	1	10		122	2	6	
77	1	9		123	2	1	
78	1	10		124	2	1	
79	1	11		125	2	6	
80	2			126	1	11	
81	1	9		127	1	10	
82	2			128	1	10	
	185	4			294	11	

APPENDIX.

NOMBRE DES ASSISES.	HAUTEURS DES ASSISES.			NOMBRE DES ASSISES.	HAUTEURS DES ASSISES.		
	Pieds.	Pouces.	Lignes.		Pieds.	Pouces.	Lignes.
129	1	10		168	1	11	
130	1	11		169	1	5	
131	2	2		170	1	10	
132	2	1		171	1	8	
133	1	10		172	1	8	
134	1	9		173	1	10	
135	1	9		174	1	9	
136	1	9		175	1	11	
137	1	11		176	1	8	
138	1	9		177	1	8	
139	2	2		178	1	9	
140	2			179	1	9	
141	1	9		180	1	11	
142	1	8		181	1	10	
143	1	10		182	2	3	
144	1	11		183	2	1	
145	2	3		184	1	11	
146	2	1		185	1	10	
147	1	11		186	1	10	
148	1	9		187	1	9	
149	1	10		188	1	10	
150	1	10		189	1	9	
151	2	4		190	1	11	
152	1	8		191	1	8	
153	2			192	1	10	
154	1	4		193	1	9	
155	1	11		194	1	8	
156	2	2		195	1	8	
157	1	8		196	1	8	
158	1	9		197	1	9	
159	1	8		198	1	8	
160	1	9		199	2		
161	1	10		200	1	11	
162	1	7		201	1	11	
163	1	10		202	1	10	
164	1	11		203	2		
165	1	10		204	1	11	
166	2	1		205	3		
167	1	8					
	367	8			437	2	

N. B. Il ne reste que deux pierres de l'assise 205 sur la section supérieure.

APPENDIX.

Il convient d'ajouter à la somme des hauteurs, indiquée dans cette table, celle des trois assises que j'ai fait fouiller et déblayer. Elles sont élevées, ainsi que je l'ai dit, de 11 pieds au-dessus du rocher. La hauteur totale sera donc de 448 pieds 2 pouces; le nombre total des assises, sera de *deux-cent-huit*.

L'ascension de la pyramide est assez fatigante, Il n'est pas inutile de prévenir les curieux contre une espèce de danger qui peut devenir funeste, et auquel on peut obvier par une légere attention. Plusieurs pierres ont des lézardes imperceptibles; elles sont cuites par le soleil et décomposées par la vétusté. Il arrive parfois qu'en croyant trouver un appui ferme sur une assise supérieure, on la saisit pour franchir celle qui est plus élevée; la pierre se détache, étant amenée par le poids du corps, quoiqu'elle ait paru entiere au premier aspect.

En montant par l'arrête N. O., on peut observer des accidens sur les pierres cassées qui s'y trouvent. J'ai aperçu un peu au-dessus des deux tiers de la longueur de cette arrête, deux corps de *homards* ou *langoustes* pétrifiés. Leur extrémité est inhérente à la pierre, mais la portion qui est saillante, est d'un assez gros volume. Les aspérités de l'écaille sont conservées. Cette pétrification que j'ai fait remarquer à plusieurs personnes, précédait de quelques siecles l'emploi de la pierre extraite du sein de la montagne.

Les affections dont on est atteint en parcourant les monumens anciens ou modernes, sont-elles la partie la moins intéressante d'une description? Je crois que, devant ceux que l'on aborde par les mêmes motifs, et après avoir vaincu les mêmes difficultés, tous les individus éprouvent, à quelque chose près, les mêmes émotions. Elevés au-dessus du sol sur les Alpes, sur les tours de Strasbourg, ou sur le dôme de St.-Pierre, tous les hommes qui ont sous les yeux quelques objets de comparaison se retracent plus ou moins vivement les mêmes idées. Je ne sais par quel prestige on croit se séparer de la terre lorsqu'on atteint une grande hauteur. Les êtres animés, raccourcis dans le cône visuel, nous attachent moins par la petitesse de leurs penchans. Séparés d'eux par une immense étendue, on croit pouvoir braver le courroux des puissans vers lesquels notre poids et nos besoins vont bientôt nous ramener. C'est dans l'élévation et l'isolement que l'esprit est moins emprisonné par les sens; il trouve plus d'élan vers la liberté, et se glorifie d'un perfectionnement jusqu'alors inconnu. Ces idées ne sont pas empruntées de l'imagination; et si aucun monument de la terre peut les faire naître, c'est sur le sommet de la grande pyramide qu'elles se sont offertes à la méditation du voyageur.

Quel spectacle! à sa droite sont les profonds déserts de la *Lybie*....Quelques Arabes fuient dans les lointains. Devant lui est le Nil tortueux, et la plaine couverte jadis de la magnificence de Memphis; à sa gauche sont, avec le Kaire et sa forteresse élevée, les champs inondés de *Bilbéis*; sous ses pieds est le plus ancien monument du monde. Mais si l'homme, déjà ému par une situation étrangere à son assiette accoutumée, ne

peut

peut dompter son cœur, qu'il ne jette pas un regard vers le Septentrion ! qu'il ne contemple pas le côté de la belle Europe. Quel voyageur n'a pas laissé échapper à cet aspect un soupir involontaire ? Si l'on en doutait, il suffirait de baisser les yeux sur les inscriptions nombreuses dont les dernieres assises sont couvertes. L'Allemand, l'Anglais, l'Italien, le Danois, tous ont médité sur ce sommet vétuste ; des caracteres gothiques annoncent une visite reculée de plusieurs siecles, et d'autres nous apprennent que l'on fut agité ici par le souvenir d'un fils ou d'une épouse chérie.

Au-dessous du tiers de l'arrête N. O., on trouve une cavité creusée près de l'arrête même, assez considérable pour être distinguée lorsqu'on aperçoit les pyramides à une grande distance. Cette ouverture par laquelle le *Chéops* a été entamé pour y pénétrer, ne présente qu'une chambre quarrée, dont le côté est de 11 pieds et quelques pouces ; dans un angle, on voit un trou qui semble assez profond. Il est à observer que cette chambre, dont aucun voyageur n'a fait mention *, n'a pas été rendue quarrée par la fouille, mais qu'elle l'était lors de sa construction primitive. Il paraît que le puits en question n'aboutit à aucune issue, puisqu'on a abandonné l'espoir de visiter la pyramide par cette entrée ; peut-être a-t-elle été construite pour donner le change à ceux qui entreprendraient ce travail sacrilège ; peut-être a-t-on découvert dans la durée du premier travail, la grande entrée qui est au bas de la face Nord ; ce qui a fait abandonner l'ouverture supérieure.—A 18 assises environ de la base, il faut s'éloigner de l'arrête qui est ici considérablement ébréchée. Cette hauteur varie à chaque arrête ; mais l'accident est le même sur toutes les pyramides. Il paraît faire des progrès assez rapides, et apprendre le symptôme de la destruction du monument. Elle est infailliblement aidée par l'enlevement des pierres dont j'ai parlé ; mais, si l'on étudie en ce moment cet édifice, et si la conquête de l'Egypte augmente un jour la plantation des arbres, une plus grande fréquence des pluies, jointe au motif indiqué, ne laisserait pas à ces monumens une durée dans les siecles à venir à beaucoup près pareille à celle dont ils ont joui jusqu'à ce jour.

La mesure de la base des pyramides est aussi importante et aussi difficile que celle de la hauteur ; car tout procédé géométrique devient impossible sans évaluer la base ou l'arrête.

---

* Il est question de *deux entrées* dans le manuscrit Arabe d'EBN-EL-MAQRYZY. Nous devrons au cit. LANGLÈS un second extrait de cet ouvrage intéressant ; il a déjà publié le premier. Ce manuscrit est intitulé : Kitâb êl-mouâ edt oûé êl-î' Kibâr fy dzikr êl Khoihat oûé êl-âtsâr min téouârykh Messr tâlyf êl-cheykh êl-îmâm êl-a'llâmeh Taqy êd-dyn Ahhmed ben A'ly ben A'bdoul-qâder ben Mohhamed oûé iouref bêbn êl-Maqryzy ;—Ou : Le livre des avis et sujets de réflexions sur la description historique des divisions territoriales, et des vestiges tirés des annales d'Egypte, par le cheykh, l'iman très-sayant. Tagy êd-dyn ahhmed ben a'ly ben A'bdoûlqâder ben Mohhammed, surnommé *Ebn-il Maqryzy*.

l'arrête. L'extrémité inférieure de celle-ci est cachée. Si l'on essayait de la mesurer dans l'état actuel, on ne pourrait obtenir qu'un faux résultat; 1°. parce qu'un cordage ou tout autre moyen équivalent, et d'une grande étendue, casse et festonne dans les angles rentrans des assises; 2°. parce que l'arrête est interrompue à l'ébréchement dont nous venons de parler.

Le graphometre ne sauroit fournir, sans atteindre la bâse, aucune opération précise. Les mouvemens fréquens et très-prononcés du sol environnant exigeraient d'ailleurs des précautions possibles mais très-longues, et par conséquent très-difficiles en cet endroit; enfin, l'emploi d'un barometre ou de tout autre instrument équivalent, est par trop incertain dans un climat où la chaleur dilate si sensiblement, et les métaux et les tubes de verre. Ces motifs m'ont décidé à employer une méthode lente et grossiere, mais assurée, en appliquant, autant que je l'ai pu, une mesure sur les surfaces.

De telles remarques expliquent assez les contradictions des auteurs qui ont traité ce sujet. Ils désiraient peut-être sincerement de transmettre avec précision les dimensions de ces monumens; mais, en arrivant sur les lieux, ils se trouverent environnés d'une foule de difficultés qu'ils n'ont pas détaillées dans leurs ouvrages. Quoiqu'elles soient bien connues de ceux qui ont parcouru l'Egypte, il est utile d'apprendre aux lecteurs que l'approche du désert n'est jamais exempte de danger; sur-tout dans cette partie où les Arabes de la *Bahiré* viennent faire des incursions fréquentes. Ce sont les plus nombreux et les plus irréconciliables ennemis des chrétiens; les ennemis les plus obstinés des autres tribus qui longent le Nil entre *Sakhara* et *Bénésouef;* ils fusillent fréquemment les *Djermes* sur le Nil. J'ai été attaqué deux fois par eux en allant à Rosette; ils ont enlevé, dans notre premiere marche, un officier jeune et estimable, aide-de-camp du général en chef *; ils ont assassiné le général Dommartin. Ce sont eux qui ravagent les campagnes fertiles qui environnent *Ghizé,* qui enlevent les bestiaux, et n'épargnent pas même les habitans. Ceci peut motiver la nécessité des précautions qui ont été de tout temps plus ou moins nécessaires pour visiter les pyramides, encore plus pour séjourner dans cet endroit.

Il fallait donc une escorte de janissaires, de mamelouks et de chéikhs même des villages environnans pour se transporter aux pyramides. Ces escortes, quoique payées, ne consentaient pas à s'arrêter trop long-tems pour regarder des opérations qui leur étaient

---

* Le général en chef s'empressa d'envoyer un *fellah* pour recouvrer cet officier. On offrit un chapeau rempli de piastres. A l'aspect de cette somme, il s'éleva une vive dispute entre les Arabes, en présence du prisonnier. Chacun voulait l'avoir conquis. Un des plus féroces, et qui se croyait plus lésé dans le partage, brûla la cervelle à cet infortuné.

étaient indifférentes ou désagréables *. Si on ajoute à toutes ces difficultés la chaleur excessive, la nécessité d'apporter de l'eau et des vivres, et le vent qui, en soufflant parfois avec violence, éleve une prodigieuse quantité de sables, on devinera facilement les causes de la légereté avec laquelle un grand nombre de voyageurs ont parlé de ces dimensions dont la connaissance exigeait un travail long et pénible.—Le service journalier, la conservation et le repos de la troupe ne permettaient pas aux Français mêmes d'amener souvent des escortes dans le désert, pour des recherches moins pressantes qu'une foule de besoins indispensables à une colonie naissante.

Il convient de distinguer deux bâses en cherchant ces mesures. L'une est la bâse *apparente* terminée par les extrémités des tertres de sables et décombres élevés sur chaque face, ou par la cessation de l'ébrèchement des arrêtes. L'autre est la bâse *vraie* évaluée sur la premiere assise qui est couverte des débris cumulés sur les angles.— Comme le volume des sables ne permet pas de vérifier sur les assises mêmes l'étendue de chacune de ces bâses, j'ai fait planter des piquets parallelement à chaque face et à la moindre distance possible. Sur l'alignement de ces piquets, j'ai tracé une parallele, et en répétant ou faisant répéter plusieurs fois cette opération, je me suis assuré, avec toute la précision possible, de l'étendue des deux bâses. Il a suffi de fouiller et déblayer tant soit peu une seule arrête du *Chéops*, vu que la distance du point que l'on découvrait au milieu, donnait la moitié de la bâse véritable ; car il fallait économiser le tems et l'emploi des bras. On épargnera beaucoup de soins en faisant préparer le travail par les habitans des villages voisins, avant de se rendre sur les lieux.

En suivant la méthode dont je viens de parler, j'ai reconnu que la bâse véritable du *Chéops* était de *sept-cent-vingt-huit pieds*, sauf quelques erreurs que je crois fort légeres, et qui ne seraient occasionnées que par les dégradations des extrémités.

J'ai avisé à un moyen ultérieur pour vérifier cette mesure, et je l'ai mis à exécution. C'est celui de connaître la *largeur* individuelle de chaque assise, y compris les trois qui sont peu visibles, et en sommant le tout multiplié par deux, plus la section supérieure égale à 18 pieds, j'ai pu obtenir par une épreuve certaine l'étendue de la bâse.

En m'occupant de cette vérification, j'ai eu lieu de faire une remarque ; c'est que la moyenne de la largeur de chaque assise est de 20 pouces et 6 lignes, et que cette mesure répond exactement à la *coudée* que nous avons reconnue sur la colonne du Nilometre et, à quelque chose près, à l'appréciation de la coudée Egyptienne en Europe. Nous parlerons

---

* Les Turcs voient de mauvais œil que les Infideles relevent des mesures quelconques dans leur pays. Ils soupçonnent toujours quelque projet sinistre, ou au moins des opérations de sortilége.—Un cheikh Arabe qui m'accompagnait aux pyramides, me dit un jour : il est inutile que vous vous donniez tant de mal ; il n'y a pas d'argent là-dedans ; je le jure *allah houddyni*, sur Dieu et sur ma foi.

lerons de cette coudée par la suite. Or, il est évident que 205 assises, plus les trois qui sont à la base égales à 208 multipliées par 2 et successivement par $20\frac{1}{2}$, plus 216 pouces, donnent 728 pieds. L'exact rapport de ces mesures m'a paru étonnant. Je l'ai fait vérifier, et je n'ai pas trouvé une différence sensible. Il est pourtant essentiel d'observer une fois pour toutes que, malgré l'attention la plus sévere, il ne peut être question ici d'une exactitude mathématique que la vétusté du monument et les irrégularités du sol rendent impossible. Nous nous sommes efforcés d'en approcher autant qu'il a été en notre pouvoir.

À la dix-neuvieme assise de la base apparente, qui est la vingt-deuxieme de la vraie base, est le sommet de l'arrachement fait pour obtenir une entrée. Celle-ci est placée presque sur l'apothême du triangle de la face Nord. La partie supérieure de cette ouverture, qu'il convient de distinguer du seuil ou plein-pied de l'entrée, est élevée de 49 pieds 7 pouces environ au-dessus de la base apparente, et de 60 pieds 7 pouces de la base réelle.

Cet arrachement est triangulaire, et assez étendu. Les profils donnés par NORDEN sont vrais, jusqu'aux contours de l'entrée la plus enfoncée exclusivement.

L'appareil de la pierre, à cette entrée, accuse l'ignorance de ces peuples, pour couvrir par des voûtes une capacité quelconque; elle est également décelée dans les plafonds des galeries intérieures. Trois énormes pierres sont taillées en *chevrons*, et s'arcboutent réciproquement. Tous les parois des canaux sont en marbre jaunâtre, pareil à celui dont on voit plusieurs colonnes dans différentes mosquées du Kaire. Les chapiteaux et les dimensions de ces colonnes annoncent qu'elles sont extraites des ruines de Memphis. On trouve ce marbre dans les plaines d'*Araba* dont nous avons parlé, et même, dit-on, dans quelques contrées de l'Ethiopie.

La description du consul MAILLET que POCOCKE a copiée littéralement, et que NORDEN a suivie, n'est pas très-claire pour ceux qui ont visité l'intérieur de la pyramide, vu le grand nombre de détails hypothétiques dont elle est parsemée. Elle est beaucoup plus obscure pour les lecteurs auxquels ce monument serait inconnu. Les dimensions des galeries qu'il donne sont assez exactes.

Soit une section verticale de la pyramide A B C D (Pl. LX, Fig. 2) prise sur le point F qui est celui de l'entrée. On descend en entrant par un canal F E de 112 pieds de longueur sur 3 pieds et 4 pouces de largeur. Il est très-rapide, et l'on ne peut y avancer qu'en appuyant les talons sur des entailles que l'on a faites dans le sol. Ses parois sont polies, et ne présentent aucun vestige des attaches des pierres dont on suppose qu'il aurait été comblé. A 12 pieds environ de son extrémité inférieure, est l'entrée d'un second canal ascendant E e h G. Mais n'ayant pas pu, vu la petitesse de l'espace, arracher les pierres énormes et très-dures qui bouchent cette entrée, on a excavé à côté une route forcée qui a 32 pieds environ de longueur entre les points E e. On ne peut traverser une partie de cette étendue qu'en se couchant presque sur le ventre.

Depuis

APPENDIX.

Depuis E jusqu'en *h*, est un canal ascendant de 77 pieds 6 pouces de longueur. La portion E *h* du canal E *h* a été évidemment remplie de pierres; car ses parois sont ébréchées assez pour attester que l'on en a arraché des pierres de vive force. On trouve en *h* un canal horizontal *h* H de 118 pieds de longueur, ayant la même largeur que le canal descendant F E. Il conduit à une salle H qui a 18 pieds de longueur sur 16 de largeur. Le plafond est appareillé en chevrons ainsi que l'entrée F. Cette salle est remplie de matériaux provenant d'une excavation faite dans le fond; mais, comme la masse de ces matériaux n'équivaut pas à la capacité que l'on a fouillée et qui est assez profonde, on croirait que l'on a trouvé effectivement en cet endroit quelque puits ou issue qui a été remplie après coup de ces matériaux.

En revenant par le canal H *h*, on monte la galerie *h* G qui a 123 pieds et 11 pouces de longueur. Cette galerie a 25 pieds environ d'élévation et six pieds six pouces de largeur au-dessus de deux banquettes latérales dont chacune a 28 pouces de hauteur et 18 de saillie. Son plafond est construit par *encorbeillement*; les parois latérales sont droites jusqu'à la hauteur de 2 pieds $\frac{1}{7}$; elles se rétrécissent ensuite par 4 saillies en corbeau de 2 pouces 6 lignes chacune; au-dessus de celles-ci, le mur reprend sa direction verticale. La portion du plafond qui est horizontale excede celle qui est sur le sol au bas des banquettes. La Fig. 3 de la Pl. LX exprime une coupe sur la longueur de cette galerie.

A l'extrémité supérieure du canal, on trouve une entrée qui aboutit à la chambre sépulcrale supérieure G. Le petit corridor qui y conduit n'a pas 20 pieds de longueur. Le sol dans cet espace est entaillé de maniere à faire soupçonner que des pierres énormes ont fermé l'entrée de ce tombeau. Avant de pénétrer dans la salle, on trouve une petite cavité ou enfoncement vertical dont je ne saurais gueres expliquer l'usage.

La longueur de la salle supérieure est de trente-deux pieds; sa largeur est de seize; sa hauteur est de 18 pieds 10 pouces. Le plafond qui est horizontal, est formé de 9 pierres dont 7 sont plus larges que celles des deux extrémités. La cuve sépulcrale a sept pieds de longueur, quatre de largeur et trois pieds et deux pouces de hauteur. On n'a pas bien distingué la qualité du marbre dont elle est construite. Le couvercle est brisé. Cette cuve est très-sonore, autant par sa dureté que par sa forme; elle est aussi d'un seul morceau. PIETRO DELLA VALLE croit qu'elle est creusée dans une pierre que l'on appelle *Thébaïque* *. La couleur de cette pierre paraît jaunâtre avec quelques taches.

Il est utile d'avertir les voyageurs que les raisonnemens qu'ils pourraient former sur la direction de l'aiguille aimantée, dans l'intérieur de la pyramide, peuvent être erronés, à moins qu'une aiguille d'un très-grand rayon ne présentât pas dans plusieurs voyages les mêmes

---

* Di quella pietra durissima di Egitto che il BELONIO in più luoghi chiama: Thebaica. (Lib. 2. C. 21, cap. 46.) Lettera II. del Cairo, pag. 366.

mêmes résultats. Ceux que les petites boussoles ont pu fournir, n'ont pas été uniformes. Il reste à examiner si l'on peut faire usage de cet instrument ici avec un succès équivalent à celui que l'on obtiendrait dans la zône tempérée ; l'intérieur de la pyramide, surtout dans la chambre supérieure, est excessivement échauffé par les flambeaux et par la présence de plusieurs voyageurs. L'air extérieur ne peut y pénétrer que par une petite issue. Les capacités sont très-resserrées. Les chauve-souris, les rats, et d'autres insectes qui y meurent et s'y décomposent habituellement, alterent cette atmosphere. La présence de quelques parties métalliques cachées par les liens ou les soutiens des pierres, peut influer sur la précision de la boussole, composée de matieres sujettes à dilatation.— Est-ce une question bien résolue que la dénégation de l'influence d'une température de l'atmosphere fortement prononcée dans le froid comme dans la chaleur excessive, sur l'aiguille aimantée ? et la propriété ou la tendance de l'aimant n'est-elle pas altérée par la masse du métal auquel elle est alliée, et par les mouvemens dont ce métal peut être affecté ? La discussion des questions que je hazarde appartient à des ouvrages d'une autre espece, et leur application à la these actuelle ne sera fructueuse qu'après la visite d'un grand nombre de voyageurs dont j'appelle l'attention par ces observations passageres.

Sur le côté de la chambre que l'on croit être le *Nord*, et qui ne l'est pas tout-à-fait, si l'on fixe bien la boussole, est une ouverture d'un pied sur huit pouces, percée dans les parois du mur. Elle commence un canal de cinq pieds de profondeur environ, qui aboutit au massif de la pyramide. C'est une tentative faite pour découvrir quelque issue ; les pierres du fond sont maçonnées et établies de maniere à ne pas faire soupçonner qu'elles ont été glissées après coup, ni que ce canal se prolongeait au dehors ; ce dont il ne reste d'ailleurs aucune trace extérieure, quelques recherches que j'aie faites pour la découvrir. Il y a aussi du côté que l'on peut croire au levant, un trou rond de six pouces environ de diametre. Il semble offrir l'entrée d'une capacité conique dont on voit l'extrémité la plus étroite. Je le crois destiné à conserver quelques dépouilles, des manuscrits, ou des aromates que l'on avait coutume d'ensevelir avec les morts. Cette ouverture paraît contemporaine à la construction de la chambre*.

---

* M. MAILLET présume que, par cette ouverture qui offre dans le côté inférieur un plan incliné, les esclaves, enfermés avec le roi défunt, rendaient les immondices. 1°. Cette extravagante idée exigerait la présence d'un siége, et nullement le percement d'un trou vertical. 2°. A moins que ce puits aussi n'eût été vertical, il n'eût pas pu dégorger des immondices journalieres assez pour que le moindre sédiment n'eût bientôt méphitisé une capacité aussi étroite. 3°. Comment ce puits eût-il été rempli après coup ? Ce n'est pas du bas en haut assurément ; et comment aurait-on jetté par une étroite ouverture, du haut en bas, assez de matériaux pour remplir jusqu'à la surface extérieure de la pyramide, c'est-à-dire dans l'étendue de 370 pieds, une cavité qui s'élargissait progressivement par sa forme conique ? Où aurait-on trouvé les matériaux nécessaires à cet effet ? L'ouverture supérieure bien circulaire n'aurait-elle pas été ébréchée par le versement d'un si grand nombre de gravas, etc ?

Il est facile de former sur tous ces accidens, comme on l'a fait sur la masse générale, des hypotheses qui s'évanouissent à la vue du spectateur qui ne peut ni ne veut cacher la vérité.

En descendant la galerie on trouve, à proximité du canal horizontal H h qui conduit à la chambre inférieure, une ouverture ovale dont les diametres sont de 40 et 30 pouces. Elle conduit à un puits dont la premiere direction est verticale, et qui s'incline après pour la reprendre ensuite. Ce puits h, L, l, n, est assez bien décrit dans l'ouvrage du Cit. MAILLET; et comme cette description, qui répond aux visites que nous avons faites, doit jetter quelque jour dans les raisonnemens suivans, nous nous permettrons de la copier littéralement.

(MAILLET, Descr. de l'Egypte, pag. 249). " Ce puits descend vers la base de la
" pyramide par une ligne perpendiculaire à l'horizon qui va pourtant un peu en biaisant,
" et forme la figure d'une broche ou d'un lamed Hébraïque. C'est ce qu'on peut re-
" marquer dans le plant† que j'ai fait tirer de la pyramide. Environ à *soixante pieds* de
" l'ouverture, on rencontre dans ce canal une fenêtre quarrée d'où l'on entre dans une
" petite grotte *taillée dans la montagne qui en cet endroit n'est pas de pierre vive, mais*
" *d'une espece de gravier dont les grains sont fortement attachés les uns aux autres.* Cette
" grotte s'étend d'Orient en Occident, et peut avoir quinze pieds de longueur. On
" trouve ensuite une autre coulisse creusée de même dans le roc, fort penchante et ap-
" prochant beaucoup de la perpendiculaire. Elle a de largeur deux pieds quatre pouces,
" sur deux pieds et demi de hauteur. Elle descend en bas par un espace de *cent-
" vingt-trois pieds*; après quoi, on ne rencontre plus que des sables et des pierres qu'on y
" a jettées à dessein, ou qui y sont tombées d'elles-mêmes."

Quoique les mesures que M. MAILLET a prises dans l'intérieur de la pyramide, ne different pas beaucoup des nôtres, nous emploierons les siennes pour fournir une plus ample conviction sur une remarque importante. Les chambres sépulcrales du *Chéops* ne sont pas *au milieu* de cet édifice, et la coupe que l'auteur précité, et d'après lui NORDEN nous donne, est évidemment fautive.

Nous avons reconnu, par une méthode certaine, et qui peut être répétée par qui que ce soit, que la base apparente était de 718 pieds, et que l'excès de la base réelle était de 10 pieds environ. Envisageons seulement la premiere pour favoriser d'autant l'hypothese de M. MAILLET sur le placement des chambres, et comptons K B égal à 359 pieds. Que d'après les dimensions fournies par cet auteur, le canal F E soit égal à 100 pieds, E e égal à 40 pieds, $e\,h$ égal à 80 pieds, h G égal à 124 pieds : le petit canal G égal à 20 pieds, et la moitié de la chambre supérieure égale à 18 pieds : supposons instantanément que les branches descendantes et ascendantes F E, E G soient horizontales ;

---

† C'est une coupe que l'auteur voulait dire.

APPENDIX.

horizontales; alors la somme de toutes les mesures, depuis l'entrée F jusqu'au milieu de la chambre G, devrait fournir l'équivalent de la ligne K B. Or, cette somme est de 372 pieds, c'est-à-dire excédante de 18 pieds sur la moitié de la base apparente. Mais les lignes F E, E g forment des angles très-sensibles avec l'horizon, puisque leur pente est telle que l'on n'y peut conserver l'équilibre sans quelque difficulté. Si on abaisse donc une perpendiculaire du point g sur h H, et du point h sur L B, ce sera la somme des sinus des angles H g h, B F E, et L h E (en supposant E sur la base A B, ce qui fait une très-légère différence) qui indiquera la valeur véritable de la ligne M B, c'est-à-dire la distance horizontale du milieu de la chambre supérieure au point B qui est censé à l'extrémité de la base. Or, il est bien évident, que ces sinus ne peuvent pas être égaux aux côtés G h, h E, E F, ainsi que nous les avons supposés d'abord; donc la ligne g M ne peut coïncider avec la verticale I K.

J'ai essayé de mesurer avec un petit quart de cercle l'angle E F B, et je le crois de 73 degrés; mais la petitesse du rayon de cet instrument, l'incommodité et l'irrégularité du sol ne m'ont pas donné, sur tous les points de la descente, un résultat uniforme. Il y a plus, c'est qu'il n'est pas très-certain que les lignes G h, h E se trouvent sur la même section verticale que le canal descendant E F. Le coude que l'on fait au passage E e peut en faire douter, et la boussole semblerait l'annoncer, si l'on peut asseoir un raisonnement sur l'effet de cet instrument dans cet endroit. C'est ici un nouveau champ pour les observateurs à venir, et nous ne saurions rien prononcer affirmativement. Mais il est à observer que si la direction E h G était portée plus à l'Est ou à l'Ouest que nous ne l'avons évaluée en la supposant sur le même plan que E F, cela éloignerait d'autant plus le point G de la ligne I K ou du milieu de la base.

Il est vrai que les branches des canaux, supposées horizontales, excedent de 18 pieds la moitié de la base apparente; mais, outre qu'il conviendrait d'y ajouter 5 pieds 5 pouces, moitié de la saillie de la base réelle, aucun geometre ne supposera que cette quantité soit la compensation de la différence en étendue des côtés G h, h E, E F aux sinus que nous avons cités.

Il s'en suit, 1°. qu'il est impossible d'aborder aucun raisonnement trigonométrique vu le défaut de précision sur la valeur des angles en question; 2°. que, sans construire ce théorême, il est évident, par sa seule exposition, et par le mesurage de la moitié de la base et de la longueur des canaux descendans et ascendans, que la chambre G ne peut être au milieu de la pyramide; 3°. que l'on ne peut, sans des opérations ultérieures, fixer son éloignement de la verticale I K.

Mais l'entrée F n'est pas exactement sur l'apothême de la face Nord; or, si les canaux F E, E g G suivent cette direction, et s'ils sont tous les deux sur le même plan vertical, la chambre G ne serait pas seulement sur I K, mais elle ne se trouverait pas même sur le milieu d'une section verticale que l'on ferait de l'Est à l'Ouest; et cette différence serait exprimée par celle des parois Est de l'entrée de l'apotheme de la face sur laquelle elle est placée.

lxxiv   APPENDIX.

La chambre sépulcrale supérieure n'est pas même au milieu de la hauteur.

Si, en citant les dimensions de MAILLET, on suppose, comme nous l'avons fait pour les distances horizontales, que la distance hg du canal exprime sa hauteur verticale, on connaîtra la hauteur totale en ajoutant à celle-ci la profondeur de puits h L où l'on rencontre *une grotte taillée dans la montagne;* ce qui indique assez clairement que le massif artificiel est terminé en cet endroit ; c'est-à-dire que la base réelle ou apparente se trouve au niveau de ce point. En adoptant cette hypothèse, nous suivons autant la description de MAILLET que les recherches que nous avons faites, et dont les résultats ne diffèrent pas sensiblement pour l'intérieur du monument. Or la distance verticale, depuis l'ouverture du puits jusqu'à la grotte excavée dans le rocher, est de *soixante pieds*. Cette élévation, ajoutée aux 124 pieds supposés ci-dessus, produirait 184 pieds ; ce qui différerait de 39 pieds et trois pouces environ de la moitié de la hauteur. Mais la chambre G n'est pas réellement éloignée de 124 pieds de la chambre inférieure qui est parallele au point h. MAILLET accuse 100 pieds de différence ; ce qui ne doit être considéré que comme un tâtonnement *.—En faisant droit à cette hypothèse, la chambre en question ne serait donc éloignée de la base que de 160 pieds environ. Il est à observer que cet écrivain donne à la pyramide beaucoup plus de hauteur qu'elle n'en a réellement †.

Une

---

* L'erreur de MAILLET, en indiquant la différence en élévation des deux chambres, est considérable. Si, d'après son hypothèse, on suppose le point G superposé au point H, H h parallèle à l'horizon, et par conséquent l'angle $gh'h$ de 90 degrés ; si on concede que le canal H h soit de 118 pieds, et la galerie hg de 124 pieds, sans tenir compte de la largeur des chambres ni du petit corridor qui conduit à la chambre supérieure, ce qui n'influe en rien sur la hauteur, on aura le triangle rectangle $gh'h$. Or, par la somme des quarrés de hh' et hg, etc., autant que par la résolution trigonométrique du triangle, il sera facile d'avoir le côté $h'g$. On pourra se convaincre alors que ce côté est de 38 pieds environ.

Si ensuite l'on suppose h E sur le même plan vertical que h H ; que le côté h L exprimant le puits vertical, soit de 60 pieds, et le canal h E de 120 pieds, y compris la longueur du passage, et d'après les dimensions de MAILLET, on aura le triangle rectangle h L E ; les côtés E h, h L étant connus, on trouvera le côté L E égal à 105 pieds environ.—On ne peut connaître de même la distance B L par rapport au point G, vu que l'on n'a pas de certitude que E F soit sur la même section que G E, et que l'angle E F B n'est pas bien connu ainsi que nous l'avons dit.

En construisant la figure, on trouve que la branche gh fait un angle moindre avec l'horizon que E h ; j'ai cru m'apercevoir que cela était ainsi. Mais, si le talus de la galerie hg égalait celui du canal E h, cela ne pourrait avoir lieu sans rapprocher le point g du point B ; alors, les deux chambres ne seraient pas superposées.

† Il semble résulter de tout ceci que M. MAILLET n'a réellement mesuré avec soin que les canaux, et les cavités intérieures de la pyramide ; il a cru que la description de cette partie piquerait davantage la curiosité des Européens. En traçant ensuite une coupe, il a donné à la base des dimensions telles que les chambres sépulcrales se trouvassent dans le milieu ; ce qui a occasionné l'erreur grossière que cette coupe nous présente.

APPENDIX.

Une seule réflexion peut expliquer les motifs qui ont dirigé l'architecte pour éloigner du centre de la pyramide les chambres et les galeries, et pour placer l'entrée à côté du milieu de la face. L'objet le plus important de l'édifice étant la conservation des cadavres qui y étaient déposés, on a soupçonné que ceux qui formeraient le projet téméraire d'ouvrir cet énorme tombeau, l'attaqueraient sur quelque point qui coïnciderait avec le milieu des faces, où creuseraient un puits vertical en partant du sommet. On a donc tellement distribué les sépulcres qu'il fût impossible de les rencontrer en suivant l'une ou l'autre de ces méthodes. Par une suite du soupçon qui tourmentait le roi CHÉOPS, déjà menacé d'être exhumé par un peuple qu'il avait opprimé, on a placé les véritables entrées à une petite distance de ce milieu où il croyait que l'on aurait entamé le monument. Car il semblait évident que, n'ayant pas trouvé l'entrée dans le milieu de la face, on ne l'aurait pas cherchée dans une direction qui serait très-rapprochée. Par la disposition adoptée, on eût été également frustré, si l'on avait percé la pyramide verticalement par la section C D. Cette réflexion me paraît la seule qui annonce tant soit peu de finesse dans la construction de ces colosses de maçonnerie.

Une idée ultérieure que cette distribution ferait naître, serait celle de croire que, par un système pareil, on a construit d'autres chambres et d'autres galeries dérivantes de chaque face ou au moins d'une autre face que celle qui est entamée. On aurait voulu qu'un monument aussi vaste servît de sépulture à plusieurs personnes; l'on aurait cru peut-être multiplier les chances afin de dégoûter ceux qui eussent ouvert infructueusement un côté; ou, en ensevelissant plusieurs corps, on aurait laissé dans l'incertitude celui qui, après des travaux très-coûteux aurait pu pénétrer par les deux côtés.

Les hypothèses sont indépendantes des mesures sur les objets qui existent; nous les hazardons ici sans demander à captiver l'attention du lecteur. Elles peuvent servir uniquement à motiver l'éloignement que je crois incontestable des chambres sépulcrales, eu égard à la verticale et à la hauteur de la pyramide.

Le puits h N prend une direction oblique en sortant de la grotte pratiquée au point N. Il descend dans cette direction, pendant 123 pieds. Sa largeur est de 30 pouces sur 32 de hauteur. On ne trouve dans le fond que du gravier et de la pierre du rocher.

Mais comment ces canaux ont-ils été remplis après la confection du monument? l'ont ils été en totalité? par quel moyen les a-t-on vuidés?

MAILLET a employé des efforts d'imagination souvent ingénieux pour résoudre ces problèmes. La curiosité, naturellement animée par la visite de ces antiques tombeaux, peut excuser ces conjectures. En communiquant mes pensées, j'aiderai seulement le travail de ceux qui auront des conceptions plus nettes; le tems et les recherches doivent les faire naître.

1°. Je ne crois pas que le canal descendant F E ait jamais été rempli; si ce n'est à une distance de l'entrée égale à la profondeur de l'arrachement évidemment indiquée par l'appareil. Le bloc de marbre que l'on en a extrait, si on évalue le déchet occasionné par l'injure des tems, n'a pas pu pénétrer dans le canal descendant au-delà de l'espace reconnu.—Les parois du canal sont lisses sur toutes les faces ; les entailles du sol sont faites après coup pour faciliter la descente, ce qui est universellement avoué. Si l'on avait dû glisser dans ce canal des pierres destinées à le remplir, on eût vraisemblablement pratiqué dans les côtés latéraux des coulisses qui eussent dirigé leur descente. Cette méthode a été mise en usage dans le corridor g G ; en entretenant la pierre dans le milieu du canal, elle eût facilité la descente. Car une surface lisse frottant sur une autre dans une grande étendue, offrirait une résistance presque insurmontable, telle facilité que l'on ait voulu acquérir par l'interposition de quelques corps gras. L'arrachement eût été aussi plus difficile.

Or la coupe du canal et les recherches les plus exactes dans toutes ses parois n'indiquent pas la plus légere entaille qui ait lié les pierres mobiles à la masse de l'édifice. Pourtant, dans le canal ascendant E h, on aperçoit une dégradation sensible sur les parois verticales ; ce qui annonce incontestablement qu'il a été rempli, et que les pierres en ont été extraites de vive force.—Si les constructeurs avaient employé la méthode de glisser des pierres, et ensuite verser du ciment * dans les joints latéraux, et que l'on eût pu détruire ce ciment de maniere à n'altérer aucunement les parois, on ne peut deviner par quel motif ils n'en eussent pas fait usage pour fermer le canal E h. Mais il est encore douteux que le ciment qui aurait fait prise depuis plusieurs siecles eût été détruit avec de l'eau chaude ou par tout autre liquide préparé sans attaquer les surfaces qui ont conservé le poli et l'aplomb le plus parfait.

La branche du canal ascendant E h a été incontestablement remplie de pierres ; la partie inférieure e E l'est encore. Or ces pierres étaient liées par des tenons aux parois latérales. Quoiqu'elles n'aient été détruites que dans l'étendue de 77 pieds environ, depuis e jusqu'en h, il a fallu un travail très-prolongé, moins pour les mettre en pieces que pour en faire passer les débris par une ouverture très-étroite, et les porter jusqu'à l'entrée F.—Mais la galerie h G, et le canal horizontal h H n'ont jamais été remplis à mon avis. L'entrée de ce dernier a été fermée au point h, comme celle de la chambre sépulcrale supérieure l'a été au point g avec plus de soin. A quoi eût servi la précaution pénible de les remplir après la construction du monument ? Celui qui aurait eu la patience obstinée de démolir la pierre du canal E h n'eût pas abandonné certainement son travail en apercevant des ébranchemens et des galeries ultérieures. Si on évalue en outre la difficulté excessive d'introduire des pierres par le canal F E et de les faire remonter dans l'étendue de

---

* On ne peut glisser facilement du mortier dans un joint qui aurait une certaine longueur sans que le trait supérieur du joint ne soit à découvert. Tel moyen que l'on eût employé pour l'introduire par devant, il se serait adapté très-imparfaitement sur les faces latérales.

APPENDIX.

de deux cents pieds environ dans les canaux E *h*, *h* G, on pensera difficilement que l'on se soit avisé d'un pareil expédient. Il me semble plus naturel de croire que les pierres qui devaient fermer le canal *e h*, après la retraite des ouvriers, étaient disposées d'avance sur des rouleaux ou des chassis * sur le plan incliné *h g* ; que l'on avait élevé à dessein la galerie *h g*, afin que l'on pût marcher sur ces pierres lorsqu'on voulait porter le corps à la chambre G, et que cette disposition est un des motifs qui ont décidé la construction des banquettes latérales.—Voilà les réflexions que ces bizarres distributions m'ont fait naître.—Je rappelle ce que j'ai dit sur ces hypotheses.

L'aspect d'un homme qui sort de cette affreuse enceinte a quelque chose d'effrayant : la pâleur de la figure, la difficulté de la respiration, la saleté des vêtemens, et la sueur annoncent le voyage que l'on vient d'achever.—C'est ordinairement à la suite de la fatigue et des souffrances que la froide raison se fait entendre. C'est donc là, s'écrie-t-on alors, une des sept merveilles du monde ! ah ! effaçons cette erreur des doctes pages de nos ancêtres, ou attribuons-la plutôt à un adage populaire qu'ils nous ont transmis...Elles ont coûté beaucoup !... oui beaucoup ; et si le travail de l'esprit et l'adresse de l'exécution les rendaient même recommandables aux yeux de l'artiste, le souvenir de ce coût en éloignerait tout homme sensible et raisonnable.—Et qui sait si le ciel, dans son courroux, ne laissait pas éclore un jour cette horrible idée ? alors tout un peuple, pendant une génération entiere....Cette pensée fait frémir.

On avait gravé, dit Hérodote, sur une des faces, " en caracteres Egyptiens †, combien on a dépensé pour les ouvriers en raiforts, en oignons, et en aulx." *Celui qui interpréta cette inscription, ajoute cet auteur, me dit, comme je m'en souviens très-bien, que cette dépense se montait à seize cents talens d'argent* ‡. *Si cela est vrai, combien doit-il en avoir coûté pour les outils de fer, pour le reste de la nourriture et pour les habits des ouvriers, puisqu'ils employerent à cet édifice le tems que nous avons dit, sans compter celui*

qu'ils

---

* On voit des entailles rectangulaires creusées régulièrement sur ce sol ; elles ont servi probablement au soûtien de l'empattement de ce chassis.

† Les Egyptiens avaient donc des caracteres autres que des hiéroglyphes ; car l'intelligence de ces derniers n'était réservée qu'aux prêtres. Hérodote ne dit pas qu'il fût accompagné par un prêtre, mais vraisemblablement par un des paysans des villages voisins qui *ont l'habitude de monter la pyramide*, ce dont Pline fait mention. Le nombre des figures hiéroglyphiques que les Français ont récemment copiées dans la Haute-Egypte, est assez circonscrit ; et il parait évident que ce peuple possédait une écriture littérale pour les besoins ordinaires. Cette écriture a été trouvée sur l'enveloppe de plusieurs momies. Les hiéroglyphes étaient destinés aux inscriptions, et à la description des mysteres. D'ailleurs Hérodote dit textuellement *en caracteres* Egyptiens.

‡ Le talent d'argent attique était composé de 60 mines attiques, et chaque mine de cent dragmes attiques.—Le talent Egyptien était de 75 mines attiques. Je crois qu'il ne peut être question ici que des talens attiques. 1°. Parce qu'il n'existait pas de distinction entre le talent d'or et d'argent dans le talent Egyptien. 2°. Parce que l'historien écrivait pour le pays où il a lu à plusieurs reprises son histoire.

qu'ils mirent, à mon avis, à tailler les pierres, à les voiturer, et à faire les édifices souterrains, qui fut sans doute considérable*. PLINE confirme cette assertion. *Aliqui prodiderunt in raphanos et allium ac cœpas mille sexcenta talenta erogata.* (Hist. Nat., lib. XXXVI, cap. XII).

On employa, selon l'historien Grec, tous les mois, cent mille hommes à ce travail. Dix ans s'écoulerent pour la construction de la chaussée, et vingt pour celle de la pyramide.

Si la pyramide était finie au point I (Fig. 3), si elle était pleine et unie sur ses faces, elle produirait, d'après les dimensions ci-dessus, 79,144,277 pieds cubes; mais, comme elle serait alors diminuée des prismes L B D, I A C sur chaque côté, on suppose par approximation que le surplus de ce cube serait l'équivalent des prismes triangulaires dont chaque assise eût été couverte pour rendre sa surface unie. Comme la pierre avec laquelle elle est bâtie peut être débitée avec la scie à dents, et qu'elle était extraite du sol même, ou des carrieres que la montagne Lybique offre à une petite distance, on peut évaluer le prix du pied cube posé, y comprenant la portion *parementée*, un peu au-dessous de celui de notre pierre *franche* dans la même hypothese. Je dis un peu au-dessous, car la plus forte journée d'un ouvrier au Kaire est de 40 *paras*, et la moindre de 12 *paras* par jour. Or, 160 *paras* valent six francs. Cette appréciation des journées est sans doute très-forcée, car, avant l'arrivée des Français en Egypte, elles étaient moindres de moitié; depuis cinquante ans elles ont augmenté d'un tiers au-dessus des prix que nous avons trouvés. Mais, comme on comprend dans le coût total non-seulement celui de la pierre mais aussi celui des marbres employés au revêtement que l'on avait apportés de l'Ethiopie, je suppose le prix du revêtement égal à la moitié de celui de la pyramide, et j'évalue le tout, par ces différentes compensations, à 40 sols de France le pied cube.—Si, au lieu de nourrir et habiller cent mille hommes, on eût construit ce monument *à la tâche*, il ne coûterait en Europe que 158,288,554 francs ; toutes choses étant égales pour la proximité des carrieres et celle de la riviere sur laquelle on apporterait les marbres des régions plus éloignées. Or, si le coût produit la magnificence, les modernes possedent des monumens qui coûtent davantage, et dont l'exécution pour la beauté et l'intelligence est infailliblement supérieure à celle du *Chéops*. J'observe en second lieu que, si l'emploi des sommes dans les constructions de cette espece peut exprimer la sagacité des ordonnateurs, les Européens condamnés à créer de pareilles extravagances les eussent exécutées à meilleur compte, et dans un siecle où le prix de l'argent est à un taux différent. Car la construction d'une *chaussée* dont le coût a égalé la moitié de celui de la pyramide, puisqu'on a employé la moitié du tems pour l'établir,

annonce

---

* Il y a lieu de croire que ce tems est compris dans celui qu'HÉRODOTE accuse, d'après les relations qui lui ont été faites, pour la construction totale du monument.

APPENDIX.

annonce la pauvreté des ressources en mécanique de ces peuples*. Le but de cette chaussée étant celui de créer un plan incliné pour amener sur le plateau supérieur du rocher les pierres du revêtement que l'on apportait par les canaux jusqu'à ce point, il est évident qu'en formant trois stations sur le talus oriental du rocher, et en établissant une grue tournante sur chacune, on eût obtenu le même effet avec une dépense presqu'insensible et une économie de tems beaucoup plus considérable†. Si ces peuples enfin avaient connu le moyen d'élever, à peu de frais et verticalement, des poids; s'ils avaient su les placer à des grandes hauteurs par toute autre disposition que celle d'un plan incliné, et l'effort d'un grand nombre de bras‡, ils eussent creusé au préalable le canal dont HÉRODOTE fait mention, et qui isolait la pyramide; en y introduisant ensuite des canaux dérivans du Nil, ils eussent apporté leurs matériaux au bas de la base, en les élevant sur les bords du canal même.

Que, si l'on apprécie le travail que cent mille ouvriers sans cesse occupés peuvent faire en vingt ans, si l'on réfléchit que la plus grande portion de ce travail n'est que l'apport et le placement d'une masse cube presque pleine, on ne doutera pas que ces peuples n'avaient que des connaissances grossieres dans les arts mécaniques. A force de tems, de bras et sous la discipline de la servitude, ils ont pu élever des masses dont l'antiquité et les éloges de quelques auteurs, plutôt que le prix réel, ont augmenté la renommée.

HÉRODOTE dit positivement (EUTERPE Liv. II, § CXXV). "Cette pyramide "fut bâtie en forme de degrés que quelques-uns appellent *crosses* et quelques autres "*bomides*§."

PLINE ajoute, ainsi que nous l'avons observé, que "ces pyramides sont près du vil-"lage de Busiris *où se trouvent des hommes accoutumés à les monter.*" (Hist. nat. Lib. XXXVI, Cap. XII).

Si,

---

* On a dit que le bec d'une grue ne pouvait supporter un très-grand poids. Les grues dont le bec est formé de deux poutres arcboutées peuvent supporter des poids énormes. Il eût été facile d'ailleurs de construire des échafauds avec des soutiens verticaux.

† Il serait absurde d'imaginer que l'on a voulu, en construisant cette chaussée, sacrifier les ressources de l'art à leur magnificence. Car le soin le plus pressant était de construire rapidement, vu que la mort pouvait surprendre le roi dans la durée de sa construction. Or, le désir de voir achever l'objet principal, l'eût emporté sur la magnificence à donner à un accessoire dont la destruction eût été facile, ainsi que l'événement l'a prouvé.

‡ Lorsqu'un bloc d'une pesanteur spécifique très-grande, comme le marbre, le granite, etc., n'a pas un grand volume, le grand nombre de bras que l'on emploie pour le remuer, nuit à l'effet; car les directions des forces acquierent plus d'obliquité. Il faut alors infailliblement des machines, et le résultat du travail est très-lent, ainsi que l'a été celui des pyramides.

§ Bomides, ou petits autels.

APPENDIX.

Si, d'après ces autorités, les faces étaient représentées par des assises, c'est une preuve ultérieure du mauvais goût et de la disposition inégale, qui caractérise tous les détails des monumens de cette nation, que la différence reconnue dans la hauteur des assises. Ceux qui ont parcouru la table que nous avons insérée dans cet ouvrage, ou qui ont véritablement monté le *Chéops*, ne peuvent pas expliquer pourquoi M. SAVARY a dit que *ces assises sont de 4 et de 2 pieds, mais non pas au-dessus, d'après le mesurage qu'il en a fait.*

Toutes les pierres sont maçonnées; le mortier qui les lie est exactement semblable à celui d'Europe; leurs surfaces sont aussi équarries que l'état de vétusté peut le permettre: on peut reconnaître qu'elles ont été piquées; mais aucun vestige n'annonce que celles du revêtement aient été retenues par des entailles ou des feuillures.

L'art de former un plafond par des voussoirs soutenus par leur coupe et leur pression réciproque, était inconnu aux Egyptiens. Quatre grosses pierres, arcboutées en chevrons, soutiennent, comme nous l'avons dit, une portion de l'entrée. De grosses pierres appareillées, de la sorte forment le plafond de la chambre G, et des énormes pierres, posées horizontalement, forment celui de la chambre supérieure. Or, si les Grecs et les Romains ont emprunté d'eux la méthode de former d'une seule pierre une bâse ou une colonne, ils ont dû, en raisonnant sur des édifices qui n'avaient pas pour garant de leur durée la sécheresse du climat, rejetter ces voûtes plates, composées d'une ou plusieurs pierres, qui font l'admiration du vulgaire. Car, toute masse qui serait destinée à supporter un poids, ne fût-ce que le sien, et qui n'a pas un soutien inférieur égal à toute son étendue, doit être composée d'élémens plutôt que d'un seul morceau. L'expérience et l'étude apprennent qu'il est facile de donner aux parties la meilleure disposition possible pour la résolution des forces; que l'on peut s'assurer que les fils, les veines, ou les solutions de continuité, telles qu'elles puissent être, seront développées et rejettées lorsqu'on débitera un cube partiellement; au lieu qu'en ignorant où ces accidens pourraient se rencontrer dans l'intérieur d'une grande pierre, les fractures que leur présence peut occasionner sont plus difficiles dans l'emploi de la méthode des modernes *.

Certes,

---

* Des charpentiers intelligens ont renoncé à l'emploi des gros bois posés horizontalement. Ils les débitent en trois parties, et en démaigrissant celle du milieu, ils les boulonnent et donnent à la piece sur champ une plus grande hauteur que sur le plat.—Un officier du Génie, aussi distingué dans son art que dans plusieurs sciences, a relevé avec raison la méthode absurde de couvrir les magasins à poudre par des cubes énormes de bois posés sans intervalles. Des poutres disposées de la sorte *à autant de plein que de vide*, assemblées en arbalête, et recouvertes par des madriers fort épais, produiraient à son avis le même effet, étant convenablement couvertes de fumier pour l'effet de la bombe: elles seraient même plus solides et pourraient supporter une plus grande hauteur de fumier. On épargnerait, par cette méthode qui est à généraliser pour tous les blindages, la moitié du bois et une grande portion de la charge.

Certes, les gros blocs, pour la construction des colonnes, les paremens et les soutiens qui posent sur tous leurs points, ont des avantages qui ne sont pas détruits par l'inconvénient des accidens internes. Tels sont ceux de diminuer la main-d'œuvre de la taille ou du débit; d'accélérer l'ouvrage; de donner plus de majesté et de fini aux surfaces; de mieux conserver celles qui, étant exposées à l'intempérie des saisons, sont facilement pénétrées par l'écoulement des eaux qui filtrent dans un plus grand nombre de joints.—Il est donc peu étonnant, qu'en exploitant les carrieres de la montagne Lybique dont la pierre n'offre pas des veines fréquentes, en taillant des masses qui présentent des bancs étendus, ils aient trouvé plus d'économie et plus de célérité en enlevant des grands plutôt que des petits blocs. La facilité du transport devait aider leur système; car, une pierre d'une grande dimension, transportée sur des rouleaux, lorsque le sol est convenablement préparé, arrivera presqu'aussitôt à sa destination que si elle avait été coupée par petits morceaux et chargée à dos. Ce transport emploiera incontestablement moins d'hommes et moins de tems pour tailler et maçonner un grand nombre de cubes équivalens; le tassement sera sensiblement moindre.

Si les Egyptiens eussent été plus savans dans l'art de la construction, ils eussent couvert par une voûte en berceau la galerie ascendante de la pyramide, ce qui aurait occasionné beaucoup moins de travail, une moindre dépense, et aurait fourni plus de solidité que l'encorbeillement dont nous avons indiqué le profil (Pl. II. bis; fig. 4.). Enfin, la diminution progressive de la hauteur des assises eût fait disparaitre le défaut choquant de leur inégalité.

La base du *Chéphren* est de *six cent cinquante-cinq pieds*, sa hauteur de *trois-cent-quatre-vingt-dix-huit*. La pierre dont il est bâti est la même que celle du noyau des autres pyramides de *Ghizé*. Nous avons dit plus haut que l'appareil ne ressemblait pas à celui du *Chéops*, ce qui annonce que le revêtement n'avait pas la même force. La conservation de la portion qui est au sommet atteste qu'il était lisse dans la majeure partie; mais l'assertion d'HÉRODOTE annonce que l'on avait formé quelques gradins près de la base. Le monument que l'on se proposait de couvrir d'un enduit, eût été inutilement préparé par des assises taillées à l'équerre; un placement quelconque de la pierre convenait à ce revêtement économique. Je dis par un *enduit*, car les fragmens qui en ont été arrachés le prouvent incontestablement. Cet enduit est formé de gypse, d'un peu de sable et de quelques menus cailloux. Il se conserve assez blanc; on l'aperçoit de loin, et, lorsque le soleil l'éclaire, il réfléchit tant soit peu la lumiere. Cette illusion a fait dire à quelques auteurs que le sommet de la seconde pyramide était couvert d'un granite très-fin.

La troisieme pyramide, appellée le *Mycérinus*, a 280 pieds de base apparente et 162 d'élévation. On ne croit pas qu'il existe beaucoup d'assises qui seraient enterrées; la porte du temple extérieur qui est sur le même niveau à une hauteur qui ne fait pas soupçonner un trop grand encombrement de sables. Cette mesure n'est pas éloignée d'ailleurs d'ailleurs des trois plethres qu'Hérodote lui attribue. La hauteur que j'ai reconnue ne diffère pas de celle que Pococke a accusée. On ne peut compter le nombre des assises sur la face Nord qui est dégradée jusqu'à la moitié de sa hauteur, par le travail fait récemment pour chercher une entrée. On y trouve une excavation qui a environ dix pieds de profondeur, et que l'on a abandonnée après avoir ébréché la face jusqu'à cette hauteur. Le petit nombre des habitans du Kaire qui s'inquietent des pyramides, ou qui fixent un regard sur leur existence, parlent de cette tentative qui doit être assez moderne, vu le silence de plusieurs voyageurs à ce sujet.

Un douanier d'Alexandrie, qui a suivi Mourat-Bey dans la Haute-Egypte, lors de l'arrivée du capitan-bacha, m'a raconté que ce Bey, à son lever, reçut un jour le présent d'une bague, sur laquelle on avait gravé la prédiction d'un événement heureux. Dans la même nuit, il avait rêvé qu'il trouverait dans cette pyramide des trésors.—On connaîtrait mal la crédulité et la cupidité des Turcs, si l'on doutait que, sur des renseignemens de cette espece, un Bey n'ait pas pu se décider à faire ordonner des travaux pour chercher des trésors. Quelques *avanies* firent face à cette dépense infructueuse. Des chéiks m'ont confirmé cette anecdote; d'autres m'ont dit qu'elle appartient à Mohamed-Bey, prédécesseur du Bey dont nous venons de parler. C'est ainsi que l'insouciance et la loquacité dérobent dans cette contrée la connaissance des événemens les plus récens.

L'enlèvement du revêtement de la petite pyramide a été très-moderne. Les beaux morceaux de granite d'Eléphantine qui sont dispersés et abondamment entassés près de sa base, conservent encore l'appareil des deux paremens taillés à l'equerre, ce qui prouve incontestablement que sa surface achevée a été construite par assises. D'autres débris, mais beaucoup plus rares, des morceaux de marbre noirâtre se trouvent dans les environs. On les aperçoit également, quoique dans une quantité beaucoup moindre, près des autres pyramides. J'ai déposé dans le cabinet du jardin des plantes les échàntillons de toutes les especes que j'ai pu recueillir sur la totalité de la surface. Tous les auteurs attestent que cette pyramide, construite par un roi qui, dans la durée de son regne, chercha à faire oublier par sa justice et sa modération la tyrannie de son pere et de son oncle, était moindre dans ses dimensions, mais très-remarquable par les pierres dont elle était couverte, et qui furent probablement de différentes especes [*].

Voici une note que des savans distingués m'ont fournie d'après l'analyse qu'ils ont faite des pierres mentionnées ci-dessus.

NOTE

---

[*] *Tertia minor prædictis, sed multò spectatior Æthiopicis lapidibus assurgit.* Pline, Hist. nat., lib. XXXVI. cap. XII. tom. II.

APPENDIX.

NOTE

Sur les Pierres qui ont servi à la Construction des Pyramides de Ghizé, au Revêtement de quelques-unes, et de celles qui ont été trouvées dans le Voisinage de ces Monumens Egyptiens.

Par MM. FOURCROY, HAUY, GILLET-LAUMONT et LELIEVRE.

N°. I.

Pierre Calcaire ou carbonate de chaux, à grains fins, d'un gris-blanc, facile à tailler, ayant servi à la construction du Chéops et des trois pyramides les plus remarquables de Ghizé.

On la scie très-aisément; elle fournit une poussiere blanche, elle est légerement poreuse et susceptible d'une prompte imbibition dans l'eau.

L'analyse l'a montrée composée de 0,95 de carbonate de chaux, 0,04 d'alumine et 0,01 d'oxide de fer.

Elle se convertit en chaux vive assez bonne, par la calcination.

L'eau de pluie la pénetre facilement, en écarte et en détache les grains par les variations successives de la température ; mais, dans un pays où il ne pleut jamais, cette pierre a dû se conserver sans altération.

Il ne serait pas difficile de préparer une espece d'enduit ou de mastic qu'on rendrait adhérent sur la face de cette pierre en la piquant, et qui serait impénétrable à l'eau, comme le mastic ou ciment de LORIOT, ou tel autre quelconque, si l'on voulait construire en France un modele inaltérable avec cette pierre. Cet objet néanmoins exigerait des essais et quelques expériences préliminaires.

N°. 2.

Espece de roche quartzeuse, avec amphibole, connue sous le nom de Jaspe d'Ethiopie, elle a été trouvée au bas du Chéops.

C'est une pierre mélangée, très-dure, susceptible d'un beau poli, et presque inaltérable à l'air.

N°. 3.

APPENDIX.

N°. 3.

Autre Roche amphibolique ; attirable à l'aimant, d'un verd foncé, susceptible d'un beau poli, moins quartzeuse que la précédente.

Elle a été trouvée au bas du *Chéops.*

Elle est aussi très-durable et plus attaquable par l'air.

N°. 4.

Beau Granite rose antique de l'île d'Eléphantine, détaché du revétement de la pyramide nommée Mycérinus.

On croit que c'est le *Pyropœcylon* de PLINE.

C'est le granite antique Egyptien, dont plusieurs monumens ont été transportés d'Egypte à Rome.

Il est formé de gros fragmens de felospeth rose de deux nuances, qui y domine et qui lui donne sa couleur ; de quartz gris ou blanchâtre peu abondant, et de sehors noirâtre qui y tient le milieu pour la quantité.

C'est une des plus belles pierres que l'on connaisse ; elle reçoit un magnifique poli. Elle était digne d'être employée à la construction des monumens durables, qui attestent de nos jours les idées et l'immensité du travail du peuple antique chez lequel ils ont été élevés.

N°. 5.

Quartz agathe grossier veiné.

Caillou d'Egypte qu'on trouve épars sur le terrain environnant les pyramides.

Il reçoit un très-beau poli ; on le range parmi les pierres dures que les anciens ont quelquefois travaillées ; et qui sont recueillies dans les collections lithologiques.

N°. 6.

Quartz agathe grossier ; caillou gris non veiné et commun.

Il existe aux environs des pyramides.

N°. 7.

Quartz agathe grossier orange.

Espece de caillou très-dur ; susceptible d'un beaupoli, un peu demi-transparent, d'un aspect un peu gras.

On le trouve épars aux environs des pyramides.

N°. 8.

APPENDIX.

N°. 8.

Fer oxidé noirâtre, non attirable à l'aimant.

Espece d'oxide de fer quartzeux, d'un rouge brun et même noirâtre comme carié ou poreux, très-dur; mauvaise mine de fer, difficile à traiter.

On le trouve aux environs des pyramides.

N°. 9.

Autre espece d'oxide de fer quartzeux, plus rouge que le précédent, trouvé dans le même lieu.

N°. 10.

Talc stéatite.

Pierre-argille magnesiene, d'un aspect gras, d'un tissu doux et comme savonneux, d'une couleur grise rougeâtre.

Trouvée aux environs des pyramides.

N°. 11.

Argille ou glaise, d'un gris rougeâtre.

Un peu oléuse, mais de la même nature que l'argille de Montmartre et de Gentilly.

Il est enfin question dans HÉRODOTE d'une autre pyramide bâtie par ASYCHIS, successeur de MYCÉRINUS. A moins que ce ne soit une des trois O, P, Q, je n'aperçois pas où elle eût été placée. Voici le texte de l'auteur précité. " Ce prince voulant " surpasser tous les rois qui avaient regné en Egypte avant lui, laissa pour monument " une pyramide de briques avec cette inscription gravée sur une pierre : *Ne me méprise* " *pas en me comparant aux pyramides de pierre. Je suis autant au-dessus d'elles que* " JUPITER *est au-dessus des autres Dieux ; car j'ai été bâtie des briques faites du limon* " *tiré du fond du lac**."

Aucune

---

* Diod. de Sic. ne parle ni d'ASYCHIS ni d'ANYSIS qui lui succéda. Il met sur le trône en leur place un roi BOCCHORIS, et ajoute que long-tems après ce dernier SABACON regna en Egypte. LARCHER pense que DIODORE s'est trompé sur le tems où il place ces princes, et qu'ils sont du nombre des trois-cent-trente rois dont HÉRODOTE ne parle pas.

Aucune des trois pyramides que nous venons d'indiquer n'est bâtie en briques. Elles sónt d'ailleurs trop petites pour avoir été l'ouvrage d'un roi orgueilleux. Je croirais presque que la grande pyramide de *Sakhara* dont nous avons parlé, et qui est construite en grandes briques, est celle d'Asychis. Ce prince aura élevé son monument auprès de *Memphis* qu'il avait embellie ; car il fit bâtir aussi, d'après l'historien Grec, " en l'hon-
" neur de Vulcain, le vestibule qui est à l'Est du temple de son nom ; c'est le plus
" grand et le plus magnifique. Tous les portiques sont ornés de figures ; mais celui-ci
" les surpasse de beaucoup."

On ne peut faire des observations trop détaillées sur les dimensions du canal qui enveloppait la base du *Chéops*, et dont il ne reste presqu'aucun vestige. Il convient de remarquer seulement que ce canal devait avoir près de 110 pieds de profondeur ; car celui de la *Bahiré* qui coule du Sud au Nord auprès des pyramides, est 102 pieds au-dessous de l'arrête N. E. Il fallait donc une pente sensible pour ramener les eaux vers le *Chéops*, en supposant la tranchée pratiquée pour cet effet dans la portion la plus facile à tailler, et en suivant les indices des ponts dont nous avons fait mention. Or ce canal ne pouvait avoir moins de 100 pieds de largeur ; quoique taillé dans le rocher, on savait que la qualité de la pierre était friable, et on aura vraisemblablement donné quelques talus ; on voyait que les sables environnans l'eussent promptement comblé : enfin une argeur moindre était disproportionnée avec les dimensions du monument, et ne produisait pas l'effet rassurant auquel la construction du canal était destinée. Il est vrai que, si la cavité *a* actuellement existante* en est une portion, elle n'a pas cette largeur ; mais il est probable qu'elle est rétrécie sur un côté par des ruines qui ne sont toutefois que des grosses pierres.

Comment alors peut-on accorder à Hérodote l'élévation qu'il donne au *Chéops*, et qu'il dit être égale à la base, si ce canal a existé ?

Avant d'aller plus loin sur cet article, j'insérerai les dimensions de la base, d'après différens auteurs, évaluées en mesures de France, en citant la remarque judicieuse de Larcher qui les a résumées, et qui prévient sur les fautes que l'on trouve dans Savary, dans la rédaction d'une table de cette nature.

	Toises.	Pieds.	Pouces.	Lign.
Largeur, suivant Hérodote : 8 plethres	125	5	6	8
Suivant Diodore de Sicile : 7 plethres	110	1	1	4
Suivant Strabon : 1 stade	94	1	,,	,,
Suivant Pline : 883 pieds Romains : le pied Romain évalué à 1306 parties du nôtre	133	2	9	11
Suivant Greaves, 693 pds. Anglais	108	2	5	10
Suivant Lebruyn	117	2	,,	,,

Il

---
* On a gravé par erreur un grand A à cet endroit dans la Pl. I.

Il paraît qu'Hérodote a mesuré la base ainsi qu'il l'atteste, car sa mesure ne diffère de la nôtre que de 27 pieds ; ce qui peut être attribué à des causes provenantes de l'irrégularité du sol, et encore plus à l'augmentation que l'on doit supposer pour l'épaisseur du revêtement au bas de l'arrête ; car tout atteste le goût des anciens Egyptiens pour les blocs volumineux ; il serait peu étonnant qu'ils eussent plaqué les dernieres assises avec des pierres de quatorze pieds. On en voit de plus fortes dans l'enceinte du temple qui est placée vis-à-vis le *Mycérinus*.

Les dimensions de Lebruyn approchent également des nôtres.—Mais il est incontestable qu'Hérodote, ni Strabon, ni Diodore de Sicile n'ont pas mesuré la hauteur. Il est aisé d'en déduire la preuve autant de notre travail que de la confrontation des assertions de l'historien Grec. Si la hauteur eût été, d'après son dire, égale à la base, elle eût différé de la nôtre de 306 pieds ; ce qui ne pourrait exister sans que l'on augmentât le nombre des assises supérieures ou inférieures. En prolongeant ces dernieres, sans *excéder* la base reconnue par Hérodote, et en prenant la largeur moyenne de 20 pouces 6 lignes, on eût trouvé 7 assises environ, en sus de celles que nous avons accusées. Or, en adoptant pour les assises inférieures la hauteur de la derniere, c'est-à-dire de 4 pieds environ, les sept assises n'eussent produit que 28 pieds de hauteur. Que, si l'on suppose la pyramide achevée au-dessus de la section supérieure dont le côté est de 18 pieds, on apercevra qu'elle ne peut gueres comprendre, d'après la largeur donnée, que 5 assises au plus ; et, comme la derniere assise a trois pieds de hauteur, les cinq ajoutées ne produiraient que 15 pieds qui, sommés avec les 28 des assises inférieures, donneraient en totalité une hauteur additionnelle de 43 pieds ; ce qui est bien éloigné de 306 pieds, valeur de la différence dont nous venons de parler.

On pourrait supposer que les sept assises inférieures à ajouter pour amener la base à cette hypothese, eussent eu 41 pieds de hauteur chacune ; mais indépendamment de la certitude que nous avons acquise que le sol du rocher commence au bas des trois assises actuellement couvertes, on doit reconnaître l'absurdité d'une pareille disposition ; car on eût diminué la hauteur des assises qui sont au-dessus de la huitieme dans une proportion plus approchante de 40 pieds, afin de ne pas faire une construction par trop monstrueuse. Le placage de ces surfaces de 40 pieds de hauteur n'eût pas été fait non plus d'une seule pierre ; ce qui s'éloignerait de la méthode accoutumée de leur construction ; en adaptant plusieurs pierres verticales, on eût également diminué la solidité du revêtement.

Enfin, il est une réflexion que les dimensions de l'intérieur de la pyramide font naître.—Nous avons observé que la grotte, excavée au point L, doit être au niveau du sol extérieur, puisqu'elle n'est pas bâtie, mais taillée dans la masse du rocher. Nous savons que le puits h L a 60 pieds de profondeur, que la branche h E a 122 pieds de longueur, et le canal F E 112 pieds. Pour que le point B fût à la hauteur indiquée par Hérodote, c'est-à-dire 306 pieds plus bas, il eût fallu que le sinus de l'angle B E F eût cette étendue plus sa distance de la base actuellement reconnue qui est de 60 pieds environ ; que ce sinus fût enfin de 366 pieds. Mais cela est impossible si le côté F E

est

est seulement de 112 pieds, et tous les voyageurs sont d'accord, à peu de chose près, sur la longueur de ce canal E *t*, quoique l'angle E F B ne soit pas bien mesuré, il est évident que le point E ne peut descendre sans alonger le côté *h* E; le sinus de l'angle L E *h* est connu et incontestable.

Les dimensions de toutes les bases, reconnues par Hérodote, sont vraies. Celle de la pyramide I n'a en ce moment que 120 pieds; mais elle n'est pas entierement à découvert; or, c'est un plethre et demie qu'Hérodote lui a donné. Celle du *Chéphren* et du *Mycérinus* sont exactement conformes à ses indications; mais la hauteur de cette derniere differe aussi de celle qu'Hérodote accuse. Il prétend qu'elle n'est plus basse que de *vingt* pieds des deux autres. On pourrait évaluer approximativement ainsi sa verticale, si on la fixait de l'arrête A, qui est le point le plus bas du rocher. Mais cette illusion s'évanouit lorsqu'on est à proximité; car, le rocher s'éleve, ainsi que nous l'avons remarqué, de A en M. En appliquant ensuite les mesures sur les surfaces, il est incontestable que la hauteur du *Mycérinus* se borne à 163 pieds, ce qui est à-peu-près conforme à l'assertion de Pococke. Aussi les commentateurs croient le texte d'Hérodote altéré dans cet endroit, l'historien ayant dit plus haut: " Mycérinus laissa aussi " une pyramide; mais beaucoup plus petite que celle de son pere."

Norden ne se trompe pas moins en assignant à la hauteur du *Mycérinus* 100 pieds de moins qu'aux autres pyramides*. Aussi une verticale de 348 pieds sur une base de 300 pieds, n'eut pas été conforme au système de solidité que ce peuple avait adopté.— Il semble que Norden a tracé trop légerement le plan du rocher; car, l'emplacement du *Sphinx*, et la distance mutuelle des pyramides est inexacte, ce qui peut être attribué à ce que ce voyageur a envoyé souvent ses dessins en Europe, et qu'ils ont été gravés dans son absence; presque tous sont dépourvus d'échelle, et celui-ci est du nombre.

Norden se trompe aussi lorsqu'il croit que les pierres sont jointes sans chaux. Il pense que le *Chéops* n'a pas été revêtu. Ce revêtement était encore entier vers le milieu du regne d'Auguste. Des fragmens, quoiqu'en petit nombre, se trouvent à l'entour; j'en ai déposé des échantillons au jardin des plantes. Comment d'ailleurs n'eût-on pas revêtu le *Chéops*, puisque le *Mycérinus* l'était entierement, et que ce revêtement est en grande partie développé actuellement autour de la base?

Enfin, il y a eu probablement une erreur d'impression dans cette assertion de Norden: *l'entrée de la grande pyramide est à l'Est-Sud-Est de Ghizé*; il fallait dire Ouest-Sud-Ouest. La rapidité des visites et les difficultés du mesurage sont les principaux motifs de ces erreurs, plus ou moins sensibles chez les voyageurs les plus instruits. De telles

---

* C'est une chose remarquable que la presqu'uniformité du rapport de la base à la hauteur dans le *Mycérinus* et dans le *Chéops*; il ne faudrait que 20 pieds environ de plus à la hauteur du premier pour que le rapport fût exact.—Cette observation appartient également au *Chéphren*.

telles remarques ne peuvent diminuer la reconnaissance que l'on doit à leurs travaux, et les hommages que leurs talens ont mérités.

J'ai dit sur ces extravagans édifices ce que j'ai vu. Aidé de quelques officiers zélés, j'ai vérifié, à plusieurs reprises, des mesures reconnues d'ailleurs avec toute la précision que la nature du site et les circonstances m'ont procurée. Celles-ci ont pu m'être favorables dans le tems où j'ai commandé à *Ghizé*. Avec de telles facilités, les savans et les artistes estimables qui sont en Egypte, eussent sans doute fourni un travail plus intéressant.—Peut-être des études ultérieures perfectionneront les résultats que j'ai consignés dans cet écrit.—Que le respectable DOLOMIEU puisse bientôt nous communiquer ses travaux ! que ses profondes observations géologiques enrichissent le domaine de cette science dont il a fait si bien apprécier l'étendue ! Quelle puissance peut flétrir sa gloire des larmes d'un homme dévoué à l'étude ? Que font aux savans les déchiremens et les dissensions des potentats ? Ne sont-ils pas tous amis, et liés par un pacte indestructible ? Et pourquoi les lourds rédacteurs du droit des gens ont-ils omis la *neutralité de la science* ? Elle restera seule dans les siecles à venir, et les projets et les agitations politiques, comparés au sublime intérêt des sciences, n'imprimeront qu'une froide émotion aux générations futures.

Les philosophes ne partagent pas l'enthousiasme de quelques voyageurs sur ces monumens. Leur vœu est sanctionné par le sentiment intime d'un grand nombre de Français qui ont récemment visité l'Egypte. Cette description captivera peut-être l'attention des doctes et des curieux ; mais elle n'offrira d'autre fruit pour la morale, que la remarque suivante:—Que les grands de la terre ne cumulent pas sur un point leur magnificence ! Les routes, les canaux, l'agriculture et l'instruction doivent répandre sur le rayon entier de leur domaine, les sommes que plusieurs rois ont destinées aux *monumens*. La grandeur la plus durable, est le souvenir d'une administration paternelle, qui a distribué par-tout et également la prospérité. Et si, pour trouver un édifice que l'on croit définir par l'idée variable de la *majesté*, on traverse des contrées pauvres ou affligées, un tel système décélera la barbarie autant que la faiblesse de son auteur.

APPENDIX.

EXTRAIT *de la Lettre du Cit.* CORABŒUF, *Ingénieur actuellement employé en Egypte.*

Alexandrie, le 24 Messidor, An 8. (13 Juillet 1799.)

LES grandes difficultés que nous avons toujours eues à correspondre avec la France, me font présumer, citoyen, que les résultats des recherches et des différens travaux dont on s'est occupé ici, vous sont en partie inconnus. Je ne crois pas devoir mieux faire que de vous entretenir d'objets qui vous offriront quelqu'intérêt. La géographie de l'Egypte est une des parties les plus complettes du travail de la commission. La détermination astronomique d'un grand nombre de lieux assure leur position avec la derniere exactitude, et sert à rectifier les erreurs inévitables dans les relevemens topographiques. Le grand nombre de ceux-ci ne laisse rien à désirer sur la connaissance parfaite des différentes parties de l'Egypte ; en sorte qu'on possede des matériaux suffisans pour construire la carte d'un pays rendu si célebre dès la plus haute antiquité. Le tableau des longitudes et des latitudes déterminées par le cit. NOUET, a déjà été imprimé ; mais, comme il est possible qu'aucun exemplaire ne vous soit parvenu, je le joins ici. Si vous comparez ces nouvelles déterminations à celles de ces mêmes lieux sur la carte de DANVILLE, les grandes fautes que vous trouverez, vous feront sentir le besoin qu'on avait des observations modernes. La position d'un lieu qu'il était intéressant de vérifier, est celle de Syene qu'on croyait placée sous le tropique d'après l'observation d'ERATOSTHENE : vous voyez que la latitude trouvée differe d'environ 40 lieues de celle qu'on lui supposait *.

L'académicien CHARELLES avait cherché à reconnaître si la grande pyramide de Memphis était orientée ; mais comme il opéra d'une maniere peu exacte, il était intéressant de répéter cette opération : la direction de la face N. S., prise au moyen d'un grand nombre d'azimuths, a donné 19 minutes 58 secondes de déclinaison N. O. ; cette erreur est peu différente de celle que trouva PICARD dans la direction de la méridienne de Ticho-Brahé à Uranisbourg. Vous savez qu'il trouva 18 minutes.

Une opération bien importante à faire était de trouver la différence du niveau des deux mers. Les traces de l'ancien canal ont été reconnues, et le résultat des nivellemens qui ont été exécutés ne laisse aucun doute sur l'excès de hauteur des eaux de la Mer Rouge sur celles de la Méditerranée †.

On

---

* Mais il serait possible que la précession des équinoxes indiquât une telle différence. Alors, l'erreur d'ERATOSTHENE serait de 6 ou 7 minutes seulement. *(Note de l'auteur.)*

† Le nivellement du cit. PEYRE, ingénieur très-renommé, a fait apercevoir que le point intermédiaire du canal qui allait de *Suez* au Nil par *Bilbéis*, etc., était de 54 pieds plus bas que les eaux de la Mer Rouge. A ce point, et près de l'ancienne *Hiéropolis*, on a trouvé les ruines d'un édifice qui semblait être une douane. En sorte que la moitié de ce canal était alimentée par les eaux de la Mer Rouge, et l'autre moitié par celles du Nil. *(Note de l'auteur.)*

APPENDIX.

On a une connaissance complette de ce qui existe des monumens de l'Egypte ancienne dont les plus beaux restes se trouvent dans la Haute-Égypte. Les plans des emplacemens des anciennes villes, les plans particuliers des monumens ont été levés; des coupes et des élévations font voir tous les détails de la singuliere architecture de ces édifices, et des vues prises de différens points indiquent leur état actuel. On a dessiné avec soin les sculptures dont ces monumens sont revêtus: ce sont des tableaux représentant différens sacrifices aux divinités Egyptiennes, des combats, des entrées triomphales, etc. On a trouvé dans une grotte voisine d'*Elethia* où de *Lucine*, les procédés de l'agriculture, de la pêche et de la navigation: ceux des embeaumemens et des funérailles y sont également sculptés; mais on les trouve dans les grottes sépulcrales de Thebes. Ces dernieres si nombreuses et creusées avec tant d'art, ont été visitées: plusieurs renferment encore des momies très-bien conservées, et c'est en fouillant dans celles-ci, qu'on a trouvé des rouleaux de papyrus. Plusieurs membres de la commission des arts possedent en entier de ces manuscrits les plus anciens du monde: outre les caracteres hiéroglyphiques, on y voit une écriture littérale. Enfin, on a des dessins et les dimensions des superbes obélisques de Thebes et des deux colosses encore existans. Mais, ce qu'on a trouvé de plus remarquable et de plus intéressant pour l'histoire de ce peuple célebre, ce sont deux zodiaques, l'un sculpté au plafond d'un péristile à Henné, l'autre au grand temple de Dindera. Le premier indique le solstice dans le signe de la Vierge; le second plus moderne fait voir que le soleil au solstice se trouvait dans le signe du Lion, et on a même eu soin d'indiquer qu'il approchait du Cancer. L'intention des fondateurs, en plaçant ces monumens, était certainement de figurer l'état présent du ciel lorsqu'ils construisirent ces édifices. La comparaison qu'on peut faire de ces deux zodiaques remonte à des tems bien reculés l'époque de la construction des temples auxquels ils appartiennent, et ce sont en même tems des témoignages frappans de la connaissance qu'avaient les anciens Egyptiens du phénomene astronomique, la précession des équinoxes.

Je viens de vous esquisser le tableau des recherches faites sur l'Egypte ancienne. Si la réunion des différens travaux dont elle a été l'objet, s'opere par la suite, l'ouvrage qui en présentera l'ensemble sera un des plus beaux et des plus complets de ceux qu'on possede sur ce genre de productions.

Les connaissances de l'état actuel de l'Egypte moderne considérée sous le rapport du gouvernement des lois, des mœurs, des usages, de la religion et des relations commerciales, n'offrent pas moins d'intérêt. Les recherches nécessaires pour remplir ce cadre ont été l'objet du travail d'une commission spéciale. Si vous joignez à tout cela les précieuses collections des naturalistes qui offriront toutes les différentes productions de ce pays, vous conviendrez qu'on a fait tout ce qu'il était possible de faire.

Salut et respect,

Signé CORABŒUF.

APPENDIX.

POSITIONS GÉOGRAPHIQUES
DE PLUSIEURS POINTS DE L'ÉGYPTE,

Déterminées par le Citoyen NOUET, *Astronome.*

Rives du Nil.	NOMS DES LIEUX.	Longitude en tems rapportée au Méridien de Paris.			Longitude en Degrés.			Latitude Boréale.		
		h.	m.	s.	d.	m.	s.	d.	m.	s.
	Abou-el-Cheik (Santon)...................	1	58	11	29	32	44	30	31	57
	Alexandrie (au Fare)..........................	1	50	20	27	35	—	31	13	5
or.	Antinoé (Ruines d')...........................	1	54	19	28	34	44	27	48	59
	Belbeys...	1	56	54	29	13	36	30	25	36
oc.	Benisouef..	1	55	29	28	52	15	29	9	12
or.	Carnac (Ruines de Thebes)................	2	1	20	30	20	4	25	44	—
or.	Damiette..	1	57	57	29	29	15	31	25	43
oc.	Dindera (Ruines de Tentyris).............	2	1	21	30	20	12	26	10	20
	Dibeh (Bouches du lac Menzalé).........	1	59	9	29	47	15	31	22	6
oc.	Edfou (Temple d').............................	2	2	12	30	33	4	24	59	59
oc.	Esné...	2	—	56	30	14	4	25	19	39
or.	Gan-el-Charkié (Temple de), ou Gan-el-Kubara, d'après DANVILLE.............	1	56	46	29	11	24	26	54	2
oc.	Girgé...	1	58	19	29	34	51	26	22	20
oc.	Hou..	2	—	2	30	—	27	26	13	—
	Ile Philé (au-dessus des premieres cataractes)	2	2	15	30	33	46	24	3	45
or.	Kaire (Maison de l'Institut ou de Hassan-Cachef)............................	1	55	51	28	58	—	30	3	20
or.	Kené..	2	1	38	30	24	30	26	11	20
or.	Koum-Ombo (Temple)......................	2	1	54	30	28	34	24	28	—
or.	Lesbé...	1	58	7	29	31	50	31	29	41
or.	Luxor (Ruines de Thebes)..................	2	1	16	30	19	6	25	43	—
oc.	Médinet-Abou (Ruines de Thebes).....	2	1	7	30	16	42	25	43	33
oc.	Minié...	1	53	54	28	28	35	28	8	20
	Omfarege (Bouches du lac Menzalé)...	2	—	40	30	10	5	31	8	59
oc.	Palais de Memnon (Ruines de Thebes)	2	1	11	30	17	44	25	44	30
oc.	Pyramide de Ghizé (celle qui est tronquée)...	1	55	29	28	51	17	29	59	49
	Rosette..	1	52	32	28	8	5	31	25	—
	Salahié...	1	58	38	29	39	30	30	48	28
	Souez...	2	1	—	30	15	5	29	59	6
oc.	Syene...	2	2	17	30	34	19	24	8	6
oc.	Siout..	1	55	33	28	53	17	27	13	14
	Tanis (Ile du lac Menzalé)..................	1	59	27	29	51	45	31	12	50
	Tour d'Abou-Kir..............................	1	51	16	27	46	31	31	19	44
or.	Tour de Bogafé.................................	1	58	11	29	32	51	31	32	14
	Tour du Bogaz (Bogaz de Damiette)...	1	58	6	29	31	37	31	30	40
	Tour de Marabou (1).........................	1	49	57	27	29	11	31	9	9

(1) A l'ouest d'Alexandrie. Les Français ont débarqué dans cet endroit.

J'avais adressé à l'astronome LALANDE une instance pour obtenir quelques observations sur les zodiaques mentionnés dans la lettre du citoyen CORABŒUF; ce savant étant absent de la capitale, un de ses éleves, que des talens distingués ont déjà fait remarquer, a pris la peine de me répondre. J'ai cru que les lecteurs verraient avec intérêt sa lettre qu'il a permis d'insérer.

Au Collége de France, ce 4 Vendémiaire, an 9. (26 Septembre 1800.)

J. C. BURCKHARDT, *Membre adjoint du Bureau des Longitudes, au Cit.* GROBERT, *Chef de Brigade d'Artillerie.*

Citoyen,

Si j'ose répondre à la lettre que vous avez adressée au célebre patriarche des astronomes, relativement à l'antiquité des zodiaques trouvés à Henné et à Dindera, ce n'est que pour faire sentir l'importance de cette découverte à ceux de vos lecteurs qui ne sont pas astronomes, et je me flatte que ce motif m'excusera suffisamment.

L'action du soleil et de la lune sur le sphéroïde terrestre produit un mouvement très-lent de son équateur, que l'observation a fait connaître de bonne heure, et que la théorie a expliqué dans notre siecle. Il en résulte que les points d'intersection de l'équateur et de l'écliptique ou les deux équinoxes, de même que les deux solstices qui en sont éloignés d'un angle droit, répondront à différentes étoiles à différentes époques; et qu'on pourra calculer l'époque de la construction d'un monument, si l'on trouve un zodiaque où la position d'un de ces quatre points est marquée. Le mouvement des équinoxes étant très-lent (ce n'est qu'un degré en 72 ans ou un degré décimal en 64 ans), il pourrait s'élever un doute, c'est celui de savoir si nous connaissons assez exactement sa quantité? il suffit de remarquer que les nouvelles recherches des astronomes les plus célebres, DELAMBRE, DEZACH, PIAZZI, HORNSBY, qui ont comparé leurs observations à celles de FLAMSTEAD, LACAILLE, BRADLEY et MAYER, s'accordent, à un millieme près, sur la quantité de ce mouvement. On pourra donc trouver, à un millieme près, le nombre d'années qui doit s'écouler, pour que les équinoxes ou les solstices aient une position donnée; précision qui est sans doute très-suffisante.

L'astronomie donnerait donc avec une grande précision l'âge des deux zodiaques, pourvu que la position des points solsticiaux soit assez exactement indiquée, soit dans les mouvemens mêmes, soit dans la lettre du citoyen CORABŒUF. Le citoyen DENON a rapporté un dessin de celui de Dindera, et il a eu la complaisance de me le montrer. Il en résulte, ainsi que de la lettre du citoyen CORABŒUF, que les solstices étaient alors de deux signes ou 60 degrés plus avancés qu'ils ne le sont actuellement; d'où il suit que le temple de Dindera a été construit quatre mille ans avant notre siecle. On ne peut se tromper que de très-peu de siecles sur cet espace immense, il est même probable qu'on fixera

avec

avec plus d'exactitude l'époque de ce zodiaque, lorsqu'on aura étudié et approfondi toutes les figures environnantes. Le mémoire que le citoyen FOURRIER a présenté à l'Institut d'Egypte, contiendra probablement tout ce qu'on peut désirer sur cet objet.

Le second zodiaque, celui de Henné, est beaucoup plus ancien ; le solstice était dans la Vierge, ce qui n'a pu arriver que sept mille ans avant notre siecle. La position du solstice est un peu plus vaguement indiquée que dans le zodiaque précédent, d'où il résulte une incertitude un peu plus grande sur son âge ; mais il est certain qu'il a plus que six mille ans. Un peuple qui cultivait l'astronomie devait exister depuis plusieurs milliers d'années : ce zodiaque prouve donc d'une maniere incontestable que la chronologie ordinaire, qui ne donne que 6000 ans à notre solstice, est fautive.

Mais ce n'est pas le seul rapport sous lequel cette découverte est bien précieuse. Le citoyen DUPUIS a montré, par des rapprochemens extrèmement ingénieux (Origine de tous les Cultes, tom. III. pag. 324. et suiv.), que notre zodiaque ne pouvait convenir qu'au climat d'Egypte, et que, lors de son invention, le capricorne occupait le solstice d'été, ce qui est arrivé 14 à 15 mille ans avant notre siecle. Le zodiaque d'Henné me semble dissiper tous les doutes qui pouvaient rester sur cette hypothese qui recule, d'une maniere étonnante, les limites que les préjugés avaient fixées à l'âge du globe terrestre.

Agréez les sentimens de la plus parfaite considération avec lesquels j'ai l'honneur d'être

Votre dévoué concitoyen.

BURCKHARDT.

APPENDIX.

DE LA VILLE DU KAIRE ET DU VIEUX-KAIRE.

El Massr signifie *le bel endroit*. Dans le rapport de l'expression Arabe à nos idées, ce mot serait mieux traduit, à mon avis, en l'appellant *la ville principale*. Abulféda dit qu'Amrou démolit les restes de *Memphis*. Il observe que le village de *Memf* qui existait déjà de son tems, avait été anciennement *El Massr* de l'Egypte.—C'est par ordre de son prince que ce lieutenant a bâti, si l'on en croit cet auteur, *Fostat* ou le Vieux-Kaire. Cette tradition a besoin de quelque explication.

Babys ou *Babyon* était synonime de *Typhon**. C'est à ce nom que l'ancien *Babylon* d'Egypte a peut-être dû son origine. Mais ce *Babylon* s'étendait entre la rive orientale du Nil et le *Mokattan*. Des débris très-considérables attestent que cette surface a été couverte d'édifices. On a observé avec raison que trois puits, semblables à celui de Joseph creusé dans la citadelle du Kaire, étaient dans l'espace que nous venons de désigner. Après quelques recherches, je suis parvenu à les reconnaître. On n'a pas pratiqué un escalier autour de leurs parois. Ils étaient moins profonds, vu que le sol où ils ont été excavés, était plus bas; cette construction coûteuse était inutile.—Dans l'état actuel, ces puits sont comblés de pierres jusqu'à une certaine hauteur.

Si tout le terrain, compris entre la mosquée *Alen-Sohouel* (Pl. III.) et celle de *Cheikh-Ismail*, n'était pas couvert de décombres; si les fouilles ne décélaient pas des décombres encore plus anciens, les puits dont je viens de parler prouveraient suffisamment qu'une ville a existé dans cet endroit. On peut en apercevoir le tracé confus en regardant cette plaine de la hauteur sur laquelle est située la batterie L dite *des oliviers* †.

Babyon ou *Babylon* d'Egypte, depuis appellé *Fostat*, existait long-tems avant l'invasion d'Amrou. Il serait difficile d'assigner l'époque de sa construction que l'on a soupçonné remonter jusqu'à Cambyse ‡. On peut opposer à l'autorité d'Abulféda celle d'un autre écrivain Arabe (Osioth). Il paraît, d'après ce dernier, que Macaucus, préfet des Égyptiens pour Héraclius, quitta *Babylon* pour se réfugier dans un fort de
l'île

---

* Chacun sait que Typhon, ou le génie malfaisant, était une des divinités adorées par les Egyptiens.

† Voyez le plan de la citadelle du Kaire.

‡ La conquête de l'Egypte par Cambyse, d'après la chronologie extraite d'Hérodote, serait vers l'année 4189 de la période julienne, et 525 ans avant J. C.

l'île de *Rhoudda*, lorsqu'AMROU escalada les murs de cette ville, et qu'étant réfugié dans cette enceinte, il capitula avec les Musulmans.

Golius in notis ad Alfraganum (ex Osiotho scriptore arabo) pag. 156. " In insulam " hanc cum appositis scalis expugnaretur Babylon (e regione urbis Memphis *cis Nilum* à " Cambyse quondam, aut etiam prius ædificata, ubi est nunc sita Cahira vetus), confu- " gerat Macaucus Egyptiorum pro Heraclio præfectus; atque ibi ex munito receptu " conditiones pacis, de quibus historia Saracenica, cum Amro pactus fuit.".

L'assertion d'ABULFÉDA n'est pas toutefois détruite par ces autorités, vu qu'il convient de dispenser tout écrivain Arabe d'une précision sévère dans ses narrations.—Il paraît assez vrai qu'AMROU a détruit *Memphis*[*] dont le village *Memf* a retenu le nom; Mais l'ordre qu'il a reçu de bâtir *Fostat* sur la rive droite du Nil ne doit s'entendre, à mon avis, que pour les augmentations dont cette ville a paru susceptible sur-tout à proximité du fleuve, et par les réparations indispensables après un siége.

AMROU augmenta donc l'étendue de *Babylon*, dans la portion de la plaine qui n'était pas couverte de maisons, notamment dans l'endroit où il avait placé sa *tente* ou son camp. Cette circonstance lui a fait donner le nom de *Fostat* qui signifie tente ou quelque chose d'équivalent [†] en Arabe.—Il est incontestable qu'elle a été la capitale de l'Egypte;

---

[*] J'ai cru qu'il ne fallait rien ajouter aux observations judicieuses de POCOCKE et d'autres voyageurs instruits pour prouver que *Memphis* était située sur la rive occidentale du Nil, à 4 lieues environ du Kaire. DANVILLE s'est rangé à cet avis. Il suffit de lire la citation de DIODORE de Sicile pour lever toute espèce d'incertitude. Les pyramides de *Chemmis* (ou *Chéops*) sont, dit-il, à six vingt stades de *Memphis*, e quarante-cinq du Nil. Le stade olympique est de 94 toises et $\frac{1}{2}$; cette distance serait donc de 4 lieues et $\frac{1}{4}$ de *Memphis*, et d'une lieue et $\frac{1}{4}$ du Nil; ce qui est conforme à la vérité, si l'on compte la lieue à 2400 pieds.

Sakhara était le cimetière de *Memphis*; les fleuves *Lethè* et *Cocyté* qu'il fallait traverser pour aller dans la *région des morts*, étaient des saignées du Nil qui existent encore, et qui portent leurs eaux dans le canal de la *Bahiré*.—Mais une remarque qui peut concilier, selon moi, toutes les opinions, est celle-ci: *Ghizé*, signifie *extrémité*. *Memphis* s'étendait probablement plus en longueur qu'en profondeur; autrement elle eût plongé dans le désert. Or, comme son étendue était très-grande, il est possible qu'un de ses fauxbourgs ou *extrémités* remontait jusqu'à l'emplacement où *Ghizé* est actuellement. On a trouvé quelques débris de constructions anciennes, en excavant le sol, au Sud de *Ghizé*, pour des ouvrages de fortification.

[†] On appelle *rish* la tente des Arabes les plus pauvres; c'est notre tente *canonnière*, c'est-à-dire celle qui a deux poteaux et une traverse, et dont la coupe est triangulaire. *Harish* signifie tente du monarque. —La ville d'*Elharish* a été ainsi appelée, selon quelques traditions, parce que les officiers de PHARAON, qui poursuivaient les frères de JOSEPH qui avaient acheté du bled en Egypte, tendirent leur tente en cet endroit alors cultivé, et célèbre par les pommes grenades les plus belles. Les environs d'*Elharish* annoncent

l'Egypte, et qu'on l'appelle par ce motif *Massr-el-Latikha*, *le Vieux-Massr* ou l'ancienne capitale.

Le Vieux-Kaire occupe en ce moment une étendue de 280 toises de largeur, et mille toises dans sa plus grande longueur qui est parallele au cours du Nil. On n'y trouve aucun monument intéressant, si ce n'est le *Deïr-el-nassara* ou *Couvent chrétien*. Sous ce nom est comprise une enceinte assez vaste dont les murs ont 60 pieds environ d'élévation. Leur construction paraît fort ancienne, et quelques accidens remarquables à la base peuvent faire croire que c'était une des forteresses de *Babylon*. Dans cet enclos est une petite église qui renferme un monument vénéré des Chrétiens. Presqu'en face du grand autel sont deux petits escaliers dont l'entrée est au niveau du sol. On descend, par celui qui est à l'Est, dans une chapelle qui a 20 pieds de longueur et 12 de largeur. Au-dessus d'un autel adossé au mur méridional, est une cavité qui a été anciennement *un four*, au dire des *religieux*. C'est dans ce four que JOSEPH et la VIERGE se cachaient avec leur enfant, lorsque la persécution qui les contraignit à fuir en Egypte, les poursuivait dans cette région. Le four est caché par un ancien tableau mal peint ; la Vierge y est représentée sur la rive gauche du Nil, et à proximité des pyramides.—L'intérieur de cette église est décoré *à la Turque*, c'est-à-dire que des lampes de grandeurs inégales, les unes en verre, les autres en bois, attachées avec des ficelles, forment l'ornement principal. Le grand autel est séparé des autres par des cloisons bizarres, dont la disposition est tant soit peu imitée dans quelques anciennes églises d'Europe ; elle pourrait avoir été imaginée pour les besoins de la liturgie, et sur-tout pour cacher les prêtres à l'assemblée.

En sortant de l'enceinte du *Deïr-el-nassara*, on trouve, après un petit détour vers le Sud, un bel *arc*, ou porte, orné d'architecture Romaine ; il est bâti en pierres de taille, et parfaitement conservé. Cette pierre ne semble pas de la même qualité que celle du Mokattan. Deux fenêtres quarrées, actuellement masquées, sont à droite et à gauche de cette ancienne entrée ; elles ont des moulures bien profilées. Le voyageur, rassasié de ruines de masures et de gros édifices, voit avec plaisir ce morceau simple et élégant au milieu de tant de barbarie. Il se dit : les Grecs et les Etrusques fixerent *le module* et les regles du beau ; *quos ultrà citraque nequit consistere rectum*. Voilà donc le génie avoué ; il est invariable dans tous les siecles.—Jadis, le *Vieux-Kaire* était le lieu de plaisance. Plusieurs *Beys* y possédaient des *petites maisons*. Depuis que le gouvernement a été asservi par MOURAT et IBRAHIM-BEY, elles sont tombées en ruines. Quelques Grecs et des Cophtes y ont encore des *inghénéné* ou jardins.

o   L'aqueduc

noncent quelques constructions, et une ancienne culture.—Une tente ronde qui n'est soutenue que par un fort poteau planté dans le milieu, s'appelle *khémé*. Les Arabes modernes n'appellent pas une tente *fostat*. —Une tente très-grande et à compartimens est appellée *sahabé*, c'est la tente des *sanghars* ou généraux.

L'aqueduc du Vieux-Kaire est situé au Nord de ce faubourg ; sa direction est de *l'Ouest* à *l'Est*. La prise d'eau est sur le chemin qui longe la petite branche du Nil: c'est une tour octogone très-haute, au sommet de laquelle l'eau était élevée par un *chapelet à pots*, mis en mouvement par des buffles ; cette machine est actuellement détruite : une des inscriptions qui sont au bas est *Kouphique*. Cet aqueduc s'étend dans la longueur de 1060 toises, vers l'extrémité méridionale du Kaire. Il servait aux besoins de l'ancien *Babylon* et à la culture des jardins que l'on se plaît à créer autour d'une grande ville.— Les Français ont élevé une batterie sur le sommet ; ils ont fait une espece de tambour sur le prolongement de l'ancien chemin. On est contraint, en ce moment, de passer dessous la premiere arcade.—Un poste, établi sur le haut de la terre, observe les Arabes qui s'approchent fréquemment de cet endroit à l'abri de plusieurs monticules de terres rapportées, dont le Kaire est environné.

En sortant par la derniere arcade de l'aqueduc près de la tour occidentale, on entre sur le chemin qui conduit au Kaire. Il longe à-peu-près le canal qui en est séparé par un tertre ; au Midi sont également ces grands amas de terres provenantes des démolitions et du nettoyement des rues du Kaire qui ne sont pas pavées. Des fonds spécialement affectés au transport de ces terres, étaient désignés dans l'ancienne administration pour leur déblaiement. Un nombre convenable de *djermes* les portaient à l'embouchure orientale du Nil, près de *Damiette*. L'avidité des Beys a suspendu ce service. Ces terres cumulées augmentent, par la réverbération, la chaleur dont on est accablé dans cette ville ; elles favorisent l'approche des Arabes ; elles rendent impossible l'adoption de tout système de défense applicable à l'enceinte ; elles augmentent enfin les nuages épais de poussiere qui couvrent le *Kaire* dans la durée des vents impétueux du *Khamsin*.

A une petite distance du rivage du Nil, on trouve, au commencement de cette route, le premier pont du canal solidement bâti, d'une ascension assez rapide, quoiqu'-ayant une sous-tendante très-petite ; le pavé même de sa chaussée n'est pas entretenu. A côté est le pavillon dans lequel le *Cheik-el-Belet*, accompagné des principaux *cheiks* du pays, assistait à la cérémonie de la rupture de la digue, lorsque le Nil est parvenu à la crue convenable pour inonder les terres, et percevoir le *miri* qui ne serait pas payé sans cette condition. Norden a représenté assez bien cette fête. La digue étant rompue, on jette dans l'eau quelques cornets de *paras* qui remplacent les anciennes offrandes que l'on faisait au Nil ; l'eau coule dans le canal qui traverse la ville, et les *khanges*, ou canots, dont la poupe est couverte, pénetrent dans le Kaire.

L'idée d'un canal qui traverse une ville, entraîne, chez les Européens, celle d'un quai qui longe ses bords. Il n'existe pas une toise de quai dans toute l'étendue du *Khalidgi* du Kaire qui est bordée par des maisons. Celles-ci plongent entierement dans ce *fossé* qui n'a pas 18 piéds dans sa plus grande largeur. Des tuyaux d'immondices s'y dégorgent journellement.

Ces

Ces habitations élevées ont un aspect ruiné et dégoûtant. On passe en tremblant sous des ponts étroits et bas, dont les voûtes lézardées menacent une prompte ruine. Parfois, les débris d'une maison entiere comblent le canal. Les Arabes s'avancent souvent vers son extrémité septentrionale. Ils viennent jusqu'au pont *Qantara-el-Bakhrié*, où il n'est pas prudent de passer à la chûte du jour.

Il faut distinguer deux branches du canal d'*El-Massr*; l'une qui, en pénétrant dans la ville près la mosquée *Roussé*, la traverse du S. O. au N. E., et qui en sort par la porte *Bab-el-Flontin*; l'autre qui, en revenant vers le S. O. près le pont de *Qantara*, arrive jusqu'à la plaine de *Massatb-el-Nichabé*. Elle sert à inonder les jardins ou terres intermédiaires jusqu'au Nil. Anciennement cette branche arrivait jusqu'à la premiere entrée du canal auprès de la prise d'eau, mais au-dessus du premier pont dont nous avons fait mention. Cette branche était celle du canal du Prince des Fideles, c'est-à-dire, de OMAR *ben-âl-Kaththâb*, qui le fit recreuser vers l'an 30 de l'hégire. Voici une note extraite de la traduction et des observations intéressantes, sur le manuscrit d'EBN-EL-MAKRIZY, fournies par le citoyen LANGLÈS.

Le canal de *Messr* est situé hors de la ville de Fosthath, et passe à l'Occident du Kaire; ce qui porte l'indication de la branche dont nous venons de parler. Le manuscrit précité parle de deux époques relatives au canal; la premiere annonce les motifs de sa construction; la seconde est celle du recreusement qui en a été fait par AMROU, lorsque les sables et d'autres événemens l'avaient rempli après plusieurs siecles.

Suivant Maître IBRAHIM-BEN-OUESSIF-CHAH, dans la vie de THOUTIS, le premier *Fara-oun* de l'Egypte*, ce roi (géant) s'éprit d'un violent amour pour SARAH, femme d'IBRAHIM (ABRAHAM). La main de ce prince tomba en paralysie pour un attentat qu'il avait commis sur cette femme, et qui pourtant l'en guérit. Il la renvoya alors comblée de ses bienfaits, avec une esclave Cobthe de la plus rare beauté, nommée† HADJAR (AGAR, mere d'ISMAEL).

Ce roman oriental, dont le savant traducteur ne fait mention, je crois, que par le rapport qu'il peut avoir avec nos traditions, est ainsi continué : AGAR, transférée à la Mekke avec sa nouvelle maîtresse, fit savoir à TOUTHYS qu'elle habitait un pays sec et aride.

---

* IBRAHIM prétend donner les noms des grands prêtres rois qui, suivant les auteurs Arabes, succéderent aux géants en Egypte. Ce sont MALYA, TOUTHYS, KOLKEN, KHORSA, MALYK, TÉDARYS, MERQOUNECH, SSA, QOBTHYM, MESSRAIM, BOSSEIR, HHAM, NOUAHH (Noé). L'idée des géants est très-ancienne en Egypte; dans toutes les représentations des batailles si exactement copiées par le cit. REDOUTÉ dans la Haute-Egypte, le roi ou le héros est représenté avec une taille qui excede six fois celle des autres figures. Tous les contes des Arabes modernes parlent des géants.

† Hadjar signifie pierre en Arabe. Plusieurs femmes Arabes portent des noms significatifs; tels MAHABBOUBÉ (la bien-aimée), INGHÉNHÉNÉ (jardin), WORDI (rose), etc.

aride. Ce prince fit creuser, au pied de la montagne, dans la partie orientale de l'Egypte, un canal par le moyen duquel les bâtimens se rendant dans la Mer-Rouge, allaient à *Djeddah*, et portaient du froment à Agar. Telle fut l'origine du canal.

Il fut creusé une seconde fois par Adrien-César, roi de Rome, que certains nomment Adryanoum ou Houryanom‡. Mais lorsque le Très-Haut accorda l'Islamisme aux hommes, Amrou ben-el-a'ss fit creuser de nouveau ce canal, et voici comment la chose arriva :

Sous le khalifat du prince des fideles, Omar *ben-el-Kaththâb*, on éprouva une disette cruelle à Médyne, l'an 18 de l'égire, ou 639 de l'ere vulgaire. Omar envoya donc à son lieutenant en Egypte, un ordre ainsi conçu : " De la part du serviteur de " Dieu, Omar, prince des fideles, à Amrou ben-el-a'ss, salut sur toi. J'en jure par ma " vie, ó Amrou ! tandis que toi et les tiens, vous vivez dans l'abondance, vous ne vous " embarrassez pas si moi et les miens nous périssons de besoin. Viens à notre secours, " viens, Dieu te le rendra." Amrou répondit : " Au serviteur de Dieu, Omar, prince " des fideles, de la part d'Amrou ben-el-a'ss. Je vais à ton secours, j'y vais ; je t'ex- " pédie un convoi de bêtes de somme, dont la premiere sera déjà arrivée chez toi quand " la derniere sera encore chez moi. Que le salut et la miséricorde de Dieu soient sur " toi."

Le khalyfe voulut prévenir un second désastre et ordonna à Amrou de creuser un canal, qui en commençant sur les bords du Nil, apporterait des vivres jusqu'à *Souez* moderne. Mais les habitans Qobhtes de l'Egypte observerent à Amrou que cette entreprise mettrait par-fois la disette dans leur pays. Amrou dit à Omar que la chose était inexécutable ; celui-ci devina le vrai motif de l'opposition et ordonna définitivement à Amrou que le canal fût recreusé dans un an ; ce qui fut exécuté. Il fut appelé, par ce motif, le canal du *Prince des Fideles* ; mais après la mort d'Omar, les gouverneurs d'Egypte le firent combler. La communication fut coupée jusqu'au site appelé la queue du Crocodile dans le canton du château de Qolzoum.

La

---

‡ Ce prince punit les Juifs qui s'étaient insurgés deux fois à Jérusalem. La seconde fois vers l'an 439 de l'ere d'Alexandre. Il fit construire une tour, au-dessus de la porte de la ville, qui portait cette inscription : *c'est ici la ville d'Eyla*, ou de la gloire. J'ai cru que le mot *Eliah* et même Elysée dérivait de l'Arabe, vu l'article *el* qui le commence, et le nom d'*Ellya* donné par les Syriens modernes à des jardins qui sont près de *Jaffa* et de *Ramlé*. Un des interpretes du gouvernement les plus instruits, le citoyen Jaubert, m'a transmis la note suivante.—On trouve dans un ancien vocabulaire des mots Hébraïques qui sont passées dans nos langues, que le mot *Elysée* signifie *dei gloria*. Il faudrait prononcer ce mot en Arabe *Allahiez*, et en langue Hébraïque qui n'est que l'Arabe tant soit peu altéré dans la Palestine, *Elahiz*.—Il est peu étonnant que les anciens Egyptiens aient appelé ainsi les lieux de gloire et de plaisance où l'on transportait les morts ; car l'Arabe dérive certainement de leur dialecte.

La branche qui suit une portion des contours du Kaire, au Couchant, exista long-tems après ; car El-Mécyhhy raconte que dans les années 401, 594 et 706 de l'égire, El-Hhakhem Bamrillah, le Quady El-Fadhdel et l'Emir Béieéres défendirent de traverser le canal avec des barques autres que celle du commerce, vu la conduite indécente de ceux qui s'y promenaient : " car, les danseurs et les bateleurs le parcouraient " dans le mois de *ramadhan* ; ils avaient avec eux des femmes tenant dans leurs mains " des instrumens de musique. Elles avaient le visage découvert, et leurs galans assis " auprès d'elles, parcouraient leurs charmes des yeux et des mains, sans craindre l'Emyr " ni ses officiers : les gens de bien attendaient quel serait le châtiment de pareils excès."

La plaine qui longeait ce canal a été, pour les motifs de l'agrément, long-tems habitée par les grands du Kaire. On y voyait, de nos jours, à proximité, la maison de campagne d'Ibrahim-Bey. Les Français l'ont entourée d'un ouvrage-à-cornes et y ont établi un hôpital très-beau et très-agréable. Dans un des demi-bastions est enterré le général Kléber ; et vis-à-vis de cette enceinte fortifiée est un pont de bateaux, également construit par les Français.

Plusieurs pavillons et jardins, nommés dans la carte, sont dans cette plaine dont la partie la plus inculte était destinée aux exercices équestres des Mamelouks. Un assez grand nombre de sycomores et d'akassia, plus fréquens en cet endroit qu'ailleurs, et la disposition générale du sol, annoncent que cet espace, réellement agréable par la proximité du fleuve, a été plus habité qu'il ne l'est en ce moment. Pietro-della-Valle qui a voyagé dans cette contrée au commencement du 17e. siecle, vient à l'appui de cette assertion* : " Ensuite, hors de la ville, j'aime assez une rue fort longue qui se ter-" mine à une belle place, grande comme le marché de Naples, et peut-être davantage ; " elle a été construite du tems des Circassiens ou Mamelouks†, pour y faire manœuvrer

des

---

* Fuori poi della città mi piace assai una strada lunga che và a terminare in una bella piazza, grande quanto il mercato di Napoli, se non più ; fabbricata al tempo de' Circassi o Mamalucchi per maneggiarvi i cavalli, o farvi altri simili spettacoli. Lett. II. del Cairo ; 25 Gennaio 1616.

† Les Mamelouks ont dû leur origine à la création d'une garde appellée *Haulqua* près le Soudan de *Babylone* ou du Vieux-Kaire. On forma une troupe des fils de quelques prisonniers de guerre, et on l'entretint en achetant des jeunes esclaves. Ce Soudan fut assassiné par cette garde lorsque les *Emirs* (que nous avons appellés amiraux) de sa cour voulurent envahir la rançon considérable offerte par St. Louis. " Ces jeunes gens, dit le Sire de Joinville (Hist. de St. Louis), portaient les armes du " soudan, et les appellait-on les *bahairiz* du soudan. Et de tels gens, conquis par le roi qui avait eu " victoire sur un autre roi d'Orient,.... sortaient des enfans que le soudan faisait nourrir et garder."—
Le Sire de Villerval en ses voyages M s s, au chap. de la condit., etc., des soudans, dit : " Item a " toujours ledit soudan de Babylone, tant au Kaire comme près de lui, dix mille esclaves à ses gages, " qu'il tient comme ses gens d'armes, qui lui font sa guerre ; montés aucun à deux chevaux, et les " autres qui en ont plus ou moins. Est assavoir que iceux sont d'estranges nations comme de Tartarie,

Bourgerie,

" des chevaux, où pour d'autres exercices de cette espece. " Le même auteur dit plus
haut " que d'un autre côté de la ville il aperçut une rue longue et large ; de chaque
" côté étaient disposées en bon ordre des mosquées pas trop grandes, mais bien décorées;
" chacune avait un petit palais et un tombeau Turc à côté, ce qui était aussi l'ouvrage
" des Circassiens " : et deux pages plus loin, " que le nouveau Kaire, habité de nos
" jours, est entre les ruines du Vieux-Kaire et la belle rue des Circassiens dont je viens
" de parler. "

Lors du départ, ainsi qu'au retour de l'expédition de Syrie, j'examinai un grand nombre de ruines des palais (si ce nom convient à des enceintes vastes et bisarres), qui se trouvent au N. E. du Kaire, près la route qui conduit à *Birket-el-Hadji*. Ces constructions se prolongent dans une assez grande étendue ; on les aperçoit en sortant de la porte de la *boucherie*, ou par celle qui est près de la mosquée *El-Hakim*. Il me semble qu'un tel site est celui que PIETRO-DELLA-VALLE indique, et si l'on défere sur-tout à une observation judicieuse de cet auteur : *Le Kaire*, dit-il, *a souvent changé de place, quoiqu'à des petites distances ; les ruines environnantes l'attestent.*

On avait réellement conçu le projet de former une enceinte au Kaire. Une assez grande portion a été parfaite depuis la porte Bab-el-Karab-el-Azhar jusqu'à celle de Bab-el-Visir * du Nord, c'est-à-dire dans toute l'étendue du côté oriental de la ville. Elle est flanquée d'un grand nombre de tours rondes ou quarrées. Par fois, trois ou quatre tours sont placées à une petite distance, ce qui semble prouver que leur saillie étoit moins faite pour ménager des flancs qui défendraient le bas des courtines, que pour avoir des points plus massifs, et dans lesquels on eût rassemblé plus de monde et une plus grande quantité de munitions.

Le château du Kaire, nommé *El-Kala* par les habitans, est au commencement de cette enceinte. Sa situation n'est pas aussi avantageuse qu'elle le semble au premier aspect.

" Bourgerie, etc. . . . Et à ses esclaves donne femmes et casals, chevaux et robes, et les met sur de
" jeunesse petit à petit, en leur montrant la maniere de faire la guerre. — Et selon que chacun se prent,
" fait l'un amiral de dix lances, l'autre de vingt, etc. " — Il est évident que c'est-là la constitution des
mamelouks jusqu'à nos jours. Mais il paraît que vers le commencement du quinzieme siecle, on ne gardait qu'un souvenir de leur existence, comme de gens qui avaient jadis été puissans, et que le pouvoir du
bacha était le seul qui fût respecté. — PIETRO-DELLA-VALLE dit plus loin, en parlant de la caravane
du Kaire pour la Mekke, que le *pacha* seul nommait le *sangar beig* qui devait être le chef. Dans les
tems plus récens, les chefs du sénat des Beys, tirés du corps des mamelouks, faisaient seuls cette nomination. — On dirait plus exactement l'*espece* des mamelouks ; car ils ne formaient pas un *corps* ; chaque
Bey en possédait autant que ses facultés pouvaient le permettre. Ils n'avaient ni solde, ni réglemens ;
ils étaient seulement soumis à quelques *kachef* ou officiers intermédiaires entre eux et les beys.

* Il y avait deux portes de ce nom ; l'une est dans la *Roumélie*, l'autre est celle dont on fait ici
mention.

aspect. Il est entierement bâti sur une montagne de roc qui est la continuation du Mokattan. La pointe la plus saillante de ce dernier domine la batterie des *Oliviers*, qui n'en est pas éloignée de 700 toises. Il conviendrait d'occuper ce commandement. La construction d'un fort sur ce point, exigerait celle d'un puits qu'il faudrait creuser dans toute la hauteur de la montagne ; encore ne fournirait-il que de l'eau saumâtre. Les Français ont établi dans le château une artillerie assez formidable, pour empêcher tout logement sur ce point.

Les murs de la citadelle sont très-élevés ; leur disposition suit les mouvemens du sol ; elle n'est appliquée à aucun projet, mais elle présente souvent des flancs avantageux à la défense. Au pied de ces murs et dans les environs est une foule de maisons à moitié ruinées, et presqu'inhabitées. La portion de l'enceinte qui est entre le château et le Bab-el-Visir du Sud ressemble à un second château ; je présume que c'était un ancien réduit où les troupes étaient logées. Dans la tour dite des *janissaires* étaient les soldats appelés de ce nom, lorsque l'autorité du grand seigneur n'était pas méconnue au Kaire : on appelle cette enceinte *la Roumélie*, ce qui signifie *endroit de sable et de décombres* ; ce nom lui convient parfaitement.

On arrive au château par une assez grande place faite en talus ; le rocher de la montagne en forme le sol. L'entrée principale est fermée par deux énormes battans ferrés ; elle est flanquée de deux tours. La surface extérieure est peinte en larges rayes rouges et blanches, ce qui est également pratiqué sur les enceintes des mosquées, à l'extérieur et dans les cours des palais des grands. On monte par des rues très-étroites et sur une pente assez rapide, taillée dans le roc ; des cordons, et par fois des degrés, facilitent cette marche pénible.

Dans l'intérieur du château, et sur la partie méridionale est le logement du Pacha, qui ne présente aucun objet de magnificence, si ce n'est la grande salle où les beys tenaient leurs divans. Les appartemens contigus ne sont pas à beaucoup près aussi étendus que ceux des beys dans leurs maisons du Kaire. Le puits de JOSEPH et le temple antique sont les deux monumens qui peuvent attirer l'attention du voyageur.

NORDEN a donné un profil très-exact du premier. Il a 276 pieds Danois, ou 269 pieds Parisiens de profondeur (*).

La cavité de ce puits a été entierement taillée. Les parois et les marches sont prises dans le rocher ; et, ce qui est plus remarquable, les parois de la cage interne qui appartiennent également à la masse, n'ont que six pouces d'épaisseur. — L'eau est puisée par deux manéges dont chacun est composé, ainsi que toutes les machines hydrauliques de l'Egypte, de deux roues dentées ; la roue horizontale est agitée par un buffle et par fois par un chameau ; la verticale, engrainée par la premiere, porte sur sa circonférence un

tambour

(*) La place de NORDEN indique par erreur 225 pieds Danois, ou 218 pieds Français.

tambour autour duquel s'adaptent successivement des pots de terre coniques montés sur deux cordes sans fin. — Les pots du puits de Joseph sont petits et espacés à six pieds de distance. Le premier manége monte l'eau jusqu'à la moitié de la hauteur du puits, et le second la fait dégorger au point de la moyenne hauteur du château proprementt dit Cette eau est tant soit peu saumàtre.

La forme du temple antique G annonce une conception assez belle. Il est quarré, très-élevé et ouvert au sommet. Les colonnes les plus hautes sont en granite rouge et d'un seul morceau; leurs chapiteaux figurent des lotus et des feuilles de palmiers qui ont peu de relief; leurs dessins sont variés. On a plaqué intérieurement et extérieurement aux murs de ce temple des caractères Sarrazins qui approchent toutefois du *Kouphique*, si l'on en croit les *Kophtes* dont les connaissances sont bornées et souvent incertaines. — Ce qui m'a étonné le plus, c'est la représentation des quatre grandes fleurs de lys sculptées en bas-relief au-dessus des petites colonnes, dans les parois internes. Elles ont plus de douze pieds de hauteur, et leurs contours ressemblent exactement à la lys figurée sur les sequins de Florence. Il n'est pas inutile d'observer que les enceintes les plus modernes des jardins, des cours et des mosquées sont surmontées, à la crête du mur, de fleurs de lys mal imitées, mais ayant l'ébranchement et la configuration de celles qui sont connues en Europe. Il paraît enfin, vu la représentation fréquente de cet objet, qu'il a indiqué par tradition une marque de puissance. Serait-il improbable que les Français les eussent apportées de ces régions?

On ne peut fournir aucune description détaillée de l'intérieur du Kaire. Toutes les rues, toutes les maisons se ressemblent. Les premieres sont étroites à l'excès, incommodes par la circulation d'une population abondante, par la marche lourde et embarrassante des chameaux chargés de paille, des ânes et des mulets, monture ordinaire des hommes et des femmes, des chevaux que les Mamelouks seuls pouvaient monter.

Les boutiques ne sont que des ouvertures quarrées ayant cinq ou six pieds en largeur, hauteur et longueur; le marchand n'y laisse que la moindre quantité possible de marchandises; il est assis au-dehors fumant sur sa natte étalée sur un trottoir maçonné qui à trois pieds et demi de hauteur et deux de largeur. Il ferme à la chûte du jour sa pauvre et sale boutique, avec une clef ou tringle de bois armée de quelques pointes de fer; on l'introduit dans un tasseau creusé pour la recevoir, et ayant des trous et des pointes mobiles correspondantes à celles de la tringle qui les souleve en entrant, et les laisse retomber lorsqu'on la retire. Le tasseau, qui est la serrure, est attaché par quatre mauvais clous. Mais le fer est si rare, et l'art de le corroyer si peu connu qu'il n'existe pas d'autres serrures en Egypte. On en trouve quelques-unes en fer que les Européens vendent à grand prix. — On dit que ces serrures de bois sont très-anciennes.

Pendant le jour, le *Motasseb* parcourt les rues avec des balances et vérifie le poids des marchandises; il fait punir les contravenans. La nuit, le *Ouâli* marche avec une bande de janissaires. Chaque boutique, ainsi que chaque maison, doit avoir une lampe allumée.   Les

APPENDIX.

Les *Okhélás* sont des enceintes assez vastes où l'on dépose des marchandises d'un plus grand prix. On les extrait journellement par portions pour les vendre dans les petites boutiques. Tout annonce des précautions minutieuses pour cacher ce qu'on possede, et soustraire toute propriété à l'avidité d'un gouvernement oppresseur.

On trouve, dans le *Bazar-el-Hindo*, des mousselines moins communes, mais non pas des très-fines; les plus recherchées sont brodées en soie platte jaunâtre et passée au cylindre. On trouve, en revanche, des robes des Indes à fonds d'or et d'argent, d'un mauvais goût, et qui coûtent plus de 500 francs.

Le *Khamkhalili* est la fripperie. C'est une rue étroite et couverte, qui conduit à un *bazard* ou marché, où l'on vend quelques clincailleries. La vente du *Khamkhalili* a lieu trois fois par semaine. Dans le petit nombre des rues un peu plus larges et assez propres, est celle des selliers et des cordonniers, ainsi que toutes celles du *Mouski* ou quartier habité par les Européens.

C'est dans cette enceinte que l'on a permis à quelques moines récolets d'Italie la construction bien ordonnée d'un couvent. Leur église est très-propre; les dimensions sont fixées par un firman du grand-seigneur. Les Beys ordonnaient souvent des vérifications, pour obtenir quelque somme, dans le cas où l'étendue consentie eût été augmentée. Cette église est au premier étage, car les mosquées seules ont le privilége d'être placées au rez-de-chaussée.

Le général en chef a fait présent à ces religieux d'une orgue trouvée dans la maison de Mourat-Bey à *Ghizé*. — Les Français ne peuvent parler de ces moines respectables, sans attester leur reconnaissance. Ils les ont accueillis, ils les ont soignés dans leurs infirmités et souvent conseillés par quelques avis méconnus. Ils ont établi une espece de police spirituelle parmi la tourbe des trente mille chrétiens du pays, que l'on ne saurait mieux assimiler qu'aux anciens Hébreux. L'exercice de la religion chrétienne, chez ces vénérables peres, n'est que la pratique d'une morale simple et bienfaisante, telle qu'elle l'était dans l'origine de ce culte *. On doit observer que les soldats Français les aimaient et leur donnaient des aumônes. Une reconnaissance touchante, ou tout autre motif, attirait dans leur église un grand nombre de nos braves, qui assistaient à des cérémonies dépourvues du faste de nos églises, mais embellies par le silence, le respect et la piété sincere de ces troupes, que tant de déclamateurs ont peintes sous d'autres couleurs en Europe. — La bonne conduite de ces religieux leur a attiré la vénération des habitans du pays.

Après la place du château, on en remarque encore deux au Kaire; ce sont les seules qui existent; elles sont irrégulieres mais assez vastes. Le Nil y pénetre, lors de sa crue, et les couvre entierement de ses eaux. Cette inondation procure de la fraîcheur aux appartemens

---

* Dans le tems de la peste, ces moines sont les seuls chrétiens qui se soient imposé le devoir de sortir et affronter tous les dangers. Ils soignent les malades et apportent des secours aux pauvres.

partemens du rez-de-chaussée aussi les Beys et les grands étaient-ils logés sur ces places. Celle de Birket-el-Field ou *lac des éléphans*, est vers le milieu de la ville. Le palais d'I-brahim-Bey en occupe une grande portion. La maison que Mourat-Bey y avait fait construire a été incendiée par les habitans, lors de notre entrée dans le Kaire. La place de l'*Esbékier* était hors de la ville, lorsque Pietro-della-Valle voyagea en Egypte. C'est actuellement la plus considérable et la moins irréguliere. Elfy-Bey * y avait fait bâtir une maison très-vaste attenante à un jardin que le général en chef fit disposer agréablement lorsqu'il l'occupa. A ce jardin est jointe une galerie qui donne sur la place ; elle est tracée dans le plan de la planche III. C'est dans cette galerie qu'a été commis l'assassinat du général Kleber. — Sur la même place, sont les maisons des deux femmes de Mourat-Bey ; celle de Sitty Nephiza fût bâtie par Aly-Bey-el-Kibir. On y trouve plus de goût et de magnificence que dans toute autre. Les escaliers sont praticables ; au lieu que ceux des plus grandes maisons sont souvent étroits, obscurs, et ont des marches de 14 pouces de hauteur. Sur la partie septentrionale de l'Esbékier, est un quai, seulement habité par les Kophtes, vu que la chaleur y est excessive. On construit, sur la partie la plus élevée des maisons, de grands auvents formés par un toit très-incliné ; l'ouverture est presque toujours dirigée vers l'Ouest, d'où soufflent les vents moins chauds.

On a planté sur cette place des sycomores, sans ordre ni alignement ; on a construit aussi des citernes, qui se remplissent lors de la crue du Nil. Après la retraite des eaux, on laboure de suite le limon qu'elles ont déposé : ces grandes surfaces sont alors transformées en champs cultivés, et les passans se fraient à volonté un chemin dans les directions les plus commodes. On a élevé, sous la direction de l'ingénieur Peyre, une chaussée sur le côté méridional de l'Esbékier ; elle sera plantée d'arbres, et continuée autour de la place. Par cette disposition, on pourra circuler sur chaque côté dans le tems même de l'inondation.

Une autre chaussée a été élevée par ordre du général en chef, depuis la porte qui est près de son jardin jusqu'à Boulac. On peut communiquer à ce faubourg par cette route qui est la plus courte, et séparée des champs par des fossés creusés pour mettre les passans à l'abri des Arabes qui infestent souvent les environs du Kaire.

Les Français ont construit autour de la ville plusieurs forts dominants. Ils portent tous les noms des officiers qui ont péri dans la révolte du Kaire † ou dans d'autres combats. On les appelle les forts *Dupuis, Sulkoski, Camin, Muireur et de l'Institut.*—Ce bel établissement est à proximité de ce fort dans les maisons de Khassan-Bey et Hassan-Kachef.—Dans le fort *Camin*, on a élevé un moulin à-vent, et une profonde citerne a été creusée dans celui de l'*Institut*.

Le

---

(1) *Elfy* signifie *mille*. Ce Bey a été appelé de ce nom, vu que son achat coûta mille piastres, lorsqu'il fut simple mamelouk.

† Le 22 Octobre 1798.

Le nombre des rues du Kaire est très-grand; mais il n'est pas de *vingt-deux-mille* ainsi que Pietro-della-Valle l'a cru. La plus grande étendue de la ville est de 2445 toises en longueur du Sud au Nord, depuis la pointe qui est près la mosquée *El-Saïd* jusqu'à la porte *Bab-el-Melbâb*. Sa plus grande longueur de l'Est à l'Ouest est de 1590 toises mesurées depuis l'extrémité la plus orientale de l'enceinte de la Roumélie jusqu'à la porte *Bab-el-manhar*. Celle de *Bab-el-zeuileh* qui est à proximité de cette derniere, est remarquable; les amiraux firent poser sur cette porte et dans les environs les têtes des Croisés qui avaient été tués à Mansoura. Saint-Louis exigea que ces têtes fussent enlevées lorsqu'il envoya d'*Acre* le reste du prix convenu pour sa rançon.

La moindre distance depuis la porte *Bab-quoubouin-el-ainane* jusqu'à Boulac, est de 425 toises: La plus grande largeur de Boulac, de l'Est à l'Ouest, est de 420 toises, et sa plus grande longueur, du Nord au Sud, est de 880 toises. La distance de Boulac à la Prise d'eau du Vieux-Kaire est de 1785 toises.

On voit combien se sont trompés les voyageurs qui ont supposé à la ville du Kaire une étendue plus grande qu'à celle de Paris; et combien est judicieuse la remarque de Danville qui a aperçu que l'on a compris dans cette évaluation Boulac, le Vieux-Kaire, et les terrains intermédiaires.

Il est à observer que, si l'on ajoutait même au plan de la ville ces terrains et ces faubourgs, dont l'étendue serait mesurée sur un sol horizontal, on n'obtiendrait pas une surface égale à celle de Paris dans sa nouvelle enceinte; encore moins, si on y joignait Passy et Charenton qui y sont contigus.

DE L'ÎLE DE RHAOUDDA, GHIZÉ, etc.

On arrive à l'île de *Rhaoudda* par un pont de bateaux placé vis-à-vis un des demi-bastions de l'ouvrage à cornes d'Ibrahim-Bey. La branche du Nil sur laquelle est ce pont, se trouve parfois à sec.—*Rhaoudda* signifie jardin. C'est avec raison que l'on a donné un tel nom à cette île. Elle est extrêmement fertile. Le sol est formé des apports du Nil, et l'on ne rencontre, en fouillant, ni sables ni roche. Le terrain ressemble parfaitement à celui du *Delta*. On y trouve plusieurs jardins clos de murs près de l'extrémité méridionale. Une autre île basse entierement couverte par les eaux, lors de la crue du fleuve, est jointe à celle-ci. On la nomme l'île d'*Aga* ou de *Moustapha*. Elle n'est séparée de l'île de *Guéziré Ozatje* que par un petit canal presque toujours guéable. Les habitans observent que le sol de ces îles augmente annuellement; il est probable qu'elles

P 2

seront

seront un jour réunies. Si le terrain pouvait être mis à l'abri des inondations, il conviendrait de transporter sur cette surface riante, fertile et rafraîchie par les eaux qui l'entourent, la capitale de l'Egypte. La salubrité de l'air et la sûreté contre les incursions des Arabes inviteraient les habitans à ce nouveau séjour. On pourrait tracer alors une ville alignée ayant des places, des rues larges, mais ombragées par des arbres, enfin toutes les commodités d'une ville d'Europe, entierement inconnues dans la dégoûtante enceinte du Kaire. Un pont de pierre la réunirait à *Ghizé* qui ne présenterait pas au goût et à l'industrie des Européens moins de fécondité, ni moins de ressources pour une distribution agréable.

Les Français ont tracé dans l'île de *Rhaoudda* deux belles routes qui conduisent depuis le jardin du *Mékias* jusqu'au pont de bateaux. La premiere branche de ce chemin longe une grande allée de sycomores qui est sur la rive occidentale. Ces arbres sont très-gros ; leurs branches sont très-étendues et rapprochées du sol.—Il y a 28 ans que les sycomores de *Rhaoudda* furent plantés par un negre. Aussi portent-ils le nom des *arbres du maure*. Il les gardait sans cesse, et empêchait les passans d'en approcher.

Sur la pointe septentrionale de l'île, et après le petit hameau *El-Aziz*, les Français ont construit un moulin-à-vent à six ailes.

A la pointe méridionale est le *Mékias* ou *Nilometre*. A cet édifice on a joint un bourg au milieu duquel est une place quarrée et spacieuse.

Les bâtimens qui occupent le côté méridional de cette place renferment un ancien temple de *Sérapis*, le puits du *Nilometre* et une mosquée. Le temple est du côté oriental ; son enceinte, sombre et seulement éclairée de nos jours par une fenêtre grillée, annonce une construction robuste. Un petit escalier plus moderne conduit à la plate-forme qui couvre ce temple ; et sur la face de l'Est est un *Kioske* dégradé dont le plancher est pavé en marbres de *Carrare*.

Les Musulmans, en conquérant l'Egypte, ont apprécié l'importance de continuer, par les applications de l'ancien culte qui étaient plus étroitement liées aux besoins des peuples, la méthode de l'*adoration*. Elle épargne souvent des loix ; elle contraint quelquefois le législateur à les étendre.—Ils se hâterent de construire une mosquée près du temple antique de *Sérapis* dont on devine à peine l'existence.

La mesure de la hauteur du Nil étant l'idée qui maîtrisait les passions, les prêtres de toutes les sectes y ont appliqué un culte.—J'ai dit que le bâtiment, attenant au Nilometre du côté du Vieux-Kaire était dédié à *Sérapis* ; car ce mot dérive de *Sar-api* ou *colonne de dimension*. Le mot *Si-n-opi* signifiait *nombre* dans l'ancienne langue d'Egypte, si on en croit Jablonski (lib. IV. cap. 3).—*Sinopium* signifie, dans la dérivation Grecque, un édifice où l'on mesure quelque chose.—Il est peu étonnant que l'on ait donné dans ce pays le nom de *Sérapis* à une divinité.

Les chrétiens ont voulu que l'*unité* de mesure de la crue du Nil fût un objet de culte. L'empereur Constantin avait ordonné que l'on portât à l'église la coudée qui mesurait le Nilometre ; mais JULIEN (l'*apostat*) voulut qu'elle fût de nouveau portée au temple de *Sérapis*. (SOZOMÈNUS, lib. V, cap. 3).

" Soixante-dix-sept ans environ après la conquête d'AMROU, ASAMAS, receveur des
" contributions de l'Egypte* pour SOLIMAN fils d'ABD-ALLAH *Khalif*, écrivit que la
" *mesure du Nil* qui était à *Huluan*, était tombée. Et par suite il fut ordonné à ce
" receveur qu'il fît construire une *mesure* dans l'île qui est située entre le bras de riviere
" de *Fostat* et celui de *Ghizé*. Il la construisit, l'an 97 de l'hégyre (716 *de l'ere vulgaire*) ;
" c'est dans cet édifice que l'on mesure aujourd'hui la crue du Nil.".

Un de mes camarades prit la peine de descendre du *passavent* superposé à la colonne du Nilometre sur une échelle soutenue par des cordes, afin de mesurer cette colonne octogone.—Elle est d'un seul morceau et d'un marbre jaunâtre semblable à celui des colonnes de Memphis répandues dans toutes les constructions du Kaire. Son chapiteau est doré ; il est de l'ordre Corinthien, ayant quelques légeres différences dans les détails. Il a pu être extrait des ruines d'*Arsinoë* ou des monumens que les Grecs avaient construits en Egypte†.

Le dôme qui couvre le puits du Nilometre est construit en bois, et artistement travaillé. Les dorures et quelques peintures bleues ou jaunes sont bien conservées. On voit, autour de ce dôme et sur la plinte du *passavent* qui appuie sur la colonne, plusieurs inscriptions Arabes ; mais au sommet de l'escalier par lequel on descend dans le puits, on lit une inscription kouphique sculptée dans une platte-bande de marbre incrustée sur les quatre parois de la chambre. L'escalier en question longe les parois Sud et Ouest du puits ; on aperçoit, lorsque le fleuve est bas, des niches pratiquées dans les parois Est, Nord et Ouest. Leurs arcs sont en ogive, et deux petites colonnes soutiennent les voussoirs inférieurs‡.

Nous avons reconnu, en mesurant les coudées hors du niveau existant, qu'elles étaient inégales. Leurs phalanges et les subdivisions étaient incorrectes ; la hauteur moyenne que nous avons pu reconnaître a été celle de *vingt pouces et six lignes*.

Selon

---

* " Scripsit Asamas collector tributorum Ægypti ad Suleïmanum filium Abdalmelici, Chaliphum,
" mensuram illam Nili quæ *Huluani* erat, collapsam esse : unde ille præcepit ut mensura extrueretur in
" insulâ illâ quæ est inter fluvium *Fustat*, et fluvium *Ghizæ* : et extraxit eam anno 97 Hegiræ. (A. C.
" 716.) Eaque mensura illa est quæ hodiè mensuratur. (Elmacinus hist. sarac., p. 74)."

† Le côté octogone de la colonne est de 5 pouces et 5 lignes.—La hauteur du chapiteau est de 23 pouces, Le côté du carré du puits est de 19 pieds et 1 pouce.

‡ Je n'ai pu apercevoir la bâse de la colonne que l'on a vue à découvert dans le tems où j'étais en Syrie. Les membres de l'Institut d'Egypte qui l'ont mesurée, fourniront sur ce monument, des détails intéressans.—Il est à observer que la hauteur de l'eau sur le fûst de la colonne n'est jamais constante, l'action du vent sur le fleuve lui imprime un mouvement péristaltique non discontinué. Toute la surface de l'eau du puits s'élève et descend habituellement, sur-tout dans le tems de la crue.

Selon Golius, on doit distinguer chez les Arabes trois coudées ; l'ancienne, la commune et la noire. La premiere que l'on a cru exister du tems de l'ancien empire des Perses, comprend, d'après cet auteur, trente-deux doigts ; la seconde vingt-quatre doigts, et la troisieme vingt-sept doigts. ALFERGANI *(élém. d'astron.)* appelle la coudée noire coudée *royale*. Il dit qu'à l'époque où le célèbre *Khalif* ALMAMOUM fit mesurer un arc du méridien dans les plaines de la Mésopotamie, on fixa un étalon égal à l'étendue de la main d'un esclave Ethiopien.—DANVILLE ne partage pas cette opinion. On trouvera, dans son excellent traité des mesures, les raisonnemens et l'érudition la plus choisie sur toutes les especes de coudées anciennes ; car ce nom a convenu à tous les peuples, et quelques-uns le conservent encore.

Mais, ce qui vient à l'appui de notre assertion pour la valeur de la coudée aperçue sur la colonne du Mékias, est l'autorité de GREAVES, astronome Anglais. Il l'a mesurée, comme nous, sur le monument ; il atteste avoir trouvé 1824 parties du pied de Londres divisé en 1000 parties ; or, si l'on déduit, du rapport exact du pied Anglais[*] à celui de Paris, la quantité que nous avons accusée, on trouvera la coudée de 20 pouces et 6 lignes ; ce qui ne differe que d'une ligne de notre mesure. Un des drah ou pics dont on fait usage dans le commerce du Kaire, a cette dimension.

Il semble que la cinquieme partie environ de l'île de *Rhaoudda* a été couverte d'édifices ; les ruines actuellement existantes l'attestent : le bourg ou forteresse construite à l'extrémité méridionale avait même une enceinte respectable ; sur la rive occidentale, on aperçoit les bases entieres d'énormes tours solidement bâties en briques et en pierres, un escalier assez vaste et des pans de fortes murailles. Il a fallu que cet endroit fût anciennement fortifié, si le préfet qui capitula avec AMROU, se réfugia dans son enceinte ; l'expression de l'auteur que nous avons cité à ce sujet, vient à l'appui d'un telle remarque.

La traversée du fleuve de *Rhaoudda* à *Ghizé* est incommode. Les eaux de ce large canal sont très-agitées, lorsque des vents violens soufflent dans cette région. On ne connait sur le Nil d'autre voile que la *latine* ou triangulaire ; en prenant une plus grande quantité de vent, elle facilite par sa hauteur les versemens des *djermes* ou grands bateaux, encore plus celui des petits batelets qui traversent à chaque instant, et que les Turcs, d'ailleurs bons nageurs, conduisent avec autant d'insouciance que de maladresse. —Un pont qui réunirait l'île dont vous venons de parler à la petite ville de *Ghizé*, serait un des plus importans bienfaits à donner à une colonie naissante. La nécessité d'établir des communications rapides entre les deux rives appartiendrait au système militaire et à la sureté des établissemens que l'on a formés dans *Ghizé*.

J'ai

---

[*] A-peu-près comme 11 à 12.—Il est au Kaire différens pics pour la différente qualité des étoffes, comme plusieurs rotols ou poids pour différentes matieres.

APPENDIX.

J'ai cherché inutilement dans le souvenir même des anciens habitans de cette ville, la manufacture de *sel ammoniac* dont SAVARY fait mention. Le palais de MOURAT-BEY est la seule construction tant soit peu remarquable ; les architectes d'Europe apprendront avec étonnement qu'il faut ôter son chapeau pour passer par la porte qui conduit dans le jardin de cette enceinte habitée par un des plus grands princes de l'Egypte. Une autre porte tant soit peu plus grande mene dans un vestibule noir et resserré. Sur le côté Nord du jardin, est un espace pavé en dales ; on y aperçoit deux pavillons assez agréables ; la surface cultivée n'est qu'un marais fruitier où l'on ne peut circuler faute d'allées. Les arbres sont plantés sans ordre, et l'enceinte extérieure est composée d'un mur de mauvaise pierre mal maçonné, et surmonté à la crête d'un treillage de roseaux. Un manége qui est sur le bord du Nil fournit l'eau nécessaire à la culture. L'intérieur du palais contient un petit nombre de pieces habitables ; la plus vaste est un salon fait en croix tronquée, ainsi que tous les salons Turcs. Près des deux grands corridors qui se joignent à la demeure de MOURAT BEY, sont les chambres de ses Mamelouks. Celles des Kachefs sont distinguées par des peintures faites sur le mur. Quoique leur genre soit celui de nos peintures dites de *paravent*, ces dernieres les surpassent de beaucoup pour la précision du dessin.

Une grande portion de la surface renfermée dans l'enceinte de *Ghizé*, est cultivée ; elle est séparée des habitations, par des tertres élevés par le versement des balayages, et par les ruines fréquentes des édifices intérieurs. On a saigné le sol assez pour amener les eaux du Nil près de l'enceinte de la ville. Les Français ont rempli et armé les tours que MOHAMED-BEY avait fait construire au hazard ; ils ont achevé l'enceinte du côté méridional et oriental. Ils y ont ajouté un fort et une contregarde.

Le général de l'artillerie SONGIS, aidé par des officiers instruits*, a créé dans *Ghizé* un parc, des ateliers d'artillerie et une manufacture d'armes. Si l'envoyé d'une puissance Européenne pouvait apercevoir ces établissemens, s'il pouvait apprécier la difficulté de les faire naître dans un pays où le bois est très-rare, où le fer et le charbon manquent totalement, où les ouvriers Européens, souvent malades et fatigués par le climat, ne peuvent seconder leurs chefs que par des efforts peu communs, il serait convaincu que le génie guerrier des Français appartient au caractere national.—L'impétuosité et le courage sans bornes ont souvent illustré ces troupes. Mais l'activité qui a su créer tout à l'endroit où tout manquait, annonce la faculté de surmonter les obstacles presqu'invincibles dans les entreprises les plus difficiles.

Pourquoi toutes les nations ne sont-elles pas amies de celle qui unit, à la bravoure la plus prononcée, la persévérance, l'intelligence et la vivacité indispensables aux succès

de

---

* Les chefs de bataillons BERTH et VERMOTTE.

de toute espece?—Que les peuples de l'Europe méditent ces idées! Les talens militaires et le courage de plusieurs nations obtiennent en France l'hommage que l'on doit à la vérité ; mais la conquête de l'Egypte, la rapidité prodigieuse de nos marches et de nos établissemens doivent inspirer à toutes les puissances de la terre une vénération affectueuse pour l'étonnante armée qui a créé ces prodiges.

APPENDIX,

APPENDIX, &c.

Lettre *du Citoyen* Deroziere, *fils, Ingénieur-Minéralogiste, Membre de la Commission des Sciences et Arts en Egypte, adressée à son Pere, Notaire à Melun, en date du Caire.*

J'ai recherché, autant que je l'ai pu, les moyens de pénétrer à diverses hauteurs, soit dans les déserts de la Lybie, soit dans ceux qui se trouvent entre l'Egypte et la Mer-Rouge; le principal trajet que j'ai fait est celui d'Hesney à Cosseir, port de la Mer-Rouge par lequel se fait le commerce de l'Egypte avec l'Arabie; les troupes Françaises partaient pour aller s'emparer de ce point, dans le moment où j'arrivais à Hesney; je me suis déterminé à saisir l'occasion, et à partir avec elles. Ce voyage est long et assez fatiguant: on ne peut le faire que sur des dromadaires, parce que les chevaux n'y pourraient pas résister.

Je crois avoir fait en Egypte ce qu'il m'était possible d'y faire; ce voyage, que je viens d'achever, était le seul qui pût être intéressant pour moi. On désirait de connaître la minéralogie de la Haute-Egypte, et sur-tout de la partie qui se trouve entre l'Egypte et la Mer-Rouge: ces endroits n'avaient été parcourus par aucun naturaliste; quelques-uns même n'avaient été visités par aucun voyageur, et leur position, mal connue, avait été placée un peu au hasard sur les cartes géographiques, d'après les rapports de quelques habitans du pays.

En m'occupant de ces recherches, j'ai eu occasion de voir dans le plus grand détail les monumens des anciens Egyptiens, dont cette partie de l'Egypte est encore couverte.

J'ai resté vingt-deux jours à visiter les ruines de l'ancienne ville de Thebes qui, si elle a occupé l'emplacement qu'on lui assigne, n'était gueres moins grande que Paris.

APPENDIX.

Ceux qui connaissent les monumens de Rome et de la Grece, voyent encore avec surprise les anciens monumens de l'Egypte ; on y reconnait avec évidence la source où les Grecs ont puisé presque tout ce que nous admirons dans leur architecture.

La plupart des monumens Egyptiens sont des temples, dont l'intérieur est presque toujours construit sur le même plan ; les constructions accessoires varient davantage : ce sont communément de très-beaux portiques qui ont quatre ou six colonnes de front, sur trois ou quatre de profondeur, et dont les chapiteaux, presque tous différens, font un effet très-singulier, et qui n'est nullement désagréable à l'œil.

Quelquefois on arrive à ces portiques en traversant de grandes cours garnies intérieurement de colonnes, dont les chapiteaux présentent la même variété ; le fust de ces colonnes est toujours couvert d'hiéroglyphes et de diverses sculptures dans toute sa hauteur ; ces hiéroglyphes qui étaient les caracteres du langage sacré, et peut-être aussi du langage vulgaire des anciens Egyptiens, sont extrêmement abondans ; il n'est aucune partie des constructions Egyptiennes qui n'en soit totalement recouverte ; il y en a même jusque sur les enceintes extérieures qui enferment quelquefois les temples, et leurs cours.

Une chose très-remarquable encore parmi les constructions qui accompagnent ordinairement ces temples, ce sont les môles qui leur servent quelquefois de portes ; ce sont de hautes tours carrées, ou pour mieux dire, des pyramides tronquées qui sont jointes deux ensemble par leur partie supérieure ; l'espace qu'elles laissent dans leurs parties inférieures, sert de passage pour s'introduire dans le temple. Quoique ces constructions aient quelquefois plus de quatre-vingt pieds de hauteur, elles sont souvent totalement recouvertes, soit d'hiéroglyphes, soit de bas-reliefs ciselés avec le plus grand soin ; le dessin n'en est pas des plus corrects ; ils excellaient dans cette partie beaucoup moins que dans l'exécution.

Quelques-uns de ces môles sont presque massifs, et n'ont d'autre construction intérieure, qu'un escalier qui part en ligne droite depuis le bas d'un môle jusqu'au sommet du môle voisin. Ces sommets sont terminés en terrasse. D'autres ont une quantité innombrable de chambres intérieures, qui paraissent avoir été destinées aux différens actes de la religion, tels que l'embaumement, la sépulture, etc. On trouve dans plusieurs endroits des peintures qui représentent ces embaumemens. C'était une des choses les plus sacrées chez les Egyptiens. Les prêtres en étaient chargés : ils sont représentés dans ces fonctions avec une tête d'animal, soit de loup, soit de bélier ou de renard. Probablement c'était les masques dont ils couvraient leur visage, pour éviter d'être connus, ou pour s'attirer un respect qu'ils n'auraient pas obtenu sans ce genre d'ornemens.

Lorsqu'on est entré sous les portiques dont je vous parlais, on voit devant soi une longue suite de chambres dont les portes toutes semblables (quant aux ornemens) s'enfilent parfaitement ; mais leurs dimensions ne sont pas les mêmes. Elles vont toujours

en

APPENDIX.

en diminuant de grandeur à mesure qu'elles avancent vers la chambre du fond, qu'on appelle plus respectueusement le sanctuaire du temple.

Dans quelques monumens le sol s'éleve graduellement depuis le portique jusqu'au sanctuaire. Ce moyen qu'on a rarement occasion d'employer dans nos constructions modernes, produit un effet de perspective très-frappant; il agrandit prodigieusement l'intérieur des temples. La lumiere n'entrant que par les portiques, l'obscurité qui augmente de plus en plus dans les chambres du fond, favorise beaucoup cet effet en ne permettant d'appercevoir que très-indistinctement les parties les plus éloignées; et comme les portes sont parfaitement semblables, on n'attribue leur différence qu'à un éloignement plus grand que celui qui existe; voilà l'effet qu'on observe; mais peut-être serait-ce prêter aux Egyptiens plus d'art qu'ils n'en ont eu, que de supposer qu'ils l'ont fait dans ce dessein.

Ces chambres ont encore un caractere particulier : c'est qu'elles sont beaucoup plus larges que profondes; sur les côtés il y a de petits corridors fort étroits qui conduisent à une multitude de petites chambres très-obscures qui sans doute, ont servi de tombeaux; lorsqu'on veut se hazarder d'y entrer, on est assailli par des milliers de chauve-souris qui ont bientôt éteint les lumieres avec lesquelles on s'y introduit, et dans le court espace de tems nécessaire pour en lever le plan, on est exposé à avoir la figure frappée une douzaine de fois par ces dégoûtans animaux.

Les serpens cérastes ou serpens cornus, qu'adoraient les Egyptiens, sont assez communs dans cette contrée; j'ai manqué d'être mordu par un dans une des grottes de Thebes; mais c'est là un des moindres dangers qu'on court en Egypte, etc.

APPENDIX, &c.

RELATION DE L'EXPÉDITION D'ÉGYPTE, SUIVIE DE LA DESCRIPTION DE PLUSIEURS DES MONUMENS DE CETTE CONTRÉE.

Par CHARLES NORRY, *Membre de la Société Philotechnique, et l'un des Architectes attachés à l'Expédition.*

INTRODUCTION.

La multitude de questions qui m'ont été faites par mes amis depuis mon retour d'Egypte, m'a déterminé à leur écrire une relation rapide de mon voyage, divisée en deux parties distinctes : la premiere, concernant l'expédition ; et l'autre, contenant des observations relatives aux arts et à l'état actuel de ce pays. Plusieurs d'entre eux m'ayant engagé de publier cette relation comme pouvant inspirer quelqu'intérêt, j'ai cédé à ce motif, non sans compter sur l'indulgence du public. Mais l'essentiel étant de rapporter des détails vrais, c'est à quoi je me suis principalement attaché.

Comme tout ce qui tient au combat naval d'Aboukir peut et doit intéresser, et que j'ai recueilli à de bonnes sources des détails sur notre disposition avant ce combat, ainsi que sur les forces et les pertes des Anglais, j'ai gravé un petit plan de la rade, et j'y ai indiqué la position de notre escadre au moment où elle a été attaquée. Un tableau placé auprès, rend compte des forces des Anglais.

Pour diriger les personnes qui liront cette relation, j'ai cru utile de présenter la portion de l'Egypte dont je parle, et la situation des lieux que je décris : un petit plan précédera l'ouvrage pour remplir ce but.

J'ai placé à la fin la liste des savans et artistes qui ont suivi l'expédition, et le tableau des membres composant l'Institut d'Egypte.

Les dessins de trois monumens antiques, placés à Alexandrie, et dont jusqu'ici les auteurs n'ont pu donner les mesures exactes par les difficultés de se les procurer, m'ont paru devoir être joints à cette relation. Ces trois monumens sont, la cuve en brèche Egyptienne, l'obélisque de Cléopâtre, et la colonne de Pompée : j'en parle dans la deuxieme partie. Les dessins avec leurs dimensions détaillées, formeront le complément de ce que j'en ai dit. J'ai cru seulement devoir entrer dans les détails des procédés dont nous avons fait usage pour monter sur la colonne et prendre les divers diametres du fût.

Enfin, j'ai joint aux figures ci-dessus une petite perspective des trois pyramides près de Ghisé ; celle du premier plan est la plus colossale qui soit en Egypte.

APPENDIX.

RELATION DE L'EXPÉDITION D'ÉGYPTE.

Premiere Partie.

Une expédition secrete se préparait ; tout ce qui devait la composer était rendu à Toulon le 10 Mai 1798 : un mouvement général animait cette ville ; de braves légions, d'excellens généraux, des savans distingués, des artistes et des artisans, au milieu d'une foule de marins, attendaient le moment de s'embarquer. Le port et la rade étaient couverts de vaisseaux. Le général Bonaparte, l'âme de l'expédition, venait d'arriver : il visita l'escadre, qu'on avait pavoisée pour le recevoir. Enfin, on n'attendait plus qu'un vent favorable : le 20 il souffla ; on tira le canon de départ, on déploya les voiles, et le 21 nous sortîmes de la rade sur quinze bâtimens de guerre, accompagnés de plus de deux cents bâtimens de transport. Les curieux étaient sur la côte à nous voir défiler, et la musique de nos bords se faisait entendre au loin. Notre navigation fut heureuse, mais longue ; la nécessité où nous étions d'attendre les bâtimens de transport pour les protéger, nous rendait souvent stationnaires. Nous passâmes à la vue des îles de Corse, de Sardaigne et de Sicile. Après vingt jours de marche, nous découvrîmes celle du Goze (l'île de Calipso). Le 10 Juin, nous étions devant Malte, où nous trouvâmes un convoi de plus de soixante voiles, qui venaient de Civita-Vecchia pour se réunir à nous. Le 11, à huit heures du matin, les hostilités commencerent ; le 12 on fit une suspension d'armes ; le 13 les articles furent signés, et le 14 nous entrâmes dans le port.

Pendant que le général détruisait la puissance politique de Malte, et organisait cette place, la plus forte qui soit peut-être, descendus de nos bords, nous étions occupés d'en examiner les admirables fortifications : la beauté de la ville construite aux dépens du rocher sur lequel elle est établie ; la solidité et la régularité des bâtimens ; les moyens intérieurs qu'on y a combinés pour les abreuver d'eau, amenée de plusieurs milles par un aqueduc ; ceux employés pour en évacuer les immondices par des canaux souterrains. Nous parcourions plusieurs beaux édifices ; l'église S. Jean, dont les voûtes sont remplies de peintures du Calabrese ; le palais du grand-maître, dans lequel est située une des plus belles méridiennes connues : près de-là, une bibliotheque renfermant des manuscrits précieux, ainsi que quelques fragmens de monumens Phéniciens et Grecs.

Après avoir laissé à Malte une garnison de trois mille hommes, emmené sur nos bords une légion de Maltais et quelques centaines de Turcs qui s'y trouvaient esclaves, nous sortîmes du port le 20 Juin, et fîmes voile sur la pointe de Candie. Les Anglais, qui nous cherchaient depuis Toulon, où ils nous avaient manqués, arriverent devant le

APPENDIX.

port de Malte deux jours après notre départ : ils y virent flotter le drapeau tricolor, et se dirigerent aussitôt sur Alexandrie par la ligne la plus droite. Comme nous occupions leur gauche, ils passerent sans nous rencontrer, et arriverent devant cette ville. Les Turcs leur refuserent l'entrée du port. Ils nous attendirent deux jours dans cette position. Ne nous voyant point arriver, ils penserent que nous serions peut-être dans l'Archipel ou vers Alexandrette ; ils y coururent. A peine étaient-ils partis, que nous arrivâmes à la vue de la Tour des Arabes, à dix lieues d'Alexandrie. Nous étions alors au 2 Juillet ; il y avait quarante-trois jours que nous avions quitté Toulon. Le consul de France (Magallon, neveu de celui qui accompagne Bonaparte), vint à bord du vaisseau amiral (l'Orient), que montait le général Bonaparte ; il lui apprit l'apparition des Anglais. Le général fit aussitôt prendre à l'escadre une position propre à soutenir un combat, en cas qu'ils revinssent promptement ; et ce jour même, malgré une mer furieuse, les canots de tous les bords mirent à terre quatre ou cinq mille hommes qui aborderent près du Marabou, et s'avancerent vers la colonne de Pompée, ayant à leur tête le général en chef, les généraux Desaix, Kléber, Menou, etc, ; ils n'avaient ni artillerie ni cavalerie. Le général Bonaparte disposa sa petite armée sur trois colonnes, et se plaça à celle du centre avec le général Kléber : le 3, ils se porterent de la colonne de Pompée sur Alexandrie, monterent à l'assaut, chasserent les Mamelouks et les Arabes qui défendaient l'enceinte de la ville, et y entrerent après leur avoir tué environ trois cents hommes. Les vaisseaux de transport furent mis sur-le-champ à l'abri dans le port vieux, et le débarquement général se fit de suite. Quelques jours après, les bâtimens de guerre, tourmentés par la mer, ne pouvant entrer dans le port vieux dont on n'avait pas encore sondé la profondeur, se retirerent dans la rade d'Aboukir. Les Anglais ne parurent point ainsi qu'on l'avait imaginé. Enfin, le 5, nous étions tous dans Alexandrie ; et le 8 tout y était organisé. Ce même jour, le général en chef en partit *, et laissa le commandement de la place au général Kléber, blessé à la tête d'un coup de feu lors du combat.

Jusque-là, les soldats couchés pêle-mêle dans les rues, chercherent de l'ombre contre une chaleur de 26 degrés, ainsi qu'à se préserver des moustiques ; ils abattirent les tiges d'un bois de palmiers placé près de la ville, et se fabriquerent, avec leurs branches et quelques piquets, un camp sur la plage : de notre côté nous obtînmes quelques logemens dans cinq à six maisons d'Européens. Nous ne communiquâmes qu'extérieurement avec les Turcs †, qui ne furent obligés à aucune charge envers l'armée : nous respectâmes
leurs

---

* En arrivant, il avait fait assembler tous ceux qui avaient du pouvoir : il leur exposa les motifs de l'invasion de l'Egypte ; leur demanda leur serment de ne point trahir les Français ; il en laissa plusieurs dans les places qu'ils exerçaient. L'un d'entre eux, Coraïm, devint traître ; il conserva des intelligences avec les Mamlouks. Il fut conduit au Caire, jugé, et décapité.

† Quelques désordres causés à Malte par la troupe, avaient fait prendre au général Bonaparte des
arrêtés

leurs usages, leurs maisons, leurs temples ; ils furent seulement subordonnés, dans l'exercice de leurs lois et de leur police, au commandant de la place.

Le général s'avançait à travers le désert * en dirigeant son armée sur deux lignes, partie sur Rosette, dont il voulait s'emparer, et partie sur Rhamanié, ville située sur le bord du Nil où commencé l'embranchement du canal d'Alexandrie. Après avoir laissé une garnison à Rosette †, où il n'éprouva nulle résistance, et une à Rhamanié, il remonta le fleuve, ayant auprès de l'armée une flotille pour porter des munitions et combattre celle des Mamelouks, qu'il chassa sur plusieurs points et en diverses rencontres, ainsi que quelques corps d'Arabes qui le harcelaient. Il continua sa marche jusque près de Gishé, où Mourad-bey avait rassemblé toutes ses forces, et disposé son armée près du village appelé Embabeh. Le général Bonaparte fit de son côté ses préparatifs, et remporta cette fameuse victoire ‡ appelée bataille des pyramides ; une partie de l'armée des Mamelouks fut exterminée, une autre partie se noya dans le Nil, en s'y précipitant dans sa fuite ; le reste se dispersa vers la Haute Egypte pour aller se rallier sous Mourad-bey, qui fut entraîné dans la déroute générale.

Le général en chef ne tarda pas à recevoir des députations des notables du Caire et des principaux ministres du culte ; il fut reçu avec soumission des habitans de cette ville, dont la populace s'était portée au pillage pendant le combat, dans les maisons des beys et des cachefs. L'armée traversa le Nil sur une multitude de barques et entra triomphante dans la ville. Ibrahim-bey, l'ennemi secret de Mourad, son concurrent, s'était disposé à partir dans le cas où le combat lui deviendrait désavantageux ; il avait préparé une riche caravane composée de ses femmes §, de ses trésors et de ses esclaves : il s'enfuit

vers

---

arrêtés séveres, qui avaient été lus à tous les bords ; ils déterminaient, entre autres, que quiconque s'introduirait dans les maisons des Turcs, violerait leurs femmes, entrerait dans les mosquées, serait fusillé. Tout fut respecté ; il n'arriva aucune transgression à ces arrêtés, si nécessaires pour la sûreté de l'armée.

* Les troupes n'avaient pas conservé avec assez de soin les provisions qu'elles avaient reçues pour traverser le désert ; elles éprouverent des besoins extrêmes : la chaleur qu'il faisait achevait de les exténuer. Arrivées sur les bords du Nil, elles ne manquerent de rien ; elles eurent en abondance du grain, des pigeons, du lait, des melons d'eau. Les paysans, d'une ignorance stupide, préféraient d'être payés de ce qu'ils vendaient, avec des boutons d'habits, bien brillans, au lieu d'écus ou d'autres monnaies.

† Il y laissa le général Menou pour commander une partie de la Basse Egypte.

‡ C'est à la suite de cette bataille que les soldats firent beaucoup de butin sur les Mamelouks tués ; l'armée prit aussi environ cinq cents chevaux Arabes et autant de chameaux.

§ Sa femme légitime avait pris sous sa garde vingt-sept Français qu'on avait arrêtés au Caire à la nouvelle de l'invasion ; elle les avait placés dans sa maison : au moment qu'elle partit pour se réunir à son époux, elle leur laissa des vivres et des armes, leur recommandant d'être en garde même contre ses propres domestiques. Cette femme vertueuse et humaine partit avec son mari. Il n'arriva rien aux vingt-sept Français, qui sortirent après le succès de la bataille.

vers la Syrie, protégé par les Mamelouks; et le pacha du Grand-Seigneur, résidant au Caire, l'y suivit. Bonaparte, après avoir chargé le général Desaix de poursuivre sans relâche Mourad-bey vers la Haute Egypte, où il venait de se réfugier, et après avoir laissé une partie de l'armée dans la ville, se porta sur Ibrahim, qui parvint assez à tems dans les déserts de la Syrie pour lui échapper, il tomba sur ses derrieres et lui tailla en pieces quelques hommes. Il revint aussitôt, et eut occasion, dans son retour, de dégager des mains des Arabes du désert la caravane de Maroc, accompagnée des pélerins de la Mecque. Cette riche proie dont s'étaient déjà emparés ces pillards, fut rendue aux marchands. Il rentra ensuite au Caire, où il s'occupa des détails généraux et particuliers de l'administration intérieure de la Basse Égypte. Déjà il avait fait passer une garnison à Damiette et une à Mansoura, ville remarquable par les désastres de l'armée des croisés sous S. Louis. Il s'occupait de faire établir des lazarets dans Alexandrie et Damiette pour obliger tout bâtiment venant des échelles du Levant de faire quarantaine avant d'entrer en Egypte, afin d'éloigner à l'avenir tout germe de maladie pestilentielle venant du dehors. Dans le même tems il ordonnait, par mesure de salubrité, de nettoyer et laver les maisons et les rues avec soin; de faire prendre l'air aux marchandises, aux vêtemens; ces précautions étaient dictées par une sage prévoyance pour l'avenir. L'exemple de quinze à vingt Turcs morts de la peste lors de notre arrivée*, en faisait une loi impérieuse.

Le Nil débordait; le général ouvrit, avec la pompe qui se pratique annuellement, le canal qui porte de l'eau de ce fleuve à travers la ville du Caire. Dans le même tems il faisait construire à Gisé des ateliers pour l'artillerie et pour divers services de l'armée. On établissait des administrations au Caire, une maison pour fabriquer les monnaies. Les valeurs relatives de toutes celles que nous avions apportées d'Europe venaient d'être déterminées. On en avait imprimé les tableaux et ils avaient été affichés par-tout, afin de lever les entraves du commerce.

Toutes ces choses se faisaient, et nous venions, le 30 Juillet, d'apprendre à Alexandrie les succès du général, son entrée au Caire et la suite de ses opérations : nous avions été long-tems à en être instruits; plusieurs de ses couriers avaient été massacrés sur les bords du Nil en apportant les nouvelles qu'il nous envoyait, et les avis qu'il faisait passer à l'amiral Brueys, d'entrer dans le port vieux s'il pouvait admettre l'escadre (ce qu'on avait trouvé possible, excepté pour le vaisseau l'Orient qu'il fallait délester d'un rang de canons) ou enfin de se retirer à Corfou ou à Malte. A la nouvelle des succès de l'armée, nous nous réjouissions; nous avions fait de ce jour d'annonce une fête publique. On n'était cependant pas sans inquiétude; le 24 Juillet, sept à huit jours avant, nous avions

---

* Cette maladie affreuse finit ordinairement à cette époque; et lorsqu'elle a lieu, c'est vers le mois d'Avril qu'elle commence.

avions vu une frégate Anglaise qui était venue examiner notre position et avait disparu; on s'attendait chaque jour à voir l'escadre ennemie: en effet, elle arriva le 1er. Août à cinq heures du soir devant le port d'Alexandrie; elle se dirigeait sur Aboukir toutes voiles dehors, le vent le plus favorable la portait sur la nôtre, qui était mal embossée, et qu'elle doubla à six heures et demie. Le combat s'engagea aussitôt; à huit heures l'amiral fut blessé; à neuf heures il fut coupé en deux par un boulet; à neuf heures et demie le feu prit à son vaisseau qui continua de se battre en désespéré; vers les dix heures et un quart, il sauta avec une explosion et un fracas épouvantables. Le combat fut suspendu un quart-d'heure: le silence de l'effroi et de la mort régnait par-tout. Il reprit ensuite avec une fureur et un acharnement sans exemple. La lune était dans son plein; les étoiles brillaient au firmament: jamais nuit n'avait été si belle et si douce; jamais nuit n'éclaira une bataille aussi meurtrière. L'aube du jour retrouva les combattans aussi animés. Neuf vaisseaux Anglais étaient démâtés; ils en avaient deux extrêmement endommagés: mais la plupart des nôtres étaient pris ou détruits; et malgré les prodiges de valeur de plusieurs braves capitaines morts ou blessés * dans l'action, la mauvaise disposition de l'escadre, l'infériorité en nombre des équipages, l'explosion du vaisseau amiral, le désordre du commandement qui réduisait chaque capitaine à se défendre isolément, tout nous devint funeste. Il restait encore une division de deux vaisseaux et deux frégates qui n'avait point combattu †. Le chef de division Villeneuve, qui la commandait, voyant au jour nos pertes, et se voyant près d'être attaqué par un ennemi trop supérieur, se détermina à couper ses câbles et à se mettre au large: il partit, et se rendit au port de Malte. Dans son retour, Lejoille, l'un des capitaines de sa division, qui commandait le Généreux, rencontra le Leander, vaisseau Anglais qui était expédié par l'amiral Nelson pour porter à Londres la nouvelle de notre défaite; il le combattit, et l'emmena dans le port de Corfou. Nos ennemis, quoique vainqueurs, ont eux-mêmes éprouvé des pertes considérables.

Cet affreux combat, dont nous avions été témoins d'Alexandrie, de dessus nos maisons, qui étaient couvertes de spectateurs, nous avait jettés dans une morne tristesse. Nous sentions les funestes conséquences qu'il amenerait en nous donnant pour ennemis les Turcs, ainsi que les Barbaresques; en renouant la coalition en Europe; en nous isolant davantage de la mere-patrie, enfin en détruisant une partie de l'admiration produite par notre armée de terre. Mais l'énergie revint; le général Kléber en donna l'exemple: il fit sur-le-champ mettre les ports en état de défense. On n'avait pu s'en occuper jusqu'à ce moment; le débarquement général, les batteries qu'on avait établies sur les hauteurs qui commandent la ville et les transports d'artillerie qu'il avait fallu faire,

en

---

* Bonaparte, pour honorer la mémoire du capitaine du Petit-Thouars, qui s'était battu et était mort en héros, donna son nom à la plus grande rue du Caire.

† Le Guillaume-Tell, le Généreux, les frégates la Justice et la Diane.

en avaient empêché. On se hâta donc ; on plaça des feux croisés de toute part ; on construisit des fourneaux pour faire rougir des boulets ; on approvisionna tous les points de défense ; enfin, on travailla sans relâche ; et en quelques jours on fut à l'abri de toute tentative de la part des Anglais, qui, avec quelques-uns de leurs vaisseaux, auraient pu venir ruiner les cinq frégates qui étaient dans le port vieux, et les trois cents voiles du convoi.

Le général Bonaparte apprit bientôt la nouvelle du malheureux combat naval ; il en témoigna ses regrets, en rappelant avec exclamation les avis qu'il avait donnés à l'amiral Brueys de se retirer dans l'un de nos ports : puis il dit avec calme et fermeté : Eh bien, la perte de ce combat nous fera faire de plus grandes choses !

Nous en étions là au 8 Août ; mais si nous venions d'éprouver une perte sensible, d'un autre côté nous étions maîtres de toute la Basse-Egypte ; l'action du gouvernement s'y régularisait ; et ainsi que je l'ai dit plus haut, le seul Mourad-Bey, avec environ dix-huit cents Mamelouks, se défendait encore dans la Haute-Egypte, où il était poursuivi de près par le général Desaix, qui, sans le débordement du Nil qu'il remontait sur une flotille avec son armée, l'eût défait plus promptement : Mourad, à la faveur de l'inondation, lui faisait faire des marches et contre-marches ; mais enfin le général Desaix le battit en plusieurs rencontres, et le réduisit bientôt à n'être plus qu'un fugitif.

En observant notre situation dès cette époque, c'était un spectacle curieux et digne du plus grand intérêt, de voir une colonie nombreuse de Français habitant sous le beau ciel de l'Egypte, presque aussi acclimatés*, au bout de six semaines, que dans leur propre patrie. Mais il faut observer que ce ciel brûlant le jour, se tempere la nuit par un vent du Nord† délicieux à respirer ; que la terre s'y rafraîchit de rosées abondantes qui rendent la vie aux végétaux altérés ; que les alimens y sont sains et d'un prix auquel l'indigent même peut facilement atteindre.

Si maintenant on considère ce pays sous le rapport des productions coloniales et du commerce, de quel avantage ne serait-il pas ! il deviendrait une source de richesses pour la France et pour l'Italie. On sait combien ses produits sont variés : on sait que le café, la canne à sucre, y croissent d'une excellente qualité ; que l'indigo y est très-beau ; que la cochenille pourrait y être cultivée ; qu'il est abondant en chanvre, en lin doux et soyeux, en riz, en grains ; que l'olivier, le citronnier, le cassier, etc., y croissent presque sans culture ; qu'il est riche en différens sels, l'ammoniac, le salpêtre, le natron. Eh ! combien

---

* Après les premiers effets de la chaleur, qui incommoderent quelques semaines, on se trouva généralement assez bien ; les blessures même les plus graves des militaires, se guérissaient parfaitement.

† En Avril, Mai et Juin, le vent du Sud domine ; il est chaud et souvent mal sain ; il amene, surtout du désert, une poussiere embrasée qui incommode la Basse-Egypte.

bien ces produits augmenteraient entre les mains de colons actifs ! Si nous parvenions, avec le tems, à rétablir les anciens canaux, à en ouvrir même de nouveaux, pour faire passer plus facilement par l'Egypte une partie des étoffes du Bengale et des productions de l'Asie, sans doute l'acquisition de l'Egypte deviendrait une colonie de prédilection, et elle suppléerait à celles des Antilles, qui de long-tems ne seront assez peuplées, surtout ayant renoncé, par nos principes, à la traite des Negres; tandis que là l'indigene, doux, et sous le ciel qui l'a vu naître, cultive facilement et sans danger*. Nous ne saurions douter d'ailleurs qu'un bon régime n'améliore promptement ce pays fécond, dont les habitants sont depuis si long-tems courbés sous la verge des vingt-quatre tyrans qui viennent d'en être tués, ou chassés, ainsi que leurs barbares Mamelouks.

Quant aux obstacles que semblent présenter les hordes d'Arabes Bédouins qui sortent des déserts† pour piller les caravanes sur les routes et jusqu'aux portes des villes, un gouvernement vigoureux les repoussera dans l'intérieur de leur solitude ; et si le gouvernement fait exclusivement le commerce du souffre, qui n'est tiré que de l'extérieur, ils seront obligés de renoncer aux armes à feu, et n'oseront plus livrer d'attaques lorsqu'ils seront réduits à se servir de fleches.

Après cette digression sur les avantages que l'on peut concevoir de la possession de l'Egypte, je reviens à parcourir rapidement la suite des premieres opérations faites pour nous y établir.

Les Anglais, après le combat, avaient ragréé leurs vaisseaux dans la rade d'Aboukir, et brûlé plusieurs des nôtres qu'ils ne pouvaient emmener. L'amiral Nelson, au moment de son retour en Europe, avait laissé une des divisions de son escadre en station devant le port d'Alexandrie, sous le commandement de Hood. Il n'était plus possible de communiquer par mer de Rosette à ce port : le service des barques (germes) qui portent habituellement des vivres de Rosette à Alexandrie, se trouvait interrompu. Pour y suppléer, on avait établi une caravane par le désert, qui, deux fois chaque décade, faisait tous les transports, établissait les communications pour les voyageurs qui montaient ou descendaient du Caire : afin de la protéger contre les Bédouins, on avait formé une légion

---

* Malgré la dépopulation causée par le despotisme, et par le fatalisme, qui empêche ce peuple de se préserver des maladies, on estime encore aujourd'hui la population de l'Egypte à environ quatre millions d'habitants, dont les deux tiers sont composés d'Arabes, le troisieme tiers comprend les Cophtes et les différentes sectes étrangeres.

† On demande souvent s'il n'est pas possible de réduire ces Arabes, et s'ils sont nombreux. On estime leur nombre de trente à quarante mille, partagés en une foule de tribus : comme la plupart habitent dans l'intérieur des sables, on conçoit qu'il n'est pas possible de les y poursuivre long-tems ; les troupes manqueraient d'eau et de vivres, et seraient suffoquées par les sables. On a tenté infructueusement, à diverses époques, de leur faire la guerre. Du reste, il ne serait peut-être pas impossible d'en civiliser peu-à-peu la plus grande partie.

légion des marins sauvés du combat, et elle se trouvait placée à Aboukir pour fournir des escortes. Mais il fallait un moyen plus prompt et moins dispendieux pour l'approvisionnement d'Alexandrie, que celui qui se faisait à dos de chameaux. Le général en chef, depuis quelque tems, avait ordonné qu'on nettoyât le canal d'Alexandrie, qui, chaque année, lors du débordement du Nil, conduit l'eau depuis Rhamanié jusqu'à Alexandrie, à travers un désert de quinze à seize lieues : ce canal, inégal et depuis long-tems obstrué, fut rendu navigable ; et quand le Nil fut assez élevé pour s'y épancher (vers le 2 Octobre), une multitude de barques chargées de grains et autres munitions, approvisionnèrent Alexandrie. Ainsi cette ville reçut à-la-fois l'eau pour remplir les citernes qui l'abreuvent pendant toute l'année, et des vivres en abondance. Pendant les vingt à vingt-cinq jours que ce canal put porter les barques, on y passa une quantité considérable d'artillerie, pour la faire arriver ensuite par le fleuve jusqu'à Gisé, où se trouvait établi le dépôt général. En vain les Anglais avaient payé les Arabes qui venaient par hordes faire des saignées latérales au canal pour en détourner l'eau, mettre les barques à sec pour les piller; le général Marmont, à la tête d'une demi-brigade, leur donna perpétuellement la chasse : ils ne purent que troubler nos opérations, mais non les empêcher.

Pendant ce tems, le général en chef continuait de former des établissemens militaires et civils. A Belbeïs et à Salhaïé, il faisait établir des forts et des redoutes pour s'opposer à toute invasion des Turcs du côté des déserts de la Syrie. On avait dressé un très-beau plan d'Alexandrie et de ses ports ; on levait celui du Caire pour projeter de meilleures dispositions dans cette ville obstruée. Il formait un grand établissement pour la réunion de différens arts mécaniques. Les savans et les artistes venaient de se rendre auprès de lui : il avait fait désigner par plusieurs des plus distingués, notamment par les citoyens Monge, Berthollet, Geoffroy, etc., une partie des membres de la commission des arts et sciences accompagnant l'expédition, pour en former un institut. Comme membre lui-même de cette société, il se rendait à ses séances, qui avaient lieu deux fois chaque décade. Parmi les travaux auxquels cette réunion s'appliquait, ceux qui intéressaient l'établissement de la colonie l'occupaient exclusivement : on y examinait des rapports sur l'épuration du salpêtre, sur la construction de divers moulins à eau et à vent*, sur des machines hydrauliques, sur les moyens d'élever aux eaux des citernes qu'on trouve sur les lisieres du désert, les sels qui les rendent saumâtres : on s'occupait des moyens de perfectionner la fabrication du pain, de faire des boissons fermentées pour substituer au vin qui manquait ; on y lisait des mémoires sur quelques points de physique, sur l'histoire naturelle, sur les arts, sur les antiquités, etc.

On

---

* On se sert dans ce pays, de petits moulins à bras, ou de plus grands tournés par des bœufs ; on blute la farine très-grossierement. Les meules dont on se sert, sont prises aux dépens d'anciennes colonnes qu'on scie par tronçons.

On avait élevé, sur la grande place Desbequier, des décorations d'obélisques et d'arcs de triomphe pour fêter l'anniversaire de la république (le 23 Septembre) : à Alexandrie, l'obélisque de Cléopâtre et la colonne de Pompée étaient décorés pour célébrer ce jour ; le drapeau tricolor flottait sur leurs sommités. Par-tout où étaient les Français, cette fête fut solennelle. Les cheiks, les membres du divan assisterent à celle du Caire, où l'on fit des évolutions militaires le matin ; l'après-midi, des courses de chevaux Arabes et Français ; le soir, des feux d'artifice et des illuminations *.

Vers le même tems, des cheiks de différentes provinces d'Egypte s'étaient rassemblés au Caire à l'invitation du général en chef : des questions sur les lois des successions, exposées jusqu'ici à l'arbitraire, sur l'amélioration de celles du code pénal, sur l'organisation des divans dans les diverses provinces d'Egypte, ainsi que sur les finances, venaient de leur être présentées par les citoyens Monge et Berthollet, qui présidaient cette assemblée nationale comme commissaires du gouvernement Français : cette assemblée délibérait dans le plus grand calme, et avec toute la dignité des grands intérêts qui l'occupaient. Vers ce même tems encore, on venait d'apprendre la défaite d'un parti qui avait causé des mouvemens dans le Delta, assez près de Damiette, à l'instigation d'Ibrahim : les généraux Vial, Damas, Dugua, avaient dissipé les rebelles. Mourad-bey venait aussi d'être battu par Desaix, qui lui avait tué quatre cents Mamelouks près des pyramides de Saccara, où il avait atteint. Tout paraissait tranquille, lorsque le 22 Octobre, à huit heures du matin, des rassemblemens sur plusieurs points donnerent des indices d'une prochaine sédition : le général Dupuis, qui commandait au Caire, sortit presque seul pour dissiper ces attroupemens ; il fut assassiné ainsi que plusieurs militaires, et deux officiers de santé qui sortaient d'un hôpital sur la place de Berquet-fil. Tous les Français aussitôt prirent les armes ; la sédition s'alluma par-tout avec violence ; les insurgés se porterent de tous côtés ; les uns s'assemblerent dans plusieurs mosquées, d'autres coururent égorger des Français isolés. Ils allerent en grand nombre à la maison du général Caffarelli (commandant du génie), qui se trouvait absent dans ce moment ; ils l'assiégerent, la forcerent ; et quelques malheureux ingénieurs, malgré leur brave défense, furent massacrés par ces furieux, qui détruisirent ensuite les instrumens de physique et les outils déposés dans cette maison les jours précédens. Les troupes s'opposerent bientôt à ce torrent : des batteries sont aussitôt placées de tous côtés ; les Arabes et les Turcs sont poursuivis sans relâche ; la mort les disperse. Ils fuient, et se barricadent dans les mosquées : le général Bonaparte les fait sommer de remettre sur-le-champ leurs chefs, pour obtenir leur pardon ; sur le refus qu'ils font, ils sont traités en rebelles et réduits, après en avoir immolé plusieurs milliers.

On

---

* Il avait été question d'élever un aérostat ; mais une partie des objets nécessaires pour le construire avaient été égarés dans les vaisseaux. On songea quelque tems après à y suppléer.

On remarquera que pendant que ceci se passait au Caire, des mouvemens avaient lieu devant le port d'Alexandrie ; les Anglais, les Russes et deux bâtimens Turcs qui venaient d'arriver, faisaient des démonstrations d'attaque. La garnison et tout ce qu'il y avait de Français au civil et d'Européens dans le port ayant pris les armes, l'intérieur fut contenu, et les ennemis extérieurs n'osèrent rien tenter. D'après la coïncidence de ces mouvemens, on ne saurait douter que les Anglais, qui venaient d'aller nous faire déclarer la guerre par les Turcs, ne les eussent organisés. La présence de deux bâtimens Turcs qui se trouvaient devant Alexandrie, relevait les espérances des gouvernans d'Egypte et de leurs adhérens ; et quoique le firman de guerre ne fût point encore connu, ils avaient fait fomenter ces séditions à l'ombre des mosquées, dans lesquelles le général n'avait pas permis jusque-là qu'aucun Français entrât, pour ne pas blesser ni troubler les usages des Mahométans. Au reste, ces mouvemens, qui n'eurent de fâcheux effets qu'au Caire, ont servi à nous affermir en Egypte : ils ont fait connaître au peuple égaré la puissance de nos armes, et nous ont valu des auxiliaires. Jusque-là les Grecs n'avaient pris aucune part dans notre cause : le jour de l'insurrection ils se rangèrent près de nous ; ils secouèrent le joug de l'esclavage dans lequel ils gémissent depuis long-tems sous la domination Turque ; ils les attaquèrent et les renversèrent de toutes parts avec courage. On peut donc tirer cette conséquence nécessaire, que les Grecs seront nos fideles auxiliaires en Egypte, et que tout ce qui s'y trouve d'Européens se réunira à nos armes.

Tout était rentré dans l'ordre le plus tranquille. Le 25 Octobre, le général en chef continua de préparer des forces pour porter ses armes sur quelque point ignoré (le bruit public supposait que c'était vers la Syrie). Le général Kleber, depuis quelque tems guéri de sa blessure, remonta au Caire à cette époque. Il avait quitté le commandement d'Alexandrie, et l'avait laissé pour quelques momens au général Manscourt, qui le remit bientôt au général Marmont. Ce fut à cette époque qu'un parlementaire Anglais, chargé d'une lettre pour le général Bonaparte, donna connaissance du firman de guerre du Grand-Seigneur. Cette pièce était imprimée. Huit jours après, vers le 5 Novembre, un aga, envoyé du Caire par le général en chef, passa à bord des Turcs, eut une longue conférence avec eux, et rentra au port. Rien ne transpira de la mission de cet envoyé.

Depuis un mois j'avais obtenu du général de repasser en Europe, à cause du dérangement de ma santé. Un petit bâtiment portant un courier du gouvernement, appareilla vers le 11 Novembre ; je profitai de ce passage, et quittai l'Egypte où tout était alors tranquille, et nos positions militaires sur le pied le plus respectable.

Fin de la premiere partie.

Seconde Partie.

Après avoir donné le Précis historique de l'Expédition jusqu'au moment de mon départ, je rapporterai la Relation succincte de l'arrivée dans Alexandrie de la plupart des Membres de la Commission des Sciences et Arts, des courses faites ensemble soit dans cette ville ou aux environs ; la route d'Alexandrie au Caire ; la visite que nous avons été faire aux Pyramides de Ghisé ; mon retour à Alexandrie jusqu'au 11 Novembre, et mon passage de mer jusqu'à Ancône, port d'Italie.

Le 5 Juillet, nous sortîmes de nos vaisseaux pour nous rendre à Alexandrie ; nous y arrivâmes tumultueusement, après avoir traversé les ruines affreuses de l'enceinte des Arabes, un vaste champ de tombeaux, et quelques sables arides, couverts çà et là de quelques palmiers, de figuiers et de la plante de soude. Nous cherchâmes, à Alexandrie, quelques chambres dans les maisons des Européens pour nous reposer : comme les Turcs n'étaient obligés à rien envers nous, le petit nombre qu'il s'en trouvait pour tant d'hommes, nous obligea de nous loger dix à douze par chambre. La chaleur excessive qu'il faisait, les mauvais alimens* que nous prenions, l'eau des citernes dont la malpropreté et le goût âcre nous rebutaient, les moustiques qui nous dévoraient nuit et jour, tout enfin nous rendit le premier mois d'habitation horriblement incommode. Nous étions couchés sur quelques mauvais matelas, la plupart sur des planches ou des nattes ; préparant nous-mêmes les rations qu'on nous distribuait, et n'ayant d'ustensiles de ménage que quelques vases de terre. Mais on l'a dit depuis long-tems ; l'homme s'accoutume à tout. Autre chose nous occupait : nous courûmes bientôt satisfaire cette premiere curiosité dont tout étranger est avide en arrivant dans un pays aussi célèbre dans l'histoire. Nous cherchions l'Alexandrie d'Alexandre, bâtie par l'architecte Dinochares ; nous cherchions cette ville où sont nés, où se sont formés tant de grands hommes, cette bibliotheque où les Ptolémées avaient réuni le dépôt des connaissances humaines ; nous cherchions enfin cette ville commerçante, son peuple actif, industrieux : nous ne trouvâmes que

ruines,

---

* Les marchés dans les premiers jours, ne fournissant point assez de denrées, on nous distribuait des rations provenant de différens bords. Le biscuit était très-moisi, et les viandes salées presque corrompues : quelque tems après, on eut abondamment de bon pain, du mouton, des poules, des pigeons, du poisson, etc.

ruines, barbarie, avilissement et pauvreté de toutes parts ; des hommes farouches *, avec d'énormes barbes, tenant de longues pipes en main, la plupart assis indolemment dans les places ou dans les cafés, ou marchant avec une gravité apathique ; des femmes vêtues de mauvaises tuniques bleues, le visage couvert d'un vilain masque d'étoffe noire, ne laissant apercevoir que les yeux, dont les paupieres sont aussi peintes en noir ainsi que leurs sourcils ; les jambes et les pieds nus, les ongles teints de rouge-aurore, nous fuyant ou se détournant comme si elles eussent vu en nous des démons ou des sauvages ; des enfans nus, maigres et mal soignés ; des marchés publics (bazards) d'une mal-propreté rebutante. Affligés de ce spectacle, nous allâmes voir les anciens vestiges : par-tout nous trouvâmes des colonnes de granit debout encore, ou jetées pêle-mêle dans les rues, sur les places, et jusque sur le bord de la mer, où l'on en a fait des amas considérables ; des monumens Egyptiens, couverts d'hiéroglyphes, servant de seuils de portes ou de bancs pour s'asseoir: nous vîmes des bazards particuliers dont les cours sont décorées de colonnes de différens marbres, quelquefois de porphyre. Les barbares! Souvent les chapiteaux y servent de bâses, et réciproquement les bâses de chapiteaux. Nous vîmes la mosquée appelée des Septante, ou mosquée des mille colonnes ; les murs d'enceinte en sont en partie détruits, et la plupart des colonnes renversées et brisées. Nous allâmes voir dans une autre mosquée abandonnée (qui a servi d'hôpital pour nos marins blessés au combat d'Aboukir), le plus beau monument Egyptien qui existe peut-être ; une cuve d'un granit noir et fin, semblable au basalte, de 3 metres 16 centimetres (9 pieds 10 pouces) de long, sur $1^m. 62^c.$ (5 pieds) de large, et $1^m. 13^c.$ (3 pieds 6 p.) de haut, chargée de milliers de caracteres hiéroglyphiques: on y voit des figures d'hommes et de femmes ; une multitude d'animaux déifiés dans l'antique Egypte, tels que l'épervier, l'ibis, le lion, etc., tous gravés avec la perfection des cachets antiques. Sans doute ce monument nous sera apporté au Muséum de Paris ; au moins est-il déjà désigné pour l'orner un jour. Il peut peser 28805 hectogrammes 46 centigrammes (6 milliers).

Nous parcourûmes, hors de la ville, à la porte occidentale d'Alexandrie, quelques bains curieux, taillés dans le roc, et dans lesquels la mer s'introduit : l'un de ces bains a été, on ne sait pourquoi, décoré du nom de Bain de Cléopâtre ; ce sont de simples grottes, sans forme et sans symétrie. A quelque distance de là, des catacombes creusées dans des roches calcaires, et qui semblent avoir été faites par les Romains. A l'autre côté de la ville, les ruines d'un ancien palais ; près de ces ruines, l'obélisque de Cléopâtre, enterré de $4^m. 87^c.$ (15 p.) dans les sables, monument en granit de $20^m. 42^c.$ (63 pieds) de hauteur ; réédifié, ainsi que nous nous en sommes assurés par des fouilles † pour trouver le pavé

---

* Les hommes aisés s'étaient presque tous renfermés ou avaient fui ; on ne voyait aucune de leurs femmes, tenues soigneusement sous les verroux.

† Le citoyen Conté, chef de brigade, s'est donné la peine lui-même de faire faire les excavations nécessaires par les Aérostiers.

pavé antique : un autre obélisque de même proportion, à 25 pas de là, et l'un et l'autre à 19^m. 47^c. (10 toises) de la mer. Nous mesurâmes la colonne de Pompée, colonne de l'ordre Corinthien, que quelques auteurs prétendent avoir été érigée en l'honneur de Septime Sévere, par le sénat qu'il avait établi à Alexandrie, monument en granit de 28^m. 8^c. (89 pieds 6 p.) de haut, divisé en quatre parties, piédestal, bâse, fût et chapiteau ; dont le fût, d'un seul morceau, du plus beau galbe et du plus beau poli, a environ 20^m. 78^c. (64 pieds) de hauteur, sur 2^m. 79^c. (8 pieds 4 p.) de diametre. Nous avions trouvé le moyen de nous faire hisser, avec des moufles et des cordages, sur cette colonne, la plus colossale connue. Du dessus de son chapiteau, nous apercevions, au Sud, l'emplacement du lac Maréotis, couvert maintenant des sables de la Lybie ; d'un autre côté, les ruines de l'enceinte entiere de la ville des Arabes, et la vaste mer dont nos ennemis se sont rendus maîtres.

Après avoir fini les opérations dont nous avions été chargés à Alexandrie, nous quittâmes sans regret cette ville, réduite aujourd'hui à une population de huit à neuf mille habitans, composée de diverses sectes ; ville d'ailleurs mal bâtie, dont le plus bel ornement se borne à quelques misérables minarets, mais dont les ports lui rendront sans doute tôt ou tard plus de prospérité. Nous partîmes en caravane, montés sur des ânes, marchant en avant de nos chameaux chargés des bagages, tous bien approvisionnés d'armes, de vivres et d'eau sur-tout. Nous traversâmes 15 lieues (67 kilometres) de désert, au milieu duquel nous eûmes la douleur de fouler aux pieds, dans un espace de 27 kilometres (6 lieues), le long de la plage d'Aboukir, les débris de notre malheureuse flotte. Ce spectacle affreux renouvelait nos peines ; et elles augmentaient encore en voyant le reste des vaisseaux, des canots, et des mâts entiers, tomber au pouvoir des Arabes du désert qui venaient y mettre le feu pour en arracher le fer, rentraient dans les sables au passage des caravanes pour n'être point aperçus, et revenaient ensuite pour piller leur proie.

Il y avait quarante heures que nous marchions, faisant seulement quelques haltes de tems en tems. Nous arrivâmes à Rosette, ville située à 1 myriametre (2 lieues) de la mer sur la rive gauche du Nil, assez bien bâtie, et environnée de jardins agréablement cultivés. L'âme se dilate à la vue du fleuve qui en baigne les mers ; déjà de cette ville on découvre l'immense plateau formant le Delta, et la riche culture de ses bords. Ici on retrouve une nature productive ; ce ne sont plus des sables secs, brûlans, dont l'éclat blesse la vue : l'œil s'y repose sur une immense verdure ; il y voit de beaux dattiers, des sycomores dont les branches sont très-étendues, de légers acacias, de superbes orangers, des grenadiers, d'agréables jasmins, et mille autres végétaux variés. Nous touchions alors au 14 Septembre. Le Nil croissait encore ; nous le remontâmes par un vent frais : notre barque, qui allait à la voile, marchait rapidement. Nous regardions arroser par divers procédés, les terres qui forment les rives du fleuve ; nous examinions les canaux qui conduisent l'eau dans l'intérieur des terres : nous passions en revue une foule de

petites

petites villes dominées de minarets, et de nombreux villages plus ou moins mal bâtis en terre ou brique cuite au soleil ; les rez-de-chaussée des maisons ayant rarement des fenêtres, et souvent des portes trop basses pour y entrer debout ; l'étage supérieur presque par-tout destiné à recevoir les pigeons, qui sont par milliers sur ces maisons.

Nous avions déjà passé Faoué, près duquel était situé, autrefois Métélis, ville célebre par les femmes qu'on y élevait pour danser et chanter dans les cérémonies publiques. Ce pays a encore conservé quelque chose de cet usage : c'est de là que sortent aujourd'hui la plupart de ces almés, qui, comme les bayaderes de l'Inde, dansent d'une maniere si lascive. Elles courent les villes d'Egypte, elles chantent, déclament, et sont d'une grande ressource pour les harems, où on les introduit afin d'y amuser les femmes esclaves. Nous venions de prendre quelques provisions fraiches dans Rhamanié, où est située l'une de nos garnisons. Nous continuâmes notre route, et le lendemain nous découvrîmes à 35 ou 40 kilom. (8 ou 9 lieues), les pyramides (près de Ghisé) comme de hautes montagnes. Enfin, le 17 Septembre, nous arrivâmes au Caire, capitale de l'Egypte, située au pied de la chaîne du Mokattam, près des bords du Nil ; ville immense, percée en tous sens de rues étroites et tortueuses, renfermant plus de trois cent mille habitans[*], composée d'une foule de sectes diverses ; remplie d'un grand nombre de mosquées, hérissée de minarets, ayant plusieurs places irrégulieres ornées des maisons des beys, des cachefs, et dont la construction intérieure est assez bien appropriée au climat.

A notre arrivée nous traversâmes la ville et fûmes conduits à l'autre extrémité dans plusieurs maisons de beys, dans l'une desquelles est situé l'institut, et où sont logés agréablement, et près d'un fort beau jardin, tous les membres de la commission des sciences et des arts. Là, nous retrouvâmes ceux qui nous avaient précédés. Nous allâmes le lendemain voir le général en chef, qui accueille avec beaucoup d'intérêt et de bienveillance ceux qui l'ont accompagné dans l'expédition. Le 23 Septembre arriva, et dès le matin nous nous rendîmes en cérémonie sur la place Desbéquiet. La fête que j'ai décrite ci-dessus eut lieu tout le jour : on y fit le matin, ainsi que je l'ai dit, des évolutions militaires qui étonnerent les habitans, l'après-midi des courses à pied et à cheval, et le soir des feux d'artifice avec une illumination fort bien entendue, à la maniere du pays. Le jour suivant, le général nous donna une escorte de deux cents hommes pour nous protéger contre les Arabes Bédouins en allant voir les pyramides. Nous traversâmes le Nil le même soir, et nous nous rendîmes à Ghisé pour y passer la nuit : après nous y être reposés dans la maison de Mourad-Bey, nous partîmes au soleil levant sur nos barques par un canal qui passe à quelque distance des pyramides, qui sont
éloignées

---

[*] La pauvreté de la plus grande partie de cette population est affreuse ; j'ai vu une foule de femmes et de jeunes filles servir de manœuvres aux maçons de ce pays.

éloignées de 18 kilometres (4 lieues) de Ghisé, mais qui n'en paraissent qu'à une lieue à cause de leurs énormes masses. Nous y arrivâmes à onze heures du matin, après avoir traversé quelques champs de maïs et des sables d'une extrême ténuité, au pied du monticule formé des débris amassés autour de la plus grande des trois pyramides. Nous arrivâmes près du canal qui conduit aux deux chambres intérieures appelées chambres des Pharaons; elles furent aussitôt visitées par plusieurs d'entre nous. Malgré l'excessive chaleur, qui pouvait être de trente degrés, nous escaladâmes les gradins de la grande pyramide*, et en 35 minutes nous arrivâmes au faîte. Assis sur cette sommité où nous étions parvenus accablés de fatigue, nous examinions, avec une curiosité mêlée de saisissement, d'un côté l'immensité du désert, dont l'horizon n'a point de bornes; d'un autre côté, le Nil circulant dans de vastes et riantes campagnes; au-delà, l'âpre chaîne du Mokattam qui se dirige vers la Mer-Rouge; au loin les pyramides de Saccara, situées près de la plaine des Momies, en face de l'ancienne Memphis, et en avant de l'emplacement du lac Mœris.

Nous descendîmes ensuite vers les deux autres pyramides; nous examinâmes leur construction, ainsi que nous avions fait de la premiere. Nous nous convainquîmes qu'elles sont toutes en pierres calcaires, et que le revêtissement qui subsiste à la partie supérieure de la seconde n'est point en marbre ni en granit comme on l'a prétendu jusqu'ici, mais en pierres calcaires bien polies et bien jointes. Nous passâmes de là au Sphinx, dont l'énorme tête et le cou ont ensemble $8^{m}.55^{c}.$ (26 pieds) de haut, et dont le corps (si jamais il a été sculpté) est entierement couvert de sable. Enfin, nous visitâmes une foule de tombeaux taillés symétriquement dans la roche, dont quelques-uns sont curieux par les sculptures qu'ils renferment; et après avoir médité sur ces monumens gigantesques, témoins muets de tant de siecles, sur ces merveilles fruit du fanatisme ou de l'esclavage, et dont l'antiquité était même inconnue du tems d'Hérodote, nous nous réunîmes à l'escorte pour retourner par nos barques à Ghisé, emportant le souvenir d'impressions qui ne peuvent jamais sortir de la mémoire qui les a reçues.

Rentrés au Caire, nous eûmes occasion les jours suivans de visiter une foule de débris de colonnes de granit auprès d'un bel aqueduc en pierre qui porte l'eau du Nil au Caire; d'autres au château, ornant le reste d'un ancien palais de Saladin. Près de là, le puits de Joseph, qui est creusé dans le roc, de $83^{m}.77^{c}.$ (260 pieds) de profondeur, entouré d'un escalier en pente douce qui conduit au bas, et qui est lui-même évidé dans la masse; ce puits donnant de l'eau très-limpide, légerement saline, qu'on éleve en deux fois, au moyen de roues à pots tournées par des bœufs placés à sa partie supérieure

et

---

* Les auteurs different beaucoup sur les dimensions vraies; il faudra, pour les obtenir, désensabler ces pyramides. On estime la plus grande de 222 metres 73 centimetres (700 pieds) de bâse, sur 194 metres 84 centimetres (600 pieds) d'élévation.

et à sa partie moyenne. Nous allâmes voir le michias (ou nilometre) construit à l'extrémité supérieure de la charmante île de Raouda, en face du vieux Caire; monument sacré pour les Egyptiens, où ils jugent des divers degrés de la crue du fleuve, par une échelle graduée, tracée sur une colonne placée au centre de l'édifice. Nous vîmes ensuite les greniers de Joseph, qui ne sont que des emplacemens découverts, divisés en vastes carrés entourés de murs de brique d'une grande épaisseur, avec des communications ménagées entre toutes ces cours. Nous allâmes aux bains publics, très-multipliés dans toutes les villes d'Egypte, et qui, quoique curieux à connaître, sont fort au-dessous de la réputation que leur ont faite quelques auteurs, par cette raison principale que l'eau des cuves où l'on se plonge sert à plusieurs baigneurs à-la-fois. Enfin nous eûmes occasion de voir, non chez les Turcs, mais chez plusieurs de nos généraux, quelques-unes de ses femmes esclaves trouvées dans les harems lors de la fuite des beys, et recueillies par ces généraux; beautés trop vantées, qui ont presque toutes un excessif embonpoint, sont sans élégance, sans grâce et sans liberté dans leur maintien

La caravane d'Abissinie venait d'arriver; elle avait amené de jeunes esclaves noires pour être vendues dans les bazards destinés à ce barbare commerce. Nous fûmes voir ces malheureuses, qui, nues, couchées sur le carreau, et dix à douze dans chaque chambrette, broyaient sur des pierres un peu de grains pour se faire des galettes. Les infortunées! elles se levaient à la demande des marchandeurs, se tournant en tous sens pour être examinées de l'œil indiscretement curieux. Plusieurs Français en acheterent; mais le général Bonaparte avait pris un arrêté pour défendre à quiconque s'en procurait, d'en trafiquer ensuite.

Tout ce qu'il était possible alors de connaître au Caire, était examiné; nous attendions que des circonstances favorables permîssent d'aller visiter, dans la Haute Egypte, les ruines de la Thebes aux cent portes, chantée par Homere, et celle d'une foule d'autres villes anciennes; les carrieres de la Thébaïde, d'où furent tirés ces énormes blocs de granit qui semblent avoir été transportés et placés par des géans dans la construction des antiques édifices; ces obélisques qu'on trouve encore en quelques endroits, et dont plusieurs ornent aujourd'hui la ville de Rome. Mais je ne pus voir réaliser cette espérance: obligé par le dérangement de ma santé de rentrer dans ma patrie, je me préparai à mon retour, et partis du Caire avec quelques autres Français, le 21 Octobre à huit heures du soir, veille de l'insurrection dont j'ai parlé dans la premiere partie de cette relation. Elle se passait, tandis que paisible sur le Nil, je goûtais le doux plaisir d'admirer les rives de ce fleuve, qui commençait à baisser sensiblement. Je regardais les habitans des villages, rassemblés sur ses bords, nous examinant passer avec curiosité; de jeunes filles par centaines, venant remplir de grands vases qu'elles portent sur leurs têtes, s'avançant pour puiser l'eau en relevant, avant d'y entrer, leur tunique legere jusqu'à la ceinture, et cachant soigneusement leur visage, quelquefois traversant le fleuve à la nage, en formant utour de leur tête un turban de tout leur vêtement: des cultivateurs conduisant des

charrues

charrues simples de structure, et attelées de bœufs ; de jeunes garçons entierement nus, à la suite du labour, jetant le grain dans les sillons ; de beaux troupeaux de vaches et de buffles ; d'autres de moutons noirs et blancs, garnis des plus belles toisons, et ayant les cornes enroulées à la maniere de la corne d'ammon.

Le tems s'écoulait, et j'arrivai à Rosette, me réunissant, au jour marqué, à la caravane, pour passer de nouveau le désert. Nous ne trouvâmes plus, dans cette traversée, de débris sur la place d'Aboukir ; ceux de la flotte avaient disparu : on y voyait seulement çà et là, quelques squelettes d'hommes, enfouis à demi sous le sable, et d'une blancheur éblouissante. A notre passage près du fort d'Aboukir, les Anglais envoyerent quelques chaloupes canonnieres pour lancer des boulets sur notre caravane, afin de couper sa marche ; mais ces boulets n'arrivaient qu'à cent pas de nous. Après avoir fait une halte de quelques heures auprès du camp de la légion nautique, couchés sur le sable par la chaleur du midi, n'ayant d'ombre que celle projetée par quelques têtes de palmiers, nous reprîmes notre route. Pendant le cours de la nuit, au clair de lune, nous eûmes un combat assez vif à soutenir contre les Arabes du désert, qui peut-être étaient instruits qu'un des chameaux de la caravane portait l'argent à Alexandrie pour le service public : comme nous étions bien armés, nous les dispersâmes en faisant un feu suivi sur les côtés du petit bataillon carré que nous avions formé, et au milieu duquel les chameaux et les ânes qui portaient les bagages, étaient placés. Nous rentrâmes dans Alexandrie le 26 Octobre. Ce fut à mon arrivé dans cette ville que j'eus connaissance de la sédition arrivée au Caire, et des résultats, qui furent sur-le-champ affichés dans la ville, encore agitée des mouvemens qui avaient eu lieu à Alexandrie même. A mon départ pour le Caire, il n'y avait devant les ports que des Anglais ; je trouvai réunis à eux les Russes et les Turcs ; et les jours suivans, la déclaration de guerre du Grand-Seigneur fut connue.

Dans la situation où étaient les choses, il devenait difficile de tenter de repasser en Europe : on venait d'apprendre que le brig le Railleur, portant des marins qui rentraient en France, avait été pris par les Turcs, et les passagers conduits à la chaîne à Rhodes ; que les Anglais, quelques jours avant, avaient incendié vingt-cinq bâtimens Napolitains, quoique neutres, après en avoir remis les équipages à terre. Cependant un brig portant le frere du général, partait du port ; deux tartanes qui portaient des Français, et qui depuis ont été prises par les Turcs, repassaient aussi : je me préparai moi-même à quitter Alexandrie. Le commandant du port, Dumanoir, me donna une place sur une petite tartane qui portait un courier du gouvernement, trois capitaines de haut-bord, blessés au combat, et trois autres passagers ; je me mis dans ce bâtiment, et le 8 Novembre nous sortîmes du port d'Alexandrie, à sept heures du soir, laissant à cette époque, ainsi que je l'ai dit dans la premiere partie, l'expédition dans une position satisfaisante.

Déjà nous étions hors de la rade ; le vent était nord-ouest et soufflait bon frais ; la barque, à la faveur des ombres, s'avançait à travers les vaisseaux ennemis qui croisaient et bloquaient le port dans une circonférence de plusieurs lieues. Quatre heures du matin arrivaient ;

arrivaient ; nous n'avions rencontré aucun obstacle : le vent s'était peu-à-peu ralenti ; il nous laissa en calme plat. Le petit jour parut ; un mousse était déjà au plus haut du mât. Bientôt il s'écria : " Je vois un vaisseau ennemi derriere nous."— A quelle distance est-il ? — Je le crois à une lieue et demie. On prit courage ; le capitaine fit carguer la voile, mettre le canot à la mer et ramer à toute force en s'éloignant pour échapper à la vue des ennemis. En effet, nous parvînmes à nous y soustraire avant que le jour ne fût bien assuré. Cette victoire gagnée nous donna de l'espoir : nous étions passés au-delà de la ligne du blocus ; c'était beaucoup. Nous fîmes route heureusement pendant quinze jours d'une navigation plus tranquille que nous ne l'avions espéré. Nous avions passé à la vue de Candie (l'antique Crete), assez près de Cérigo, Zante et Céfalonie qui depuis quelques jours venaient de tomber au pouvoir des Russes et des Turcs sans que nous en fussions instruits. Le 25 Novembre nous allions enfin aborder à Corfou : nous suivions la côte de l'Albanie ; un bon vent nous poussait dans le canal au nord de l'île ; nous nous réjouissions de l'espérance d'y apprendre des nouvelles de la patrie, dont le cœur a tant besoin après quelque absence. Nous avancions avec confiance par une brume assez épaisse, lorsque sur les dix heures du matin, le soleil venant à dissiper les vapeurs, nous apercevons autour du port, à une lieue de nous, des bâtimens de guerre Russes et Turcs. Miséricorde, s'écria le capitaine de la tartane, nous voici au pouvoir des barbares ! Le premier moment de crainte passé, nous reprîmes courage ; et au lieu de rétrograder (ce qui nous aurait infailliblement trahis), nous nous laissâmes aller en déviant vers la côte vis-à-vis quelques moulins à vent, espérant qu'au moyen de notre petite embarcation, les Russes et les Turcs nous prendraient pour des Grecs faisant quelque peu de pêche ou de commerce. Cela nous réussit : en effet, ils n'envoyerent point après nous, et nous restâmes ainsi à l'ancre jusqu'au soir. Nous sortîmes du canal pendant la nuit, prenant le vent qui nous était contraire au plus près, en courant de petites bordées. Vers le matin nous aperçûmes un bâtiment près de nous : nous fûmes saisis d'une nouvelle inquiétude ; nous crûmes avoir été aperçus en quittant l'ancre, et qu'un bâtiment ennemi nous donnait la chasse ; nous courûmes vers la côte pour nous y jeter : bientôt le jour nous fit connaître que c'était un bâtiment marchand qui faisait route vers l'Adriatique.

N'ayant pu nous instruire dans Corfou de la position de la France avec ses voisins, nous eûmes le dessein d'aller prendre terre à l'extrémité de l'Italie, malgré nos inquiétudes que la guerre ne fût commencée avec Naples, ce qui nous aurait exposés à être faits prisonniers, ou pis encore (puisqu'à quelques semaines de là, les Siciliens ont massacré l'ordonnateur Sucy et d'infortunés Français malades qui revenaient dans leur patrie). Le vent s'y opposa ; nous songeâmes à profiter de celui qui nous portait vers la Dalmatie, afin d'entrer dans le port de Raguse, où nous avons un consul. Nous passâmes près des bouches de Cattaro, où, vers le même tems, le capitaine et une partie des matelots d'un petit bâtiment Français venaient d'être assassinés par les gens de la côte, au moment qu'ils avaient mis pied à terre. Enfin, nous arrivâmes à Raguse le 29 Novembre, à six heures du matin. Le capitaine et deux des

nôtres

nôtres allerent dans le canot se présenter à la maison de santé, y firent demander le consul Français, qui vint, et nous instruisit que les hostilités devaient être commencées entre nous et les Napolitains au moment qu'il nous parlait ; que nous étions encore en paix avec l'Empereur, et qu'il croyait le port d'Ancône libre. Il nous procura un pilote pour nous conduire à travers les îles de la Dalmatie, nous recommanda de nous garantir des corsaires qui les infestaient, nous dit que la veille il en venait d'entrer un dans le port avec une prise d'un bâtiment Corfiote : nous le remerciâmes, prîmes quelques provisions (entre autres d'excellent marasquin de Zara), et partîmes. Nous marchions à notre but. Le lendemain au soir nous éprouvâmes une rafale qui nous obligea de chercher un asile dans le port de Lésina appartenant à l'Empereur ; nous y entrâmes à sept heures du soir. Nous nous trouvâmes rangés dans ce port près d'un petit bâtiment qui avait la coupe d'un corsaire, et qui était armé de six canons. Comme nous n'avions aucune arme, aucune défense, nous nous crûmes plus près du danger que nous ne l'avions encore été jusque là. Le capitaine de ce bâtiment nous demanda fierement qui nous étions, d'où nous venions, où nous allions. Nous hésitions de répondre affirmativement, lui promettant d'entrer le lendemain au jour dans tous les détails qu'il désirerait avoir. Notre but était déjà d'appareiller dans le courant de la nuit et d'échapper ; il dit au capitaine de notre tartane d'aller sur-le-champ raisonner à son bord. Celui-ci s'y détermina, non sans inquiétude ; nous ressemblions beaucoup à l'agneau de la fable, qui dit : *Seigneur, je ne viens point troubler votre eau.* Mais, ô douce surprise ! c'était un bâtiment Français dont les passagers avaient eux-mêmes leurs craintes : il portait le général Belair, qui passait à Corfou avec quelques officiers pour prendre le commandement de la place. Comme nous, le mauvais tems l'avait obligé de relâcher. Nous l'instruisîmes de la position de Corfou, qu'il ne connaissait point ; de l'ordre du blocus devant le port, afin qu'en se dirigeant il prit les mesures les plus prudentes pour éviter ses ennemis. De son côté, il nous dit qu'il venait de sortir d'Ancône il y avait trois jours ; que ce port était libre et protégé par deux bâtimens de guerre qui croisaient devant la rade ; que nous pouvions y aborder sans crainte. Nous nous trouvâmes heureux de cette rencontre, qui enfin nous éclairait sur ce qui nous restait à faire. Le lendemain nous partîmes de Lesina ; et par un tems serein, par le vent le plus favorable, nous achevâmes notre navigation et entrâmes dans le port d'Ancône le 4 Décembre à huit heures du matin.

Le même jour nous nous rendîmes au lazaret pour faire quarantaine : nous y fûmes tenus enfermés avec nombreuse compagnie. La moitié du bâtiment était destinée à recevoir les prisonniers Napolitains qu'on y amenait par centaines, et qui passaient à Milan après s'y être refaits quelques jours de leurs fatigues. Ce même lieu servait aussi de prison aux moines turbulens qui, en plusieurs endroits de cette partie de l'Italie, avaient prêché le massacre des Français ; en sorte que ce séjour nous était extrêmement désagréable. Douze degrés de froid, trois pieds de neige, et le manque de feu dans nos cellules, y ajoutaient encore : mais nos peines finissaient. Nous sortîmes du lazaret au

bout

APPENDIX.

bout de trente jours; et après nous être embrassés les uns les autres, chacun de nous prit la route qui lui convint. Je traversai l'Italie par Bologne, Milan, Turin et le mont Cénis, et je rentrai dans ma chere patrie, me dirigeant sur Paris, où j'arrivai le 19 Février 1799.

LISTE DES SAVANS ET ARTISTES ATTACHÉS A L'EXPÉDITION.

Géométrie.

Les C^{ens}. Fourier, Costas, Corancez, Charbaud, Devilliers, Viard, Vincent, Say.

Astronomie.

Nouet, Quenot, *Méchain fils*, Dangos.

Mécanique.

Monge, Conté, Masieres, Cécile, Ainés, *Ainés fils*, Cassard, Lenoir, Cirot, Couvreur, Hassenfratz jeune, Favier, Dubois.

Horlogerie.

Lemaître, Thomas.

Chimie.

Berthollet, Descostils, Samuel Bernard, Regnault, Champy, *Champy fils*, Poltier, Pignat.

Minéralogie.

Dolomieu, Cordier, Rosiere, Nepveu, Victor Dupuy.

Botanique.

Delille, Coquebert, Nectou.

Zoologie.

Geoffroy, Savigny, Ducharnoy, Gérard, Redouté.

Chirurgie.

Dubois, Labate, Lacipiere, *Dubois fils*, Pouqueville, Bessieres.

Pharmacie.

Boudet, Roguin, Rouyer.

Antiquités.

Pourlier, Ripault.

Architecture.

Norry, Balzac, Protain, Lepere.

Dessinateurs.

Dutertre, Rigo, Baudouin, Joly.

Génie Civil.

Lepere, Girard, Bodard, *Gratien Lepere*, Saint-Genis, Debaudre, Duval, Faye, Lancret, Fevre, Jollois, Thévenot, Chabrolle, Raffeneau, Arnolet, *Hyacinte Lepere*, Panuzen.

Géographes.

Lafeuillade, Leduc, Lévêque, Bourgeois, Faurie, Benazet, Corabœuf, Dulion, Jomard, Lecesne, Laroche, Bertre, Potier, Greslis, Boucher, Chaumont, Jacquotin, Tétevide.

Imprimerie.

Marcel, Puntis, Laugier, Eberhart, Besson, Boulangée, Boyer, Jardin, Rivet, Véry, Dubois, Gransart, Marlet, Lethioux, Castera.

NOMS DES MEMBRES COMPOSANT L'INSTITUT D'ÉGYPTE.

Mathématiques

Les C^{cas}. Andréossi, Bonaparte, Costas, Fourier, Girard, Lepere, Leroi, Malus, Monge, Nouet, Quesnot, Say.

Physique.

Berthollet, Champy, Conté, Delille, Descostils, Desgenettes, Dolomieu, Dubois, Geoffroy, Savigny.

Économie-Politique.

Cafarelli, Gloutier, Poussielgue, Sulkouski, Sucy, Tallien.

Littérature et Beaux-Arts.

Denon, Dutertre, Norry, Parseval, Redouté, Rigel, Venture, Rigo, D. Raphael.

Nota. A la premiere assemblée, on nomma Monge président, Bonaparte vice-président, Fourier secrétaire, Costat adjoint.

APPENDIX.

SUR LA COLONNE DE POMPÉE.

Le petit nombre de mesures données jusqu'ici de la colonne de Pompée, et indiquées souvent de la maniere la plus incertaine par les différens auteurs qui en ont parlé, nous a déterminés, avant de quitter Alexandrie, les citoyens Dutertre, Protin, Lepere et moi, d'en recueillir toutes les proportions. Le commandant du port, le citoyen Dumanoir, que nous avions engagé de nous en faciliter les moyens, en nous faisant préparer, à son bord quelques moufles et quelques cordages, s'est empressé de seconder nos vues. Le 1er Septembre, à cinq heures du matin, nous nous rendîmes à ce monument, avec une escorte. Nous commençâmes notre opération par élever un cerf-volant d'environ quatre pieds de haut, à l'attache duquel pendait une seconde corde d'une longueur indéfinie, qui fut saisie par l'un de nous, lorsque le cerf-volant fut passé au-dessus et au-delà du chapiteau; de maniere qu'en tirant cette corde, le cerf-volant descendit à terre, et fut ensuite séparé: nous eûmes une corde passée par-dessus le chapiteau de la colonne, comme par-dessus la circonférence d'une poulie. Cette premiere opération faite, on attacha à l'une des extrémités de cette corde, une seconde corde plus forte, qu'on substitua à la premiere, et à celle-ci une troisieme capable de porter plus que le poids d'un homme. Un matelot fut enlevé sur le chapiteau; son premier soin fut de jeter en bas un drapeau en fer battu, placé en cet endroit, en 1789, par Fauvel, artiste Français: sur ce pavillon était indiquée la hauteur totale du monument, de 88 pieds 9 pouces. Lorsque le matelot eut attaché fortement les cordages autour des volutes d'angles, et placé avec soin un moufle, je m'assis sur un petit banc suspendu à la corde, et fus hissé aussitôt; le citoyen Protin y monta ensuite, et nous mesurâmes ensemble toutes les parties du chapiteau. Pendant ce tems, les citoyens Lepere et Dutertre prirent toutes les mesures de la base et du piédestal: nous prîmes ensuite une hauteur totale, qui, à 8 centimetres (3 pouces) près, répondait à celle de Fauvel; elle se trouva de 28 metres 73 centim. (88 pieds 6 pouces). Il ne restait plus qu'à mesurer les diametres de la colonne à diverses hauteurs; pour y parvenir, nous avions disposé une équerre d'environ 5 pieds de branches, avec une fleche mobile dans un coulisseau, partageant l'angle en deux, et pouvant, à volonté, s'avancer ou reculer pour toucher la circonférence à chaque station où l'on embrassait horizontalement, avec l'équerre, le fût de la colonne; au moyen de quoi, en considérant les hypothénuses de chacun des triangles que déterminaient les longueurs de la fleche comme côtés d'octogones, nous trouvions les divers cercles inscrits à ces octogones, et par conséquent les diametres. Pour opérer avec précision, celui qui se servait de l'équerre aux diverses stations du fût, présentait le niveau sur cette équerre, qu'on lui aidait à placer horizontalement en baissant ou levant à volonté, du dessus de la colonne, les extrémités des deux branches où se trouvaient fixées deux cordes: par ces divers procédés, nous avons opéré avec la plus grande exactitude.

Beaucoup

APPENDIX.

Beaucoup de membres de la commission des arts ont été témoins de notre travail, et la plupart sont montés ensuite sur cet énorme chapiteau, sur lequel nous nous sommes trouvés jusqu'à six ou sept ensemble.

Il me reste un mot à ajouter sur la disposition, la division, les principales dimensions, la nature de la matiere, les proportions et l'âge de ce monument.

Il est disposé sur une légere éminence, et placé sur un soubassement que les barbares ont dégradé : un noyau de 1 metre 28 centimetres (4 pieds 6 p.) carrés lui sert de seul support ; ce noyau est formé d'un fragment de monument Egyptien, qui paraît être de la nature du silex, et qui lui-même a été apporté en ce lieu, puisque les caracteres hiéroglyphiques en sont renversés. En examinant attentivement cette dégradation commise sous le piédestal, on découvre que le tassement, réparti inégalement, a fait pencher la colonne de 21 cent. (8 pouces), et c'est sans doute à ce tassement qu'est due une profonde crevasse d'environ 4 ^{m}. 87 ^{c}. (15 pieds) de longueur dans la partie inférieure du fût.

Ce monument présente un ordre Corinthien, et est divisé en quatre parties, piédestal, bâse, fût et chapiteau ; un cercle de 2 ^{m}. 2 ^{c}. (6 pieds 3 p.) de diametre, et déprimé de 6 ^{c} (2 pouces), ferait croire qu'il y a eu autrefois un socle dessus, portant peut-être la figure du héros à qui on avait élevé cette colonne ; mais ceci n'est qu'une conjecture.

Le piédestal a de hauteur 3 ^{m}. 24 ^{c}. (10 pieds) ; la bâse, 1 ^{m}. 78 ^{c}. (5 pieds 6 p. 3 lig.) ; le fût, 20 ^{m}. 48 ^{c}. (63 pieds 1 p. 3 lig.) ; le chapiteau, 3 ^{m}. 21 ^{c}. (9 pieds 10 p. 6 lig.) ; le diametre de la colonne est de 2 ^{m}. 70 ^{c}. (8 pieds 4 p.) dans sa partie inférieure, et de 2 ^{m}. 49 ^{c}. (7 pieds 2 p. 8 lig.) près de l'astragale : la hauteur totale, ainsi que je l'ai dit plus haut, est de 28 ^{m}. 73 ^{c}. 88 pieds 6 pouces.

Toutes les parties du monument sont en granit thébaïque.

Quoique cet ordre soit en quelque sorte constitué Corinthien par son chapiteau, il n'en a point les proportions Grecques ; celle du fût se rapproche de l'Ionique. Au reste, il est évident que les diverses parties qui le composent, sont d'âges différens : le fût, qui est d'un galbe admirable et d'un fort beau poli, excepté du côté du désert, qui a souffert par les sables, paraît être fait de la main des Grecs, peut-être sous les Ptolomées : quant aux autres parties, elles sont évidemment inférieures. Les profils se rapprochent beaucoup de ceux du bas Empire chez les Romains. Le chapiteau n'est que grossierement massé ; le piédestal est excessivement bas ; la couleur même du granit differe de celle du fût. On peut donc conjecturer que ce fût, fait antérieurement aux autres parties, aura été réédifié à quelque époque extraordinaire. C'est vraisemblablement la plus grande colonne d'un seul morceau qui soit au monde. On doit beaucoup regretter qu'une inscription qui était sur l'une des faces du piédestal, ne soit plus lisible ; on serait éclairé sur ce monument, que les auteurs attribuent, les uns à la mémoire de Pompée, d'autres à celle de Septimé Sévere.

APPENDIX,

APPENDIX, &c.

MÉMOIRE SUR LE LAC MENZALÉH, D'APRÈS LA RECONNAISSANCE FAITE EN OCTOBRE, 1798.

Par le Général d'Artillerie ANDRÉOSSI.

L'ÉGYPTE a été le berceau des arts et des sciences. Leurs principes étaient recueillis par les colléges des prêtres, ou consignés dans ces hiéroglyphes dont la langue n'est plus connue. Les prêtres Egyptiens, occupés spécialement de l'observation du ciel, faisaient moins d'attention aux faits naturels qui se passaient sous leurs yeux : aussi, lorsqu'Hérodote fut à Memphis, il s'aperçut, en conversant avec les prêtres, qu'ils ignoraient les causes des changemens qui avaient dû survenir dans la partie inférieure de leur pays, comprise depuis l'entrée de la plaine jusqu'à la mer.

Une circonstance remarquable c'est qu'à l'époque où ce pere de l'histoire voyageait en Egypte, on sortait d'une longue guerre, pendant laquelle tout ce qui tient à l'économie publique avait été négligé ; l'entretien des canaux s'en était conséquemment ressenti. Cette contrée gémissait en outre sous un gouvernement militaire pareil à celui des Mamlouks, et les parties voisines du désert étaient infestées de brigands, comme elles le sont encore.

Hérodote trouva donc l'Egypte à-peu-près dans le même état où elle a été depuis, et il ne put pas voir et recueillir un très-grand nombre de faits ; ceux que renferme son *Euterpe* sont précieux, mais il nous laisse dans l'incertitude sur beaucoup d'autres. Strabon et Diodore de Sicile ont ajouté peu de chose aux récits d'Hérodote. Aboûl-fédhâ, en nous faisant connaître la géographie de son tems ; et les autres écrivains du treizieme siecle, en proposant des conjectures, n'ont fait qu'augmenter les doutes. D'ailleurs l'Egypte, tant de fois asservie, après avoir changé de dominateurs, devait aussi changer de langage, et les diverses dénominations d'objets qui avaient subi des modifications, ou qui ne subsistaient plus, ne tendaient qu'à jeter de la confusion dans les idées.

Les auteurs de nos jours n'ont pu que compulser les anciens écrivains et les voyageurs modernes.

modernes. Il est résulté de leurs recherches, principalement de celles de Danville, des dissertations savantes, d'après lesquelles ce célebre géographe a construit ses cartes de l'Egypte ancienne et moderne, qui sont les seules détaillées qui existent.

On s'est aperçu déjà, par l'usage qu'on a fait des cartes, que celle d'Egypte moderne contient beaucoup d'erreurs ; et il était difficile, malgré la profonde critique qu'a employée Danville, que cela pût être autrement. Le séjour de l'armée dans ces contrées donnera les moyens de rectifier la plupart de ces erreurs, de lever bien des doutes, et de rétablir des faits tombés presque dans l'oubli, par le laps du tems, et parce que la barbarie des gouvernemens avait éloigné toute recherche.

Le général en chef m'ayant ordonné de faire la reconnaissance du lac Menzaléh ; les bâses de l'instruction qu'il m'avait remises, et les secours en sujets intelligens qu'on m'a procurés, m'ont mis dans le cas de donner à mes opérations un peu plus d'étendue et de précision que ne peuvent avoir ordinairement les reconnaissances militaires. Je vais rendre compte de mon travail ; je proposerai mes conjectures ; je les appuierai de recherches nouvellement faites. En m'aidant, sur quelques faits géologiques, de l'autorité des premiers écrivains, je ne les adopterai point exclusivement, mais je consulterai la nature, qui était plus ancienne que ces auteurs, et qui est en même-tems notre contemporaine.

§. Ier.

Ancienne Branche Tanitique retrouvée.

L'opinion des anciens était que le Nil déchargeait ses eaux dans la mer par sept embouchures ; il y avait donc sept branches *, qui prenaient les eaux au sortir des montagnes, et les conduisaient à ces sept ouvertures.

L'ordre dans lequel les anciens les connaissaient était, en allant d'orient en occident :

1º. La branche Pélusiaque ou Bubastique.
2º. La branche Tanitique ou Saïtique, qui porte aujourd'hui le nom d'Omm-Faredje.
3º. La branche Mendésienne ou de Dybéh.
4º.

---

* Les poëtes ont appelé ces sept branches les *bouches* du Nil (*vra*) ; cette dénomination était due à l'idée de grandeur qu'ils voulaient donner de ce fleuve. Mais, en traitant de la géologie de l'Egypte, nous sommes forcés d'établir une distinction : nous appellerons *branches* les canaux qui, de la partie au-dessous de Memphis, se rendaient à la Méditerranée, et *bouches*, les ouvertures de ces mêmes branches dans la mer. Cette distinction est d'autant plus nécessaire que quelques-unes des branches primitives sont supprimées en totalité ou en partie, et qu'on retrouve leurs bouches isolées, ou bien, formant les communications des différens lacs de l'Egypte avec la mer.

APPENDIX.

4°. La branche Phatnitique ou Bucolique, qui est celle de Damiette.
5°. La branche Sébennitique ou de Bourlos.
6°. La branche Bolbitine ou de Rosette.
7°. La branche Canopique ou d'Aboù-qyr.

Ces branches existent-elles en entier ou en partie ? et peut-on en retrouver les traces ? C'est ce que nous allons examiner pour les trois premieres, qui sont comprises dans la reconnaissance que nous avons faite.

La branche Pélusiaque était navigable lorsqu'Alexandre pénétra en Egypte ; il fit remonter par ce canal sa flotille, qu'il avait fait venir de Ghazah : mais aujourd'hui cette branche est comblée. On en voit encore devant Péluse, l'extrémité qui aboutissait à la mer ; elle est remplie de fange. Les traces de cette branche doivent se retrouver dans la province de Charqyéh, en se dirigeant vers Bastah, ville ruinée, anciennement connue sous le nom de Bubaste, et qu'on aperçoit à quelque distance à gauche de Belbéïs, en allant vers la Syrie.

Il regne une obscurité impénétrable sur les branches Tanitique et Mendésienne, qui venaient après la Pélusiaque, et qui se trouvaient dans l'emplacement qu'occupe le lac Menzaléh, appelé autrefois lac Tennys.

Lorsque j'ai pénétré dans le lac Menzaléh, par la bouche de Dybéh, le 4 Octobre, j'ai été frappé de la largeur et de la profondeur du canal, qui est à droite, après avoir passé la bouche. J'ai commencé à soupçonner que ce pouvait être l'extrémité de l'ancienne branche Mendésienne ; et j'ai cherché à en retrouver la direction par des sondes fréquentes. Les circonstances de mon entrée dans le lac ne m'ont point permis d'achever ce travail.

Ce que je n'ai pu exécuter pour la branche Mendésienne, je crois l'avoir fait pour la branche Tanitique, dont la bouche est celle d'Omm-Farédje. En allant de cette bouche à Samnàh, on passe à droite des îles de Toùnah et de Tennys, et on pénètre dans le canal de Mo'éz. L'entrée de la bouche a beaucoup d'eau, et le fond est de vase noire. On mouille à droite des îles de Tennys et de Toùnah, par seize à vingt décimetres d'eau. La partie de gauche n'est praticable que pour de très-petits djermes, et la ligne de la limite de la navigation du lac Menzaléh ne passe pas loin de leur direction. Les islots, les bas-fonds, qui se rattachent au sud de ces iles, font soupçonner un continent submergé.

Le canal de Mo'éz, qui inonde la province de Charqyéh, pénetre dans le lac Menzaléh, au Sud-Ouest des îles de Matharyéh. Ce canal, depuis Samnàh jusqu'au lac, a depuis cinquante jusqu'à cent vingt metres de largeur, et depuis trois jusqu'à quatre metres de profondeur. Il communique avec le Nil ; et il verse dans le lac, pendant l'inondation, un volume d'eau considérable, qui pénetre assez loin sans prendre de salure. Les rives de ce canal sont plates, ce qui annonce qu'il n'appartient point à des tems modernes, comme nous le verrons §. V.

Tous.

Tous ces indices étaient plus que suffisans pour me faire soupçonner que le canal de Mo'éz n'est autre chose qu'une partie de la branche Tanitique qui se prolongeait jusqu'à la bouche d'Omm-Faredje, et qui avait sur sa rive droite les villes de Samnâh, de Toùnah, et de Tennys. J'ai été confirmé dans mon idée, lorsque, de retour, et en construisant la carte du lac, d'après les notes des opérations qui avaient été faites, la direction du canal de Mo'éz, les îles de Toùnah et de Tennys, et la bouche d'Omm-Faredje, sont venues se ranger non sur une ligne droite, mais ont pris cette courbure naturelle qu'affectent les cours d'eau.

On retrouvera les traces de la branche Mendésienne, dont la bouche est celle de Dybéh, en se dirigeant vers le canal d'Achmoùm, ou mieux encore vers celui de Fareskoùr.

§. II.

Etat actuel du Lac Menzaléh.

Le lac Menzaléh est compris entre deux grands golfes découpés chacun en d'autres petits golfes, et une longue bande de terre basse et peu large, qui le sépare de la mer. Les deux golfes, en se réunissant, rentrent sur eux-mêmes, et forment la presque île de Menzaléh, à la pointe de laquelle se trouvent les îles de Matharyéh, les seules du lac qui soient habitées. La plus grande dimension du lac, dans la direction Ouest-nord-ouest, est de 83,850 metres (43,000 toises) ; elle s'étend de Damiette à Péluse : sa plus petite dimension, sur une direction perpendiculaire à la premiere, depuis Matharyéh à la bouche de Dybéh, est de 23,400 metres (12,000 toises).

Les îles de Matharyéh sont très populeuses. Les cahutes qui recelent leurs habitans, bâties de boue, ou partie en briques et partie de boue, couvrent entierement leur surface. Dans l'île de Myt-el-Matharyéh, les cahutes sont pêle-mêle avec les tombeaux ; elles paraissent plutôt des agglomérations de tanieres que des habitations d'hommes. La population de ces îles comprend, outre les femmes et les enfans, 1100 hommes occupés à la pêche, et à la chasse des oiseaux.

Ils sont sous l'autorité de quarante chefs, et ceux-ci dépendaient de Hhaçan-Toubâr, qui avait la pêche du lac Menzaléh sous la redevance qu'il faisait aux beys ; il était en outre un des plus riches propriétaires de l'Egypte, et peut-être le seul qui eût osé accumuler des biens-fonds aussi considérables que ceux qu'il avait. Sa famille était de Menzaléh ; elle comptait quatre à cinq générations de cheykhs. L'autorité de Hhaçan-Toubàr était très-considérable ; elle était fondée sur son crédit, ses richesses, une nombreuse parenté, la grande quantité de salariés qui dépendaient de lui, et l'appui des Bédouins, auxquels il donnait des terres à cultiver, et dont il comblait les chefs de présens. Ces diverses populations d'Arabes pouvaient se rendre dans le canal de Mo'éz

par

par le canal de Ssaléhhyéh, qui en est dérivé, et de là déboucher dans le lac, pour se joindre aux habitants de Menzaléh et de Matharyéh.

Ces derniers, avec de pareils voisins, et seuls propriétaires d'environ cinq à six cents barques qui naviguent sur le lac Menzaléh, étaient les tyrans du lac et des pays riverains. Leur commerce consiste en poisson frais, poisson salé, et poutague. La pêche du mulet, dont les œufs donnent la poutargue se fait près de la bouche de Dybéh : quarante à cinquante pêcheurs habitent pour lors, avec leurs familles, sous des cabanes en nattes aux pointes des îles qui avoisinent cette bouche.

Les pêcheurs du lac Menzaléh et les Bédouins des villages sont très-cupides, et profondément ignorants. Ils ne connaissent point la division du tems en heures, ni, comme les Arabes du désert, par la mesure de leur ombre. Le lever, le coucher du soleil, et le milieu du jour, sont les seules parties qu'ils distinguent dans les vingt-quatre heures ; et c'est en les supposant placés chez eux, et en rapportant à ces divisions l'estime des distances, qu'on peut obtenir quelques renseignements sur la position des lieux de leurs cantons.

Menzaléh, qui a donné son nom au lac, est une ville peu considérable, en partie ruinée, située sur la rive droite du canal d'Achmoùm, à trois lieues de Matharyéh, et six de Damiette ; sa population est à-peu-près de 2000 habitants : on y trouve des manufactures d'étoffes de soie, et de toiles à voiles, qui fournissent à Matharyéh ; elle a des teintureries, et quelques autres fabriques de peu de conséquence.

On voit dans le lac Menzaléh des îles anciennement habitées, couvertes de décombres ; elles présentent un relief assez considérable au-dessus de l'eau, ce qui leur fait donner par les habitants le nom de montagnes*. Nous ferons voir plus bas que ces îles étaient des villes qui appartenaient à un continent qui a été submergé.

Les îles de Tennys et de Toùnah paraissent être les plus considérables. La première a conservé son ancien nom ; celle de Toùnah a pris celui de Cheykh-A'bdàllah, du nom d'un cheykh ou santon auquel on a élevé un tombeau dans cette île. D'après l'observation de Volney, les dénominations de *cheykh, santon, fou, imbécille*, sont synonymes. Les santons, ces personnages qui fixent pendant leur vie l'étonnement des peuples de l'Asie, par la sombre extravagance de leurs actions, ont après leur mort des tombeaux révérés, parce qu'ils excitent le zele des fideles, et que la piété y dépose quelques aumônes pour les pauvres. Nos chapellés, nos oratoires isolés dans les campagnes ou sur les routes, avec leurs troncs, leurs lampes solitaires, et les images tracées sur leurs murs par le pinceau de la superstition, n'avaient-ils pas le même objet ?

Les îles du lac Menzaléh, qu'on voit à fleur d'eau, sont incultes, stériles, et l'on n'y trouve d'autres productions que des plantes marines. Quelques-unes ont des tombeaux de

---

* Il disent: la *montagne de Tennys*, la *montagne de Toùnah*, la *montagne de Samnâh*.

de santons, qui, sur cette surface unie, sont les seuls points de repaire que nous ayons pu trouver pour la construction de notre carte.

Les eaux du lac Menzaléh ont une saveur moins désagréable que celles de la mer. Elles sont potables, pendant l'inondation du Nil, à une assez grande distance de l'embouchure des canaux qui, tels que celui de Mo'éz, se déchargent dans le lac. On les trouve légerement saumâtres, ou d'un goût fade, sur les bords où pénetrent les eaux qui découlent des rizieres.

Les eaux du lac sont phosphoriques.

L'air du lac est très-sain : il y a plus de trente ans que les habitants du Matharyéh n'ont point eu la peste dans leurs îles.

La profondeur générale du lac Menzaléh est d'un metre : on trouve depuis deux jusqu'à cinq metres d'eau dans la direction des anciennes branches Tanitique et Mendésienne.

Le fond du lac est d'argille mêlée de sable, aux embouchures ; de boue noire, dans les canaux de Dybéh ou d'Omm-Faredje ; de vase ou de vase mêlée de coquillages, partout ailleurs : le fond, dans bien des endroits, est tapissé de mousses.

Le lac Menzaléh est très-poissonneux ; l'entrée des bouches est fréquentée par des marsouins. Nous n'avons pas vu beaucoup d'oiseaux sur le lac, mais bien sur la plage, le long de la mer, dans les parties que les eaux venaient d'abandonner.

On navigue sur le lac, à la voile, à la rame, et à la perche ; le vent contraire double ou triple le temps d'un trajet, selon que le vent est fort. On mouille en s'amarrant à deux perches, qu'on enfonce très-aisément, l'une de l'avant et l'autre de l'arriere.

Les bateaux pêcheurs du lac Menzaléh ont à-peu-près la même forme que ceux du Nil, c'est-à-dire, que leur proue est plus élevée d'environ sept décimetres que leur pouppe. Dans la premiere, l'arriere trempe encore davantage dans l'eau, ce qui donne plus de facilité au pêcheur, debout sur le pont, d'assembler son filet, de le jeter, et de le retirer. La quille est concave sur sa longueur, à cause de l'échouage, assez fréquent dans un lac qui se trouve avoir autant de bas fonds.

Lorsque les habitants de Matharyéh vont faire la pêche loin de leurs îles, ils prennent de l'eau douce dans de grandes jarres qui sont amarrées au pied des mâts de leurs germes : chaque germe a une de ces jarres.

Les pêcheurs de Matharyéh paraissent former une classe particuliere. Comme ils interdisaient la pêche du lac Menzaléh à leurs voisins, ils avaient avec eux peu de communication. Presque toujours nus, dans l'eau, et livrés à des travaux pénibles, ils sont forts, vigoureux et déterminés. Avec de belles formes, ils ont un air sauvage ; leur peau, brûlée par le soleil, leur barbe noire et dure, rendent cet air plus sauvage encore. Lorsqu'ils se trouvent en présence de leurs ennemis, ils poussent mille cris barbares avec l'accent de la fureur ; ils frappent sur une sorte de tambourin, sur le pont de leurs bateaux, et sur tout ce qui peut faire du bruit ; ils embouchent le buccin, et développent le

fameux

fameux roùhh * dans la conque de ce coquillage : " Si nous étions des miliciens, disaient " les volontaires, ce vacarme nous ferait peur, et nous nous jetterions à l'eau." Ainsi le soldat Français conserve par-tout sa gaieté, et sauve par un bon mot l'ennui, ou l'idée du danger des circonstances où il se trouve.

Le lac Menzaléh ne communique avec la mer que par deux bouches praticables, celles de Dybéh et d'Omm-Faredje, qui sont les bouches Mendésienne et Tanitique des anciens.

Entre ces deux bouches, il en existe une troisieme, qui aurait communication avec la mer, sans une digue factice formée de deux rangs de pieux, dont l'intervalle est rempli de plantes marines entassées. On trouve une bouche semblable, mais comblée, au-delà de celle d'Omm-Faredje. Ces ouvertures étaient connues des anciens, et Strabon les désigne par le nom de ψευδοστοματα *(pseudostomata)*, fausses bouches.

La langue de terre qui sépare la mer du lac, et qui s'étend depuis la bouche Phatnitique, ou de Damiette, jusqu'à la bouche Pélusiaque, n'a, sur un développement d'environ 86,000 metres, que quatre interruptions. Cette langue, assez large entre Damiette et Dybéh, entre Omm-Faredje et Peluse, n'a que très-peu de largeur entre Dybéh et Omm-Faredje ; elle est très-basse, sans culture, et comme les îles du lac, couverte en quelques endroits de plantes marines. La plage n'est point riche en coquillages ; on n'y voit ni cailloux roulés, ni d'autres pierres, mais seulement quelques ponces que la mer y amene. Les coquillages les plus communs sont les buccins et les bivalves de la petite espece.

Chaque bouche est fermée, du côté de la mer, par une barre en portion de cercle, dont les extrémités se rattachent à la côte, à l'endroit des ressifs. Ces barres different de celle qui se trouve à l'embouchure du Nil, à Damiette, et qui d'ailleurs a la même figure et la même position, en ce qu'elles n'ont point de boughâz. Mais comme le vent éleve les eaux d'une passe de près de six décimetres, et quelquefois plus, on peut franchir ces barres avec des embarcations d'un tirant d'eau assez avantageux.

Pour que ces barres eussent des boùghâz, il faudrait qu'il existât aux bouches des courants considérables ; ceux qu'on y voit sont déterminés par une sorte de balancement des eaux du lac et de celles de la mer, pendant et après le solstice, comme nous allons le faire voir.

Durant le solstice d'été, le vent du nord-ouest pousse les eaux de la mer sur une partie des côtes de l'Egypte, les y tient suspendues, et fait refluer les eaux du lac Menzaléh sur les îles basses et sur ses bords ; le lac lui-même reçoit les eaux de l'inondation qui lui sont fournies par les canaux qui y aboutissent : c'est le moment de la plaine pour ce vaste bassin. Lorsque le vent du nord-ouest cesse, les eaux de la mer, en retombant

par

---

* *Roùhh a'nny yá kelb !* Retire-toi de moi, chien.

par leur poids, laissent à découvert une plage d'environ deux cents metres ; l'inondation du Nil commence à baisser; les eaux du lac se retirent de dessus la partie des îles qu'elles recouvraient, comme les eaux de l'inondation abandonnent le sol de l'Egypte, et il se forme aux deux bouches de Dybéh et d'Omm-Faredje un courant du lac dans la mer, dont la vîtesse est d'environ 3000 metres à l'heure, ce qui doit occasioner, au bout d'un certain temps, une baisse sensible des eaux du lac.

L'Egypte demande donc à être considérée dans deux états : le premier, à l'époque où les eaux de l'inondation couvrent le pays ; le second, lorsque les eaux sont entierement écoulées.

§. III.

Etat actuel des Terres qui avoisinent le Lac Menzaléh.

Les contours du lac Menzaléh sont en partie stériles et en partie cultivés. Depuis l'embouchure du Nil jusqu'à la bouche Pélusiaque, les langues de terre qui regnent le long de la mer sont stériles ; la plaine de Péluse et les bords du lac, en remontant vers la province de Charqyéh, sont un désert. Cette province est inondée par le canal de Mo'éz ; le même canal et celui d'Achmoùm inondent une partie du canton de Menzaléh. Le canton de Fàreskoùr reçoit les eaux du canal de ce nom. Les presque-îles de Damiette et de Menzaléh sont couvertes de belles rizieres alimentées par des canaux d'irrigation qui ont dans leur voisinage des canaux d'écoulement.

Le rapprochement des canaux d'Eusab-êl-Kache (Qassâb êl-Qach) et de Douhaz-Sélaméh, à une lieue au-dessus de Damiette, m'a donné la clef du système d'irrigation suivi dans cette partie, et en même temps la facilité de connaître à-peu-près, sans nivellement, la différence de hauteur des eaux du Nil et de celles du lac.

Le premier canal tire ses eaux du Nil, se dirige vers le lac, et n'a point de communication avec lui : il est enfermé entre des déblais de terre, et fournit, au moyen de coupures, des rigoles pour l'arrosement.

Le second communique avec le lac seulement ; il est plus bas que le canal d'Eusab-êl-Kache (Qassâb êl-Qach), sur le côté duquel il vient aboutir, et dont il n'est séparé que par une digue de peu d'épaisseur : ce canal est destiné à recevoir l'écoulement des eaux de ces rizieres.

En rapportant la hauteur des eaux de ces deux canaux à la partie supérieure de la digue qui les sépare, on a trouvé, le 7 Octobre, trente-cinq centimetres pour la différence de hauteur des eaux du premier canal sur celles du second, ce qui a donné, pour ce jour, l'élévation du Nil sur la partie correspondante du lac Menzaléh ; car le rapport entre ces deux hauteurs doit varier suivant les quantités dont baissent les eaux du Nil et celles du lac. On voit au-dessous de Menzaléh deux canaux, qui ont un pareil rapprochement,

APPENDIX.

chement, et il doit en exister de semblables dans le golfe de Fàreskoùr. Un *nilomenzalometre* placé à chacun de ces points donnerait journellement le rapport de ces variations.

Le terrein pour les rizieres est divisé en compartiments cernés de petites digues dans lesquelles existent des coupures qu'on ouvre et qu'on ferme à volonté, pour faire entrer les eaux, et les laisser écouler.

Les champs pour ensemencer les terres, les carrés pour retirer le sel marin par évaporation, sont disposés de la même maniere. Dans ce dernier procédé, l'eau subit seulement une premiere évaporation par son séjour dans un réservoir séparé; quand elle est ainsi concentrée, on l'introduit dans les compartiments, où elle se répand en surface, et conserve peu de profondeur. Les eaux meres se rendent dans un réservoir plus bas.

Lorsqu'on veut semer, on commence par donner une premiere façon; on inonde ensuite le champ que l'on a préparé: au bout de vingt-quatre heures, et après que la terre est bien humectée, plusieurs hommes y entrent, fouillent le terrein avec les mains, l'égalisent, et jettent en dehors les mottes trop dures. Cette opération terminée, on fait écouler les eaux; peu de temps après on jette la semence; et au bout de quelques jours le champ se couvre de verdure. Nous avons observé que la terre des déblais qui borde les canaux d'irrigation est employée comme engrais: on la place par tas dans les champs, avant de tracer les sillons, de la même maniere qu'on dispose les tas de fumier en Europe.

On voit que, dans ce système, il existe un canal supérieur, pour les eaux qui alimentent, et un canal inférieur, qui reçoit le déversement de ces mêmes eaux, après qu'elles ont été employées.

Lorsqu'on ne peut pas se procurer ce niveau supérieur, on éleve les eaux par le moyen de roues à pots ou de roues à jantes creuses: ces dernieres servent de préférence, lorsque le niveau du canal alimentaire n'est pas trop bas.

Telle est la maniere de cultiver les terres aux environs de Damiette et de Menzaléh. Ce dernier endroit possede près du lac, et dans la partie comprise entre les deux branches dans lesquelles se divise le canal d'Achmoùm, au-dessous de la ville, deux marais salants, qui fournissent une grande quantité de sel qu'on obtient, par les procédés ci-dessus, très-blanc, et crystallisé par couches de six à huit mille metres de longueur.

Une des branches du canal d'Achmoùm se dirige vers Al-Ssafrah: ses eaux servent à alimenter les rizieres, et à abreuver, pendant la durée de l'inondation, la population des îles de Matharyéh, et celle des villages voisins. Les habitants profitent de ce moment favorable pour remplir les citernes publiques, qui sont de grands réservoirs à ciel ouvert, construits en maçonnerie, et revêtus dans l'intérieur d'un très-bon ciment; on y introduit jusqu'à cinq metres d'eau. Quand ce secours est épuisé, on ouvre dans la campagne des puits d'environ trois metres de profondeur qui deviennent très-abondants. Il n'est pas extraordinaire que l'eau afflue dans ces citernes artificielles, creusées dans un terrein imbibé

d'eau

d'eau pendant quatre mois de l'année, et dont les couches inférieures d'argille tenace sont imperméables.

§. IV.

Formation du Lac Menzaléh.

D'après ce que nous avons dit sur l'ancienne direction des branches Tanitique et Mendésienne, il paraît que ces branches traversaient, pour se rendre à la mer, le terrein que recouvre aujourd'hui le lac Menzaléh. Ce lac n'est donc point un lac maritime, pareil à ceux que l'on voit sur les côtes des ci-devant Languedoc et Roussillon; il n'a donc pas toujours existé: mais quelle a pu être la cause de sa formation? c'est ce que nous allons tâcher d'expliquer.

Je dis d'abord que ce lac n'est point un lac maritime. La nature du fond du lac Menzaléh, où l'on trouve par-tout la vase du Nil, et la profondeur de ses eaux, qui est généralement d'un metre, tandis qu'elle est beaucoup plus considérable dans les directions présumées des branches Tanitique et Mendésienne, annoncent évidemment que le bassin du lac Menzaléh est un terrein d'alluvion formé par les branches du Nil, et non par le mouvement des eaux de la mer.

Je dis, en second lieu, que ce lac n'a dû se former que par la rupture d'équilibre entre les eaux de la mer, et les eaux des branches Tanitique et Mendésienne.

Au rapport d'Hérodote, la branche Phatnitique ou de Damiette ayant été creusée de mains d'hommes, ne devait pas être, à beaucoup près, aussi considérable qu'on la voit aujourd'hui; il est probable que son volume s'est augmenté aux dépens des branches Pélusiaque, Tanitique, et Mendésienne, et au point que les deux dernieres se trouvant appauvries, elles n'ont plus été en état de faire équilibre aux eaux de la mer; et dès-lors ces eaux y ont pénétré. Elles ont dû avoir d'autant moins de peine à le faire, que le vent de nord-ouest, qui est constant pendant plusieurs mois de l'année sur les côtes d'Egypte, en élevant le niveau de la mer, détermine, comme nous l'avons déjà fait voir, ses eaux à se porter sur les terres. L'action de ce vent est si marquée aux environs de Damiette (et il doit en être de même ailleurs), que les plus gros arbres, tels que les sycomores, sont inclinés vers le sud; leurs têtes, privées de branches du côté du nord, se trouvent dépouillées et arrondies, comme si elles avaient été taillées aux ciseaux.

Deux faits modernes en Egypte viennent à l'appui de nos conjectures.

Au commencement de ce siecle, les eaux de la mer se porterent, par irruption, sur la plage entre Rosette et Alexandrie, et y formaient des courants violents [*]. Lorsqu'à une
époque

---

[*] Voyez Paul Lucas, tom. 2, pag. 19 et suiv.

époque plus rapprochée on a voulu rouvrir le canal Fara'oùny (canal des Pharaons), les eaux du Nil se sont précipitées dans cette nouvelle route, la branche de Damiette s'est trouvée diminuée, les eaux de la mer ont pénétré avant dans cette branche, et leurs ravages ont été si considérables, qu'on s'est vu forcé de refermer bien vite l'entrée de ce canal, qu'on avait ouvert sans aucune précaution. Il est probable que le lac Bourlos s'est formé de la même maniere.

Quant aux déchiremens de terrain, qui ont dû résulter de l'irruption des eaux de la mer, et de leurs mouvemens dans le bassin qu'occupe le lac Menzaléh, la rupture des digues de la Meuse, vers 1430 ou 1440, n'a-t-elle point converti en une lagune couverte d'îles stériles et de bas fonds, à travers lesquels on navigue maintenant, une étendue immense de pays, qui renfermait plus de cent villages, et des terrains propres à la culture ? on sait que ce vaste marais porte le nom de *Bies-Bos* (forêt de joncs).

L'augmentation de la branche de Damiette n'est pas la seule cause du dépérissement des branches Tanitique, Pélusiaque, et Mendésienne ; la mauvaise administration des eaux, et le manque d'entretien des canaux, y ont contribué, et la disposition du terrain y a aidé.

Si l'on fait attention à l'isthme qui sépare la Mer-Rouge de la Mer Méditerranée, on verra que les monts Moqatham et Casius (Loùgà) sont les promontoires de cette mer de sable ; et l'arrête presque insensible qui les unit, que l'œil n'aperçoit peut-être pas en entier, mais qui n'en existe pas moins dans la nature, prononce la séparation du golfe de Souès (Soùys) de celui de Ghazah. Ainsi, topographiquement parlant, le Nil appartient plutôt à l'Afrique qu'à l'Asie*. Le Nil coulant sur le revers des montagnes, du côté de l'Afrique, ses eaux doivent avoir une tendance vers l'Ouest ; car on sait que *les eaux d'une riviere sont soumises à deux pentes, l'une dans la direction de leur longueur, et l'autre dépendante de la topographie générale du terrain, qui détermine le courant principal de cette riviere à affecter plus particulierement celle des deux rives qui se trouve du côté opposé au plan de pente générale.*

Lorsque le courant principal trouve une contre-pente, comme il arrive au Rhône, qui s'appuie aux montagnes du ci-devant Vivarais, alors il n'est pas aussi aisé de faire des canaux de dérivation de ce côté, mais aussi l'on n'a point à craindre de rupture : le contraire a lieu lorsqu'il en est différemment. Cependant rien n'empêche que, par des travaux appropriés, on ne puisse changer la direction d'une riviere.

Tout ce que nous venons de dire paraît confirmé en Egypte, par les travaux du canal de Yoùçef, du lac Mœris, et par ceux de cette digue qu'un ancien roi d'Egypte fit construire†, afin de rejeter sur la rive droite le fleuve qui coulait le long des collines de la Lybie, et frappait par là de stérilité toute la partie du Delta vers l'Est.

Dans

---

* On sait qu'anciennement le Nil séparait l'Afrique de l'Asie. Voyez Pline.

† Au rapport d'Hérodote, ce fut *Ménès* qui fit ce beau travail.

Dans tous les cas, l'emplacement des ponts, des digues, épis et autres ouvrages conservatoires, doit être subordonné aux considérations que nous venons de présenter ; car on ne contrarie pas impunément la nature.

Quoique la topographie du local ait contribué à la suppression des branches Pélusiaque, Tanitique et Mendésienne, les eaux du Nil n'ont pas moins conservé leur tendance à se porter dans ces branches ; en sorte qu'il ne serait pas impossible de les rétablir. Une circonstance même, celle de l'élévation du fond du Nil, qui a dû produire une élévation dans la hauteur de ces eaux, rend cette opinion plus probable. En rétablissant les deux branches Tanitique et Mendésienne, on parviendrait à dessécher le lac Menzaléh. Mais, afin de juger des moyens qu'on pourrait employer pour cela, il est bon d'examiner de quelle maniere le Delta a dû être formé : ces deux questions ont une connexion immédiate.

§. V.

Desséchement du Lac Menzaléh.

La propriété des digues, pour régler le cours d'une riviere, est de resserrer le volume des eaux, et par conséquent d'augmenter leur hauteur ; et, lorsque cette riviere charrie des troubles, la propriété de ces mêmes digues est d'élever le fond du canal, parceque les eaux déposent dans un espace beaucoup moindre les troubles qu'elles répandaient sur une surface plus étendue.

Avant que le Mincio et le Pô eussent été digués, les crues du Pô n'arrivaient pas jusqu'à Mantoue* ; maintenant elles refluent dans le lac inférieur. Depuis 1607, elles ont élevé le fond de vingt-trois décimetres un tiers par les dépôts† ; et comme, dans les grandes inondations, les eaux du Pô viennent à la hauteur du lac supérieur, et que la différence de niveau des deux lacs est de deux metres, on voit que, depuis que le Pô et le Mincio ont été renfermés entre des digues, le Pô s'éleve à une hauteur de quarante-trois décimetres, à laquelle il ne parvenait pas auparavant.

Il s'ensuit de là que, puisque les plaines basses qui avoisinent le cours de ce fleuve n'ont point participé à ses alluvions, et n'ont pas reçu des alluvions étrangeres, le lit du Pô leur est resté supérieur ; et ces campagnes desséchées par écoulement sont menacées

---

* Bertazzolo, *Del Sostegno di Governolo.*
† Abbate Mari, Mantovano, *Idraulica pratica ragionata.*

cées à chaque instant, pendant les crues du fleuve, d'une submersion totale, par les ruptures des digues*.

Il en est de même des campagnes que parcourent toutes les rivieres diguées d'Italie. La Hollande, la Zélande, la Flandre maritime, ces delta formés par les dépôts du Rhin, de la Meuse, et de l'Escaut, mais non par des alluvions subséquentes, sont dans le même cas.

Je conclurai donc réciproquement, que *lorsqu'une plaine basse, voisine de la mer, et traversée par des rivieres qui charrient des troubles, se trouve élevée à la hauteur des plus fortes inondations, cette plaine a dû être formée par alluvion.*

Maintenant, appliquons au Nil ce que nous venons de dire du Pô : nous pouvons établir d'autant plus la comparaison entre ces deux fleuves, qu'ils ont, l'un et l'autre, un long cours, qu'ils charrient des troubles, ont des crues périodiques, et se rendent à la même mer.

Avant que le cours du Nil eût été réglé, les eaux, au sortir des montagnes, se répandaient, comme celles du Pô, sur une grande surface qu'elles inondaient pendant toute l'année. Sésostris réunit les eaux du Nil dans des canaux au-dessous de Memphis, les resserra entre des digues, et de cette maniere forma plusieurs delta. Mais si les anciens Egyptiens eussent interdit l'entrée des eaux du fleuve à ces delta, non-seulement, à raison de la nature du climat, ils les auraient privés de culture ; mais, d'après les principes que nous avons énoncés, au lieu de voir le Nil couler entre des bords qu'il s'est formés, nous aurions un fleuve compris entre des digues facties qui domineraient le sol de l'Egypte.

Concluons donc que *les delta de l'Egypte ont été formés par des alluvions favorisées par les travaux des hommes.*

Le delta, trop limité entre les deux branches du Nil existantes, doit être censé compris entre les montagnes qui fuient à l'Ouest vers Alexandrie, et les collines par où se termine le mont Moqatham. La disposition des anciennes branches, dont la régularité indique le travail des hommes, annonce que c'était l'étendue désignée par la nature, que les anciens Egyptiens avaient attribuée au delta.

D'après ce que nous venons de dire, le desséchement du lac Menzaléh se réduirait,

1°. A reconnaître et à diguer l'ancienne direction des branches Tanitique et Mendésienne ;

x

2°.

---

* Le citoyen Dolomieu a présenté des vues analogues dans son beau mémoire sur l'Egypte, publié en 1794. Je suis très-flatté de m'être rencontré sur ce point avec cet habile naturaliste dont j'aurais désiré connaître plutôt le travail.

2°. A introduire dans les delta partiels les eaux du Nil pendant la crue, pour avoir des troubles ; ce qui peut avoir lieu sans danger, parce qu'il se fait une déperdition immense des eaux du Nil par la branche de Damiette et le canal de Mo'éz.

3°. A faire des coupures fermées de vannes dans les parties de la plage entre les branches qu'on voudrait rétablir ;

4°. Enfin, à ouvrir ces vannes lorsque les eaux de la mer se retirent de dessus les côtés, pour faire écouler les eaux du Nil après qu'elles auraient déposé leur limon.

Toutes ces opérations, quoique praticables, demanderaient à être faites avec beaucoup d'art, et bien de la prudence, pour ne pas appauvrir trop promptement la branche de Damiette, dont il faudrait travailler de suite à resserrer le canal.

Hérodote est le premier qui ait avancé que le Delta est un don du fleuve. Cette opinion a été contestée par des modernes. Freret *(Mémoires de l'Académie des Inscriptions,* 1742), entraîné par l'esprit de système, est celui qui s'est le plus attaché à la combattre. Il a été jusqu'à douter que les troubles que le Nil charrie dans les crues pussent former des dépôts. Mais comment ont été comblés les canaux de l'Egypte, si ce n'est par le limon du Nil ? Et pourquoi les eaux qui se répandent en surface, et qui par conséquent diminuent de vitesse, seraient-elles privées de déposer leurs troubles, tandis que les eaux resserrées dans les canaux, et dont la vîtesse s'altere moins, jouiraient de cet avantage ? *

Hérodote est aussi le premier qui ait entrevu la raison de la formation des sources, qui n'a été confirmée que dans le siecle dernier par les calculs de Mariotte, et dont Descartes avait donné une explication ingénieuse, mais peu vraisemblable. Ainsi l'on ne doute plus de ce beau mécanisme de la circulation des eaux de la mer vers les montagnes et des montagnes vers la mer, déterminée par l'évaporation, et par l'intermede des vents et des montagnes : on doit ajouter, et par celui de températures opposées ; car je crois qu'on peut établir que, *dans une chaîne centrale et élevée, les nuages ne dépassent point la ligne du milieu des eaux pendantes, parceque cette ligne sépare deux températures.* Les cols sont les parties accessibles et pénétrables de cette ligne ; et pour n'être pas si élevés, ils n'en sont pas moins placés au foyer des révolutions de l'atmosphere.

Le principe précédent, combiné avec l'explication des vents régnants pendant le solstice, rend raison des pluies périodiques qui produisent les crues du Nil, et après celles-ci les crues du Niger, fleuve qui coule sur le revers des montagnes de l'Ethiopie.

La

---

* On a trouvé à Rosette, à quatre pieds sous terre, une tablette de granit, portant trois inscriptions, l'une en caracteres hiéroglyphiques, l'autre en Syriaque, de l'autre en Grec. Les inscriptions Grecque et Syriaque, qui sont la traduction l'une de l'autre, indiquent que *Ptolémée-Eupator avait employé sept ans et demi à faire recreuser tous les canaux de l'Egypte.*

La maniere dont nous avons envisagé l'explication de la formation du Delta fait voir, qu'en même temps que le Delta s'exhausse, le fond du Nil s'éleve également ; mais quel est le rapport de ces deux accroissements, et quelle est la probabilité que, dans les moindres crues et dans les plus grandes, le Nil inonde suffisamment et n'inonde pas trop ? C'est ce qu'il n'est pas aisé de déterminer.

Il est pourtant certain que, dans les crues ordinaires, les eaux de l'inondation ne dominent pas à beaucoup près tout le sol de l'Egypte, et il paraît qu'il en était de même dans des temps très-reculés.

Les anciens Egyptiens avaient senti dès long-temps qu'il fallait se rendre maître des eaux du Nil, si l'on ne voulait point s'exposer à avoir bien des portions de terrein privées d'un des principes de la végétation. Les historiens prétendent qu'ils creuserent le lac Mœris pour être le régulateur des inondations du Nil. L'eau qui affluait dans cet immense réservoir, et qu'on recevait ou déversait à volonté, au moyen du canal de Yoùcef, suppléait, dit-on, aux inondations trop faibles, et, dans les crues extraordinaires, délivrait le sol de l'Egypte des eaux qui l'auraient recouvert trop long-temps : ce serait peut-être l'idée la plus grande qu'on eût jamais eue, et en même temps la mieux appropriée à la véritable prospérité d'un pays *.

Le canal qui conduisait les eaux du lac Mœris, ou plutôt du Nil, dans la Haute Egypte, au lac Maréotis, subsiste encore, mais dégradé vers la fin de son cours ; la partie de la province de Béhhyreh, voisine du désert, que ses eaux fertilisaient, est privée de culture.

§. VI.

Nature de la Langue de Terre qui sépare le Lac Menzaléh de la Mer.

D'après ce que nous avons dit dans ce mémoire, on voit que la géologie de la Basse Egypte est soumise à des principes très simples : les grandes marées, les volcans, les tremblements de terre, et ces orages violents, dont les ravages sont marqués comme des désastres, et dont on garde le souvenir, n'étant point connus en Egypte, les formes du terrein ont dû conserver les affections générales de la matiere, et les modifications de ces formes suivre l'action des éléments, toujours uniforme dans ce pays, combinée avec les lois du mouvement et la résistance des obstacles.

Les pluies qui tombent régulierement toutes les années, pendant le solstice d'été, sur les montagnes de l'Abyssinie, dépouillent ces sommités au profit de la vallée du Nil et du Delta.

---

* On verra, dans le mémoire sur *la vallée des lacs de Natron et celle du Fleuve sans eau*, ce qu'on pense de ce lac Mœris, et du système primitif des eaux en Egypte.

Les troubles entraînés par le Nil sont déposés par-tout où la vitesse de l'eau est ralentie ; ils élevent le sol sur lequel les eaux séjournent ; ils forment des bancs de sable, occasionnent les changements de direction du cours du fleuve, concourent à la formation des barres, et à l'extension des plages.

Les vents, dans les tourmentes, soulèvent les sables du fond de la mer, et les poussent sur les côtes. Dans le temps des basses eaux, lorsque les sables sont séchés, les vents s'en emparent de nouveau, et les portent sur les plages. C'est ainsi que les plages et les dunes s'élèvent, et que les parties couvertes de ressifs se convertissent en plages.

Le courant littoral qui suit les côtes de la Méditerranée de l'ouest à l'est se combine avec le cours des branches du Nil, et produit, en vertu de la diminution de vitesse, à gauche, entre les deux forces composantes, un atterrissement qui se prolonge en pointes plus ou moins aiguës, tandis que la plage à droite, comprise entre la direction du cours de la riviere et la résultante, prend une forme arrondie. Ces deux formes sont constantes ; on les retrouve à l'embouchure de la branche de Damiette, à la bouche de Dybéh, et à celle d'Omm-l'aredje.

Les sables et les vases entraînés dans ce mouvement composé contribuent à l'extension des plages, sur-tout de celles de droite, d'où naissent les caps que l'on voit entre Damiette et Péluse, ainsi que les ressifs, et ce long talus qui se prolonge au-dessous des eaux, et qui éloigne de la côte les mouillages profonds. La nature de ces mouillages est également subordonnée à la direction des sables et du limon. La baie de Damiette, à gauche de l'embouchure du Nil, a un fond dur de vase noire, tandis que le fond des rades de Bougaféh et de Cap-Bouyau, qui sont situées à la droite, est de vase molle jaunâtre, sur laquelle les bâtiments chassent quelquefois, mais sans danger, jusqu'à deux ou trois lieues.

L'analogie nous porte à croire que les plages qui lient le cap Bourlos et celui de Behhyréh aux branches du Nil ont dû leur formation aux mêmes causes.

Enfin le courant littoral, dans les mouvements ordinaires, ou lorsqu'il est poussé par les vents tenant de l'ouest, en rencontrant le golfe de Ghazah, forme des remous trop peu connus, trop peu étudiés, qui ont concouru à combler le fond du golfe du côté de Péluse, et qui continueront de faire prendre de l'extension à cette plage.

Maintenant, si l'on considere que, du Delta au sommet des montagnes de l'Abyssinie, le Nil coule entre deux chaînes de montagnes qui sont calcaires jusqu'à Açoùan, et granitiques dans la partie au-dessus, on aura à-peu-près ce qui est relatif à la géologie de l'Egypte. Les collines qui bordent les déserts de la Libye dans la partie de l'Egypte inférieure paraissent être sablonneuses ; elles sont recouvertes de sable quartzeux, mais le noyau est de roche calcaire, comme on en est convaincu lorsqu'on descend dans le puits des momies d'oiseaux au-dessus de Sskaharah, qu'on entre dans les catacombes attenantes aux pyramides de Djyzéh, et que l'on considere le sphinx, et le sol même sur lequel sont élevées les pyramides.

§. VII.

APPENDIX.

§. VII.

Notice sur quelques Villes qui ont des Rapports avec le Lac Menzaléh.

Le pays de l'Egypte que j'ai visité présente presque par-tout l'aspect d'une grande dépopulation. Les villes de ce canton, placées au débouché de la Syrie, se trouvaient sur les pas des conquérants, et devaient se ressentir de la présence des armées d'invasion, composées pour la plupart de peuples barbares, dirigés par des chefs tels que Cambyse ou le farouche O'mar ; mais la principale cause de leur entier dépérissement a sans doute été la suppression des branches Pélusiaque, Tanitique, et Mendésienne.

Ces branches avaient sur leurs bords, ou dans leur voisinage, des villes considérables, Tennys*, Toùnah, Samnàh, et Péluse, et d'autres moins importantes.

Les villes de Tennys et de Toùnah, ruinées, sont maintenant au milieu des eaux, et elles appartiennent, ainsi que nous l'avons dit, au lac Menzaléh. Comme toutes les villes qu'atteignait l'inondation, elles étaient placées sur des levées artificielles. La terre mêlée de décombres sur laquelle on marche à présent est entierement inculte, et sa surface est saisie par une sorte de crystallisation, en sorte que le terrain crie et cede sous les pieds comme la neige qui commence à geler ; ce qui rend ces îles très pénibles à parcourir.

Tennys était une vaste cité ; une enceinte de murailles, flanquée par des tours, avec un fossé plein d'eau, faisait sa défense. Elle ne présente aujourd'hui aucune habitation. Des vestiges de bains ; quelques ruines de souterrains voûtés avec art, dont les murs sont recouverts d'un ciment très dur et très bien conservé ; les fragments d'une cuve rectangulaire de granit rouge : tels sont les seuls monuments que l'on distingue au milieu de débris immenses de briques, de porcelaines, de poteries, et de verreries de toute couleur. Les habitants des pays circonvoisins font continuellement des fouilles dans cette île ; ils y recueillent des matériaux propres à leurs habitations. C'est ainsi que se sont transportés les colonnes, les piédestaux, les chapiteaux et les autres monuments que l'on voit placés d'une maniere si barbare dans les mosquées et les principaux édifices, ou bien jetés dans les constructions ordinaires. Le seuil des casernes de Damiette est un fragment d'un très bel obélisque à hiéroglyphes. Nous avons trouvé dans cette ville, aux côtés d'une porte, deux piédestaux chargés d'inscriptions, l'une Grecque, l'autre Latine ; enfin, dans une mosquée, une colonne de marbre gris veiné, portant une inscription Grecque un peu altérée.

Toùnah

---

* Tennys, ville Romaine, bâtie sur les débris d'une ville Egyptienne, florissait du temps d'Auguste.

Toûnah étoit moins considérable que Tennys. Un heureux hasard nous a offert dans la premiere, à la surface du terrain, un camée antique* sur agathe, de 36 sur 29 millimetres, représentant une tête d'homme ; le profil a beaucoup de caractere : un œil perçant, un air froid, une levre dédaigneuse, et d'autres indices, font penser qu'on a voulu faire la tête de cet Auguste qui sut résister aux charmes de Cléopâtre, et surmonter tous les obstacles qui le séparaient du pouvoir.

Samnâh† se trouve sur le bord du canal de Mo'éz. Il paraît que c'était une ville immense ; elle s'étendait beaucoup le long du canal. On voit dans son intérieur une espece de *forum* ou place publique de la forme d'un carré long, ayant une grand entrée du côté du canal de Mo'éz, et des issues dans les parties latérales. Le grand axe de ce *forum* est dans la direction de l'est à l'ouest : on aperçoit sur ce grand axe plusieurs monuments détruits, et des obélisques brisés et renversés. Quand on considere des débris aussi énormes, on a presque autant de droit de s'étonner des efforts qu'il a fallu faire pour rompre ces obélisques près de leur base, et les renverser dans la poussiere, que des moyens qu'on avait dû mettre en usage pour les élever : le temps a respecté les hiéroglyphes d'un de ces obélisques, on en a pris le dessin.

Samnâh est maintenant l'entrepôt des dattes qu'on apporte de Ssaléhhyéh, et que les pêcheurs du lac vont prendre en échange de poisson salé.

Péluse ‡ est située à l'extrémité orientale du lac Menzaléh, entre la mer et les dunes, au milieu d'une plaine rase, nûe et stérile. L'extrémité de la branche Pélusiaque, réduite presque entierement à un grand canal de fange, traverse cette plaine en allant du lac à la mer. Le château de Thynéh, qui tombe en ruines, se trouve au bord de ce canal, mais assez loin de la plage ; il paraît être du temps de la conquête par Sélym. Les ruines de Faramah sont à l'est de Péluse, vers la mer.

Après avoir franchi la barre qui est à l'entrée de la bouche Pélusiaque, on trouve assez de profondeur d'eau, dans une certaine étendue, pour y abriter une flotille de petites germes : c'est par ce point que les germes du lac Menzaléh faisaient la contrebande avec la Syrie.

Le chemin qui conduit de la bouche d'Omm-Faredje à Katthiéh (Qathy'éh) § passe à
l'ouest

---

* Ce camée est aujourd'hui entre les mains de la citoyenne Bonaparte ; il lui a été apporté par le général.

† Samnâh (San) était l'ancienne Tanis ; elle prit dans la traduction des septante, faite en Egypte, le nom de Tzoan (Ζοαν), d'où s'est formé San (Danville).

‡ Péluse vient du mot grec Πηλύσιον, qui veut dire boue : les Arabes lui ont conservé cette dénomination, en l'appelant Thynéh.

§ Katthiéh (Qathy'éh) paraît être ce que Quinte-Curce (I. IV. ch. VII) appelle le *Camp d'Alexandre*. Voici le texte : je me sers de la traduction de Beauzée.... *Sept jours après son départ de Gaza,*

il

l'ouest de Thynéh et à travers Péluse. Ce chemin est extrêmement boueux ; il vaut mieux se rapprocher de la bouche Pélusiaque.

Nous observerons en passant que l'élévation des dunes qui sont à l'Orient de Péluse, et qui se prolongent en remontant vers la province de Charqyéh, fon voir que le canal de jonction du golfe Arabique à la Méditerranée ne pouvait aboutir qu'à la branche Pélusiaque, et à une assez grande distance de l'embouchure de cette branche. Dès-lors ce canal était dérivé du Nil vers la Mer Rouge, et la crainte d'une irruption de cette mer vers la Méditerranée, que je crois peu fondée, et dont on pouvait d'ailleurs se défendre par des écluses, devient par là beaucoup moins probable.

On trouve sur la plaine de Péluse, en allant de la mer vers les dunes, et jusqu'à une petite distance de ces dernières, des coquillages d'abord répandus assez abondamment, puis devenant plus rares ; le terrain est recouvert en outre, dans presque toute son étendue, d'une croute saline : ainsi tout annonce que la mer y reflue et y séjourne une partie de l'année, vraisemblablement dans le temps du solstice d'été. Le mirage est si considérable dans la plaine de Péluse, que, demi-heure après le lever du soleil, les objets paraissent défigurés au point de ne pouvoir plus les reconnaître *.

Strabon dit que Péluse avait vingt stades de circuit, et était à la même distance de la mer.

Le développement de l'enceinte murée qui existe à Péluse a effectivement vingt stades ; mais la mer est quatre fois plus éloignée de Péluse qu'elle ne l'était du tems de Strabon. En sorte qu'en faisant passer à soixante stades de Péluse une ligne courbe qui vienne se raccorder au point le plus avancé de la plage, à gauche de l'entrée du canal d'Omm-Faredje, on aura l'étendue du terrain formé par les dépôts qu'abandonne sur sa droite le courant littoral, qui longe les côtes de la Méditerranée dans la direction de l'Ouest à l'Est ; on fera disparaître ce long canal d'Omm-Faredje, qui est visiblement de formation nouvelle ; et l'île de Tennys sera rapprochée de deux lieues de la mer, ce qui

fera

---

il (Alexandre) *arriva dans cette contrée de l'Egypte qu'on appelle aujourd'hui le* camp d'Alexandre ; *de là il fit défiler son infanterie vers Péluse, et il s'embarqua sur le Nil avec une légère escorte d'élite.* Katthiéh est, à raison de quelques puits assez abondants qu'on y trouve, le seul campement que les Macédoniens aient pu trouver, le septième jour après leur départ de Ghazah ; et c'est aussi le point le plus rapproché pour faire filer des troupes sur Péluse. La marche de Ghazah à Katthiéh (Qathy'éh), que les soldats d'Alexandre avaient faite en sept jours, les soldats de Bonaparte l'ont faite en six jours.

* Le phénomene du mirage avait été remarqué des anciens. Voici ce que dit Quinte-Curce (liv. VII, ch. V) : *Dans les déserts de la Sogdiane....... l'ardeur du soleil, pendant l'été, brûle les sables..... d'ailleurs, un brouillard qui sort des entrailles trop ardentes de la terre offusque la lumiere, et les campagnes ne paraissent autre chose qu'une vaste et profonde mer.*

Le citoyen Monge a donné un mémoire très-bien fait sur le mirage, où ce phénomene est expliqué.

fera coïncider davantage sa position avec celle que les anciens auteurs lui avaient assignée.

Il n'y a pas la moindre trace de végétation sur la plaine où se trouve située Péluse. On voit dans son enceinte un mamelon isolé couronné d'arbustes ; quelques oiseaux sont les seuls hôtes de ce bosquet et de la triste solitude qui le renferme. Le voyageur étonné n'aperçoit d'ailleurs où existaient une ville et une population immenses que quelques colonnes couchées dans la poussiere, et de misérables décombres : il cherche en vain dans les environs les restes d'un guerrier long-tems heureux, et qui dut céder enfin à la fortune de César ; il ne trouve que le souvenir de cet homme célebre, victime du sort, de l'ingratitude et du plus lâche assassinat.

Un monument près du rivage où Pompée aborda réveillerait mille souvenirs *. Il déterminerait en outre l'époque où les descendans de ces mêmes Français qui porteront les derniers coups à Péluse †, au sortir d'une lutte immortelle contre l'Europe coalisée, après avoir franchi la Méditerranée, et pénétré par Alexandrie, sont venus au bout de six siecles, non comme des paladins fanatiques, mais en guerriers amis des hommes et des arts, marquer l'autre extrémité de la base de l'Egypte, et les deux routes qui conduisent en Asie et dans l'Inde ; ils ont atteint le sol brûlant de la Nubie, et ils chercheront à signaler leur séjour dans ces contrées par un monument plus respectable encore, la civilisation des peuples d'Orient.

§. VIII.

Analyse de la Construction de la Carte du Lac Menzaléh.

Il me reste à rendre compte de la maniere dont notre carte a été levée, et à comparer sa construction avec celle de Danville.

Les environs de Damiette, et toute la partie de la presqu'ile comprise entre le canal de Quassàb-êl-Qache, le fleuve du Nil, les eaux du lac, jusqu'à l'embouchure Phatnitique, et à la pointe de terre à l'ouest du fleuve, sur laquelle se trouve la tour du Boûghâz, ont été levés au pas et à la boussole. Le golfe de Minyéh, l'île de ce nom, celles de Tal, de Dorbetta, la position de Chéykh-Chata, et la direction de Chéykh-êl-Saby, ont été déterminés par le moyen de bases prises dans la presqu'ile de Damiette.

Partant de la bouche Phatnitique, vis-à-vis la tour carrée, le gisement de la côte, l'ouverture des bouches, les directions et les grandeurs de leurs canaux, jusques et compris

---

* On pourrait graver sur ce monument cette inscription très-simple : *Bonaparte à la mémoire de Pompée.*

† Les croisés.

pris la bouche Pélusiaque, ont été déterminés avec toute l'exactitude possible par plus de cent trente intersections dont les distances ont été mesurées à la perche. La largeur de la langue de terre qui sépare la mer du lac a été déterminée de la même maniere.

Les points visibles du lac, tels que Chéykh-Bourdadi, Chéykh-Aboulefi, Chéykh-êl-Saby, dont on n'avait que les directions prises près de Damiette, ont été placés définitivement.

Les environs de Péluse, les ruines de cette ville, celles de Faramah, celles de Thynéh, la ligne des grandes dunes qui remontent vers la Syrie, la direction de l'ancienne branche Pélusiaque, et les contours du lac dans cette partie, ont été déterminés à la boussole, et les distances mesurées à la perche.

Toute la partie comprise entre Mathariéh et Menzaléh, Chéykh-Nabaléh, et le gisement des côtes dans cette partie, ont été déterminés à la boussole et au pas ; on a fixé de là, au moyen de bases, la position de l'île de Toùnah et celle de Chéykh-êl-Saby.

On avait ainsi une carte séparée, qui avait le point de Chéykh-êl-Saby commun avec la premiere ; en orientant ce dernier point, les deux cartes ont été parfaitement réunies. L'île de Tennys a été placée à l'intersection des rayons visuels dirigés de cette île sur Toùnah et Chéykh-Nabaléh ; l'angle étant fort aigu, on a concilié sa position avec la distance reconnue par la traversée.

La direction du canal de Mo'éz, la position de San (Samnàh) et de tous les lieux voisins, la direction de Ssaléhhyéh, ont été déterminées à la boussole ; les distances ont été estimées d'après les renseignemens qu'ont donnés les chéykhs du pays.

Voici les principales dimensions du lac Menzaléh :

La distance du mouillage de Minyéh, près Damiette, à la plaine aride qui environne Péluse, est de 83,781 metres, ou 43,000 toises.

Cette direction, qui est en même temps la direction générale de la côte le long du lac, court ouest-nord-ouest.

La distance de Matharyéh à l'entrée du canal de Dybéh est de 22,377 m., ou 12,000 t.

La distance de Matharyéh à l'entrée du canal d'Omm-Faredje est de 50,269 m., ou 25,800 t.

La premiere distance mesurée sur une ligne parallele à la côte est la plus grande dimension du lac.

Comparaison de la Carte avec celle de Danville.

Dans la carte de Danville, il n'est point fait mention des deux Matharyéh, qui sont les villages les plus importants du lac, par leur position et leur nombreuse population : la position de Tennys se rapproche beaucoup de la véritable ; mais l'île de Toùnah, qui est à l'ouest de Tennys, s'y trouve au sud-est. La forme du lac est d'ailleurs

leurs tout-à-fait différente dans la carte de Danville : ce géographe renferme le bassin du lac dans une portion d'arc surbaissé qui s'appuie sur la côte, ou plutôt sur la langue de terre qui sépare le lac de la mer, à laquelle il a donné une très grande largeur, tandis que, dans la carte levée récemment, le contour du lac est formé de deux arcs qui rentrent sur eux-mêmes en se raccordant.

Si dans les deux cartes on compare actuellement le développement de la côte, on trouve :

	Suivant Danville.	Moderne.	Différence En plus.	En moins.
	toises.	toises.	toises.	toises.
De la tour quarrée à la bouche de Dybéh.	17,850	15,723	2,127	
De la bouche de Dybéh à celle de Tennys.	16,320	22,120		5,800
De la bouche Tanitique à celle de Péluse.	22,950	7,564	15,386	
Développement total de la côte, non compris la largeur des bouches.	57,120	45,407	11,713	

Le développement total de la côte, en y comprenant la largeur des bouches, est de 45,677 toises, ou 89,087 metres.

Je ne terminerai point sans payer à mes collaborateurs le tribut d'éloges qu'ils méritent pour l'intelligence, le zele, et l'activité, avec lesquels ils m'ont secondé [*]. Ils ont prouvé, en outre, qu'ils savaient concilier la justesse des opérations avec la célérité que nécessitait une reconnaissance militaire dont l'objet paraissait très-pressant.

La carte jointe au mémoire, quoique plus exacte que celle de Danville, laisse cependant à désirer qu'on eût pu faire entrer dans sa construction les points déterminés astronomiquement par le citoyen Nouet.

APPENDICE.

Voici, à-peu-près, la population des villes et villages qui avoisinent le lac Menzaïéh. Je dis à-peu-près, parcequ'à raison du préjugé contre le dénombrement il n'y a rien de déterminé à cet égard, et que les renseignements qu'on obtient sont extrêmement vagues.

---

[*] Les citoyens Fevre, Potier, Bouchard, Tirlet, et Sabatier.

Lesbéh

Lesbéh.	250	At Alhouet.	100
Esbet et Keta.	150	Assakarie.	100
Esbet inamora.	150	Rahhamyéh.	150
Esbet Karnoùnyéh.	200	Menzaléh.	8,000
Damiette.	18,000	Canton de Menzaléh.	500
Tsénaniéh.	300	Nasseimi.	200
Minyéh.	150	Obon et Lam.	100
Chouara.	1,000	Matharyéh.	3,000
Qassab-èl-Qache.	120	El-Malakaimé.	80

TOTAL .... 32,650 habitants.

APPENDIX, &c.

SUR UN VOYAGE FAIT, EN DÉCEMBRE 1798, SUR LA BRANCHE TANITIQUE DU NIL.

Par le Citoyen MALUS.

LE 15 Décembre, nous sommes partis du Caire, le citoyen Fevre et moi, pour aller reconnaître une communication qu'on soupçonnait entre le Nil et le lac Menzaléh. Le but de notre voyage était de nous assurer si ce canal est navigable, à quel tems il cesse de l'être, et d'observer le pays qui l'environne.

Nous avons parcouru, pour nous y rendre, la province de Kélyoùbéh dans toute son étendue. C'est un pays riche en grains, en pâturages, et même en bois de différentes especes. Les villages y sont grands, les troupeaux nombreux, et il y regne parmi les habitants une espece de sécurité que nous n'avons plus retrouvée dans le reste de notre voyage.

Les communications sont faciles jusques à une lieue au-delà de Kelyoùb; plus loin le terrain est coupé par une multitude de petits canaux d'irrigation : on pourrait néanmoins, à peu de frais, se ménager par-tout un libre passage. Ses routes, quoique difficiles, y sont fort agréables; plusieurs sont bordées de riches jardins, plantés en arbres et en plantes de différentes especes; d'autres sont tracées à travers des bois épais et d'immenses pépinieres. La variété qui y regne annonce dans les habitants un luxe d'agriculture que n'ont point les autres provinces que nous avons déjà parcourues.

Le troisieme jour de notre marche, nous sommes parvenus aux limites de la province de Kélyoùbéh, qui se termine à Atryb. Ce petit village est construit à l'extrémité des ruines d'une ville qui portait le même nom, et qui paraît avoir tenu un rang distingué. Ces ruines ont dans l'une de leurs dimensions six cents toises, et dans l'autre quatre cents. On nous a montré l'emplacement du palais du prince, celui de la grande rue

rue et de la place publique. On ne découvre aucune des ruines du palais. Les habitants prétendent qu'en faisant des fouilles on trouve de grands blocs de marbre. Il est à présumer qu'ils ont converti en chaux celui qu'ils ont trouvé sous leurs maisons, et que toutes les pierres calcaires qui se trouvaient dans les décombres de la ville ont eu le même sort: c'est l'usage qu'ils en ont fait dans toutes les villes de l'Egypte. On voit encore, sur les ruines de celle-ci, les débris de quelques fours à chaux. Il y a aussi des traces de petits souterrains voûtés, semblables à ceux où les habitants du Caire entassent aujourd'hui leurs morts: c'étaient vraisemblablement des tombeaux. L'emplacement de la grande rue, qui est encore fort distinct, est perpendiculaire au Nil, qui mouille l'extrémité des ruines. Une seconde rue moins considérable traverse la ville, du midi au nord.

A une lieue de là se trouve le village de Mo'éz, et l'origine du canal qui en porte le nom dans une certaine partie de son étendue: ce canal était celui dont nous avions à reconnaître le cours. A l'époque où nous y arrivâmes, le 17 Décembre, le Nil était, à cette hauteur, large de trois cents metres, le canal de cent cinquante. Une partie de l'eau du fleuve, se dirigeant vers le sud-est, coulait rapidement dans cette nouvelle branche. Au premier aspect, nous soupçonnâmes que ce canal n'avait point été creusé par la main des hommes, mais que c'était une véritable riviere; la suite de nos observations nous en a convaincus.

Nous avons, par des opérations exactes, déterminé tous les points qui environnent l'origine du canal, et nous sommes partis de ce point pour tracer la carte que nous devions joindre à notre reconnaissance.

Dans l'espace de six lieues, nous n'avons rien vu de remarquable. Nous avons suivi constamment la rive du canal en observant tous ses détours. La vitesse moyenne du courant est d'environ deux cents metres par minute; sa profondeur est par-tout au-delà de cinq metres.

La plaine qu'il arrose est formée d'un terrein gras assez bien cultivé; elle produit du blé, du maïs, des cannes à sucre: il s'y trouve quelques prairies. Elle est traversée par un grand nombre de canaux où l'eau est retenue par des digues construites sur les bords du grand canal. Plusieurs d'entre eux, dans la saison des crues, peuvent servir aux communications de l'intérieur. Parmi les plus considérables, se trouve, à une demi-lieue du Nil, le canal de Fylfeti; puis, à six lieues et demie, celui de Zamkalouéh, qui s'étend jusqu'aux environs de Belbéïs. L'embouchure du premier a en ce moment trois pieds d'eau; celle du second est élevée de deux pieds au-dessus du niveau actuel des eaux.

A la hauteur de Denyéh, ce canal se sépare en deux branches: nous avons suivi la branche orientale; le seconde se divise en plusieurs ramifications qui viennent se joindre plus bas à celle que nous parcourions.

Du

Du point de séparation de ces deux branches, nous avons aperçu les ruines de Thal Bastah; ce sont celles de l'ancienne Bubaste : on les voit de fort loin; elles sont à sept lieues du Nil, et à une demi-lieue du canal, sur sa rive droite. Nous y avons rencontré plusieurs débris de monuments qui pourront servir à l'histoire de l'architecture Egyptienne. Nous avons remarqué, entre autres, une portion de corniche d'un genre fort mâle, dont la sculpture est assez bien conservée. Cette masse, qui peut avoir huit pieds de largeur sur six de hauteur, est d'un granit brun fort dur : le travail en paraît fort soigné ; il est chargé d'hiéroglyphes. Nous en avons rapporté le dessin.

Nous avons trouvé sur d'autres masses de granit, parmi les hiéroglyphes, des caracteres que nous n'avions pas encore remarqués ailleurs. Une face d'obélisque est totalement parsemée d'étoiles, et représente un firmament. Ces étoiles ont cinq rayons, deux centimetres d'étendue, et se joignent l'une à l'autre d'une maniere irréguliere. D'énormes masses de granit, presque toutes mutilées, sont entassées d'une maniere étonnante. On a peine à concevoir quelle force a pu les briser et les accumuler ainsi les unes sur les autres. Plusieurs ont été coupées pour construire des meules : on en voit de taillées completement, qu'on a laissées sur place, sans doute faute des moyens pour les transporter.

Cette ville était, comme toutes les villes Egyptiennes, élevée sur de grands massifs de briques crues. Ces briques ont environ un pied de longueur sur huit pouces d'épaisseur, et autant de profondeur ; elles sont précisément de la même matiere que celles qui se travaillent encore aujourd'hui en Egypte. Les briques cuites qu'on y rencontre sont fort différentes de celles dont nous nous servons actuellement.

L'étendue de Bubaste est dans tous les sens de douze à quatorze cents metres. Dans l'intérieur est un immense bassin au milieu duquel se trouvent les monuments que nous avons remarqués.

C'est dans cette ville que se célébrait tous les ans la fête de Diane, qui était la principale fête des Egyptiens. Il s'y rassemblait un concours d'étrangers, qu'Hérodote porte à sept cent mille âmes, sans compter les enfants. Cette fête était une espece d'orgie semblable aux bacchanales des Grecs ; les anciens parlent sur tout de la grande quantité de vins qui s'y consommait. C'est aussi dans cette ville que se rassemblaient les momies des chats de toute l'Egypte. Les Egyptiens révéraient cet animal presque autant que l'ibis ; et de même qu'ils transportaient les momies de ces derniers à Hermopolis, de même ils portaient celles des chats à Bubaste. En face de la ville est une ile fort grande, formée par la branche dont nous avons parlé plus haut. Les anciens nommaient cette île Micephoris. Elle formait une province, habitée par des Calasiries, tribu destinée uniquement au métier des armes ; aujourd'hui elle renferme une plaine bien cultivée, de grands bois de palmiers, et des villages fort riches, entre autre Guényéh, qui donne son nom à la branche occidentale du canal.

A trois lieues de Bubaste, sur la même rive, se trouve une petite ville moderne, fort peuplée, et environnée d'une épaisse forêt de palmiers. Elle se nomme Heïhéh. Elle est

est enceinte d'un mur crenelé, de quinze pieds de hauteur, en fort bon état, et flanqué de bonnes tours ; ces tours sont armées d'un double rang de crenaux ; ses portes sont pratiquées dans des tambours qui flanquent une partie de l'enceinte. Cette petite ville fait, à ce qu'il paraît, un commerce assez considérable : elle avait sous ses murs une trentaine de barques chargées de coton, de dattes et de grains.

Depuis les environs de cette ville jusqu'à la partie la plus inférieure du canal, nous avons remarqué sur les deux rives un grand nombre de tours construites sans portes et sans fenêtres ; elles sont percées de quelques crenaux, et servent de refuge aux habitants quand ils sont surpris et poursuivis par les Arabes du désert.

Au-delà d'Heïhéh, au milieu d'une plaine basse et marécageuse, s'élèvent les ruines d'une ville qui se nommait Kourb, selon le rapport des habitants. Le village d'Orbet s'y trouve établi. On y a trouvé un pied de colosse et un tronc de statue. On y voit encore des tronçons de colonnes et des débris de granit. Cette ville était peu considérable : nous la jugeons de quart de Bubaste. Les habitants nous ont dit qu'elle avait été fondée par un Européen, bien long-temps avant que Mahomet ne vînt au monde ; cela n'est pas probable : c'est, au reste, l'opinion que les habitants des ruines d'Atryb ont aussi de cette ville.

Une lieue plus loin, sur la rive opposée, se trouve un riche village, nommée Kafr-Fournighéh : il est regardé dans le pays comme la limite des terres civilisées. Jamais les barques du Nil n'ont osé descendre plus bas ; jamais celles de la partie inférieure n'ont osé remonter plus haut. Les villages que nous avons trouvés au-delà de ce point paraissent beaucoup moins riches : on y voit beaucoup plus de terres incultes, quoique le sol y soit le même. Le terrain y est hérissé d'un plus grand nombre de tours, toutes les habitations sont enceintes de murs solides, chaque village n'a qu'une porte ; les habitants marchent presque tous armés, même en vacant aux travaux de la campagne.

Depuis Fournighéh, la largeur du canal est resserrée ; elle n'est plus que d'environ soixante metres ; la profondeur est toujours la même : aux approches du lac Menzaléh, où se décharge le canal, la profondeur est encore d'environ douze pieds. Depuis êl-Orbet, le pays est coupé, sur les deux rives, d'une multitude de canaux, d'étangs et de marais, qui rendent les communications infiniment difficiles. Plusieurs de ces étangs conservent leurs eaux pendant six ou huit mois. En face de êl-Labaïdy, sur la rive gauche, nous avons aperçu un lac immense qui communique par plusieurs branches au canal, et qui conserve ses eaux pendant huit mois de l'année : il est navigable pendant une partie de ce temps ; il s'étend jusqu'à Aboù-dàout. Ce lac n'est séparé du lac Menzaléh que par une langue de terre ; il n'y communique pas.

A deux lieues de l'extrémité du canal, sur la rive droite, s'élèvent les ruines de San ou Tanis, que plusieurs personnes ont déjà visitées : nous les avons parcourues à plusieurs reprises ; nous n'y avons trouvé que sept obélisques, en partie brisés, un chapiteau de

colonne

colonne dans le genre qu'on a depuis appelé *Corinthien*, et un monument de granit brisé en deux parties, que nous avons présumé avoir été un tombeau. Nous y avons rencontré des débris de vases d'une terre très fine, quelques-uns enduits d'un vernis qui a subsisté jusqu'à présent ; nous y avons aussi trouvé des briques cuites de différentes especes, des morceaux de verre et du crystal très bien poli. La plaine qui se trouve au-delà de ce point, jusqu'au lac Menzaléh, est fort basse, et presque entierement inondée : elle est traversée d'une multitude de canaux qui se croisent en tout sens. En avant de San se trouve un petit canal qui conduit à Ssaléhhyéh, mais qui n'est navigable que pendant un mois.

Nous sommes ainsi parvenus à l'extrémité du canal, après nous être assurés par nous-mêmes qu'il était navigable dans toute son étendue. D'après les renseignements que nous avons recueillis, nous avons appris qu'il n'était praticable pour les grandes djermes que pendant huit mois de l'année ; passé ce terme, on peut, pendant quelque temps, y faire naviguer de petites barques fort légeres, mais seulement dans la partie la plus inférieure du canal. Pendant neuf mois de l'année, l'eau du Nil coule librement vers le lac Menzaléh ; pendant les trois derniers mois, l'eau du lac reflue dans l'intérieur des terres. Pour éviter cet inconvénient, on construit tous les ans à Mo'éz une digue qui dure trois mois. Malgré cette précaution, l'eau salée reflue encore dans un espace de sept à huit lieues.

Lors du temps le plus éloigné des crûes, en face de êl-Labaïdy, où il n'y a qu'un seul pied d'eau, elle est entierement salée.

Voici, à-peu-près, où se bornent tous les renseignements que nous avons pu retirer sur ce canal. D'après sa largeur, ses sondes, et le grand nombre de ruines qui se trouvent sur son rivage, il est presque certain que son lit est le même que celui de l'ancienne branche Tanitique. Nous n'ajouterons pas pour le prouver des observations qui ont déjà été faites et exposées ailleurs * ; nous nous dispenserons aussi de faire aucune remarque sur l'embouchure de cette branche dans le lac Menzaléh, et le parti qu'on peut tirer du bas canal pour les communications de Damiette et de Ssaléhhyéh : nous observerons seulement, quant aux communications du Caire, qu'il sera plus simple de se rendre directement à San par Mo'éz, que par le lac Menzaléh. On évitera par là le déchargement à Damiette, le transport par terre jusqu'au lac, et le nouveau chargement ; ce sera une économie de temps et de dépense. La cause du peu de parti qu'on a tiré jusqu'à présent de cette communication est le brigandage continuel qui s'y exerce ; le défaut de force publique a contraint chaque particulier à se resserrer autant que possible : de là sont

---

* Voyez le Mémoire sur le Lac Menzaléh, §. I.

sont nées ces haines de village à village, et ces petites guerres qui ont totalement étouffé la confiance.

Quand le système de police du gouvernement se sera étendu jusques-là, les propriétés y devenant plus sûres, la confiance renaîtra, le commerce reprendra une nouvelle activité, des terrains immenses seront rendus à l'agriculture, le sort des habitants sera amélioré, et la richesse et l'abondance ramenées dans cette fertile contrée.

APPENDIX, &c.

MÉMOIRE SUR LA VALLÉE DES LACS DE NATRON, ET CELLE DU FLEUVE SANS EAU, D'APRÈS LA RECONNAISSANCE FAITE A LA FIN DU MOIS DE JANVIER, 1799.

Par le Général d'Artillerie ANDRÉOSSI.

On ne connaît généralement de l'Egypte que la vallée qu'arrose le Nil. Des considérations géologiques, les récits des historiens anciens et de quelques voyageurs modernes portaient cependant à croire que les eaux du Nil avaient pénétré, dans des temps très reculés, au sein des déserts de la Libye, et qu'il y restait des traces de leur cours.

Si, comme le prétend Hérodote, les anciens rois d'Egypte s'attachèrent, par des travaux puissants, à rejeter et à contenir le Nil dans le bassin actuel, c'est sans doute un des ouvrages les plus considérables dont on ait gardé le souvenir.

La recherche de cette direction primitive du Nil devait jeter du jour sur la géologie de l'Égypte, sur les ouvrages qu'on avait entrepris pour sa fertilité, et indiquer la route à suivre pour réparer les désordres que le laps du temps, la barbarie et l'ignorance ont produits sur un sol privé du bienfait des pluies, et qui, sans l'inondation et les arrosements artificiels, serait condamné à la stérilité. Cet ancien lit du Nil est désigné par les géographes sous le nom de Bahhar-bélà-mê, ou *Fleuve sans eau*, et il est connu par les gens du pays sous celui de Bahhar-êl-fàrigh, ou *Fleuve vuide*. On savait qu'il n'était pas éloigné des lacs de Natron, dont on a repris l'exploitation depuis une quinzaine d'années, et dont les produits, utiles dans plusieurs arts, sont très recherchés en France. On savait aussi qu'il y avait dans le voisinage quelques couvents de religieux Cophtes fondés au quatrième siècle, dans un temps où le fanatisme de la vie monastique attirait au milieu des déserts, du fond de l'Occident, des hommes ardents ou pusillanimes, qui faisaient vœu de s'éloigner des autres hommes, et qui, par leurs besoins, étaient obligés de s'en rapprocher, afin d'intéresser leur pitié ou leur crédulité.

On voit qu'il était curieux et utile, sous plusieurs rapports, de connaître la partie de l'Egypte dont nous venons de parler. C'est pour apprécier tous les avantages qu'en pouvaient retirer la géologie et les arts, que les citoyens Berthollet, Fourier et Redouté jeune * ont été invités à s'y transporter, et que j'ai eu ordre, en m'occupant de quelques vues militaires, de protéger leurs recherches dans un pays exposé aux incursions des Arabes errants, qui viennent, tantôt de la Haute-Egypte, tantôt des côtes de Barbarie, piller et assassiner, sur la lisiere du désert, le paisible cultivateur, le malheureux fellàhh. Nous nous sommes réunis pour tâcher de recueillir toutes les observations qui nous ont paru être de quelque utilité. Je vais rendre compte des détails du voyage, et je laisse au citoyen Berthollet le soin de présenter lui-même les résultats des expériences intéressantes qu'il a faites pour connaître la nature d'une substance dont le produit sera d'une valeur bien plus considérable, dès qu'il aura indiqué les véritables procédés de son exploitation.

§. I.

De la Vallée des Lacs de Natron.

Nous sommes partis de Terrânéh le 24 Janvier, à deux heures du matin; et, après quatorze heures de marche, nous avons aperçu la vallée où se trouvent les lacs du Natron.

Topographie.—La vallée du Nil et celle des lacs sont séparées par une vaste plateau dont la surface est légerement ondulée, et toujours parallelement à la mer. Ce plateau, qui se soutient à-peu-près au même niveau, peut avoir trente milles de largeur. Le terrein, ferme et solide, est recouvert de graviers de différentes grosseurs, de petits cailloux roulés diversement colorés, et de quelques cailloux agatisés. Les vents rasants de l'Ouest ont poussé sur le revers des collines qui bordent le Nil, et dans la vallée, presque tous les sables mouvants. La roche calcaire se montre en quelques endroits à la surface du terrein. Du reste, on n'aperçoit dans ce désert, qu'on dirait l'oubli de la nature, que trois ou quatre especes de plantes faibles, petites, sans vigueur, et extrêmement disséminées, telles que le nitraria épineux † et la jusquiame violette ‡.

Il serait bien difficile qu'aucun être vivant pût trouver sa subsistance sur un sol d'une pareille aridité; aussi nous n'y avons vu qu'une seule espece d'insecte, et elle n'y est pas commune: c'est la *mente-obscure*. L'épithete que porte cet insecte est bien analogue à l'état d'isolement dans lequel il vit au sein d'un tel désert.

La

---

* Habile artiste pour le dessin des plantes, des animaux, et principalement des poissons coloriés. Le citoyen Duchanoy, et le citoyen Regnault éleve du citoyen Berthollet, ont été adjoints à la commission.
† *Nitraria Schoberi*, Lin.
‡ *Hyosciamus datora*, Fors.

La direction de la route, en partant de Terrânéh, est d'abord de l'est à l'ouest. Environ deux heures avant d'arriver à la vallée de Natron, après avoir passé une espece de col très bas, qu'on appelle *Râs-êl-Baqarah* ou *la Tête-de-la-Vache*, la direction se plie à-peu-près au nord-ouest-quart-ouest. On descend ; l'on trouve, à mi-côte, sur un mamelon, un *qassr*, ou fort ruiné, dont l'enceinte carrée, flanquée de tours rondes à deux de ses angles, est bâtie avec des fragments de Natron ; ce qui annonce que les pluies ne sont pas considérables dans cet endroit. On voit un peu au-dessous, dans le fond de la vallée, les lacs du natron ; en face, au loin, sur la pente opposée, le couvent d'êl Barâmoùs, ou couvent des Grecs ; à gauche, à-peu-près à la même distance, le couvent des Syriens et celui d'Amba-Bicoi placés dans le voisinage l'un de l'autre.

Nous avons lié par un triangle le Qassr, le couvent d'êl-Baramoùs, et celui des Syriens. Ayant pris pour base la distance entre le Qassr et le couvent d'êl-Barâmoùs, que nous avons fait mesurer, et qui s'est trouvée de 7,231 metres trois quarts, le calcul du triangle nous a donné 7,430 metres deux tiers pour la distance entre le Qassr et le couvent des Syriens, et 9,258 metres un quart pour celle entre ce dernier couvent et celui d'êl-Barâmoùs. La route pour se rendre d'un de ces endroits à l'autre est de sable mouvant, ferme par fois, avec quelques efflorescences. On aperçoit çà et là quelques plantes ; on rencontre presque par-tout du gypse et des bancs de roche calcaire, et l'on voit, entre le couvent d'êl-Barâmoùs et celui des Syriens, de la très belle craie.

Géographie physique de la Vallée. — La vallée de Natron fait un angle d'environ 44 degrés ouest avec le méridien magnétique. Les lacs, quant à leurs positions respectives et à leurs longueurs, sont dans le même sens, qui est celui de la vallée. Le P. Sicard marque leur bassin perpendiculaire à la direction de la vallée, ce qui est contraire à l'hydrographie en général. Le P. Sicard n'indique sur sa carte qu'un grand lac, et il en existe six, trois au nord du Qassr et trois au sud. Les habitants de Terrânéh en comptent même sept : un de ces lacs a été effectivement séparé en deux par une digue actuellement rompue. Danville, sur la foi de Strabon, marque deux lacs, mais il leur donne la même position que le P. Sicard.

Les lacs de natron comprennent une étendue d'environ six lieues de longueur, sur 600 à 800 metres de largeur, d'un bord du bassin à l'autre ; ils sont séparés par des sables arides. Les deux premiers, vers le sud, portent le nom de *Birket-âl-Déoùârâ*, ou lacs des Couvents. Les autres lacs ont des noms qui ne présentent aucune signification particuliere. Les Arabes Sammâloùs * font la contrebande de natron à l'un de ces derniers et le portent à Alexandrie.

On trouve de l'eau douce, plus ou moins potable, en creusant le long des lacs, sur la pente du côté du Nil. Pendant trois mois de l'année, l'eau coule abondamment à la surface

---

* Les Sammâloùs sont, comme les Arabes Djéoùâbys, dont nous parlerons plus bas, pasteurs et hospitaliers. Ils ont trois chefs, dont le principal est le chéykh Soléïmân-Aboù-Dêmen : cette tribu peut être composée de 1000 hommes, et avoir 40 chevaux.

surface du terrein. Les eaux croissent jusqu'au commencement de Janvier, elles décroissent ensuite, et quelques-uns des lacs restent entierement à sec.

L'état physique des lacs est essentiel à remarquer.

Les bords des lacs, à l'est, sont découpés en petits golfes, où l'eau transude et se forme en fontaines, comme à la naissance des vallons; elle s'échappe ensuite en petits ruisseaux, qui se rendent dans le fond des bassins. La partie du terrein supérieure aux sources occupe, au lac No. 3, que nous avons plus particulierement observé, une largeur d'environ 250 metres, recouverte de crystaux de sels, à travers lesquels s'éleve en assez grande quantité, cette espece de jonc plat dont on se sert pour les nattes communes. Le terrein occupé par les sources a 98 metres de largeur. Il regne ensuite au bord du lac une lisiere de natron de 31 metres. Le lac a 109 metres de largeur et 514 de longueur; sa plus grande profondeur est d'un demi-metre; le fond du lac est de craie, mêlée de sables. Les eaux de ce lac seulement sont de couleur de sang.

Tel est l'état physique du lac No. 3, du côté du Nil. Le bord opposé du bassin du lac touche aux sables arides; il y croît très peu de joncs, et il ne paraît pas qu'il y arrive de l'eau douce. Les eaux qui alimentent les lacs viennent-elles du Nil, en pénétrant lentement cette masse de trente milles d'étendue qui sépare la vallée du Nil de celle des lacs, et suivant la combinaison des deux pentes vers le nord et vers l'ouest? ou bien, abandonnées à la résultante de ces deux pentes, arrivent-elles de la tête de la vallée, qui, comme nous le verrons plus bas, doit se rattacher à la vallée du Nil, dans le Faïoum? La seconde opinion, quoique la plus naturelle, ne paraît pas admissible, parce qu'il est certain que les eaux qui affluent dans les lacs sortent des pentes de la rive droite, qui les dominent. Il y a très peu de sources sur la pente opposée, et celles qui existent se trouvent à une grande profondeur. La premiere opinion est fondée sur ce que les hausses et les baisses des eaux du lac sont régulieres, et arrivent toutes les années à une époque qui a un rapport à-peu-près constant avec l'époque de l'inondation.

Analyse des Eaux des Lacs. — Les eaux des lacs contiennent des sels qui different, même dans les parties d'un même lac qui ont peu de communications entre elles; c'est toujours du muriate de soude, du carbonate de soude, et un peu de sulfate de soude: le carbonate de soude domine dans les uns, et le muriate de soude dans les autres.

Il paraît, d'après l'état physique du terrein, que le carbonate de soude est entraîné dans ces lacs par l'eau des fontaines dont nous avons parlé, et par les eaux de pluie: cela explique pourquoi les sels s'y trouvent dans des proportions si variées.

Les eaux d'une partie du lac No. 3, et celles du lac No. 4, sont colorées en rouge par une substance végéto-animale. Lorsqu'on fait évaporer ces eaux, le sel marin, qui crystallise le premier, retient cette couleur rouge, et acquiert l'odeur agréable de la rose.

Le citoyen Berthollet pense que la formation de la soude est due à la décomposition du sel marin opérée par le carbonate de chaux que l'on retrouve dans la terre humide où se fait cette décomposition. La présence de l'humidité est absolument nécessaire pour la décomposition du sel marin, et l'on a vu qu'elle ne manquait pas. Quant à la pierre

calcaire,

Appendix Pa. CLXXV.

Vué de Terrâneh, d'après Sonnini.

calcaire, elle est en grande abondance entre le Nil et les lacs, ainsi que dans la vallée, où elle se montre en roche, ou sous la forme de craie.

Exploitation du Natron.—L'exploitation des lacs de natron fait partie de la ferme du Terrânéh, dont le canton * est compris dans les nouvelles limites de la province de Djyzéh †.

Le transport du natron ne se fait que dans l'intervalle des semailles à la récolte.

Les caravanes s'assemblent à Terrânéh. Chaque caravane est ordinairement de cent cinquante chameaux et de cinq à six cents ânes. Elle part, avec son escorte, au coucher du soleil, arrive au jour, brise et charge le natron, et repart de suite. La caravane, au retour, s'arrête à mi-chemin; elle fait du feu avec le crotin des ânes et des chameaux du voyage précédent ‡. Les hommes d'escorte et les conducteurs boivent le café, fument la pipe, et se procurent un peu de pain en délayant de la farine dans un plat de bois, et faisant cuire la pâte sur les charbons. Le commandant de l'escorte place ses postes, pour se tenir en garde contre les Arabes; le reste de la caravane dort quelques heures; on se remet en route; et l'on est de retour à Terrânéh le matin du troisieme jour.

On estime que chaque caravane transporte six cents qanthârs de natron de quarante-huit ôqahs §.

Terrânéh est l'entrepôt du natron. On l'embarque à ce village; il est expédié à Rosette, d'où on l'envoie à Alexandrie, et de-là en Europe; ou bien on le fait remonter au Caire où il est vendu pour être employé à blanchir le lin et dans la fabrication du verre ‖.

On

---

* Le canton de Terrânéh comprend six villages: Abory'at, qafr-Dâoud, Terrânéh, Lagmat, Hataghé, Abounichabé.

† Sous les beys, la province de Djyzéh était limitée au Nord par le Djesr-êl-Eçoüed, ou Digue Noire, qui la séparait de la province de Bahhyréh. Elle s'étend maintenant jusqu'au village d'Aboûlgraoué. Le Djers-êl-Eçoüed traverse la plaine depuis les dunes, où il s'appuie jusques au Nil. Cette digue a vers son extrémité, près du village d'Omm-dynâr, des ponts pour l'écoulement des eaux de l'inondation. Les eaux, retenues tout le temps qu'on veut par le Djesr-êl-Eçoüed, rendent la plaine qu'elles fertilisent du plus riche produit.

‡ Le manque de combustibles détermine toujours les caravanes qui se succedent dans le désert à s'arrêter aux campements de celles qui les ont précédées.

§ L'ôqah est de 400 dragmes, ou de deux livres et demie poids de marc.

‖ On trouve au Caire une autre espece de natron apportée par les Gélab, negres de Darfour et de Sennar, et que l'on emploie dans la préparation du tabac d'Egypte, en le mêlant avec ce dernier pour lui donner du montant. Le citoyen Regnault a fait l'analyse de ce natron; il a trouvé qu'il contenait plus de muriate de soude que la plupart des échantillons que nous avons rapportés.

On compte un dixieme de déchet sur la matiere, occasionné par les versemens et la dessication.

Les fellâhhs des six villages de Terrânéh paient leur miry en transport de natron.

Lorsque, par la présence des Arabes, ou par d'autres circonstances, l'exploitation du natron souffre des contrariétés, les fellâhhs paient onze pârahs * pour chaque qanthàr qu'ils auraient été tenus de transporter.

Le natron se vend en Egypte une pataque de 90 pârahs le qanthàr de 36 ôqahs. L'acheteur paie le transport par eau. Le fermier fournit la poudre et le plomb pour l'escorte des caravanes. Cette escorte consiste en 60 hommes armés qu'on appelle *Basciat*, et dont le fermier paie également le salaire.

La ferme du natron était une véritable gabelle. Les villages qui possédaient des établissemens où l'on employait cette matiere étaient obligés d'en acheter tous les ans au fermier une quantité déterminée.

La difficulté de pénétrer à la vallée de Natron avait éloigné toutes les occasions d'observer les lacs, en sorte que leur exploitation n'était dirigée sur aucune regle. Les bords des lacs sont recouverts, comme nous l'avons déjà dit, de masses de cristaux auxquelles on ne touche point, et dont on pourrait cependant tirer un grand parti ; car il y en a une immense quantité. On n'exploite dans ce moment qu'un seul lac. Les hommes entrent nuds dans l'eau, brisent et arrachent le natron avec une pince ronde, en fer, du poids d'environ 60 livres, formée d'une part en champignon, et terminée de l'autre en pointe acérée ; et ils ne font aucune attention à celui qui est à la surface du terrain, et qu'on pourrait enlever avec beaucoup moins de peine. C'est un spectacle assez bizarre de voir ces Egyptiens noirs ou basanés sortir blancs de sel de cette opération.

Commerce du Natron.—La mise dans le commerce du natron dépendait également d'analyses qu'on n'était point en état de faire, et d'une sorte d'activité et de soins dont on ne se piquait pas dans un pays où les gains de l'industrie étaient en proie aux *avanies* des gouvernans. On laissait subsister dans le natron le mélange des différens sels avec la soude, principalement celui du sel marin, d'où il résultait une augmentation de poids préjudiciable au transport. D'un autre côté, les fabricans de Marseille se plaignaient qu'ils éprouvaient des pertes considérables en ce que les chaudieres se détérioraient par les cuites. On commençait à regretter la soude d'Alicante ; et l'Egypte était au moment de perdre ce débouché en Europe, lorsque la guerre survint, et rendit les communications plus difficiles.

C'est dans les années 1788, 89 et 90, que les négocians de Marseille, se livrant à l'engoûment d'une spéculation nouvelle, importèrent en France une quantité considérable de natron, dont une partie est restée dans leurs magasins.

L'exportation

---

* Vingt sous de France valent 28 pârahs.

APPENDIX.

L'exportation du natron à l'étranger avait lieu sur Venise, la France et l'Angleterre. Les demandes pour la France et l'Angleterre étaient-à-peu-près les mêmes. Venise ne tirait que le cinquième de ce qui était demandé par le commerce des deux autres pays.

Le citoyen Regnault s'occupe d'un objet bien essentiel, celui de séparer en grand la soude contenue dans le natron, afin de l'offrir au commerce dans son plus grand état de pureté ; ce qui, en augmentant de très peu les frais d'exploitation, doublera, avec les mêmes moyens, les produits et la valeur de la soude. Dans quelques especes de natron, le sel marin se trouve compris entre deux couches horizontales de soude, ensorte que le premier pourrait être en quelque sorte détaché par une opération mécanique.

Le commerce du natron, dans l'Egypte devenue colonie, dépendra donc de deux considérations essentielles.

1°. De la libre exploitation des lacs : Cette exploitation sera favorisée par des escortes, par des dispositions militaires, telles que le rétablissement du Qassr, l'occupation des couvens Cophtes, etc., et parce que les Arabes mieux connus seront moins à craindre.

2°. Du choix et de l'épuration du natron : Les établissemens pour l'épuration du natron devront être faits dans les endroits les plus rapprochés des lacs, tels que le Qassr de Terrâneh.

Production des Trois Regnes dans la Vallée.—Les lacs de natron possedent sur leurs bords des roseaux, des joncs plats en très grande abondance, et d'autres productions du regne végétal ; le verd de ces plantes contraste d'une maniere piquante avec la blancheur des cristaux des sels, et la couleur terne et grise des graviers du désert.

On voit près des lacs, le roseau à tige élevée*, la statice sans feuilles†, le tamarisc de France‡, l'armoise maritime§, le jonc épineux‖, et la massette à larges feuilles**. Cette plante Européenne, qui croît en France dans les étangs, est une des plus abondantes au bord des lacs de natron. On y trouve le grémil à feuilles étroites††, le *zygophillum* à fleurs blanches‡‡, la *fagonia* à feuilles ternées§§, la *suæda vera*‖‖, espece de soude, ainsi appelée

---

* *Arundo maxima,* Fors.
† *Statice aphilla,* Fors.
‡ *Tamarisc gallica,* Fors.
§ *Artemisia maritima,* Lin.
‖ *Juncus spinosus,* Lin.
** *Typha latifolia,* Lin.
†† *Lithospermum angustifolium,* Lin.
‡‡ *Zygophillum album,* Lin.
§§ *Fagonia scabra,* Fors.
‖‖ *Suæda vera,* Fors.

appelée attendu que les Arabes la nomment *Souhed*. On y voit aussi quelques palmiers qui s'élevent peu, forment d'épais buissons, et ne portent point de fruit. Nous avons trouvé, un peu au-delà du dernier lac, une vingtaine de palmiers hors de terre réunis confusément en un tas, et qu'on dirait avoir été arrachés et fracassés par un mouvement violent.

Les diverses especes d'animaux n'y sont pas très nombreuses. On y voit, dans la classe des insectes, la pimélie épineuse*, le carabe varié†, la fourmi ordinaire, une grosse fourmi à ailes, et une espece de moustique dont la piquure occasionne des enflures considérables. Dans la classe des testacées, le colimaçon de la petite espece. Dans celle des quadrupedes, le caméléon et les gazelles ; ces dernieres se décelent à l'empreinte de leurs petits pieds fourchus qu'elles laissent sur le sable. Nous avons reconnu, parmi les oiseaux, la poule d'eau, le canard et la sarcelle ; ces oiseaux y sont en très grand nombre, sur-tout au dernier lac, qui est le moins fréquenté.

On ne trouve dans la vallée des lacs de natron aucuns restes d'anciens monumens. Nous n'avons vu, au-delà du quatrieme lac, que l'emplacement d'une verrerie que nous avons reconnue à ses débris de fourneaux en briques, et à des fragmens de scories et de verre dans différens états. Le local où elle était située fournissait abondamment les deux matieres propres à la fabrication du verre, le sable quartzeux et la soude ; et le bois pouvait ne pas être aussi rare dans la vallée qu'il y est aujourd'hui. Nous ne saurions à quelle époque rapporter un pareil établissement. Une médaille, ou une piece de monnoie que nous y avons trouvée, aurait peut-être pu nous donner quelque indication ; mais elle était oxydée au point qu'il n'a pas été possible d'y rien déchiffrer.

§. II.

Topographie de la Vallée du Fleuve-sans-Eau.

La vallée du Fleuve-sans-Eau est à l'Ouest de celle des lacs de Natron ; ces vallées contiguës l'une à l'autre ne sont séparées que par une crête ; il y a une heure et demie de chemin des deux couvens à la vallée voisine.

La vallée du Fleuve-sans-Eau est encombrée de sables, et son bassin a près de trois lieues de développement d'un bord à l'autre. On emploie 40 minutes à descendre par une pente assez réguliere dans le fond du bassin, au-dessus des sables. Cette vallée est stérile, et il n'y paraît point de sources. Nous y avons trouvé beaucoup de bois pétrifiés, et

nombre

---

* *Pimelia muricata.*
† *Carabus variegatus.*

APPENDIX.

nombre de corps d'arbres entiers, dont quelques-uns ont dix-huit pas de longueur. Les corps d'arbres et les fragmens qui se sont montrés à notre vue ne paraissent pas avoir été mis en œuvre*. La plupart de ces bois sont entierement agatisés, d'autres semblent moins avancés dans leur cristallisation ; alors ils sont enveloppés d'une croute très épaisse, très dure, et ce qui formait la matiere du bois se sépare en feuillets. Nous avons également trouvé dans ce bassin une vertebre de gros poisson qui paraît minéralisée, ce qui ajoute une nouvelle probabilité à celle, comme nous le verrons plus bas, que les eaux coulaient dans cette vallée, et qu'elles contenaient des animaux qui vivaient.

Outre les bois pétrifiés, on voit, principalement sur les pentes de la vallée, du quartz roulé qui vient sûrement de très loin, du silex et des pierres siliceuses, du gypse, des cristallisations quartzeuses formées dans des cavités, especes de géodes, des fragmens de jaspe roulé, des fragmens de roche à base de pétrosilex verdâtre, des jaspes dits cailloux d'Egypte, etc. La plupart de ces matieres appartiennent aux montagnes primitives de la Haute-Egypte. Ces matieres n'ont pu être amenées que par les eaux du Nil. Il y a donc eu anciennement une communication entre le Nil et le Bahhar-belà-mê, et par conséquent entre les deux vallées : il n'y a pas de raison pour que cette derniere communication n'ait plus lieu ; nous allons fonder son existence sur d'autres considérations.

La direction de la vallée du Fleuve-sans-Eau est la même que celle des lacs de natron. L'opinion générale est qu'en remontant ces vallées on arrive dans le Faïoùm, et qu'en les descendant on laisse à droite la province de Maryoùth†. C'est là route que

suivent

---

* Le pere Sicard (Lettres édifiantes) assure qu'on trouve dans la vallée du Fleuve-sans-Eau des mâts et des débris de navires pétrifiés : nous n'avons rien aperçu de tout cela ; il est vrai que nous n'avons vu qu'un endroit de la vallée.

Granger dans la relation de son voyage en Egypte, prétend que ce que l'on prend communément pour du bois pétrifié n'en est point. Les échantillons que nous avons rapportés ont si bien le caractere de bois pétrifié, qu'ils ont paru tels aux yeux les moins exercés ; et d'habiles naturalistes, qui les ont examinés avec soin, ont porté le même jugement.

† Maryoùth est à quatre lieues ouest d'Alexandrie, vers la mer. Un détachement de cavaliers-dromadaires peut s'y rendre en deux heures et demie. On trouve à cet endroit trois puits profonds et bien entretenus, qui sont alimentés par les eaux de pluie. On aperçoit dans le voisinage quelques ruines, et des tombeaux d'Arabes, ornés d'amulettes. (Ces amulettes sont des versets du Qorân, contenus dans de petits sachets de cuir suspendus par des fils au-dessus des tombeaux).

Le territoire de Maryoùth touche aux collines par où se terminent les monts Libyens. Le sol est un terrein d'alluvion pareil au sol de l'Egypte ; il doit par conséquent sa formation aux eaux du Nil qui y arrivaient autrefois. Lorsqu'il pleut il croit quelques herbes à Maryoùth ; ce qui fait que les Arabes, principalement les Djéoùâbys, y accourent avec leurs troupeaux. Les puits n'étant entretenus que par la pluie, l'eau, dans les temps de sécheresse, s'y renouvelle lentement.

suivent assez généralement les Arabes errans pour aller faire leurs incursions vers la Haute-Egypte.

La direction de ces vallées fait présumer que leur point d'attache est à l'endroit où se trouve indiqué le lac Mœris*, et que leur débouché correspond au golfe des Arabes.

La grandeur de la vallée du Fleuve-sans-Eau, sa direction, et ce que les historiens rapportent du lac Mœris, nous portent à croire que ce réservoir n'était autre chose que la tête de cette vallée, qui avait été diguée naturellement par les sables ou par la main des hommes, en sorte que le lac Mœris aurait été formé, et non point creusé. Cette opinion est d'autant plus probable, qu'en réfléchissant sur la topographie du pays on a bientôt lieu de se convaincre qu'un réservoir creusé au-dessous du niveau du sol de l'Egypte rendrait les eaux qu'il recevrait inutiles à ce sol, et nous avons fait voir que ces eaux, ainsi retenues, seraient plutôt disposées à couler vers le Bahhar-belà-mê que dans l'intérieur de la vallée du Nil. Pour que ces eaux pussent être utiles à la partie inférieure de l'Egypte, il faudrait au contraire que le bassin du lac, au lieu d'être creusé, fût formé par des digues supérieures au terrain naturel, afin d'avoir, après l'inondation, un volume d'eau supérieur au sol de l'Egypte. L'existence du lac Mœris et l'objet qu'on lui attribue communément deviennent donc fort douteux, et seront peut-être toujours un problème.

Si nous osions hasarder une idée, nous dirions que l'étendue et le développement du bassin du Nil dans le Faïoùm ne sont dûs qu'à l'ouverture du Bahhar-belà-mê, qui se présente obliquement. Le pere Sicard, et, d'après lui, Danville, marquent le bassin de cette ancienne branche se dirigeant vers le lac Mœris, mais ils laissent le point d'attache vague et indéterminé, et ils donnent au lac Mœris des proportions d'une grandeur démesurée par rapport à la largeur du Bahhar-bélà-mê. Si l'opinion que nous venons de présenter n'est qu'une conjecture, il paraît du moins résulter de la reconnaissance que nous avons faite, qu'il a existé de grands cours d'eaux dans l'intérieur des déserts, et qu'il est très probable que le Nil se séparait en plusieurs branches à la hauteur du lac Mœris ; que la branche actuelle, comme nous l'avons observé ailleurs, coulait même en dedans du bassin, le long des collines de la Lybie, ainsi que le prouvent les témoignages

des

Maryoùth est fréquenté par les Arabes, à cause de son voisinage d'Alexandrie, et parce que cet endroit se trouve à l'extrémité de la ligne de puits qui avoisine le désert, en remontant la province de Bahhyréh. Cette ligne passe à Zaousit, Ellauche, Derche, qabr-êl-Mara, Ellahouié, etc. La ligne dont nous venons de parler se lie aux lacs de natron par Ellauche. D'Ellauche, en traversant le plateau qui sépare les deux vallées, on se rend, dans une journée, vers l'extrémité nord des lacs, à deux monticules voisins, qu'on appelle les deux Mamelles.

* La reconnaissance de cette partie, que les circonstances ne nous ont pas permis de faire, est la clef de la géologie de l'Egypte.

des auteurs, et les traces d'un berceau ou bas fond considérable qui regne le long de ces collines, et qui n'a pu être formé que par un grand courant : j'ai retrouvé ce berceau dans toute l'étendue de la province de Djyzeh, sur un espace de trente lieues. Il y a apparence qu'il se prolonge plus avant, en remontant, et peut-être jusqu'à l'origine du canal de Yoùcef, c'est-à-dire jusqu'au point où il est à croire que le Nil a été détourné pour être porté sur la rive droite : c'est dans le fond de ce berceau que coulent les eaux du Bahhar-Yoùcef*.

Ainsi, d'après les témoignages de l'ancienne histoire de la terre, qui sont écrits à la surface du sol de l'Egypte, il paroît :

1°. Que le Nil, et plus vraisemblablement une partie des eaux de ce fleuve, couloit dans l'intérieur des déserts de la Libye, par les vallées de Natron et du Fleuve-sans-Eau ;

2°. Que les eaux furent rejetées dans la vallée actuelle : on expliquera peut-être par-là pourquoi, du temps d'Hérodote, les eaux de l'inondation s'élevaient à 15 coudées, tandis que, du temps de Mœris, elles ne s'élevaient qu'à 8, et que, de nos jours, elles ne vont qu'à 18 coudées ;

3°. Que le Nil, après cette opération, coula en entier le long des collines de la Libye, et forma le berceau que l'on voit dans la Basse Egypte, et dans une partie de l'Egypte moyenne ;

4°. Que le Nil fut rejeté sur la rive droite, et que cette époque précéda immédiatement la disposition réguliere des sept branches du Nil, et la formation des Delta. (Voyez le mémoire sur le lac Menzaléh).

5°. Les témoignages géologiques qui attestent les faits précédents confirment en outre ce que nous avons dit dans le même mémoire, que les eaux du Nil ont une tendance à se porter vers l'ouest, tendance indiquée en Égypte comme elle l'est dans un autre pays, pour tout autre point, par la topographie générale du terrain.

Il s'ensuit de ce dernier principe que le projet qu'avait Albuquerque de frapper l'Egypte de stérilité, en détournant le cours du Nil, eût été plus praticable s'il eût rejeté les eaux de ce fleuve dans les déserts de la Libye, plutôt que du côté de la Mer-Rouge, comme il en avait le projet.

La vallée du Fleuve-sans-Eau n'est pas le point le plus éloigné, dans cette partie, où l'on pénetre dans l'intérieur de l'Afrique : les habitants du Terrâneh vont couper au-delà de cette vallée des joncs épineux, que la tribu des Arabes Djéoùabys leur transporte dans

les

---

* Ce canal qui, dans la province de Djyzeh, porte d'abord le nom d'El-lebene, puis celui d'Elassera, reprend, dans la province de Bahhyréh, le nom de Bahhar-Yoùcef, qu'il a dans la Haute-Egypte.

les villages. On vend ces joncs à Ménoùf*, où ils sont employés à faire les nattes les plus fines. Pour se rendre de la vallée du Fleuve-sans-Eau à l'endroit où l'on coupe les joncs, on marche trois grandes journées depuis le lever du soleil jusqu'à son coucher, sans trouver de l'eau; il y en a à cette distance.

Marche des Sables. Nous avons dit au commencement de ce paragraphe que les sables encombraient la vallée du Fleuve-sans-Eau. Il en est de ces sables comme de ceux qui sont dans la vallée du Nil; les vents les ont soulevés de dessus les plateaux situés à l'ouest. La vallée de Natron et celle du Fleuve-sans-Eau n'étant séparées que par une crête peu large, la premiere n'a presque point participé à ces mouvemens de sables, quoique cette vallée ait à sa droite, ou à l'est, le vaste plateau qui la sépare du Nil. Ceci indique évidemment une certaine marche des sables de l'ouest à l'est : leurs progrès ont été depuis long-temps assez sensibles, pour donner les plus vives inquiétudes sur le sort de la partie la plus fertile de l'Egypte, celle qui longe la rive gauche du fleuve.

Sans sortir du cadre que nous nous sommes tracé, les dunes sur lesquelles est situé le village de Bény-sélàméh, et qui enferment Atrys et Oùàrdân (voyez la carte à la fin du mémoire), sont dues au transport des sables de la Libye par les vents tenant de l'ouest. Le terrain d'alluvion, formé par le limon du Nil, se trouve au-dessous, et leur sert de base; de très beaux sycomores s'élèvent de cette base, au sein de ces dunes arides. Les sables, dans cette partie et ailleurs, arrivent au Nil comme les cendres du Vésuve au bord de la mer: ils obstruent le chemin de long du fleuve, et obligent le voyageur à franchir ce sol élevé et mouvant. Ceci, et ce que nous avons dit dans le mémoire sur le lac Menzaléh, amenent aux considérations suivantes.

L'action des gouvernemens, dont l'effet était en sens contraire du bien public; la diminution de l'action des eaux du Nil qui, par les suites d'une mauvaise administration, ont appelé les eaux de la mer sur les parties basses et encore informes de l'Egypte, et l'action constante des vents qui ont poussé les sables des déserts de l'ouest sur les terres cultivables, dans les canaux et dans le fleuve, sont trois causes réunies depuis long-temps

pour

---

* Ménoùf, dans le Delta, vis-à-vis Terrâneh, à deux lieues de la branche de Rosette, et à quatre de celle de Damiette, sur le bord oriental du canal de Fara'oùnyéh, qui traverse obliquement la partie sud du Delta, depuis la branche de Damiette jusqu'à celle de Rosette. Ce canal est fermé, du côté de la branche de Damiette, par la digue dite de Fara'oùnyéh.

C'est par la digue et le canal de Fara'oùnyéh qu'on peut établir une juste répartition des eaux, de maniere que les provinces, à l'est et à l'ouest du Delta, jouissent des mêmes avantages. Une administration éclairée peut aisément remédier aux désordres que la cupidité et l'ignorance de l'ancien gouvernement avaient produits, en favorisant les provinces de Mansoùrah et de Damiette aux dépens de la province de Bahhyréh, qui, par le manque d'eau, est réduite en très grande partie à un véritable désert.

pour resserrer le territoire de l'Egypte, et altérer sa prospérité. Les deux premieres causes peuvent être modifiées; mais aucun effort humain n'est en état de s'opposer au progrès des sables. A défaut de moyens naturels, la crédulité et l'ignorance ont invoqué la superstition; et nous lisons dans des auteurs Arabes * que le sphinx qu'on voit auprès des grandes pyramides est un talisman pour arrêter les sables de la Libye, et les empêcher de pénétrer dans la province de Djyzeh.

Nous croyons cependant pouvoir avancer, d'après ce que nous avons eu occasion d'observer, que l'invasion des sables de la Libye touche à son terme, du moins dans la Basse Egypte; en effet il n'existe que peu de sables mouvants sur le plateau à l'ouest du Nil;

Ce plateau est de roche calcaire;

Presque tous les sables qu'on voit dans la vallée du Nil sont quartzeux;

Il ne reste donc aux vents que les sables qui peuvent provenir de la décomposition de la pierre calcaire.

La vallée du Fleuve-sans-Eau sert en outre de barriere aux sables qui, de l'intérieur de l'Afrique, marcheraient vers le Nil; cette vallée correspond aux provinces de Djyzeh et de Bahhyréh. La vallée du Fleuve-sans-Eau est encombrée; mais il s'en faut beaucoup que les sables s'élevent à la hauteur des bords du bassin: alors même ils seraient obligés de combler la vallée des lacs de natron avant d'arriver sur le plateau d'où ils seraient portés dans la vallée du Nil.

L'action des vents sur les sables qui se trouvent dans cette derniere vallée est, sans contredit, la plus funeste. Ces sables sont remués, déplacés, et, de proche en proche, ils arriveront jusqu'au fleuve, comme on le voit déjà dans les endroits où le bassin de l'Egypte est resserré.

Les vents n'ont pas fait tous les frais du rapprochement des sables vers le Nil; les eaux du fleuve, par leur tendance à se porter sur la rive gauche, et en corrodant ses bords, se sont elles-mêmes rapprochées des sables.

§. III.

Des Couvents Copthes.

Les couvents Copthes qui se trouvent dans la vallée de Natron ont été fondés dans le quatrieme siecle, mais les monasteres doivent avoir été rétablis plusieurs fois depuis cette époque. Trois de ces monasteres ont la forme d'un carré long, dont le grand côté

a depuis

---

* Voyez le géographe A'bd-oùl-Rachyd, qui écrivait en 1403 de l'ere vulgaire.

a depuis 98 metres jusqu'à 142, et le petit côté, depuis 58 jusqu'à 68, ce qui donne une surface moyenne d'environ 7560 metres carrés.

Les murs d'enceinte ont au moins 13 metres d'élévation, et deux metres et demi à trois metres d'épaisseur à la base; ils sont en bonne maçonnerie et bien entretenus. Il regne à la partie supérieure un trottoir d'un metre de largeur. Le mur au-dessus du trottoir a des meurtrieres, les unes dans le mur même, les autres inclinées et saillantes en dehors pour pouvoir se défendre contre les Arabes à coups de pierres, car les institutions des moines leur prohibent l'usage des armes à feu : les meutrieres saillantes ont des masques pour garantir la tête des coups de fusil.

Les couvents n'ont qu'une seule entrée, qui est basse et étroite ; elle n'a pas plus d'un metre de hauteur, et de deux tiers de metre de largeur. Une porte très épaisse la ferme en dedans; elle est contenue par un loquet dans le haut, par une forte serrure en bois dans le milieu, et, vers le bas, par une traverse qui pénetre à droite et à gauche dans la maçonnerie. Cette porte est recouverte en entier intérieurement par de larges bandes de fer contenues par des cloux à tête. L'entrée est en outre fermée en quelque sorte hermétiquement en dehors par deux meules de granit posées de champ. Ces meules ont de diametre un peu moins que la hauteur de l'entrée, et leur épaisseur permet qu'elles se logent à-la-fois, et de côté, dans le cadre de la maçonnerie. La porte est défendue par une espece de machicoulis. Lorsqu'on veut se clorre, un moine, resté en dehors, commence à rouler une des meules avec une pince, il la cale et présente l'autre ; il se glisse ensuite en dedans, et entraîne vers lui la seconde meule, qui se place naturellement à côté de la premiere. Les deux meules logées, on ferme la porte. Le machicoulis découvre ceux qui voudraient tenter de retirer les meules.

La cloche du couvent est placée à côté du machicoulis. Une longue corde, faite de filaments de dattier, y est attachée et pend jusqu'à terre. Les moines sont quelquefois réveillés pendant la nuit par le son de cette cloche ; mais, toujours défiants, même lorsqu'ils ont reconnu du haut de leurs murs qu'ils ont affaire à des gens amis, ils ne se déterminent à leur ouvrir la porte pour les recevoir, que lorsqu'un moine, suspendu à l'extrémité d'une corde, est descendu par le machicoulis, à l'aide d'un moulinet, et est venu voir, de plus près, si on ne cherchait pas à les surprendre. Pendant qu'on ouvre et qu'on ferme la porte, un moine reste en sentinelle au haut du mur, et observe s'il n'aperçoit point d'Arabes.

Chaque couvent a dans son intérieur une tour carrée où l'on n'entre que par un pont-levis de 5 metres de longueur, et dont l'élévation est de 6 metres et demi au-dessus du sol. On leve le pont au moyen d'une corde ou d'une chaîne qui passe à travers le mur, et qui s'enroule autour d'un moulinet ou treuil horizontal. La tour est terminée par une plateforme supérieure au mur d'enceinte.

Les trois couvents qui sont dans le voisinage des lacs ont des puits creusés de 13 metres, où il y a à-peu-près un metre d'eau douce que l'on éleve au moyen de roues à pots.

APPENDIX.

Les puits servent, dans chaque couvent, aux besoins du monastere, et à arroser un petit jardin où croissent un peu de légumes, et où sont plantés quelques arbres, tels que le dattier, l'olivier, le tamaris, l'henné, et le sycomore. A la fin du mois de Février, l'eau des puits est au *maximum* de son élévation, elle baisse en été, mais jamais les sources ne sont taries. Le couvent des Syriens possede l'arbre miraculeux de St.-Ephrem *, qui a six metres et demi de hauteur, sur trois metres de tour ; c'est le tamarinier de l'Inde † dont les moines Syriens se croient seuls possesseurs ; cet arbre est fort rare dans la Basse Egypte, mais très commun dans le Ssa'yd.

Le quatrieme couvent, qui porte le nom de couvent de S. Macaire, n'a qu'un puits, dont l'eau est salée ; mais à environ 400 metres en dehors, on trouve un puits bien entretenu ‡, dont l'eau est très bonne, et il y a une source sur la pente opposée du vallon. Les deux couvens ont également dans leur voisinage une source pareille.

Les cellules des moines sont des réduits où le jour ne pénètre que par l'entrée, qui a un peu plus d'un metre de hauteur. Leurs meubles sont une natte, leurs ustensiles une jarre et un qolléh §. Les églises, les chapelles, décorées d'images grossierement peintes, sont assez bien tenues ; hors de là, tout est en désordre, mal-propre et dégoûtant. La pauvreté des moines ne leur permettant point de suspendre dans les églises des ornemens de luxe, ils cherchent du moins à s'en procurer l'imitation ; ainsi, au lieu de lampes d'argent, ils ont des lampes en œufs d'autruches qui font un assez joli effet.

Les religieux sont la plupart borgnes ou aveugles ; ils ont un air hagard, triste et inquiet. Ils vivent de quelques revenus, et principalement d'aumônes. Ils se nourrissent de feves et de lentilles préparées à l'huile. Leur temps se passe en prieres ; l'encens brûle dans ces retraites entourées d'une mer de sables, et la croix domine les coupoles les plus élevées. Il y a 9 moines au couvent del Barâmoûs ; 18, au couvent des Syriens ; 12, au couvent d'Amba-bicoi, et 20 au quatrieme couvent : le patriarche du Caire entretient de sujets ces quatre monasteres.

B b Nous

---

* On raconte que dans les premiers temps de la ferveur monastique, les moines du désert, déjà dégoûtés de leur état, se plaignaient de ce qu'il ne croissait aucunes productions dans leurs solitudes sablonneuses. Saint-Ephrem, pour éprouver et réchauffer leur zele, ordonna à un de ses prosélytes de planter son bâton dans le sable, et lui annonça qu'il en viendrait un arbre. Aprés quelques instances, le jeune moine obéit. On dit que le miracle eut lieu, et que le bâton poussa des racines et des branches : c'est le même arbre sur pied depuis cette époque, qui porte le nom d'arbre, de Saint-Ephrem, ou d'arbre de l'obéissance.

† *Tamarindus indica*, Lin.

‡ Ce puits a cinq metres de profondeur, un metre un tiers en carré, et il y a un peu moins d'un metre d'eau.

§ On dit aussi, et plus généralement Bardâq ; ce dernier mot est Turk. Les qolléh sont des pots faits d'une terre peu cuite, et qui servent à contenir de l'eau, qu'on fait rafraîchir en exposant les vases à un courant d'air.

Nous ignorons quelles peuvent être les jouissances de ces pieux cénobites, nous n'avons rien aperçu qui indiquât qu'ils s'occupent de culture d'esprit, ni du travail des mains. Leurs livres ne sont que des manuscrits ascétiques sur parchemin ou papier coton, les uns en Arabe, les autres en langue qobthe ayant en marge la traduction Arabe. Nous avons rapporté quelques-uns de ces derniers qui paraissent avoir 600 ans de date. Nous avons parcouru l'intérieur de ces monasteres dans le plus grand détail. Les religieux se sont prêtés avec complaisance à cette visite, qui paraissait les flatter, et, avant de sortir, nous avons accepté le pain de la communion * qu'ils nous ont offert.

Les religieux exercent envers les Arabes le devoir forcé de l'hospitalité, et ils sont obligés d'être sans cesse sur leurs gardes ; aussi lorsqu'ils vont d'un hospice à l'autre, ils ne voyagent que la nuit. Les Arabes dans leurs courses, passent auprès des couvents, et s'arrêtent pour manger et faire rafraîchir leurs chevaux. Les moines leur donnent par-dessus le mur, car ils ne leur ouvrent jamais la porte. Une poulie placée à un des angles de l'enceinte, est destinée à descendre, par le moyen d'une corde et d'une couffe, le pain, les légumes et l'orge qu'il est d'usage de leur fournir. Ils sont forcés d'en agir ainsi pour n'être point exposés, lorsqu'ils sont rencontrés hors de leurs couvens, à se voir dépouillés et peut-être assassinés. Vivant dans la crainte et l'oppression, ils supportent impatiemment les zélateurs de la religion dominante ; et tel est le funeste effet des préjugés que la différence de religion, ou même de secte, rend ennemis mortels dans ces contrées, non-seulement les disciples du Christ et de Mahomet, mais même dans l'islanisme, les hommes qui suivent les dogmes différens. On nous demandait pieusement dans ces saintes retraites : *quand tuera-t-on tous les Musulmans ?* et ce n'est pas la première question de ce genre que l'on nous ait faite depuis que nous sommes en Egypte.

L'intérêt et la superstition rapprochent cependant quelquefois ces ennemis naturels. Il arrive dans certaines provinces que lorsqu'un Musulman veut établir un colombier, il envoie un exprès aux couvens du désert avec le présent d'usage : les bons moines reçoivent le présent, et donnent en retour un billet mystique qui, mis dans le colombier, doit, suivant la croyance ordinaire, faire peupler et prospérer l'établissement.

§. IV.

---

* Le pain de la communion, fait de pâte non levée, est rond, épais d'un doigt, grand comme la paume de la main, et couvert en-dessus de caracteres Arabes.

APPENDIX.

§. IV.

Des Arabes Djéoùâbys, et des Bédouins.

Les bords des Lacs de Natron sont fréquentés toutes les années par les Djéoùâbys *, tribu d'Arabes pasteurs et hospitaliers qui y campent l'hiver avec leurs troupeaux. Ils sont employés pendant ce temps au transport du natron et des joncs épineux; ils ont aussi celui des dattes, qu'ils vont chercher en caravanes à Sioua, dans l'Oasis d'Ammon; c'est une route de douze à quinze jours. Ces Arabes vivent en *maraboùths*, ou gens paisibles †, errant çà et là pour trouver de l'eau et des pâturages à leurs bestiaux. C'est la tribu qui a le plus conservé les usages antiques; ils sont simplement pasteurs, et ne veulent point cultiver. Leurs mœurs sont douces, et se ressentent de la vie qu'ils menent. Ils ne sont cependant point exempts de l'orage des passions, sur-tout de celle de l'amour, qui, dans tous les pays, et principalement chez les Orientaux, est si voisine de la jalousie; elle les porte quelquefois aux excès les plus cruels ‡.

Les vêtemens des Djeoùâbys consistent en un îhhram et un bernoùs, sorte de manteau qui ressemble à la chappe dont on se sert dans l'église Romaine pour officier; il est de laine blanche. Les étoffes de cette espece, pour les vêtemens des hommes et des femmes, se fabriquent en Barbarie; on les achete au Caire, mais principalement à Alexandrie. Les femmes filent la laine des brebis, et font les étoffes pour les tentes et les tapis communs.

La richesse des Djéoùâbys, et en général des Arabes du désert, consiste en chameaux et en troupeaux, tandis que celle des Arabes des villages est en gros bétail; ces derniers ont peu de chameaux. Qui croirait qu'au milieu des déserts l'aisance, comme chez les nations civilisées, établit des distinctions, et écarte de la nature? Les meres Arabes n'allaitent pas toutes leurs enfans; les femmes riches prennent des nourrices.

---

* Les Djéoùâbys ont pour chefs Karamit-âboù-ghâleb, grand chéykh de la tribu, Hhâdjy-îça-âbou-a'li, et Hhâdjy-thàhh-âboudihil. Cette tribu est composée d'environ deux mille hommes, et peut avoir soixante chevaux.

† Gens qui ne font point la guerre, qui ne prennent les armes que pour se défendre, et encore est-ce rarement; ils traitent presque toujours pour de l'argent.

‡ Haoùâd, chef d'une nombreuse famille, vieillard respectable, dépendant de Hhâdjy Tâha, a eu son fils unique assassiné près de son épouse. Celle-ci avait eu un premier mari qui l'avait répudiée sur de vains prétextes. Plein d'amour et de rage, ce forcené avait juré qu'il tuerait de sa propre main celui qui l'épouserait, et il avait tenu parole. Haoùâd, ne pouvant suporter la vue du meurtrier de son fils, s'était retiré dans la Haute-Egypte, et avait entraîné, sans le vouloir, plusieurs familles. Ce pere infortuné, s'apercevant que sa démarche occasionnait du désordre dans la tribu, a préféré de dévorer son ressentiment plutôt que de nuire à l'intérêt commun, et il est retourné auprès de Hhâdjy Tâha. Mais on le voit toujours triste, les yeux remplis de larmes, et il traîne une vie languissante.

Celles qui ne livrent point leurs enfants à des mercenaires paraissent connaitre l'intérêt qu'inspire cet âge si tendre aux peuples policés. A l'attaque d'un camp Arabe qui se laissa surprendre par nos troupes, les hommes montent à cheval et fuient précipitamment vers le Nil; les femmes restent seules abandonnées. Soit instinct, soit réflexion, elles pensent se garantir de la fureur du soldat, et ralentir sa marche, en se couvrant, en quelque sorte, de leurs enfants, et elles vont le placer en avant d'elles. Cet obstacle n'arrête point nos braves: tout en courant, ils ramassent ces pauvres créatures, les portent et les déposent près de leurs meres, et continuent à poursuivre leurs ennemis.

Il est bien difficile que le désordre ne regne point dans un camp dont on s'est emparé de vive force. On a vu pour lors des femmes Arabes, dans la crainte de subir la loi du vainqueur, et pour lui inspirer du dégoût et l'éloignement, avoir recours à un stratagême unique, celui de se barbouiller le visage avec de la bouse de vache.

Les Arabes du désert portent le nom d'Arabes Khaïch, ou Arabes des tentes: khaïch veut dire canevas. On appelle les Arabes des villages Arabes Hhàïth, ou Arabes des murailles: ces derniers sont d'anciens Arabes errants, qui, s'étant rapprochés des pays cultivés, ont d'abord demeuré sous des tentes, et se sont insensiblement fabriqué des habitations, comme celles des fellàhhs d'Egypte.

Il n'y a point de pacte qui lie les membres d'une tribu au chef; ce dernier a presque toujours une origine ancienne: on se plait à la reconnaître; mais, pour se maintenir à la tête de la tribu, il faut qu'il emploie la persuasion, l'adresse, la souplesse, en un mot tout l'art d'un chef habile; il a cependant le droit de traiter de la paix, de la guerre, et de ce qui peut être avantageux à la tribu.

Dès qu'on a fait la paix avec une tribu, ou qu'on a traité avec elle, on revêt le chef d'une pelisse ou d'un châle; l'usage des présents est si bien établi, qu'on ne croirait pas l'accord cimenté sans cette distinction.

Les cheykhs Arabes négocient avec une sorte de dignité, ou plutôt de contrainte, comme tous les fourbes. Ce qu'ils appellent *manger le pain et le sel* avec leurs nouveaux alliés, ce témoignage, qu'on dit si respectable, n'est qu'une grimace consacrée par l'usage. Les Arabes des deux rives du Nil ont prouvé qu'ils ne faisaient aucun cas de la foi du serment; ils violent les conditions qu'ils ont faites, suivant que la crainte ou l'intérêt les y portent.

Lorsque les Arabes vont se présenter à une personne qu'ils considerent, ils laissent leurs chevaux à une centaine de pas, et s'avancent ensuite à pied.

Les Arabes ne connaissent d'autres lois que celle du talion. Lorsqu'il n'existe point de lois répressives, ni de magistrats pour les faire exécuter, le meurtre resterait impuni si l'assassinat ne remplaçait l'action de la force publique. Dès-lors ce que nous regardons comme un crime, ou une lâcheté, devient une vengeance légitime que les parents du mort poursuivent de génération en génération.

Les

APPENDIX.

Les meurtres nourrissent des ferments de guerre de tribu à tribu, ou entre les tribus et les villages ; on dit alors qu'il y a *du sang entre eux*. Quelquefois pour *racheter le sang* et faire la paix, on est obligé de payer, mais c'est une honte ; ainsi le faible ou le pusillanime deviennent doublement tributaires du plus fort.

Les villages qui se refusent à payer sont pillés jusqu'à trois fois. De pareils brigandages frappent les campagnes de terreur, et font regarder les Arabes comme un fléau des plus redoutables. Je demandois à un cheykh s'il avait eu cette année la peste dans son village : *nous avons eu,* me répondit-il, *la peste et les Arabes.*

La péderastie paraît être un goût chéri des Arabes, comme il l'est de tous les peuples d'orient.

Les Arabes font cinq prieres ; ils mangent avant midi et avant la cinquieme priere, c'est-à-dire, vers la fin du crépuscule. La nourriture de deux habitants de village servirait pour dix Arabes. Ils font peu de pain ; et ils se servent, pour moudre le grain, de moulins à bras garnis de petites meules de pierre. Ils mangent des dattes, boivent peu d'eau, du lait de chameau de préférence, et dorment environ six heures. L'usage de la viande leur est peu familier. Ils ne connaissent point les repas somptueux. Un mouton rôti, qu'on présente tout entier, après en avoir coupé la tête, est le mets le plus distingué ; et c'est celui que l'on sert lorsqu'un cheykh Arabe arrive.

Les Arabes ne font attention à la mesure du temps qu'à cause de leurs heures de prieres.

Ils estiment le temps par la longueur de leur ombre.

Ils mesurent leur ombre avec leurs pieds nuds qu'ils placent alternativement l'un devant l'autre.

Ils ont pour regle fixe que, vers le solstice d'été, le midi est à un pied de la verticale ;

Qu'en hiver, à la même heure, l'ombre a neuf pieds de longueur ;

Qu'en été l'ombre qui répond au milieu de l'intervalle de midi au coucher du soleil a sept pieds en sus de l'ombre de midi :

Ces mesures se trouvent exactement conformes à la latitude de la contrée.

Ignorans et crédules, les Arabes sont persuadés que le traitement de la fievre et des autres maladies consiste à placer sous la tête du malade un billet contenant quelques paroles mystiques écrites par un derviche ; et le malade repose là-dessus, plein de confiance dans cette recette, et plus encore dans la providence.

Les femmes, au terme de leur grossesse, trouvent, dans les personnes de leur sexe qui en font profession, des secours pour les aider dans l'enfantement.

On assure que les filles et les veuves Arabes qui deviennent enceintes sont tuées par leurs parents, si elles ne se détruisent elles-mêmes.

Les Arabes craignent beaucoup la petite vérole et la peste ; les personnes qui n'ont point eu ces maladies s'empressent de s'éloigner de celles qui les ont. La petite vérole

vérole laisse des marques considérables. Malgré les préjugés de religion, les corps morts de la peste sont brûlés avec le plus grand soin.

L'âge des enfants se rapporte à certaines époques; ainsi ceux de cette année dateront de l'entrée des Français en Egypte. Les Arabes ont une sorte de chronique qui comprend environ dix ans. Il n'y a point de régistres publics. On écrit la date de la naissance des enfants sur un chiffon de papier, sur une page du qorân, et celle des enfants des villages sur les portes ou sur les murs des maisons.

Le manque d'instruments leur fait employer, dans les blessures des armes à feu, une pratique singuliere, dont l'intention, sinon l'effet, est de suppléer aux pinces pour retirer les balles qui ne sont qu'engagées dans les chairs. Cette pratique consiste à faire correspondre aux levres de la blessure celles d'une incision faite dans la partie postérieure d'une grenouille, et à réunir le tout par une bonne ligature; les Arabes prétendent que cet appareil et les mouvements convulsifs de l'animal mourant attirent la balle en dehors.

Ils nettoient la plaie avec de l'huile ou du beurre, et ils la brûlent avec du verd-de-gris pour l'empêcher de se fermer trop tôt. C'est dans les mêmes vues, et afin de favoriser la suppuration, qu'ils mettent dans la plaie un petit caillou, ce qui est la même chose que le cautere qu'on emploie en Europe.

Les Arabes trainent sans cesse après eux la plus grande partie de ce qui fait leurs richesses et leur approvisionnement dans les camps à demeure, ils tiennent leur paille hachée et leur grain dans de grands creux pratiqués dans la terre. Le voisinage de puits d'eau douce, de quelques lambeaux de terre d'un faible produit, ou de lacs salés, dont l'exploitation donne un peu de grain, détermine le choix et l'emplacement de ces camps. Les Arabes ont en outre, à quatre ou cinq lieues de la lisiere des terres cultivées, des entrepôts fermés d'une enceinte crenelée; et, plus avant dans le désert, des dépôts, dans le sable, qui ne sont connus, à de certains indices, que de leurs propriétaires.

Les Djéoùàbys, pour se garantir du pillage des tribus errantes, sont obligés de les recevoir dans leurs camps, de nourrir les hommes, et de donner l'orge aux chevaux. Les Arabes errants ne connaissent aucune espece de lois. Ils avaient été de tout temps ennemis du dernier gouvernement, qui était cependant parvenu, dans quelques circonstances, à les comprimer. Il y a quelques mois que les filles des Hennâdys[*] chantaient : Vive

---

[*] Mouça-Aboù-A'ly est le chef de la principale tribu des Hennâdys. Ces tribus ont 3 à 400 chevaux, et 900 à 1000 avec ceux des tribus amies et alliées. Les Hennâdys sont des plus anciennes tribus de la Libye qu'on connaisse en Egypte.

APPENDIX.

Vive le peuple qui a chassé Mourâd du Caire!
Vive le peuple qui nous laisse voir les villages!
Vive le peuple qui nous fait manger des fouthyer! *

Mais depuis que, par des mesures de vigueur, on a su réprimer leurs brigandages, ils ont cessé de célébrer notre bien-venue. On doit se défier des Arabes de même qu'on se défie des voleurs et des assassins; ils ne sont point à craindre comme troupe armée, pour peu qu'on ait du monde à leur opposer, ou à faire marcher contre eux; d'ailleurs, on a pénétré les déserts où ils se croyaient inaccessibles, et ces sables arides ne sont plus étrangers aux Français.

Les Arabes sont armés d'une pique † dont ils se servent avec beaucoup d'adresse, et qu'ils lancent avec dextérité. Ils manient également leurs chevaux avec habileté; mais ils ont une maniere bien préjudiciable à la bonté du cheval, celle de les arrêter tout court sur les jambes de derriere lorsqu'ils galopent; ils en ont d'ailleurs les plus grands soins et les mieux entendus. Les Arabes ne se présentent jamais en ligne, mais toujours en fourrageurs, et en poussant de grands cris, mêlés d'invectives; leur genre de guerre est celui des troupes légeres.

Les chevaux des Arabes sont très vîtes, et ils les poussent à toute bride. En même temps, et sans abandonner les rênes qu'ils tiennent de la main gauche, ils mettent en joue leur ennemi. S'ils le tuent, ils le dépouillent, et quelquefois lui coupent la tête, qu'ils portent en triomphe au bout de leur pique. Lorsqu'ils manquent leur coup, ils reviennent sur leur ennemi, par un demi-à-droite ou un demi-à-gauche, ou bien ils cherchent à reprendre la supériorité en gagnant le haut du terrein.

Les Arabes en général ne sont pas bien armés. Leurs armes à feu et leur poudre sont très mauvaises. Les balles sont mal coulées. La poudre est grainée d'une maniere informe; le charbon y domine. Ils la portent dans une poire à poudre en bois, et les balles, séparément, dans un sac de peau; il est rare qu'ils chargent leurs fusils avec des cartouches.

Les Arabes qui confinent à l'Egypte étaient dans l'usage d'envoyer à Boulâq des espions déguisés en fellâhh, qui examinaient l'espece et la quantité de troupes qui sortaient du Caire pour marcher contre eux. Les espions allaient en rendre compte. Aussitôt la tribu levait son camp; elle envoyait bien avant dans le désert les femmes,

les

---

* Sorte de gâteau feuilleté au beurre, qu'on mange avec du miel, et plus ordinairement avec de la mélasse.

† La pique est un fer carré, terminé en pointe acérée, et fixé à l'extrémité d'une hampe de quatre à cinq metres de longueur. La pique pénetre moins que la lance, dont le fer est plat; mais les suites de sa blessure sont plus cruelles; elles causent souvent le *tétanos*. Les Arabes de la partie est du Nil portent presque tous des piques ou des lances; ceux de la Libye ont des armes à feu.

les enfants, et tout ce qu'elle avait de plus précieux. Les Arabes marchaient pendant quelques jours pour fatiguer leurs ennemis; dans cet intervalle, les tribus alliées se réunissaient, et alors ils se décidaient à attaquer, ou bien à recevoir le combat.

Les camps mettent des vedettes en observation sur les hauteurs; celles-ci placent leur turban au haut de leur lance. Si le camp doit s'avancer, les vedettes marchent du côté de leurs ennemis, ou de la proie qu'ils se proposent d'enlever; dans le cas contraire, les vedettes retournent vers le camp.

Du moment où les Arabes craignent d'être attaqués, ils se séparent en plusieurs petits camps, s'éclairent de très loin, et tiennent les chameaux attachés près des tentes, pour être plutôt prêts à fuir.

Lorsque les camps sont aux prises avec d'autres tribus, les filles se montrent à la vue des combattants; elles jouent du tambourin, et font retentir l'air de chants propres à exciter le courage: les blessés sont accueillis par les épouses, par les maîtresses. Les femmes font grand cas de la valeur; et les tribus, en général, d'un chef couvert de cicatrices; la valeur, soutien des empires, l'est aussi de ces misérables hordes de voleurs.

Un combat où il périt vingt à vingt-cinq hommes est regardé comme une bataille sanglante dont l'époque est consignée dans la chronique.

On doit, quand on marche, pendant la nuit dans le désert, contre les Arabes, se défier d'une erreur qui ferait soupçonner des camps où il n'y en a pas, c'est celle, comme il arrive quelquefois à la mer, de prendre des étoiles à l'horizon pour des feux.

La nature, qui a donné à l'homme la faculté de se reproduire, lui a imposé l'obligation de chercher à subsister. L'Egypte a pour voisins 40,000 Arabes qui, ne trouvant aucune ressource dans leurs sables arides, regardent le territoire d'Egypte comme leur domaine, et, sous ce prétexte, y viennent exercer mille brigandages. Les gouvernements ont cherché dans tous les temps à les réprimer, mais ils n'y sont pas toujours parvenus. A travers ce conflit, le malheureux fellâh s'est trouvé froissé entre les agents du gouvernement qui le pressuraient et le molestaient, et les Arabes qui le pillaient et l'assassinaient. Tel était le sort du peuple d'Egypte; il est bien à désirer qu'un pareil sort puisse être amélioré.

Itinéraire

APPENDIX.

Itinéraire de la Reconnaissance des Lacs de Natron et du Fleuve-sans-Eau.

Distances parcourues, mesurées ou indiquées.	Metres.	Heures.	OBSERVATIONS.
De Terrâneh au Qassr	. . .	12	Pour les caravanes.
Du Qassr au lac No 3.	628		
Du Qassr à l'extrémité Sud des lacs. . .	. . .	$1\frac{1}{2}$	
Du Qassr à l'extrémité Nord	. . .	4	
Du Qassr au couvent d'El-Barâmoùs . . .	7,231		
Du Qassr au couvent des Syriens	7,430		
Du couvent d'El-Borâmous au couvent des Syriens	9,258		
Distance du couvent des Syriens au couvent d'Ambabiçoi	444		
Du couvent des Syriens au couvent de S. Macaire	. . .	3	Par indication.
Du couvent d'ElBarâmous au Fleuve-sans-eau .	. . .	$1\frac{1}{2}$	Par indication.
Du couvent des Syriens au Fleuve-sans-eau . .	. . .	$1\frac{1}{2}$	Direct N. et S.
Du couvent de S. Macaire au Fleuve-sans-eau .	. . .	1	Par indication.
Du couvent de S. Macaire à Oùàrdân, par Bény-salâmêh	. . .	11	

Nous nous sommes portés, le 25 Janvier, à l'extrémité Nord des Lacs.
Le 26, au couvent d'El-Barâmoùs.
Le 27, nous avons traversé le Fleuve-sans-Eau.

Angles que font quelques Directions avec le Méridien magnétique.

La direction du Qassr au couvent d'El-Barâmoùs . . . . 102°
Du Qassr au couvent des Syriens 180
La direction générale des lacs 44
Le côté Est du couvent des Syriens 7
La face d'entrée du couvent de S. Macaire, N. et S. . . . 10
Les entrées des trois autres couvents regardent le nord.

APPENDIX, &c.

NOTICE ANNEXÉE AU PLAN D'ALEXANDRIE,

Présentée à l'Institut par le Citoyen LE PERE, *Ingénieur en Chef des Ponts et Chaussées, le* 10 *Octobre,* 1798.

LE besoin de bien connaître les différentes passes de la rade et des ports d'Alexandrie était trop senti à l'époque du débarquement pour différer les opérations propres à en constater l'existence et la sûreté.

Ces passes ont donc été relevées et balisées dans les derniers jours de Juillet, 1798 : il restait à en fixer les directions par des amers, sur la côte, et à déterminer leur site respectif par un plan exact et détaillé qu'on ne pouvait obtenir que d'un travail long et pénible, vu la saison et les localités.

Dans le vaste et magnifique port de l'Ouest, ou port Vieux, les bâtimens de guerre et de commerce ne trouvent aucun de ces établissemens qu'exigent les armemens, les constructions, les radoubs, et les mouvemens que commandent l'ordre et les besoins du commerce.

Les ingénieurs des Ponts et Chaussées ayant dû présenter leurs vues d'amélioration et d'agrandissement à cet égard, manquaient des données nécessaires à une rédaction aussi prompte qu'on la désirait ; mais ils n'ont rien négligé pour se les procurer.

Ces données consistent dans un plan des deux ports, de la rade et de ses passes, depuis le Marabou jusqu'au Cap des Figuiers ; dans un relevé exact des sondes, tant dans les deux ports que dans les passes et sur les bancs qui couvrent la rade ; dans la connaissance des vents, des courants, de la marche des alluvions, des hauts et bas fonds, des marées, pour savoir à quelle époque et à quel degré elles sont sensibles, et enfin de tout ce qui tient à faire connaître ou apprécier les effets constans et variables de la mer par rapport aux travaux et à la navigation.

Pour obtenir la premiere de ces données, les ingénieurs des Ponts et Chaussées ont réclamé le concours des officiers du génie et des ingénieurs géographes ; les premiers avaient d'ailleurs, sous les rapports militaires, le même besoin du plan de la côte et de l'enceinte des deux villes.

Dans le partage du travail, les officiers du génie se sont chargés de l'enceinte des Arabes, les ingénieurs géographes de l'intérieur de la ville ancienne et de toute la ville moderne ; il restait aux ingénieurs des Ponts et Chaussées la côte et tout le front de la mer en ce qui concerne les deux ports, l'île et le château du Phare : plus nombreux sur ce point, ils ont dû embrasser un plus grand ensemble, et ils ont pu se charger encore du rapprochement de la réduction de toutes les parties de ce grand travail.

Indépendamment de ce concours de coopérateurs, les astronomes, membres de la commission, ont bien voulu déterminer par une suite de triangles la position des principaux points pris tant dans les deux villes que sur la côte et dans l'île de Pharos ; ils ont également déterminé la longitude et la latitude d'Alexandrie, rapportées au minaret du château du Phare.

C'est à cette charpente trigonométrique que l'on a rataché tous les détails levés au graphometre, à la boussole, et à la planchette.

On a cru devoir adopter, pour le lever de la côte et de l'intérieur des deux ports une échelle d'un millimetre pour metre, afin de pouvoir tracer sur les plans-minutes, et exprimer sensiblement toutes les parties du projet.

Le plan-minute a été réduit au quart pour présenter dans un cadre portatif l'ensemble de toutes les parties dont on peut désirer le rapprochement sous les rapports militaires, civils, et maritimes.

On a fait une seconde réduction au dixieme, afin de comprendre sous le même cadre, le plus qu'il sera possible de la côte à l'est et à l'ouest d'Alexandrie, le terrein compris entre la mer et le lac Maréotis, et particulierement la rade avec ses passes, ses bancs, et ses écueils, depuis le Marabou jusqu'au petit Pharillon.

C'est après que le travail des sondes sera achevé, et qu'on sera mieux instruit sur toutes les considérations physiques et géologiques précitées, par rapport aux effets destructeurs et combinés de la mer et des vents, qu'on pourra fixer ses idées, et présenter des projets dont la marine réclame si impérieusement la prompte exécution.

Les changemens que la ville et les environs d'Alexandrie ont éprouvés sont dus à des causes physiques encore agissantes, et à des causes morales dont les effets ont été variables. Quoique ces derniers ne soient pas rigoureusement assignables, ils offrent cependant un champ de conjectures qu'on aimera toujours à parcourir ; le souvenir des grands événe-

ments

ments dont cette ville a été le théâtre inspirera toujours le désir de retrouver l'emplacement des divers monuments qui firent sa célébrité et l'on recherche de même au milieu de ses ruines, avec plus ou moins d'intérêt, les anciennes limites de cette cité fameuse, où naquirent et vécurent tant d'hommes célèbres, qui posséda le plus riche dépôt des connaissances humaines, et qui fut pendant des siecles l'entrepôt des richesses de l'Inde.

Les vents régnants portent constamment l'effort des vagues du côté de l'est: elles rongent et détruisent les bancs calcaires qui bordent la mer ; et les sables provenants de cette destruction sont déposés vers l'est et le sud-est sur les différents points de la côte qui leur présentent un abri.

Alexandre construisit une partie de la ville sur un de ces atterrissements dont l'origine se trouve à quelque distance de l'entrée actuelle du port vieux : à partir de cette origine, la ligne de rochers qui sépare le lac Maréotis de la mer commence à pénétrer dans l'intérieur des terres, et ne reparaît sur la côte que vers le Pharillon. La colonne de Pompée est élevée sur un point de cette crête ; le canal (khalydj) est creusé à quelque distance de son pied ; sa largeur paraît à peu près uniforme, ce qui la rend facile à distinguer. On sent combien il est intéressant pour la géologie d'en reconnaître le gisement et l'étendue, puisqu'elle forme en quelque sorte le sol primitif et les anciennes limites de la mer.

Ces rochers prééminents et les terrains environnants sont couverts de ruines ; il conviendra de les indiquer sur la partie du plan qui reste à lever, ainsi que les différentes voies, le cirque, et l'hyppodrome, dont il reste encore des traces bien prononcées.

La même cause qui détruit sous nos yeux la pointe orientale de l'île de Pharos a détruit l'ancien promontoire de Lochias, et réduit le port neuf à l'état où il est aujourd'hui : il est impossible d'y reconnaître les avantages que les anciens ont vantés, et les distributions dont ils nous ont laissé les descriptions. L'île d'Anthyrode est rasée, et maintenant cachée sous les eaux, ainsi qu'une portion considérable de l'ancienne ville à l'orient du Phare. Ces établissements se sont détruits à mesure que la mer a rongé le promontoire de Lochias à l'abri duquel ils existaient, et c'est de leurs débris que s'est formé le grand atterrissement sur lequel la ville moderne est bâtie.

Il reste, pour compléter la description graphique de la ville des Arabes, à déterminer la direction des canaux souterrains, dérivatoires du khalydj, avec les nombreuses ramifications qui portent les eaux dans les puisards, d'où elles sont relevées au moyen de roues à pots pour être versées dans les réservoirs ou citernes. Le cours de ces canaux et le site respectif des puisards et des citernes font l'objet d'un travail complémentaire, qui donnera le plan souterrain d'Alexandrie.

On sent assez de quel intérêt est la connaissance du nombre, de l'état, et de la capacité de ses réservoirs : un nombre beaucoup plus considérable autrefois se trouvait réduit, il y a quelques années, à trois cents soixante grands et petits ; et la quantité

d'eau

d'eau qu'ils peuvent contenir paraissait pouvoir suffire pour un an et demi à la consommation des habitants d'Aléxandrie; et même à l'aiguade des navires; mais aujourd'hui que par la présence des Français la population est sensiblement accrue, on a reconnu la nécessité, et l'urgence de prendre des mesures pour ne pas manquer d'eau depuis la prochaine crue du Nil jusqu'à celle de l'an 1798, et ces mesures ont paru d'autant plus impérieuses qu'il serait possible que les eaux du Nil arrivassent plus tard à cause des coupures dans les digues que les Arabes ont déjà faites pour nuire à l'armée Française. On a donc effectué les curements indispensables du canal, afin d'accélérer l'arrivage des eaux, et d'y prolonger leur séjour.

On voit assez que la premiere opération à faire dans ce pays consiste à curer et à approfondir le canal d'Alexandrie, dont l'objet est de porter les eaux indispensables à l'existence physique des habitants d'Alexandrie, et de faciliter des transports que les dangers trop réels et constans du boghâz et la présence d'un ennemi supérieur ne permettent pas d'effectuer par la mer.

On ne doit pas seulement considérer le plan d'Alexandrie et de son territoire comme devant servir au tracé des projets qui ont rapport au civil, à la guerre, et à la marine; il doit encore faciliter des opérations et des recherches que n'ont pas été à même de faire tous les voyageurs qui nous ont précédés. Les moyens qui sont aujourd'hui à la disposition des Français les mettent à même de rectifier ou de sanctionner ce que les voyageurs ont publié sur l'état ancien et présent de cette contrée. Les fouilles que nécessiteront les travaux de tous genres fourniront encore les moyens d'expliquer de la maniere la plus plausible les descriptions que les historiens et les géographes nous ont laissées de la ville d'Alexandrie et de son territoire.

Ce plan, levé avec beaucoup de soin par de jeunes ingénieurs, offre un travail d'autant plus digne d'éloges, qu'il a été fait avec zele et célérité, malgré les chaleurs excessives de la saison et les dangers auxquels ils étaient exposés par la présence habituelle des Arabes sur la côte et aux dehors d'Alexandrie.

APPENDIX, &c.

MÉMOIRE SUR LE CANAL D'ALEXANDRIE,

Par les Citoyens LANCRET *et* CHABROL, *Ingénieurs des Ponts et Chaussées.*

En approchant de Rahhmaniéh, la branche de Rosette se partage en deux bras principaux, et forme une suite d'îles qui ont ensemble quinze à dix-huit cents metres de longueur. Le bras oriental est le plus considérable, et demeure toujours navigable. L'autre qui d'après le témoignage des gens du pays conservait encore de l'eau toute l'année, il n'y a pas plus de douze ans, s'est tellement comblé depuis ce temps, qu'il reste à sec pendant huit à neuf mois. C'est sur ses bords que se trouve le village de Rahhmaniéh ; c'est aussi dans ce bras du Nil, et à douze cents metres au-dessous de Rahhmaniéh, que le canal d'Alexandrie a son origine : l'eau y entre par deux bouches élevées de deux metres huit dixiemes au-dessus des basses eaux du fleuve, et distantes l'une de l'autre de six cents metres. Celle qui est située le plus bas est la plus ancienne ; elle a été abandonnée, parce que les curages successifs avaient tellement élevé ses digues, que les voiles des barques n'y pouvaient plus recevoir le vent. C'est pour la remplacer que l'autre a été faite, il y a quatre ans.

Le canal d'Alexandrie, dans la premiere lieue de son cours,* n'est qu'une espece de fossé de cinq à six metres de largeur, qui fut creusé pour joindre le canal à la branche de Rosette, lorsque la partie de celle de Canope, dans laquelle il prenait autrefois son origine, se fut comblée. On rencontre cette partie de l'ancienne branche Canopique, à

deux

---

* C'est à la lieue de deux mille quatre cents toises qu'on a rapporté les grandes distances dont il est question dans ce mémoire.

deux cents cinquante metres du village de Kaffr Méhallet Daoud; elle n'est séparée du canal que par la digue qui a dans cet endroit quatre ou cinq metres d'épaisseur.

Aussitôt qu'on s'est avancé au-delà de ce point, le canal est plus large et mieux formé; il se continue ainsi jusqu'au village de Sémédis où il prend une largeur moyenne de cinquante metres, qu'il conserve jusqu'au-delà du village de Flaga, c'est-à-dire, pendant près de deux lieues et demie. Les sommets de ses digues sont élevés de plus de quatre metres au-dessus du fond, bien que celui-ci ne soit que d'un metre au-dessous du niveau de la plaine. Cette portion du canal porte tous les caracteres de l'antiquité; on y remarque des ports demi-circulaires de quatre-vingts metres de largeur, qui ne permettent pas de douter qu'il n'y ait eu dans cet endroit une grande affluence de barques, et un commerce très actif. Ce lieu est en effet celui que l'on choisirait encore aujourd'hui pour rassembler les productions de la province de Bahhiréh, que l'on voudrait envoyer à Alexandrie. Il est d'ailleurs dans le voisinage d'une ville considérable depuis long-temps; je veux parler de Damanhour qui paraît occuper la place de l'ancienne *Hermopolis parva**.

Le canal n'offre plus rien de remarquable dans les deux lieues suivantes, si ce n'est pourtant qu'entre les villages de Zaout-Krasal et de Gabil on a abandonné depuis peu d'années l'ancien canal pour en creuser un nouveau qui a été tracé en ligne droite et régulierement approfondi.

Après Gabil, on entre dans un pays tout différent de celui qu'on vient de quitter. Ce n'est plus une plaine riche, cultivée et meublée de villages, c'est un terrain inculte, ce sont des villes ruinées et des villages abandonnés: cet aspect est plus affreux que celui du désert, peut-être parce qu'il rappelle un état florissant qui n'est plus.

Depuis Gabil, le canal d'Alexandrie, pendant quatre lieues de suite, a vingt metres de largeur moyenne; tantôt ses digues sont peu élevées, tantôt elles sont de plus de huit ou dix metres: c'est cette partie du canal qui est la plus belle et la plus uniforme, pour la largeur et la profondeur. Il conserve dans la lieue suivante, c'est à-dire jusqu'à Léloha, à peu près la même largeur et la même uniformité que précédemment; mais la plaine qui l'environne s'abaisse peu à peu, en sorte que le fond du canal se trouve être à son niveau, et lui est même supérieur dans plusieurs endroits: il ne recommence à être au-dessous de la plaine, qu'une demi-lieue avant Alexandrie.

Immédiatement après Léloha, le canal s'élargit subitement, et dans une demi-lieue de longueur il a cent, deux cents, et même jusqu'à deux cents cinquante metres de largeur. Ses digues sont à peine élevées de deux metres, et sont si faibles que les eaux filtrent

---

* Le canal d'Alexandrie passe à douze ou quinze cents metres au nord de la ville de Damanhour: cette ville reçoit les eaux du Nil par un canal particulier, qui va se terminer dans celui d'Alexandrie, un peu au-dessus du village de Flaga.

filtrent à travers. Il se rétrécit beaucoup ensuite, et lorsqu'on a passé Béda, il n'a que cinq metres de largeur : des digues de plus de sept metres de hauteur, et recouvertes de sable mouvant, menacent de le combler entierement. Dans cet endroit, il est à une distance moyenne de cent metres du lac d'Aboùqyr; il s'en éloigne ensuite, et dans l'espace d'une lieue il prend une régularité et des dimensions à-peu-près semblables à celles qu'il a avant Léloha. Il se rapproche du lac, vers l'extrémité occidentale de celui-ci, et le serre de si près qu'il n'en est séparé que par une digue en pierre de six à sept metres d'épaisseur. Une autre muraille, distante de celle-ci de cinquante metres, forme la digue du côté de la plaine. Cet endroit appelé el-Boussat, à cause de la grande quantité de joncs qui y croissent, est un des plus obstrués du canal, parce que les terres provenantes des curages annuels ont toujours été jetées à droite et à gauche dans l'intérieur même des digues.

Depuis l'extrémité du lac, le canal parcourt un terrain entrecoupé de marais salants recouverts d'une croûte de sel de dix à quinze centimetres d'épaisseur. Il passe ensuite au milieu d'un bois de dattiers d'une demi-lieue de longueur, en laissant à sa droite un grand nombre de citernes, dont quelques-unes portent le caractere des constructions Grecques ou Romaines, mais qui pour la plupart ont été défigurées par les réparations qui y ont été faites dans les tems modernes. Cette partie du canal qui s'approche d'Alexandrie offre à sa droite plusieurs monticules couverts de maisons détruites, que les Arabes, leurs derniers habitans, ont abandonnées depuis deux ou trois cents ans. On y trouve aussi des tronçons nombreux de colonnes de granit, et d'autres fragmens de l'architecture des Grecs qui avaient tout à-la-fois créé et embelli cette contrée de l'Egypte.

A une demi-lieue d'Alexandrie, le fond du canal est un peu plus bas que le niveau de la surface de la mer ; mais depuis cet endroit jusqu'à l'enceinte des Arabes il a une contre-pente, c'est-à-dire, qu'il s'éleve à mesure que l'on s'avance vers cette enceinte.

Enfin le canal d'Alexandrie, large de vingt à vingt-cinq metres, tourne au pied du monticule où se trouve élevée la colonne de Sévere ; il devient ensuite très-étroit, passe à travers l'enceinte des Arabes, et va se terminer dans le port vieux sous la forme d'un égoût.

La différence des hautes eaux aux basses eaux du Nil, auprès de l'entrée du canal d'Alexandrie, est de quatre metres, année commune ; leur profondeur moyenne dans ce canal, lorsqu'elles ont atteint leur plus grande hauteur, est d'environ six dixiemes.

L'augmentation annuelle des eaux du fleuve se fait sentir à Rahhmaniéh entre le 10 et le 20 Juillet, et vers le milieu du mois suivant elles ont atteint l'entrée du canal d'Alexandrie. Elles mettent ensuite un mois à le parcourir, parce qu'elles sont ralenties dans leur marche par les inégalités de sa pente, et sur-tout par ses nombreux détours ; car il a vingt lieues de développement, quoiqu'il n'y ait que quinze lieues de distance entre ses deux extrémités. Les eaux n'arrivent donc à Alexandrie que vers le 25 du mois de Septembre ; et comme le décroissement du Nil s'aperçoit déjà à Rahhmaniéh

dès

dès le 15 de ce mois, il s'ensuit que la navigation dans le canal ne peut durer plus de vingt ou vingt-cinq jours.

Lorsque les eaux sont arrivées à Alexandrie, elles entrent dans quatre petits canaux souterrains dont les entrées sont distribuées le long de la demi-lieue du canal d'Alexandrie qui précède son embouchure : elles sont conduites par ces canaux dans des réservoirs d'où on les élève, au moyen des roues à pots, dans de petits aqueducs qui les distribuent aux diverses citernes de la ville. Ces roues, qui sont au nombre de soixante et douze, sont mues par les chevaux et les bœufs que la province de Bahhiréh est obligé de fournir chaque année pour ce travail*.

Il n'y a pas long-tems que l'on comptait trois cents soixante citernes propres à recevoir les eaux ; on n'en compte plus maintenant que trois cents huit environ, et le nombre en diminuera rapidement parce qu'elles sont fort anciennement construites, et qu'on n'y fait plus de réparations depuis long-temps. Il y avait aussi un plus grand nombre de canaux dérivatoires ; mais les uns sont engorgés, d'autres n'aboutissent plus qu'à quelques jardins particuliers.

On ne ferme point l'embouchure du canal dans le port vieux, pendant que l'on travaille à remplir les citernes, parce que la contre-pente dont nous avons parlé empêche qu'il s'écoule par cette issue une trop grande quantité d'eau, et celle qui s'échappe est employée à l'approvisionnement des vaisseaux.

Quand toutes les citernes d'Alexandrie sont suffisamment remplies, on permet aux habitans des villages qui sont sur les bords du canal d'en couper les digues, soit pour arroser leurs terres, soit pour remplir leurs propres citernes. Les habitans des villages qui se trouvent aux environs de la rive gauche du canal dans sa partie haute, et dont les terres sont arrosées par d'autres canaux, attendent avec impatience ce moment pour couper les deux digues du canal d'Alexandrie, afin de faire écouler rapidement les eaux qui sont sur leurs terres, et les dessécher plus promptement. S'ils étaient contraints de faire entrer ces eaux dans le canal, elles serviraient aux terrains qui sont placés plus bas, et qui ne sont jamais suffisamment arrosés. Ce ne sont que les grandes crues du Nil qui permettent de cultiver quelques parties de ces terres ; mais dans les crues ordinaires elles restent incultes, et les fellahhs quittent leurs demeures pour aller chercher des travaux dans les villes ou dans les gros villages. Ils attendent, pour y entrer, que leurs champs aient été arrosés par le fleuve.

C'est sans doute au peu de soin qu'on a pris de creuser le canal, et à la petite quantité d'eau qu'il reçoit chaque année, qu'on doit attribuer l'abandon de ses rives ; car la

terre

---

* Il faut élever les eaux à plus de dix metres de hauteur pour les introduire dans les citernes qui sont du côté de la porte de Rosette, et seulement de cinq metres pour les introduire dans celle qui se trouvent vers le port vieux.

APPENDIX.

terre en est très-cultivable : elle est la même que celle de tout le reste de l'Egypte. Elle est à la vérité recouverte d'une couche de sable dans quelques endroits ; mais c'est là l'effet et non la cause de la solitude de cette contrée.

Sous le gouvernement des Mamlouks, l'un des kiachefs du commandant de la province de Bahhiréh campait sur les bords du canal, depuis le moment où l'eau y entrait jusqu'à celui où les citernes d'Alexandrie étaient remplies. Son objet était d'empêcher les Arabes du désert et les fellahhs, d'y faire des coupures, comme aussi d'en former lui-même, lorsque la trop grande quantité d'eau pouvait faire craindre la rupture de quelques parties de digue. Dès que les citernes d'Alexandrie étaient pleines, il entrait dans la ville pour en demander la vérification ; elle était faite à sa réquisition par le commandant, le qady et les u'lemas. Après quoi on remplissait un vase de l'eau de ces citernes : ce vase était scellé par ceux qui avaient fait la vérification, et servait avec l'attestation qui y était jointe à prouver au commandant du Kaire que l'eau était bonne, et que les citernes avaient été remplies.

Après avoir fait connaître ce qu'est aujourd'hui le canal d'Alexandrie, et le régime auquel ses eaux sont assujetties, nous allons dire quelque chose de son état ancien : nous examinerons ensuite rapidement ses relations avec le commerce et l'agriculture ; enfin nous parlerons des réparations indispensables qu'il exige, et des augmentations utiles dont il est susceptible.

Il ne reste aucun souvenir d'un canal qui ait conduit les eaux du Nil du côté du lac Maréotis avant Alexandre. Il paraît que les habitans de la bourgade de Rachotis, et la garnison que les rois d'Egypte y entretenaient, trouvaient suffisamment d'eau potable dans les trous qu'ils creusaient au bord de la mer. On sait que César et son armée assiégés dans Alexandrie furent long-temps réduits à cette seule ressource. On en pourrait encore faire usage aujourd'hui dans un cas pressant : on s'en est assuré par des expériences.

Mais si les bords du lac Maréotis ne furent pas cultivés avant Alexandre, on ne saurait douter qu'une grande partie de la plaine comprise entre Alexandrie et Damanhour ne fut certainement arrosée et cultivée par les anciens Egyptiens. On y retrouve encore des fragmens d'hiéroglyphes qui prouvent qu'ils y ont élevé des monumens. Au village de Flaga, entre autres, la porte d'un moulin était décorée avec symétrie de trois pierres sculptées : la plus intéressante que nous avons détachée représente une Isis accroupie, de six décimetres de proportion. Elle est coiffée de la peau d'un vautour, et tient dans sa main le bâton à fleur de lotus. Ce fragment en pierre calcaire est parfaitement bien conservé ; il est sculpté avec le même soin et les mêmes détails que les murs du temple de Dendérah.

L'opinion que le canal actuel d'Alexandrie est celui qui fut creusé lors de la fondation de cette ville, ayant été avancée et généralement reçue, nous croyons devoir entrer à ce sujet dans quelques recherches.

On sait par le témoignage positif de Strabon * qu'en sortant d'Alexandrie par la porte de Canope on avait à sa droite le canal de ce nom qui suivait parallelement, et à peu de distance, les bords de la mer. Ce canal qui avait une issue dans le lac Maréotis, n'en avait pas sans doute du côté de Canope située sur le bord de la mer, mais il recevait les eaux du Nil par un canal qui avait son origine dans la branche Canopique auprès de la ville de Chedia, à peu de distance de l'embouchure du fleuve. Quel serait donc maintenant le motif qui aurait pu déterminer l'architecte Dinocrate à faire un canal de dix-huit lieues de développement, quand il pouvait tirer les eaux du voisinage de Canope par un canal de six ou huit lieues de long seulement ?

Ce canal de Canope était certainement le seul qui conduisît à Alexandrie les eaux destinées à être bues ; car si l'on supposait que, lorsque cette ville fût devenue la plus peuplée de l'Egypte, il fallut ouvrir des canaux depuis le sommet du Delta pour augmenter la quantité des eaux potables dans Alexandrie, il faudrait encore convenir que ces eaux ne pouvaient arriver dans la ville qu'après s'être réunies à celles des canaux de Chedia ou de Canope, autrement il aurait fallu qu'elles traversassent le lac Maréotis où elles se seraient necessairement altérées.

Il serait possible que la portion du canal actuel comprise entre le village de Kerioun et les marais salants dont nous avons parlé, fût le reste d'un de ces anciens canaux qui auraient été destinés à augmenter la quantité d'eau dans le canal de Canope. Cette portion contourne l'ancien emplacement du lac Maréotis ; elle a son fond de beaucoup plus élevé que le niveau de la plaine, et c'est ainsi, à ce qu'il nous semble, qu'on aurait fait auprès des eaux salées un canal destiné à conduire celles nécessaires aux besoins de la vie.

Le lac Maréotis recevait, au témoignage de Strabon, un grand nombre de canaux dérivés des parties élevées du fleuve ; l'un entre autres passait à *Hermopolis parva*, et nous avons déja remarqué que le canal porte les caracteres de l'antiquité dans le voisinage de cette ville, actuellement Damanhour. Nous ne doutons donc pas que plusieurs anciens canaux n'aient été joints successivement pour former le canal qui subsiste aujourd'hui. Cela peut servir à expliquer la cause des contours bizarres et multipliés et des inégalités de ce canal dans un terrain où il pouvait être formé en ligne droite avec la plus grande uniformité.

L'histoire du canal d'Alexandrie nous conduit à l'examen d'une autre question qui n'est pas étrangere au sujet que nous traitons.

On apprend par le récit de la guerre de César dans Alexandrie qu'une partie de cette ville était traversée par un canal dont l'eau servait aux besoins d'une grande partie du

---

* Strabon, livre XVII.

du peuple, car celles des citernes ne pouvaient suffire qu'aux gens riches et à ceux qui leur étaient attachés. Quelques critiques ont pensé que ce canal était le même que celui qui joignait le lac Maréotis au port Kibotos, sans faire attention qu'en supposant même que les eaux de ce lac fussent devenues potables par la grande quantité des canaux du Nil qui y affluaient, elles auraient été nécessairement saumâtres dans le canal qui les conduisait à la mer ; car ce canal devait être large, puisqu'il était navigable. D'ailleurs l'expression d'Hirtius *, qui donne le nom de Fleuve du Nil au canal dont le peuple buvait les eaux, n'est point du tout favorable à l'opinion de ceux qui le croient dérivé du lac Maréotis. Nous sommes donc portés à penser que les eaux dont le peuple faisait usage étaient dérivées de ce même canal de Canope dont nous avons parlé plus haut. Nous ajouterons que cette opinion ne contrarie point le récit d'Hirtius sur la position de César assiégé dans Alexandrie, qui, comme on le sait, n'était pas maître du quartier que traversait le canal appelé Fleuve du Nil. Celui dont nous parlons n'aurait effectivement pas passé dans le quartier des palais possédés par César ; il aurait traversé la ville entre son enceinte méridionale et la longue rue, et se serait jeté par une ouverture étroite dans celui qui joignait le lac Maréotis au port Kibotos.

On a vu, par la description du canal d'Alexandrie, qu'il n'était plus maintenant environné dans la plus grande partie de son cours que de ruines et de déserts : il n'y a pourtant que quatre cents soixante ans qu'il était encore paré de toutes les richesses de l'Egypte. Je vais rapporter le passage de l'écrivain Arabe Abou-l-féda, qui vivait à cette époque. Il dit d'abord, en parlant d'Alexandrie :

" Le bled y est apporté de l'extérieur ; les champs qui l'environnent sont stériles,
" parceque le sol est imprégné de sel."

Et dans la note marginale il dit :

" Alexandrie est située dans un île sablonneuse formée par la mer et le canal
" d'Alexandrie : cette île, dans une longueur d'un peu moins d'une journée de chemin, est
" plantée de vignes et ornée de jardins ; et quoique le sol ne soit formé que de sable, il
" n'est cependant pas désagréable à la vue. Le canal qui conduit à Alexandrie les
" eaux du Nil offre un aspect délicieux ; des jardins et des vergers, plantés sur les deux
" rives, en embellissent le cours."

Pour entendre les deux passages d'Abou-l-féda, qui paraissent d'abord contradictoires, il faut remarquer que le premier se rapporte à la partie de la plaine qui est à la gauche du canal, et qui, étant autrefois sous les eaux du lac Maréotis, est en effet imprégnée de sel marin. Quant au second passage, il s'applique à tout l'espace compris entre la rive droite du canal et la mer. Ce terrain n'était point alors recouvert presque en entier.

---

* De Bello Alex. ch. 5.

entier par les eaux, comme il l'est aujourd'hui ; car le lac d'Aboùqyr, qu'il ne faut pas confondre avec le lac d'Edkou (l'ancien lac Madiéh), n'existait point encore *.

On ne peut pas douter que les bords du canal d'Alexandrie n'aient été très florissants, même depuis que les Arabes se sont rendus maîtres de cette ville : les quatre ponts qu'ils ont construits dans la longueur de la lieue qui précede Alexandrie prouvent que de leur temps le besoin de communiquer d'une rive à l'autre était très fréquent. Celui de ces ponts qui est le plus voisin de l'enceinte des Arabes est détruit : les trois autres sont faits d'après un même modele ; ils sont d'une seule arche en ogive, extrêmement élevée à cause de la navigation.

Avant de parler des travaux que le canal d'Alexandrie nécessite, nous exposerons les principaux motifs qui doivent déterminer à les entreprendre.

Le canal d'Alexandrie est, après celui de Soues, le plus important dont les possesseurs de l'Egypte puissent s'occuper : il devient une suite nécessaire du canal qui joindrait la mer Rouge au Nil ; car à quelque point du fleuve qu'on le fasse aboutir, il faudra que les bâtiments qui y navigueront arrivent à Alexandrie, et il sera bien plus prudent de les y faire parvenir par les canaux intérieurs, que de les livrer à une mer souvent orageuse, ou de les exposer dans les temps de guerre aux entreprises des ennemis. Ces raisons avaient été parfaitement senties par les Grecs : aussi, de leur temps, tout le commerce se faisait-il par le lac Maréotis, dont les ports étaient préférés à ceux de la Méditerranée. Mais indépendamment du canal de Soues, celui d'Alexandrie jouit encore d'une grande importance, et mérite de fixer l'attention. En effet, quelle que soit la maniere dont les marchandises des Indes et de la mer Rouge seront importées en Egypte par Soues ou Qosséyr, on conçoit qu'elles devront toujours être dirigées sur Alexandrie pour y être chargées sur les vaisseaux qui les distribueront à toute l'Europe. Or les raisons que nous avons dites tout-à-l'heure sur la nécessité du transport intérieur exigent que le canal d'Alexandrie soit rendu navigable pendant toute l'année. Cette opération serait d'ailleurs la source d'une autre prospérité pour l'Egypte ; elle rendrait à la culture une partie notable de son territoire, que la coupable négligence de ses anciens maîtres lui a fait perdre : on revverait les rives du canal, aujourd'hui seches et abandonées, reprendre leur ancienne fertilité ; et cette circonstance s'accorderait admirablement avec les nouveaux besoins

d'Alexandrie,

---

* Le lac d'Aboùqyr est d'une formation très nouvelle ; il n'existe que depuis l'année 1778 ou 1780. Avant cette époque, une digue en pierre, dont il subsiste encore une grande partie, empêchait les eaux de pénétrer dans les terres. Cette digue s'étant rompue, sans qu'on ait cherché à la réparer, la mer se répandit sur toute la plaine plus basse que son propre niveau, et forma le lac d'Aboùqyr : plusieurs villages furent submergés par cette catastrophe.

Vers le commencement du siecle, cette digue avait déjà été rompue par un grand orage, ainsi que le raconte Paul Lucas ; mais elle avait été rétablie peu après.

APPENDIX.

d'Alexandrie, qui, plus peuplée, plus active, n'absorberait pourtant pas une plus grande partie des productions actuelles de l'Egypte.

Quelles que soient les spéculations dont le canal dont nous nous occupons pourra devenir l'objet, la ville d'Alexandrie est trop nécessaire à l'Egypte pour la laisser exposée à perdre en un instant toute communication avec le Nil.

Nous avons déjà dit que vers l'extrémité du lac d'Aboùqyr une digue en pierre de six à sept metres d'épaisseur le séparait du canal : cette muraille, quoique récemment construite, avait été faite avec assez de solidité ; mais comme elle n'est point entretenue, elle se dégrade, et les accidents les plus graves seraient la suite de sa rupture ; car les eaux du lac étant plus basses que celles du canal, celles-ci, s'écouleraient toutes à la mer. Mais bien plus, si la rupture était l'effet d'un violent orage qui renversât encore la seconde digue du canal, alors les eaux du lac d'Aboùqyr se répandraient dans toute la plaine qu'occupait autrefois le lac Maréotis, et qui est encore plus basse que le niveau de la mer. Alexandrie se trouverait donc placée de nouveau sur un isthme très-étroit, comme au temps de l'existence de ce lac ; mais avec cette différence qu'on n'y pourrait plus faire parvenir les eaux du Nil.

Il faut donc rétablir les digues qui séparent le lac d'avec le canal ; il faut en construire de nouvelles dans tous les endroits qui peuvent inspirer quelques craintes. Il serait peut-être même plus prudent et plus facile d'éloigner le canal du lac, et cela ne serait pas plus coûteux ; car la plaine dans laquelle il passerait étant très basse, ainsi que nous l'avons déjà dit, il suffirait d'élever des digues pour que le canal fût formé. Enfin, si l'on rétablissait la digue qui sépare le lac d'avec la mer, ou du moins si l'on veillait à ce qu'elle ne se détruisît pas davantage, ou n'aurait point à craindre les accidents dont les grands mouvements des eaux du lac pourraient être la cause.

Les travaux que l'on pourrait entreprendre pour que le canal d'Alexandrie demeurât continuellement navigable ne seraient point exécutables dans une seule année ; mais ils pourraient être tellement dirigés, que dès la premiere ils offrissent déjà de très grands avantages. Ainsi on peut dans une année rendre la navigation facile pendant trois mois de l'année suivante. Une somme de deux cents soixante mille francs suffirait à cette entreprise. Voici comment on peut obtenir ce résultat.

Un nivellement fait dans les huit premieres lieues du canal, en partant de Rahhmaniéh, a fait connaître que sa pente est très-considérable dans cette premiere partie, tellement qu'il ne lui en reste presque plus dans le reste de son cours. Cette grande inclinaison est le résultat des dépôts annuels de limon, qui sont beaucoup plus considérables vers Rahhmaniéh, que vers Alexandrie. Il suffirait donc de travailler dans les huit premieres lieues, en creusant de deux metres et demi à l'entrée du canal, en diminuant de profondeur proportionnellement à la distance où l'on serait de l'entrée ; ensorte qu'au bout des huit lieues on retrouvât l'ancien fond du canal. En exécutant cette opération sur dix metres de largeur, il y aurait quatre cents soixante huit mille metres cubes à enlever ;

enlever; si on y ajoute cent trente-deux mille autres metres pour les travaux qu'exigent quelques parties du canal, et notamment la plus voisine du lac d'Aboùqyr, on aura en tout six cents mille metres cubes, dont le déblaiement estimé à douze médins chacun, tous frais compris, exigerait un peu moins de deux cent soixante mille francs. Quant au temps nécessaire pour l'exécution, il ne faudrait que cent cinquante jours; car il serait possible de réunir deux mille sept cents ouvriers, et ils enleveraient certainement chacun plus d'un metre et demi cube par jour. Or, les cultivateurs ne peuvent avoir que cent cinquante jours de disponibles dans les deux intervalles compris entre le temps des semailles et celui de la récolte, et depuis la récolte jusqu'à l'inondation.

Nous n'entrerons pas dans tous les détails particuliers des nouvelles directions qu'il faudrait donner à certaines parties du canal, pour en rendre la navigation plus facile; nous observerons seulement que son cours général étant à-peu-près de l'est à l'ouest, et les vents régnants étant toujours du nord ou du sud, il faudrait faire en sorte qu'aucune de ses sinuosités ne fût dans cette derniere direction; afin que l'on pût également monter et descendre dans toutes les saisons. Quant à l'entrée et à l'embouchure du canal, il faudrait y faire des changements indispensables, et que nous allons indiquer.

Le changement qu'il y aurait à faire à l'entrée serait de la placer auprès de la redoute de Rahhmaniéh. Cet endroit qui conserve plus de trois metres de profondeur d'eau, dans le temps où elles sont le plus bas, pourrait avec peu de travail devenir un port vaste et commode. Il se trouverait placé auprès d'une île qui serait extrêmement favorable à l'établissement des magasins nécessaires à une pareille navigation.

Les obstacles qu'il faut éviter avec le plus de soin dans les nouvelles routes que l'on veut donner au commerce, ce sont les chargements, les entrepôts fréquents, qui causent souvent des retards, necessitent l'établissement des douanes et par conséquent des taxes sur les marchandises. Il faudrait donc que le canal d'Alexandrie communiquât avec la mer, afin qu'on ne fût pas obligé de transporter par terre les marchandises apportées par la voie du canal. Mais avant que d'indiquer l'endroit du port où il paraîtrait convenable que le canal aboutît, nous rappellerons que lorsqu'Alexandre fit joindre l'île du Phare à la terre ferme, et donna de cette maniere deux ports à Alexandrie, on sentit la nécessité de les faire communiquer entr'eux, afin que les vaisseaux pussent sortir dans presque toutes les saisons; on laissa à cet effet deux ouvertures dans l'Epta-Stadium : ces deux ouvertures se sont fermées en même temps que l'Epta-Stadium s'est élargi par les atterrissements, ensorte que la ville moderne occupe, comme on le sait, la place de cette ancienne chaussée.

La nécessité de faire communiquer entr'eux les deux ports étant toujours la même, nous pensons que si l'on formait une vaste coupure qui les joignît, il faudrait faire aboutir le canal d'Alexandrie dans cette coupure, ensorte qu'il appartiendrait également aux deux ports, et qu'il traverserait la ville moderne dans le sens de sa longueur.

La

APPENDIX.

La présence continuelle des eaux du Nil à Alexandrie deviendrait d'une nécessité absolue, dans l'hypothese d'une grande population ; car la quantité d'eau qui peut être contenue dans toutes les citernes de la ville ne peut suffire tout au plus que pour une année et demie au nombre actuel de ses habitants.

A la vérité, cette nouvelle bouche ouverte aux eaux du fleuve affaiblirait beaucoup la branche de Rosette, dans laquelle en été les eaux de la mer se mêlent déjà à quatre ou cinq lieues au-dessus de son embouchure ; mais outre qu'on pourra dans tous les temps augmenter le courant du Nil, en rétrécissant ses embouchures à la mer, on sera toujours maître de ne donner aux eaux du canal que l'écoulement suffisant aux besoins et à la salubrité : une écluse placée vers le milieu de sa longueur, et une autre à son extrémité dans le port, seraient suffisantes pour empêcher une déperdition d'eau superflue. La seule écluse de l'extrémité pourrait bien remplir le même but, mais il faudrait que les portes en fussent très-hautes, et les digues aussi devraient être beaucoup trop élevées, puisqu'il faudrait que leurs sommets fussent horizontaux dans toute leur longueur.

Nous ne nous engagerons pas davantage dans la discussion des moyens de rendre navigable pendant toute l'année le canal d'Alexandrie, non plus que dans l'énumération des ouvrages d'art qui devraient y concourir ; l'objet important eût été d'en donner une évaluation : c'est ce qu'il est impossible de faire, au moins d'une maniere probable, pour tout ce qui peut être compris sous la dénomination de construction. Quant au déblaiement des terres, on peut les évaluer.

Nous avons déjà fait voir que deux cents soixante mille francs suffiraient pour rendre le canal navigable pendant trois mois : d'où il ne faudrait pas conclure que le quadruple de cette somme serait nécessaire pour qu'il le devînt toute l'année ; car il résulte de la loi du mouvement des eaux du fleuve, que s'il faut dans le premier cas baisser l'entrée du canal de deux metres et demi, il ne faudra dans le second que la baisser d'un metre trois dixiemes plus bas, c'est-à-dire, de trois metres huit-dixiemes en tout. Or, en donnant toujours dix metres de largeur au canal, comme il a dix-neuf à vingt lieues de développement, et qu'il est suffisamment profond à Alexandrie, il y aurait un million sept cent trente mille metres cubes à enlever ; ce qui, d'après les évaluations précédentes, pourrait être fait en deux ou trois ans au plus, pour la somme de sept cent cinquante mille francs.

APPENDIX, &c.

POSITION GÉOGRAPHIQUE DE DIFFÉRENTS POINTS DE L'ÉGYPTE,

Déterminée par le Citoyen NOUET, *Membre de l'Institut d'Egypte, et communiquée au Citoyen* JACOTIN, *Directeur des Ingénieurs-Géographes de l'Armée d'Orient, et Membre de l'Institut d'Egypte.*

NOMS DES LIEUX.	LONGITUDE en temps.	LONGITUDE en degrés.	LATITUDE boréale.
Abou êl-Chey (santon)	1ʰ 58′ 11″	29° 32′ 44″	30° 31′ 57″
Alexandrie (au Phare)	1 50 20	27 25 0	31 13 5
Antinoë (ruines d')	1 54 19	28 34 44	27 48 59
Belbeys (au camp)	1 56 54	29 13 36	30 25 36
Bénisouef	1 55 29	28 52 15	29 9 12
Karnak (ruines de Thebes)	2 1 20	30 20 4	25 44 0
Damiette	1 57 57	29 29 15	31 25 43
Dendera (temple)	2 1 21	30 20 12	26 10 20
Dibéh (bouche du lac Menzaléh)	1 59 9	29 47 15	31 22 6
Edfou (ville et temple)	2 2 12	30 33 4	24 59 59
Esnéh (ville et temple)	2 0 56	30 14 4	25 19 39
Gau-Cherqyéh (ville et temple)	1 56 46	19 11 24	26 54 2
Gyrgéh	1 58 19	29 34 51	26 22 20
Hou	2 0 2	30 0 27	26 13 0
Ile Phyléh (au dessus de la cataracte)	2 2 15	30 33 46	24 3 45
Kaire (le) (à l'institut)	1 55 52	28 58 0	30 3 20
Qennéh	2 1 38	30 24 30	26 11 20
Koum-Ombos (temple)	2 1 54	30 28 34	24 28 0
Lesbéh	1 58 7	29 31 50	31 29 41
Luxor (ruines de Thebes)	2 1 16	30 19 6	25 43 0
Medinet-Abou (ruines de Thebes)	2 1 7	30 16 42	25 43 33
Minyéh	1 53 54	28 28 35	28 8 20
Omm-faredje (bouche du lac Menzaléh)	2 0 40	30 10 5	31 8 59
Palais de Memnon (ruines de Thebes)	2 1 11	30 17 44	25 44 30
Rosette (le minaret nord)	1 52 32	28 8 5	31 25 0
Salehhyéh	1 58 38	29 39 30	30 48 28
Soués	2 1 0	30 15 5	29 59 6
Syene	2 2 17	30 34 19	24 8 6
Syouth	1 55 33	28 53 17	27 13 14
Tannis (île du lac Menzaléh)	1 59 27	29 51 45	31 12 50
Tour du Bogaféh	1 58 11	29 32 51	31 32 14
Tour du Boghaz	1 58 6	29 31 37	31 30 40

Distances

APPENDIX.

DISTANCES RÉCIPROQUES DES DIFFÉRENTS POINTS DE L'ÉGYPTE.

NOMS DES LIEUX.	TOISES.	LIEUES de 2283 toises.	NOMS DES LIEUX.	TOISES.	LIEUES de 2283 toises.
Kaire à Alexandrie	95016	41,6	Kaire à Antinoë	131444	57,6
Alexandrie à Rosette	29342	12,8	Antinoë à Syouth	37309	16,3
Kaire à Rosette	87501	38,3	Kaire à Syouth	168753	73,0
Rosette à Damiette	66099	28,9	Syouth à Gau-Gherqyéh	23628	10,4
Kaire à Damiette	82106	36,0	Kaire à Gau-Cherqyéh	192381	84,2
Damiette à Lesbéh	4305	1,9	Gau-Cherqyéh à Girgéh	36102	15,8
Damiette au Boghaz	5068	2,2	Kaire à Girgéh	228483	100,1
Damiette au Bogaféh	6828	3,0	Girgéh à Hou	23635	10,4
Bogaféh à la bouche de Dibéh	15150	6,6	Kaire à Hou	252118	110,5
			Hou à Qennéh	20668	9,0
Damiette à la bouche de Dibéh	15052	6,6	Kaire à Qennéh	272786	119,5
			Qennéh à Karnak	26154	11,0
Damiette à la bouc. d'Omm-faredje	36913	16,1	Kaire à Karnak	298940	130,9
			Karnak à Esnéh	23625	10,3
Damiette à l'île Tannis	22038	9,6	Kaire à Esnéh	322565	141,3
Damiette à Salehhiéh	36248	15,8	Esnéh à Edfou	24829	10,9
Kaire à Salehhiéh	54703	24,0	Kaire à Edfou	347394	152,2
Salehhiéh à Belbéys	30338	13,3	Edfou à Koum-Ombos	30531	13,3
Kaire à Belbéys	24687	10,8	Kaire à Koum-Ombos	377925	165,5
Belbéys à Abou êl-Chey	16857	7,4	Koum-Ombos à Syene	19462	8,5
Abou êl-Chey à Omm-faredje	46555	20,4	Kaire à Syene	397387	174,1
Abou êl-Chey à Souès	46788	20,5	Kaire à Syene en ligne dir.		151,3
Belbéys à Souès	56636	24,8	Syene à l'île Philé	4146	1,9
Kaire à Souès	63922	28,0	*Nota.* Les distances du Kaire aux points de la Haute-Egypte sont les résultats des différents points intermédiaires en suivant le cours du Nil.		
Kaire à Bénisouef	51469	22,2			
Bénisouef à Minyéh	60937	26,7			
Kaire à Minyéh	112406	49,2			
Minyéh à Antinoë	19038	8,3			

APPENDIX, &c.

DESCRIPTION DE LA ROUTE DU CAIRE A SSÂLEHHYÉH,

Par le Citoyen SHULKOUSKI.

Au Caire, le 3 Septembre, 1798.

L'ÉGYPTE est le pays de l'Afrique qui a le plus fixé l'attention du monde littéraire. Une foule de voyageurs y est allé chercher les vestiges de son ancienne splendeur; un peuple malheureux et barbare s'est constamment opposé à leurs recherches. Les fouilles devinrent impossibles à l'antiquaire; le naturaliste craignait de parcourir les campagnes; le géographe n'osait se servir de ses instruments: aussi l'œil curieux de l'Européen n'a-t-il fait qu'effleurer les bords du Nil, et au-delà de ses rives nous ne connaissons presque rien.

Mais la conquête de l'Égypte ouvre aux lettres un champ nouveau. Toutes nos notions sur cette contrée intéressante vont s'agrandir successivement: il suffira même de l'esprit investigateur qui nous électrise, et sur-tout du besoin, pour indiquer le chemin des découvertes aux diverses branches des sciences. Or celle qui, la premiere, peut s'enrichir de nos travaux, c'est la géographie. Conquérir, c'est parcourir et connaitre. Les Français ont à peine porté dans de nouveaux climats la terreur de leurs armes, qu'ils se hâtent d'utiliser jusqu'aux apprêts de la victoire, d'en faire hommage aux arts. Le dessin rapide des localités, leur rapport avec les mouvemens militaires, servira désormais à guider les pas du négociant, peut-être à étendre l'industrie du laboureur.

La route que trois divisions de l'armée viennent de parcourir, à la poursuite d'Ibrâhym-Bey, était inconnue jusqu'à nos temps. Depuis les croisades, nul Européen n'a parcouru ces provinces. Ni Pococke, dans ses nombreux voyages; ni Niebuhr, qui déploya

APPENDIX

déploya tant de constance dans ses recherches; ni Norden, qui peignit l'Egypte avec tant de détails, n'ont osé y pénétrer. La description de cette étendue de terrain étant donc absolument neuve, elle peut avoir quelques droits à la curiosité du public.

On sort du Caire par la porte de Nassr *(Bab-ên-nassr*, la porte de la victoire)*. Le désert est le premier objet qui frappe votre vue; ses limites arides viennent ceindre les murailles de la ville, après avoir encombré une partie de ses faubourgs. Des groupes de maisons désertes se dessinent au milieu de cette plaine blanchâtre. Le plus considérable de ces endroits se nomme la Qoubbéh, *(êl-Qoubbet êl-a'âdelyéh,* le dôme ou la coupole de la justice†). C'est une mosquée entourée d'édifices réguliers, bâtis en pierre, et précédés de galeries.

A une lieue de la Qoubbéh on rencontre le village d'*êl-Matharyéh*‡. L'obélisque que l'on y aperçoit indique les ruines de l'ancienne Héliopolis. On s'occupe maintenant à des fouilles qui pourront nous en découvrir des restes plus intéressans.

Le village d'*êl-Mardje,* qui se trouve derriere celui-ci, se voit de loin, à cause des arbres qui l'entourent. Plusieurs milliers de palmiers plantés en quinconce ombragent ses huttes délabrées.

Cette

---

* La porte d'ên-nassr (ou de la victoire) est une des portes du Caire, qui regarde le levant. " Elle " était originairement au-dessous de celle qu'on voit aujourd'hui, suivant le Maqryzy. Mais lorsque " l'émyr êl-Djyoûch Bedr êd-dyn êl-Djemâly quitta la ville d'Acre pour être vizyr d'Egypte, sous le " khalyfaf d'âl-Mostansser bîllah, en 465 de l'hégyré (1072 de l'ere vulgaire), il bâtit les murailles du " Caire, et il changea la place que le général Djaûher avait assignée à cette porte, pour la transférer où " elle est maintenant. Elle se trouva plus rapprochée du *Mosslay êl-I'yd.* Il y ajouta une espece de " chemin couvert *(bâchourah),* dont une portion subsistait encore quand la sœur d'êl-Dtâher Barqoùq " fit creuser une citerne qui est maintenant détruite et remplacée par un chemin."

" On lit au-dessus de la porte d'ên-nassr l'inscription suivante, en caracteres koufyques : Lâ îlah " îllâ âllah, oué Mohammed reçoût âllah. A'ly ouél-âllah, sseloùât âllah a'layhoumâ. (Il n'y a de Dieu " que Dieu; Mohhammed est l'apôtre de Dieu, et A'ly, l'ami de Dieu; que les grâces divines soient " sur eux deux !)" Voyez la *Description géogr., polit., etc. de l'Egypte,* par le Maqryzy, article des " portes du Caire, pages 212 et 213 du numéro 682. MS. Arab. de la Bibl. nat." (Langlès.)

† El Qoubbet êl-a'âdelyéh ne signifie point le *dôme* ou la *coupole de la justice,* mais la coupole, (la mosquée) A'délyenne, c'est-à-dire fondée par êl-mélek êl-a'âdel Aboûbekr êbn Eyoûb, frere du fameux Saladin (Ssalâhh êd-dyn), et connu, dans l'histoire des croisades, sous le nom de Saphadin. Ce prince, qui fut d'abord sulthân de Krak et de Damas, monta sur le trône d'Egypte, après en avoir chassé Manssour son petit-neveu. Il mourut le premier Août 1218 de l'ere vulgaire, âgé de soixante-treize ans; il en avait régné dix-huit. Voyez l'Histoire universelle de Grégoire Aboûfaredje, en Arabe et en Syriaque.

‡ El-Matharyéh désigne de la pluie ou de l'eau fraîche. Cet endroit est en effet le seul, à une très-grande distance, où l'on trouve une source d'eau fraîche. Il était aussi fameux autrefois par le baume qui y croissait. C'est le *a'in chems,* ou fontaine du soleil des anciens. Nos voyageurs écrivent communément *la Matharée.* (L-s.)

APPENDIX.

Cette route, qui est celle que les caravanes suivent pour se rendre en Syrie, étonne l'Européen par ses sites bizarres; elle semble tracer la limite entre l'Egypte et le désert. Les sables sont toujours à votre droite, les terres cultivées constamment à votre gauche : la vue se perd sur les uns; elle s'arrête sur les autres. Plus on avance, plus l'Egypte est ombragée : on distingue à peine les villages au milieu de ces énormes amas de dattiers. Les beaux sycomores ne sont pas rares, et presque par-tout, l'on rencontre de vastes enclos remplis d'acacias et de citronniers. Mais que l'on se garde bien de toute illusion, au tableau de ces bosquets : ni la verdure, ni les fleurs, ni les ruisseaux, n'égaient leurs alentours. Le pied de ces arbres si charmants dans nos contrées touche ici une argile gercée, et l'aspect d'une pauvreté hideuse les entoure.

Mais si l'œil se réjouit en fixant, d'un côté, une végétation plus active, la réflexion détruit cette impression momentanée ; car l'on voit en même temps le contour du désert empiéter sur les bonnes terres; l'on aperçoit sur ces côteaux nus des coupoles, des maisons abandonnées; l'on rencontre à chaque pas les traces du labourage presque effacées par le sable, pendant que l'on chercherait en vain une seule partie de la lisière aride rendue à la culture.

Du village d'êl-Mardje on distingue au loin l'endroit nommé *êl-Khânqâh*, qui passe pour être un des plus considérables du pays. Dans l'entre-deux de ces villages est un bois touffu; il occupe le sommet d'un plateau dont la pente s'abaisse vers le désert, et se termine au fameux lac *Berket-êl-Hhâdje* (le lac des Pélerins). Ce n'est plus aujourd'hui qu'une masse desséchée, cernée de plusieurs rangs d'arbres.

Le local que je viens de décrire paraît correspondre à celui qui contenait autrefois la branche Pélusiaque. C'était la plus orientale de toutes les branches du Nil, celle qui s'avançait vers le désert, et qui probablement a disparu sous ses tourbillons dévastateurs. On ne voit plus la moindre trace de la masse d'eau qu'elle charriait, pendant qu'à peu de distance en arriere, des canaux existent encore sur l'emplacement de ceux qui coulaient vers l'embouchure Mendézienne.

Le passage fréquent des caravanes a été certainement le principe de l'accroissement d'êl-Khânqâh. Ce qui existe de cette ville, dont les trois quarts sont convertis en décombres, indique un reste d'aisance, et même du soin : c'est le premier endroit de l'Egypte où j'ai vu une rue alignée au cordeau.

Passé êl-Khânqâh, l'on ne rencontre qu'une suite de villages qui n'ont rien de remarquable ; et au bout de sept heures de chemin, l'on arrive à *Belbéys*, qui est la seule ville qui se trouve sur cette route.

Belbéys, que l'on croit être l'ancienne Bubaste, ne contient que des maisons délabrées et des habitans misérables ; elle occupe à peine le tiers de ses dimensions précédentes, comme il est facile de le voir par la trace des remparts qui subsiste encore. Cette ville, il y a six siecles, était le seul boulevard de l'Egypte du côté de la Syrie. Elle opposa (en 1164) une résistance vigoureuse aux attaques d'Amauri, roi de Jérusalem,

APPENDIX.

et son enceinte contenait assez de richesses pour occuper pendant trois jours son armée au pillage. Cet événement assez commun a upremier coup-d'œil, a peut-être été la principale cause de la ruine des Latins dans la Palestine. Jusqu'alors la valeur de nos chevaliers avait eu pour appui l'austérité des mœurs, et une probité sans tache : leurs nombreux ennemis les respectaient, et se montraient même jaloux de les imiter. Mais Amauri, en envahissant l'Egypte contre la foi des traités (en 1168), en s'en éloignant pour quelques sommes d'argent, détruisit aux yeux des Musulmans le prestige de la vertu des Francs. Les Turcs n'eurent plus de honte de joindre la perfidie à l'immensité de leurs forces; et la faiblesse des croisés, s'accroissant par la corruption, les mit hors d'état de retarder leur chûte.

Au sortir de Belbéys, le pays paraît plus fertile qu'à l'ordinaire. Les villages se succedent sans interruption, et se lient entre eux par leurs vergers; les fontaines sont plus fréquentes, ainsi que les coupoles isolées. Mais ces sites disparaissent sitôt que l'on a dépassé *Ssoùah* : toutes les terres cultivées semblent fuir la gauche, et il faut traverser trois lieues de désert jusqu'à Qorayn, à moins d'entreprendre un détour considérable.

On appelle *Qorayn (Qozaïn)* un bois assez vaste qui contient huit ou dix hameaux, avec leurs jardins. Cet endroit jouit d'une réputation dans le pays, à cause de son château. Certainement nul Européen n'attacherait une idée de place forte à un amas de maisons entouré d'une muraille de terre, où l'on entre par une porte qui n'a pas même de verroux; mais, dans ce pays-ci, ces défenses suffisaient pour convertir une enceinte quelconque en un asyle inexpugnable que des hommes à cheval, armés de lances, n'auraient jamais entrepris de violer.

De Qorayn il reste encore six lieues à faire pour arriver à *Ssâlehhyéh*. Pendant la moitié de cette route l'on côtoie quelques villages; mais bientôt on les quitte pour s'enfoncer dans des landes incultes qui durent jusqu'au lieu de votre destination.

Ssâlehhyéh, sans avoir ce genre d'agrément que procurent les jardins touffus de Qorayn, est beaucoup plus vaste : un bois, qui a plus de deux lieues de long, enclave une dixaine de villages, ainsi qu'une belle mosquée bâtie en pierre.

Les Arabes nomment tous ces bois isolés des îles (*Djézyret*), faisant allusion aux terres non-végétables qui les entourent, et qui leur offrent aussi peu de ressources que l'onde qui cernerait une terre habitée.

Le nom de Ssâlehhyéh dérive de celui de *Melek Ssâlèhh* [*], ce sultan fameux que nos auteurs nomment Saladin. C'est lui qui, le premier, fixa l'attention de l'Egypte sur ces hameaux écartés.

L'expérience

---

[*] Il faut écrire et prononcer Ssélâhh, et non *Ssâlèhh*. Son nom entier est *Sselâhh éd-dyn youçouf ébn éyoub ébn éhâdy*. Le mot *élmelek* est un titre qui signifie *roi*. J'observerai que l'âlif ne me paraît pas nécessaire dans le mot Ssâlehhyéh qui doit s'écrire *Sselâhhyéh* sans *âlif*. (Langlès.)

APPENDIX.

L'expérience avait fait connaître à ce prince guerrier l'insuffisance des remparts de Belbéys ; il sentait également le danger qui menaçait Damiette (*Damyâth*) si les croisés l'attaquaient, et il ne voulut plus qu'on pût ébranler l'existence de son empire par l'issue d'un seul siége. Avoir une place forte sur les flancs de l'ennemi qui remonterait la branche de Damiette, et arrêter au sortir du désert l'armée qui viendrait de Syrie, a été le but que Saladin se proposa en construisant une forteresse sur le local de Ssâlehhyéh. C'est absolument la derniere lisiere des terres cultivées de l'Egypte. Au sortir de ses bois, commence l'isthme de Soùès (*Soùys*) ; il faut dès lors parcourir cinquante lieues avant de rencontrer un endroit habité. Durant tout cet espace, le voyageur ne marche que sur un sol nu, et ne rencontre que sept fois des puits d'eau saumâtre et peu abondante.

Nos recherches furent inutiles pour trouver les vestiges de cette forteresse de *Melek-Ssâlèhh* ; et la tradition de son emplacement ne s'est pas même conservée.

Après avoir donné une idée générale des endroits que l'on traverse dans un espace de vingt-cinq lieues, il faut jeter un coup-d'œil sur le sol et les habitans.

La caste prépondérante de ces contrées, sans être la plus nombreuse, est celle des Bédouyns. Leurs camps sont tendus à côté des villages de l'Egypte ; car ils choisissent toujours de préférence le sol où ils regnent, les sables du désert. Ces Arabes m'ont paru être plus opulents que tous ceux que j'avais vus précédemment le long des rives du Nil. Il est vrai que mille ressources s'offrent ici à leur industrie : tantôt ils trafiquent avec le produit de leurs troupeaux, d'autres fois ils rançonnent ou escortent les caravanes : plusieurs cultivent la terre, et tous s'adonnent par goût à la branche la plus lucrative de leurs revenus, celle de piller tout ce qui est hors de l'arrondissement de leurs tribus. Leurs cabanes paraissent différentes de ces tentes basses où s'accroupissent les Arabes de Damanhoûr ; les parois de ces huttes-ci sont d'un fort tissu de joncs, et la tente, toujours spacieuse, ne couvre que le milieu. Dans l'intérieur, regne une sorte d'abondance, relative toutefois. Le lait, le riz, l'orge, n'y sont pas rares, les ustensiles y sont nombreux, et souvent l'on y trouverait enfouis des ballots précieux enlevés à des voyageurs imprudents.

Ce degré d'aisance influe sur leur moral. Quoique bien équipés, aux armes à feu près, qu'il leur est difficile de se procurer, on les voit rarement se mesurer avec leurs ennemis. Ils traitent avec les Mamlouks, et ménagent l'habitant, ne se servent de la violence qu'au défaut de la perfidie, et ne mettent aucune honte à fuir précipitamment le danger. Aussi à notre arrivée, un de nos cavaliers en chassait plusieurs devant lui. Cette lâcheté nous frappa, car elle contrastait trop avec le courage des Bédouyns qui avoisinent la branche de Rosette (*Rachyd*), et que l'on avait vus chercher jusques sous nos fusils un butin incertain.

Le Fellâhh, l'habitant de la Charqyéh, me parut moins malheureux que celui des bords du Nil : il y a des nuances, même dans la misere. La culture seule prouve déjà

APPENDIX.

que ses produits ne sont pas tous absorbés par le propriétaire qui réside au Caire. Jusqu'alors, dans notre marche vers cette ville, nous n'avions vu que des champs immenses entr'ouverts par des crevasses, qui, sans enclos comme sans sillons, paraissent n'avoir été labourés que d'une main indifférente, et la seule crue du Nil les arrosait une fois l'an. Ici, c'est l'opposé ; chaque morceau de terre montre le soin du laboureur : les puits sont entretenus, des rigoles élevées avec précision conduisent leur eau dans les campagnes, et une immensité de carrés factices, cernés d'un rebord, la conservent sur les champs arrosés.

On pourrait ajouter encore d'autres observations à celles de la culture des terres, citer cette immensité de dattiers dont chacun a son filet d'eau, ces vergers spacieux, ces villages entourés d'un mur carré, pour peu qu'ils soient proches du désert, enfin cette vive sollicitude qui était peinte dans les regards des habitants à notre approche, bien éloignée de cette apathie qui suit l'extrême indigence, et que nous avions remarquée dans les autres lieux de notre passage.

Mais à quoi attribuer cette amélioration dans le sort du cultivateur ? la doivent-ils aux consommations des caravanes ? est-ce le seul commerce qui la leur procure ? Je ne le présume pas, et j'indiquerai plutôt pour cause l'éloignement de leurs oppresseurs. Les Mamlouks rançonnaient avec sécurité les endroits situés sur les bords des canaux navigables ; et les eaux du fleuve, chariant avec rapidité ces arrêts spoliateurs, épargnaient même la fatigue aux émissaires du gouvernement. Mais ici, pour parcourir une vingtaine de lieues par terre, il fallait des apprêts plus difficiles, des satellites plus nombreux : quelques hommes ne suffisaient pas pour maîtriser cette foule de villages dont le local est étroit, et ces camps arabes garnis de combattants. S'y établir avec une suite considérable, c'était quitter le Caire ; et multiplier ses forces par une activité constante, ne pouvait convenir à la molesse des Mamlouks. Les Beys propriétaires de la Charqyéh, forcés d'opter entre un revenu moins abondant, mais plus sûr, ou l'espoir des vexations, accompagné de danger et de travail, préféraient le repos. Leurs premiers besoins étaient le luxe, les jouissances ; et les habitants des bords de ce désert trouvaient dans les vices de leurs maîtres un refuge contre leur tyrannie.

P. S. Je mets à la suite de cette description une approximation des distances respectives, et de la population des endroits cités ; cela peut servir à mieux fixer les idées que l'on peut avoir sur ces contrées, jusqu'à ce que des observations plus exactes rectifient les miennes.

El-Qoubbéh, village désert, à une demi-lieue du Caire.
El-Matharyéh, 500 habitants, à une lieue d'êl-Qoubbéh.
El-Mardje, 800 habitants, à une lieue et demie d'êl-Matharyéh.
El-Khànqàh, 1000 habitants, à une lieue et demie d'êl-Mardje.
El-Menyéh, deux hameaux, à deux lieues et demie d'êl-Khànqàh, à-peu-près 1000 habitants.

Belbéys,

APPENDIX.

Belbéys, 800 chefs de famille ; ce qui, dans l'Orient, vu le nombre des femmes, peut être mis à six têtes par famille, donnant à-peu-près 5000 habitants. Cette ville est à cinq lieues d'êl-Menyéh.

Ssouah, 800 habitants, à quatre lieues de Belbéys.

Qorayn, à trois lieues de Ssouah, huit à dix hameaux qui peuvent contenir 4000 habitants.

Ssâlehhyéh, à six lieues de Qorayn, une quinzaine de hameaux, 6000 habitants.

Il existe beaucoup d'autres endroits intermédiaires, mais nous les avons traversés si rapidement qu'il a été impossible de faire la moindre remarque.

APPENDIX, &c.

RAPPORT SUR LES OASIS,

Par le Citoyen FOURIER.

LE citoyen Ripault avait présenté à l'Institut un Mémoire intitulé *Recherches sur les Oasis*: le citoyen Fourier a donné lecture du Rapport de la commission qui a été chargée de l'examen de ce mémoire.

Les Oasis sont des portions de terre cultivée, situées comme des îles au milieu des déserts de la Libye: des eaux abondantes y entretiennent une végétation continuelle; on y trouve beaucoup d'arbres d'especes variées; et les habitants y recueillent une quantité considérable de fruits.

Les écrivains Grecs et ceux du moyen âge ont décrit ces especes d'îles avec une exactitude qui eût peut-être paru suffisante, si de nombreux commentaires n'avaient pas répandu quelque obscurité sur le texte. A force de discussions, ce sujet a présenté assez d'incertitude pour qu'il devînt nécessaire de la dissiper.

Strabon comptait seulement trois Oasis, quoique cette dénomination pût convenir à plusieurs autres cantons. Le mémoire du citoyen Ripault a pour premier objet d'indiquer avec précision la position de ces trois Oasis, et il le fait avec beaucoup de clarté.

La premiere ou l'*Oasis magna* est presque à la hauteur de Djirdjéh, sur le parallele de 26 degrés et demi. La seconde ou l'*Oasis parva* est sur le parallele de 29 degrés 2 minutes, ce qui est à-peu-près la latitude de Beniçouef. A l'égard de la troisieme Oasis, l'auteur du mémoire a reconnu qu'elle n'est autre chose que le petit pays appelé aujourd'hui Siwah, sur lequel il a recueilli à Alexandrie des renseignements qui présentent beaucoup d'intérêt: sa latitude est de 29 degrés 20 minutes.

L'écrivain dont le sentiment nous a paru le plus opposé à celui qu'on adopte dans le mémoire, est l'auteur des questions proposées aux voyageurs Danois: on trouvera son

opinion

opinion confusément exposée dans le commentaire Latin sur Aboùlfedhà; elle est en contradiction presque manifeste avec les récits d'Hérodote, de Strabon et de Ptolomée, ce qui peut dispenser de la combattre.

Il n'y a guere de points de géographie ancienne sur lesquels on ait avancé plus d'erreurs que sur ce qui concerne les oasis. Les voyageurs ou les historiens modernes paraissent s'en être formé des idées peu exactes. Savary en altere la latitude de plusieurs degrés, place au hasard sur la carte l'oasis d'Ammon, et envoie en exil dans la grande Saint Athanase qui n'y est jamais allé: il conseille à ceux qui entreprendront de rétablir l'ancienne écriture des Egyptiens de rechercher avec soin, dans ces îles, des livres qui ne peuvent pas manquer de s'y trouver, et qu'il dit être perdus pour le monde.

Niébuhr et Norden ne font mention d'aucune des trois oasis; Pococke rapporte brievement ce que l'on en avait écrit avant lui: les positions des deux premieres sont déterminées avec précision dans les cartes de Danville; à l'égard de l'oasis ammonienne, cet illustre géographe ne la distingue point du temple d'Ammon, et place à peu de distance l'ancienne ville de Maræotis, sur le territoire de Siwah.

Le médecin Poncet et Lenoir du Roule sont les seuls Européens connus qui aient passé dans le grand Eloùàhh: il résulterait des rapports du premier que ce pays n'a pas moins de vingt-cinq lieues de long sur quatre ou cinq de large; les mémoires du second ont été perdus à Sennaar, où cet ambassadeur de Louis XIV mourut dans une sédition, victime de son zele et d'une intrigue de couvent*.

Siwah

---

* La conversion de l'Abyssinie à la foi catholique a tenté plusieurs fois le zele des missionnaires. Les Franciscains réformés et les peres de la Terre sainte, qui s'étaient disputé vivement la mission d'Egypte, sollicitaient plus ardemment encore d'être chargés de rétablir la religion Romaine dans l'Ethiopie. Les derniers jouissaient de plus de crédit à Rome, mais les Franciscains leurs rivaux soutenaient leurs prétentions en représentant les services nombreux qu'ils ne cessaient de rendre aux chrétiens de Nubie. Ce n'est pas qu'il y eût dans cette contrée d'autres chrétiens que les Franciscains; mais ils s'étaient permis cette supposition, sans laquelle leur mission n'aurait point eu d'objet.

Pendant que durait cette contestation, l'entreprise dont ces religieux cherchaient mutuellement à se ravir l'honneur, flatta l'ambition des Jésuites: ils n'avaient alors aucune influence à la cour de Rome, mais ils firent intervenir l'autorité de Louis XIV.

Ce monarque fit savoir au pape qu'il trouvait les Jésuites beaucoup plus capables que les Franciscains et les Capucins de faire triompher la foi dans l'Ethiopie. Le pape parut obéir; mais, en même temps qu'il autorisait les Jésuites à remplir les vues religieuses du roi de France, il chargea un moine d'un autre ordre de l'exécution de ses propres desseins; et, comme s'il eût donné le pays au premier occupant, il ajouta que c'était aux plus habiles à commencer.

Les

APPENDIX.

Siwah est à l'occident d'Ammon: un jeune Anglais, nommé Brown, dont on imprime actuellement les voyages, a visité le temple d'Ammon et le pays de Siwah; le citoyen

---

Les Jésuites parvinrent encore à éloigner ce nouveau concurrent, et ils eurent recours au consul de France au Caire: ce magistrat, auteur du *Telliamed*, ouvrage impie proscrit par la Sorbonne, et les Jésuites que leur conduite ambitieuse avait fait expulser de l'Abyssinie, travaillerent donc de concert avec le roi de France à supplanter les moines de saint François dans le projet de convertir les peuples de cette contrée. Les Jésuites avaient donné, selon leur coutume, un motif politique à cette intrigue, et se montrant aussi zélés pour la gloire du monarque que pour l'intérêt de la religion, ils promettaient de disposer le roi d'Abyssinie à envoyer une ambassade pompeuse à Louis XIV. Le consul Maillet saisit avidement cette idée, et profita de la premiere occasion qui s'offrit.

Jésus *(Yéçous)*, roi d'Abyssinie, était depuis long-temps attaqué d'une maladie sur laquelle il avait inutilement consulté ses médecins; il en fit chercher de plus habiles hors de ses états. Hhâdjy A'ly fut chargé de cette commission; il avait la même maladie que le prince, et devait faire sur lui-même l'épreuve des remedes qui seraient proposés. Charles Poncet, médecin Français, résident au Caire, fut indiqué par Maillet à la place de deux Capucins qui pratiquaient la médecine, et que A'ly avait d'abord choisis: on lui donna pour compagnon le pere Brevedent, jésuite, à qui son savoir et sa piété avaient acquis une grande considération. Pour écarter les inquiétudes qu'aurait fait naître le nom justement redouté de son ordre, le pere se présenta comme le domestique de Poncet: c'était un des plus ardents missionnaires que l'église chrétienne ait possédés; ses confreres ont souvent publié l'éloge de sa sincérité et de son zele, et lui-même a confirmé leur témoignage en faisant des miracles dont Poncet dit avoir été témoin.

Bruce ajoute que le pere Brevedent était excellent mathématicien; nous en avons la preuve dans les écrits du temps qui apprennent que ce jésuite avait cherché et trouvé le mouvement perpétuel.

Il ne fallait rien moins qu'un homme accoutumé à faire des choses impossibles, pour établir la religion romaine dans un pays où les Jésuites s'étaient déja fait connaître, et où les violences commises par les Portugais, peu après l'expédition de Gama, avaient rendu odieux le nom Européen. Le double talent du jésuite Français ne devint pas plus utile aux progrès de la religion qu'à ceux des sciences; il avait déterminé quelques latitudes sur lesquelles il paraît s'être grossierement trompé, et il mourut avant d'arriver à Gondar, comme saint François Xavier à la vue de la Chine qu'il devait convertir.

Poncet continua sa route, et, arrivé dans la capitale, il guérit en peu de temps le roi et la famille royale, ainsi qu'il le rapporte lui-même. Les Jésuites firent imprimer depuis la relation de son voyage dans le Recueil des Lettres édifiantes, accompagnant ce récit de tout ce qui pouvait le rendre utile à leurs intérêts: on y lit que Poncet intéressa vivement le monarque Abyssin qui l'entretenait à chaque instant de Louis XIV, l'assurant que ce prince était connu en Ethiopie pour le héros de l'Europe, et la France pour le plus beau pays du monde; qu'il avait depuis long-temps le projet d'y envoyer un ambassadeur, qu'il avait déjà jeté les yeux sur son propre fils, âgé seulement de huit ans, et qui ne pourrait entreprendre le voyage que dans quelques années; que le roi *Yéçous* avait un goût singulier pour les sciences, et qu'il se plaisait à recevoir des leçons de chymie du médecin du Caire: que ce même prince avait eu avec Poncet des conversations très-savantes sur la distinction des deux natures de Jésus-Christ; qu'il avait reconnu de lui-même l'erreur des Copthes et d'Eutichès, et qu'il n'était pas éloigné de penser comme les Jésuites sur cette importante question dont dépendait le salut de l'Abyssinie. Poncet ne quitta point Gondar sans emmener

citoyen Ripault a recueilli des habitants mêmes du pays les renseignements qui sont joints à son mémoire.

L'histoire

---

mener avec lui un ambassadeur: il paraît qu'un étranger nommé Mourat, Arménien de naissance, fut en effet chargé de lettres et de quelques présents pour la cour de France; il revint au Caire avec Poncet, qui en porta seul la nouvelle à Paris. Cependant le consul Maillet eut une contestation avec l'ambassadeur Éthiopien: d'un autre côté, Poncet, qui avait d'abord reçu l'accueil le plus flatteur, fut maltraité par plusieurs membres distingués du clergé de France; on soutint que son voyage était une imposture, qu'il n'était jamais allé à Gondar, que l'Éthiopie était un pays fort différent de celui qu'il avait décrit, et on appuya ces reproches des raisons les plus puériles. Poncet et Mourat abandonnés devinrent ce qu'ils purent.

Mais on persista en France dans le projet de prêcher la foi Romaine en Éthiopie, et il fut d'abord question de répondre aux premières démarches du roi étranger. On offrit l'ambassade à Maillet, qui craignit de s'exposer aux fatigues et aux dangers de l'entreprise; il désigna le Noir du Roule, vice-consul de France à Damiette: ce jeune Français était distingué par le zele qu'il portait aux intérêts de sa nation, et les qualités brillantes de son esprit; l'éclat de cette mission le séduisit, et il la remplit avec plus de dévouement que de prudence.

Il partit du Caire en 1704, et ne tarda point à reconnaître les difficultés et les périls dont il était environné. En effet, les Franciscains et les Capucins, ne pouvant pardonner aux Jésuites d'entreprendre à leur préjudice de convertir l'Abyssinie, résolurent de s'en venger sur l'ambassadeur. Il était envoyé par le plus puissant monarque de l'Europe; le pâcha résidant au Caire et Ismâ'el-Bey avaient donné des ordres et les recommandations les plus pressantes pour la sûreté du voyage; le roi d'Abyssinie, informé de l'arrivée de du Roule, avait prévenu les princes de Nubie, ses alliés, du désir qu'il avait de le recevoir: ce concours de circonstances favorables était une faible garantie contre les intrigues de quelques moines irrités. Toutes les personnes qui accompagnèrent du Roule à son départ ne purent retenir leurs larmes: tant l'influence de ces religieux était connue.

Ils persuadèrent aux négociants que cette démarche ruinerait leur commerce; aux mahométans, qu'il s'agissait de rendre la Nubie chrétienne; aux chrétiens, qu'on négligeait évidemment les intérêts de la religion; aux princes particuliers, qu'ils perdraient leur autorité par suite de cette alliance; enfin au peuple, que l'ambassade était composée de sorciers qui devaient arrêter le cours du fleuve en Éthiopie. tous ces bruits furent accrédités en un instant. Du Roule écrivit lettres sur lettres au consul de France, dressa procès-verbal des faits, et repoussa toujours le conseil qu'on lui donnait de revenir sur ses pas: la mort l'attendait dans chaque bourg de la Nubie; il la reçut à Sennaar devant le palais du roi; les Français qui formaient sa suite furent massacrés en même temps; il leur avait ordonné de ne faire aucune résistance.

Ce crime demeura impuni; il ne l'eût pas été, si l'on eût pris en France autant de soin d'en poursuivre les auteurs que fit le roi d'Abyssinie: mais on avait alors d'autres outrages à venger.

Les mémoires de du Roule ont été perdus; ceux qui sont cités par Danville avaient été écrits au Caire avant son voyage en Nubie.

Note du Citoyen FOURIER.

APPENDIX.

L'histoire civile des oasis est peu connue, et doit être en effet peu féconde en événements. Selon Hérodote, cinquante mille hommes de l'armée de Cambyse, chargés de faire l'inutile conquête du pays des Ammoniens, périrent dans les sables à quelque distance de la grande oasis: l'auteur du mémoire connaît trop bien Hérodote et la petite peuplade d'Ammon, pour qu'il n'ait pas reconnu l'exagération de ce récit; il a cru inutile de la faire remarquer.

Nous ne parlerons point du voyage si connu d'Alexandre au temple d'Ammon: les successeurs de ce grand homme, les deux premiers Ptolomées, dont la gloire est durable, puisqu'elle est confiée au souvenir reconnaissant des sciences et des lettres qu'ils ont aimées, firent jouir ces petites contrées, ainsi que tout le reste de l'Egypte, des bienfaits d'une administration sage.

Quelques siecles après, ces cantons isolés retentirent des controverses théologiques. Les héritiers de César et de Marc-Aurele exécutaient les décrets des conciles en exilant les sectaires dans les oasis: Nestorius y expia pendant plusieurs années le crime d'avoir trop distingué les deux naturés, dans le même temps qu'Eutychès était puni pour les avoir confondues.

L'éloignement des oasis, qui ne les défendit point alors contre les dissentions ecclésiastiques, ne les a point garanties, dans des temps plus modernes, de l'avarice oppressive des Beys.

Le mémoire du citoyen Ripault contient une multitude d'observations utiles, et des remarques appuyées sur des raisons solides; c'est un ouvrage de critique écrit avec correction et clarté, qui justifie le choix que l'institut a fait de l'auteur pour la place de bibliothécaire: nous l'invitons à continuer de cultiver cette branche de la littérature, et particulierement à achever la traduction Française d'Aboù-l-fédhâ* sur l'édition latine
donnée

---

* *Aboù-l-fédhâ* est un écrivain très-célebre parmi les Orientaux; il est même avantageusement connu en Europe sous le double rapport de géographe et d'historien, et il jouit de la réputation justement méritée d'être un des auteurs Arabes dans lequel on remarque le plus de sincérité et d'exactitude.

Son nom entier, tel qu'il se trouve à la tête de ses ouvrages, est *E'mâd-éd-dyn Aboù-l-fédâ Isma'yl Ebn-Nâsser*, c'est-à-dire *la colonne de la religion, le pere de la rédemption, Ismaël, fils de Nasser ou du protecteur*. Quelques écrivains rangent dans un autre ordre ses différents noms et surnoms qu'ils écrivent ainsi, *Isma'yl ébn-A'ly él-malek él-mouyad e'mâd-éd-dyn Aboù-l-fédâ ssâhheb Hhamâh*, c'est-à-dire *Ismaël, fils de A'ly, roi heureux et secourable, le soutien de la religion, Aboù-l-fédâ, souverain de Hhamâh*; d'autres le surnomment encore *Ebn él-áfdhal A'ly*.

Aboù-l-fédâ naquit l'an 672 de l'hégire (1273 de l'ere vulgaire) selon l'opinion la plus communement reçue; il porta le titre de *Soulthan de Hhamâh*, ville et principauté de Syrie, située près de Damas, et à laquelle il donne dans sa géographie 60 degrés 45 minutes de longitude, et 34 degrés 45 minutes de latitude septentrionale.

Son

donnée par Michaëlis. Nous regrettons de n'avoir ici qu'un seul des ouvrages de ce prince, qui rendit aux sciences des services importants.

Son frere *Ahhmed*, surnommé *él-Málek én-Nâsser* (*le roi protecteur;*) était souverain de Hhamâh, et il y régna jusques en l'année 729 de l'hégire (1328 de l'ere vulgaire.) A cette époque ce prince ayant été déposé, *Aboù-l-fédâ* lui succéda, et à son avénement au trône prit le titre de *él-Malek és-Ssálchh*, c'est-à-dire *le roi vertueux* ; mais son grand âge ne lui permit pas de jouir long-temps de cette dignité, il mourut après trois ans de regne, l'an 732 de l'hégire (1331 de l'ere vulgaire), dans la soixantieme année de son âge. Quelques historiens lui accordent une plus longue vie, et reculent sa mort jusques à l'année 746 de l'hégire (1345 de l'ere vulgaire).

Aboù-l-fédâ est auteur de deux ouvrages considérables qui se trouvent souvent cités, soit par les auteurs orientaux, soit par les écrivains Européens qui ont traité l'histoire politique ou géographique de l'Orient.

Le premier de ces ouvrages, intitulé *Téqoùym-él-bouldán*, c'est-à-dire *Etat* ou *Tableau des parties habitées de la terre*, est une géographie étendue, disposée en forme de tables, comme l'annonce son titre : les régions, les provinces, et les villes, y sont rangées suivant l'ordre des climats, et les degrés de longitude et de latitude y sont marqués pour chaque lieu dont la description est accompagnée de notes et de remarques souvent assez intéressantes, et qui sont d'autant plus précieuses pour nous, qu'elles nous mettent à portée de comparer l'état de l'Orient à l'époque d'*Aboù-l-fédâ* avec son état actuel.

L'ouvrage d'*Aboù-l-fedâ* a été augmenté et éclairci par *Mohhammed ébn-A'ly*, surnommé par les Turks *sipâhy-zâdéh* (*fils de soldat*). Cet écrivain en a commenté et expliqué plusieurs endroits, et l'a dédié, sous le titre de *ouddhéh él-meçâlek élâ marefat él-boldán où-él-memâlek*, à sultan Mourâd-khan (*Amurat III*), prince ami des lettres, qui les a cultivées lui-même, et a composé plusieurs ouvrages dans les trois langues Arabe, Turke et Persane.

Il ne faut pas confondre le *Téqoùym él-boldán* d'*Aboù-l-fédâ* avec un autre ouvrage portant le même titre, attribué à *Salhadjy*, ni avec une autre géographie intitulée *Téqoùym él-belád*, composée par un auteur Arabe cité sous le nom de *él-Balkhy*, c'est-à-dire *natif de Balkh*, ville principale du Khoraçan, par *Ebn-él-ouârdy*, dans le préambule de son ouvrage intitulé *Kheridât él-a'djáib*.

Le second ouvrage d'*Aboù-l-fédâ* a pour titre *el-Moukhtassar fy ákhbár él-báchar* (*Recueil abrégé sur les histoires du monde*), et renferme un abrégé de l'histoire universelle et générale jusqu'au siecle où vivait l'auteur.

Le titre de *Moukhtassar*, que porte cet ouvrage, lui est commun avec un fort grand nombre d'autres livres Arabes.

On trouve l'éloge d'*Aboù-l-fédâ* dans le *Dywân* ou *Recueil des Œuvres mêlées de Mohhammed ébn-Mohhammed él-Fâreqy*, connu plus ordinairement sous le nom de *Ebn-Nobatah*. Ce recueil, intitulé *Soùq-él-réqyq*, est à la bibliotheque nationale de Paris, N°. 1450.

Note du Citoyen J. J. MARCEL.

APPENDIX, &c.

MÉMOIRE SUR LES SABLES DU DÉSERT,

Par le Citoyen L. Costaz.

On trouve dans le désert des régions couvertes d'un sable extrêmement mobile et susceptible d'arrangements très-variés : leur surface est continuellement modifiée par l'action des vents, de sorte que tous les jours elle se présente sous une forme nouvelle. J'exposerai dans ce mémoire quelques observations faites sur ce sujet.

Les sables du désert sont uniquement composés de grains quartzeux sans mélange d'aucune autre matiere. Leur couleur d'un blanc mat, et leur entassement accomodé à tous les accidents du terrain, donnent à la contrée qu'ils occupent l'apparence d'un pays couvert de neige : au clair de la lune cette ressemblance est complete au point de faire illusion. Les grains sont transparents ; leur diametre le plus commun s'écarte peu d'un millimetre, leurs angles usés et arrondis témoignent qu'ils ont fait un long séjour dans l'eau où ils ont été violemment agités et roulés entre eux, ou frottés contre d'autres corps capables par leur dureté d'agir sur eux.

De nouveaux sables sortent tous les jours du sein de la mer ; les vagues les jettent sur la côte où ils sont saisis par les vents et transportés dans l'intérieur des terres : on en voit un exemple remarquable en sortant de Kan-Younous pour aller à Gaza ; les sables de la mer poussés fort loin vers l'est commencent à couvrir, et auront bientôt converti en désert une grande étendue de terrain précédemment soumis à la culture.

Il semble que les sables abandonnés au caprice des vents devraient se disperser ; mais il est des causes qui tendent à les accumuler dans certaines localités.

Lorsqu'un vent qui chasse du sable parcourt une plaine rase où aucun obstacle ne diminue sa vitesse, il n'y a pas de raison pour que le sable s'arrête ; car les circonstances qui l'ont déterminé à se mouvoir dans le premier moment subsistent toujours; mais si un objet quelconque s'élève au-dessus de la surface commune, et défend une portion de l'espace contre l'action du vent, il se forme sous son abri un dépôt de sable. C'est un fait dont la preuve s'offre continuellement à l'observateur qui voyage dans le désert, et qu'il est facile d'expliquer par le raisonnement.

Nous pouvons en effet imaginer que l'espace abrité soit enveloppé de tous côtés par une surface ou espece de voûte pénétrable, au-dessous de laquelle regne le calme, pendant qu'au-dessus l'air est dans l'agitation : dans cet état de choses il est évident que tous les grains de sable que le vent conduit très-près de cette surface sont précipités par leur poids dans l'espace calme, et y demeurent. Il n'est pas nécessaire au reste, que le calme soit absolu dans l'espace abrité ; l'effet produit toutes les fois que les obstacles diminueront la vitesse du vent au-dessous du degré où elle commence à mouvoir le sable.

Ces effets se font remarquer dans toutes les parties du désert où des causes quelconques favorisent la végétation soit d'arbustes un peu rapprochés, soit de buissons ou de broussaille, les vents y perdent de leur vîtesse, et déposent des sables qui couvrent bientôt toute la contrée ; mais les plus grands amas se forment toujours auprès des buissons et des arbustes qui finissent même par être ensevelis, et par devenir les noyaux d'autant de petits monticules. Si, dans cette situation, leur végétation continue, ainsi que j'en ai vu plusieurs exemples, le sable s'accumule et monte de plus en plus, la base du monticule s'élargit et se réunit à celles d'autres monticules formés dans le voisinage, et agrandis par les mêmes causes. Ces réunions produisent des massifs de sable souvent assez considérables pour mériter le nom de montagnes.

Lorsque les montagnes de sable sont formées, elles tendent sans cesse à s'accroître, parce qu'elles présentent de nouveaux abris où de nouveaux sables se déposent. Variables non seulement dans leur forme, mais encore dans leur position, elles sont entraînées par un mouvement progressif dont il existe une preuve frappante auprès d'èl-A'rich dans une esplanade située à l'ouest de cette forteresse, à la distance de cinq ou six cents metres. Cette esplanade est à moitié envahie par un énorme banc de sable venant de l'ouest; un arbre de grande élévation est déjà enfoui jusqu'au milieu de son fût ; on aperçoit à peine les sommités des branches d'un autre arbre presque totalement enseveli.

Le mouvement progressif des montagnes de sable dépend de l'action des vents, et s'exécute par un mécanisme dont plusieurs fois j'ai eu le spectacle. Le vent, frappant contre la face de la montagne la plus exposée au rhumb d'où il arrive, enleve des grains de sable, et les chasse jusqu'à ce qu'ils parviennent dans l'espace abrité qui existe au revers de la montagne; là ils tombent comme s'ils échappaient d'un tamis, et ils se disposent suivant le talus qui convient à leur mobilité ; d'autres sables succedent et se placent sur les premiers ; de sorte qu'à chaque instant le vent enleve une couche de sable de l'une des faces de la montagne, et la dépose sur l'autre : il se fait ainsi dans les deux faces

faces et par conséquent dans la montagne un déplacement suivant le sens où porte le vent.

Lorsque l'action d'un même vent s'est soutenue pendant quelque temps, la face antérieure de la montagne, je veux dire celle qui marche la premiere, prend une forme assujettie à une loi constante : cette face est aisée à reconnaître à des stries tracées en ligne droite, parallèles entre elles, et dirigées suivant la pente du talus ; elle s'étend souvent fort au loin, elle forme dans son cours tantôt des saillants très-avancés, tantôt des redans très-profonds ; mais elle conserve par-tout une disposition telle que si on la coupait par des plans verticaux, parallèles à la direction du vent, les traces de ces plans seraient des lignes droites, parallèles entre elles. S'il arrive qu'une cause quelconque trouble l'arrangement naturel que les sables ont pris sur cette face, il s'y fait aussitôt un mouvement général à-peu-près comme dans un fluide qu'on aurait ébranlé en quelques points de sa surface ; ce mouvement continue jusqu'à ce que les sables soient rétablis, non dans l'état précédent, mais dans un état assujetti à la loi qui vient d'être énoncée.

Il faudrait pouvoir donner ici la mesure précise du mouvement que les montagnes de sable font dans une année ; mais cette détermination exigeant des observations continuées pendant plus de temps que je n'en ai eu pour faire celle-ci, je suis forcé de me borner à une évaluation déduite d'une inspection rapide. Dans ces parages le vent, après avoir soufflé du nord ou de l'ouest pendant une grande partie de l'année, passe à l'est et au sud ; alors il repousse les montagnes de sable vers les points d'où elles avaient été amenées dans la saison précédente. Néanmoins, comme les vents du nord et de l'ouest sont dominants, il existe dans leur sens une résultante dirigée entre le sud et l'est ; je crois pouvoir conclure de ce que j'ai vu, qu'elle ne passe pas trois ou quatre metres par an.

Le puits de Messoudiat est placé dans une petite esplanade sablonneuse, située à l'ouest d'El-A'rich, à la distance de deux heures de marche, et environnée de bancs de sable pareils à ceux que je viens de décrire. Si l'on creuse à une petite profondeur, sur-tout au pied des bancs, on se procure l'eau la plus agréable qui soit entre Salehhiéh et la Syrie.

Le puits salé, dit Byr êl-A'bd, que l'on trouve après avoir marché pendant cinq heures, pour aller de Qattyéh à êl-A'rich, est aussi creusé dans un emplacement dont le voisinage est chargé de bancs de sable, mais plus éloignés du puits qu'ils ne le sont à Messoudiat. Il paraît que l'eau doit sa salure à cette circonstance, et qu'elle la contracte en se filtrant dans le terrain compris entre le puits et les bancs : ces terrains bas du désert contiennent presque toujours une grande proportion de sel ; il n'est pas rare de voir à leur surface des cristallisations et des efflorescences salines : je suis porté à croire qu'en creusant une fosse plus rapprochée de la montagne de sable, on aurait une eau plus douce. Cette conjecture est autorisée par un fait qui se présente à peu de distance de Byr êl-A'bd, dans une position plus voisine de Qattyéh : le chemin y range de fort

près.

près un banc de sable; l'eau que l'on tirait des trous pratiqués dans cet endroit était potable et beaucoup moins saumâtre que celle de Byr êl-A'bd.

En général, il est raisonnable de chercher l'eau douce au pied des montagnes de sable : les eaux pluviales infiltrées dans leur masse y trouvent peu de sels à dissoudre ; elles s'y meuvent très-lentement ; elles y sont garanties de l'action évaporatoire du soleil et de l'air ; elles doivent donc s'y conserver plus long-temps et plus douces que dans les autres parties du désert.

APPENDIX, &c.

OBSERVATIONS SUR LA FONTAINE DE MOYSE,

Par le Citoyen Gaspard Monge.

Sur la rive occidentale du golfe de Suez, à quatre lieues au Sud de la ville, et presque en face de la vallée de l'Egarement, se trouvent des sources qui sont indiquées sur toutes les cartes, et qui sont connues sous le nom de Fontaine de Moyse. On serait dans l'erreur si l'on pensait que le nom de ces sources tire son origine des temps fabuleux de l'Egypte, et s'est conservé jusqu'à nos jours par une tradition non interrompue : il est bien probable que, comme celui de la fontaine de la vierge à Matariéh (l'ancienne Héliopolis), et, comme quelques autres, il ne remonte pas au-delà du temps de l'établissement du Christianisme en Egypte, où d'anciens noms relatifs à une religion discréditée auront été changés en d'autres noms analogues aux opinions nouvelles.

Quoique l'eau de la fontaine de Moyse soit moins salée que celle de beaucoup de puits creusés dans d'autres parties du désert, elle est néanmoins saumâtre, et par conséquent elle n'a pas la faculté de désaltérer autant que l'eau douce ; mais elle peut entretenir la vie des végétaux et des animaux, et nous nous en sommes abreuvés pendant vingt-quatre heures, dans une marche pénible, sans en être incommodés. D'ailleurs, comme cette eau s'écoule et se renouvelle continuellement, elle est toujours transparente, et elle n'a ni odeur ni saveur désagréable, tandis que celle de la plupart des puits se trouble d'ordinaire par l'agitation qu'on y excite en la puisant, et a presque toujours une odeur fétide. Par exemple, le puits d'Adgirout, situé à quatre lieues au nord de Suez, et qui est destiné à abreuver la caravane de la Mecque à la troisieme journée du Caire, est creusé à 200 pieds de profondeur ; les matieres animales et végétales qui y tombent, par une suite d'accidens presque inévitables, s'y putréfient, et l'eau, indépendamment de sa salure naturelle, a une odeur d'hydrogene sulfuré à peine supportable.

De tout temps la fontaine de Moyse a dû être d'un grand intérêt pour les Arabes de Tor qui habitent les environs du mont Sinaï. Les Arabes, obligés de tirer d'Egypte une partie de leurs subsistances et les objets d'industrie étrangere, ont toujours dû porter en échange les produits des maigres forêts qui couvrent leurs montagnes ; ce transport n'a jamais pu se faire que par caravanes, et la fontaine de Moyse a toujours dû être une de leurs stations. D'ailleurs, dès qu'il y a eu des établissemens maritimes dans le fond du golfe, soit à Suez même, soit à l'entrée de la vallée de l'Egarement sur la route de la Mer-Rouge à Memphis, la fontaine de Moyse a dû être fréquentée, parce qu'elle était une ressource indispensable quand, après de longues sécheresses, les citernes remplies d'eau pluviale étaient épuisées.

Mais l'époque à laquelle la fontaine de Moyse nous parait avoir excité le plus d'intérêt est celle de la guerre des Vénitiens unis aux Egyptiens contre les Portugais, après la découverte du passage aux Indes par le Cap de Bonne-Espérance. On sait que ces républicains, pour défendre le sceptre du commerce qu'ils avaient conservé jusqu'alors, et qui allait leur échapper, firent construire et armer des flottes à Suez. Il n'est pas probable qu'ils aient jamais établi de chantiers de construction à la fontaine de Moyse, dont le local ne présente aucun avantage pour cet objet ; mais il paraît qu'ils y formerent un grand établissement d'aiguade. De tout ce qui existait au-dessus du sol dans cet établissement il ne reste absolument rien : tout a été dispersé ou consommé par les Arabes, et l'on ne trouve d'autres vestiges que des fondations et quelques parties souterraines. Ces vestiges, qui sont encore considérables, et dont, dans le peu de temps que nous avons pu y consacrer, nous n'avons pu reconnaître qu'une partie, consistent principalement en ruines de grands réservoirs construits avec soin, dans lesquels l'eau des sources était amenée par des canaux souterrains, et d'où elle était conduite par un grand canal jusqu'au rivage de la mer. C'est le général Bonaparte qui a découvert ce dernier canal, et qui l'a fait reconnaître dans toute son étendue, qui est de 7 à 800 toises. Il est construit en bonne maçonnerie, et recouvert dans toute sa longueur ; il n'a d'autre pente que celle de la plage dans laquelle il est enterré ; les sables que les eaux y ont entraînés depuis qu'il a été abandonné, l'ont obstrué dans les cinquante premieres toises ; tout le reste est en bon état, en sorte qu'avec une dépense médiocre, on pourra le rétablir et le rendre propre au service. Sur le rivage, le canal se termine entre deux mamelons produits par des décombres, et qui nous ont paru être les vestiges de l'aiguade proprement dite. Cette aiguade devait être disposée d'une maniere convenable à la forme et à la nature des vases dans lesquels on avait coutume d'embarquer l'eau.

A deux cents toises environ, et au nord de la derniere source, on trouve un monticule assez considérable, et qui, comme le Monte Testaccio de Rome, est uniquement formé des débris de jarres et d'autres vases de terre mal venus à la cuisson. Nous y avons reconnu des restes incontestables de fourneaux : il y a donc eu dans cet endroit un grand établissement de poterie. L'objet de cet établissement ne pouvait pas être de fabriquer des pots de terre qui composent les chapelets au moyen desquels on tire l'eau des puits pour arroser les terres non inondées dans toute l'Egypte. A la vérité, lorsque

la

la fontaine de Moyse était habitée, toute la plage qui s'étend depuis les sources jusqu'au rivage était cultivée ; on y voit encore un assez grand nombre de jeunes dattiers, distribués avec un ordre qui n'est point l'effet du hasard. Ces dattiers, qui vraisemblablement ne sont que les rejetons d'anciens arbres morts de vétusté, sont au moins un indice d'une ancienne culture abandonnée ; mais cette culture n'exigeait aucun puisement d'eau pour l'irrigation, parce que l'eau des fontaines pouvait facilement être conduite par des canaux à ciel ouvert dans toutes les parties cultivées ; et les chapelets n'étaient pas nécessaires. Aussi parmi le grand nombre des fragmens qui forment le monticule nous n'en avons pas trouvé qui aient dû appartenir à des pots de chapelets, dont la forme n'a pas varié depuis des temps très-reculés ; tous ceux que nous avons vus avaient fait parties de vases d'une capacité beaucoup plus grande ; et nous sommes portés à croire que l'objet de ce grand établissement de poterie était la fabrique de grandes jarres propres à embarquer l'eau, dans un pays où la rareté du bois, et peut-être même le défaut d'industrie, rendait la confection des tonneaux impraticable. Ainsi ceux qui venaient faire de l'eau à la fontaine de Moyse étaient assurés d'y trouver les jarres propres à la contenir, et vraisemblablement aussi les autres vases de terres propres à leurs usages.

La fontaine de Moyse présente un phénomene remarquable d'hydrostatique. Les différentes sources qui la composent, et qui sont au nombre de huit, sont toutes placées au sommet d'autant de petits monticules coniques, terrminés chacun, dans la partie supérieure, par un cratere qui sert de bassin particulier à la source, et d'où l'eau s'écoule sur la surface conique par des rigoles naturelles. Les hauteurs de ces monticules sont différentes entre elles : le plus haut de tous est élevé de quarante pieds au-dessus du sol environnant. La source de ce dernier est tarie depuis long-temps ; son cratere est rempli par le sable que le vent y a déposé, et on y voit encore le tronc d'un dattier qui, après y avoir acquis une assez grande élévation, a été abattu par les Arabes.

Il a été facile de nous rendre raison de la maniere dont ont pu se former les monticules aux sommets desquels se trouvent les sources. L'humidité que l'eau d'une source répand dans le sol environnant entretient autour du bassin une végétation continuelle ; les gramens qui sont le produit de cette végétation diminuent la vitesse du vent qui les agite, et lui font abandonner les plus gros des grains de sable qu'il entraîne ; ce sable, abrité par les tiges au bas desquelles il est déposé, et retenu par l'humidité qui lui fait contracter un commencement d'adhérence, résiste à des bouffées de vent plus violentes ; le carbonate ou le sulfate de chaux que l'eau de la source tient en dissolution, et qui est mis à nud par l'évaporation, se crystallise entre les grains de sable, et forme un gluten qui complete leur adhérence. Par-là les bords du bassin se trouvent un peu exhaussés, et l'eau est forcée d'élever son niveau de toute la hauteur de cet accroissement pour sortir du bassin et se répandre au-dehors. Les circonstances qui donnent lieu à cette opération étant de nature à se reproduire souvent, ses progrès, quoique lents, sont, pour ainsi dire, continuels, et, après un long-temps, la source, qui s'est toujours exhaussée, se

trouve

trouve au sommet d'un monticule conique, dont la matière est un tuf sablonneux, étincelant sous l'outil, et salé comme l'eau de la fontaine.

La source dont le cratere est le plus élevé étant tarie, il est naturel de penser que la hauteur de quarante pieds, à laquelle elle est parvenue, est un maximum déterminé, moins par la grandeur de la pression qu'elle éprouve au bas du monticule, que par la résistance dont sont capables les parois des conduits souterrains et naturels qui l'amenent ; en sorte que l'eau étant parvenue à cette hauteur, elle a pu rompre ses parois, se faire d'autres issues, et produire de nouvelles sources, qui auront été la cause du tarissement de la premiere, et qui par la suite auront formé les monticules aux sommets desquels elles sont aujourd'hui toutes placées.

Quoi qu'il en soit, il est très-probable qu'à une époque assez reculée la fontaine de Moyse n'avait d'autre source que celle qui depuis très-long-temps est tarie, et que les huit sources qui maintenant donnent l'eau, et dont les crateres sont moins élevés, ont été produites postérieurement, ou par la rupture naturelle de parois trop faibles, ou par les fouilles qu'on aura faites pour diverses constructions, dans les temps où la fontaine était fréquentée, et où ses environs étaient habités.

Il eût été intéressant de reconnaître la forme et la nature des canaux naturels qui amenent l'eau à la fontaine de Moysé au travers d'une grande plaine de sable, et dans lesquels elle éprouve une pression capable de la faire monter de plus de quarante pieds au-dessus de son niveau ; et de nous assurer si cette eau vient de la chaîne de montagnes qui de la Syrie va se terminer au mont Sinaï, et qu'on aperçoit à environ quatre lieues à l'est de la fontaine ; mais nous n'avions pas le temps de nous occuper de ces recherches, qui n'avaient aucune utilité prochaine.

APPENDIX.

APPENDIX, &c.

MÉMOIRE SUR LE COMMERCE DES NEGRES AU KAIRE, ET SUR LES MALADIES AUXQUELLES ILS SONT SUJETS EN Y ARRIVANT,

Par Louis Frank, *Ex-Médecin de l'Armée d'Egypte.*

L'histoire de tous les peuples démontre que pour rendre l'esclavage utile, il faut du moins le rendre doux ; que la force ne prévient point les révoltes de l'ame ; qu'il est de l'intérêt du maître que l'esclave aime à vivre ; et qu'il n'en faut plus rien attendre dès qu'il ne craint plus de mourir.

Tout ce qui appartient au commerce des Negres, que différentes nations Européennes ont entrepris au commencement du XVI. siecle, sur la côte de Guinée, est généralement connu ; mais il est étonnant que parmi tant de célebres voyageurs qui ont visité l'Egypte, aucun n'ait parlé, dans ses relations, du commerce des Negres qui se fait au Kaire, et qui, selon toute apparence, est très-ancien. Comme cet objet m'a paru curieux, et avoir quelque mérite pour ceux qui s'intéressent à l'histoire des peuples, je me suis donné des peines particulieres pour rassembler tout ce qui appartient à la traite des Negres, dans la plus grande ville connue de l'Afrique, où j'ai séjourné près de cinq années.

Les voyageurs ont avancé une quantité des choses, souvent révoltantes, sur les causes qui forcent les Negres, dans leur pays natal, à tomber dans l'esclavage ; j'ai, à mon tour, tâché de faire des recherches exactes sur cet objet. Quatre différentes causes paraissent être les plus fréquentes.

1°. La guerre, qui, d'après tous les renseignemens que j'ai obtenus par des Negres même, provient des fréquentes dissentions entre leurs rois, ou leurs sultans, lesquelles ne se terminent que par le sort des armes. Tout alors appartient au vainqueur ; les

sujets

sujets du vaincu deviennent ses captifs, et on les tient à son service, ou sont vendus ou échangés contre des articles de commerce, tels que des toiles, des serviettes, des habillemens, des vaches, des chameaux, des chevaux, etc.

Lorsque les Negres se mettent en campagne, tout ce qui forme leur famille suit son chef respectif; les femmes même, soit par dévouement, soit par devoir, sont de ce nombre; ce qui fait qu'ordinairement la suite de l'armée excede de beaucoup le nombre des combattans.

M. Browne, dans sa relation sur le royaume de Darfour, rapporte que lorsque le sultan Teraub partit pour faire la guerre dans le Cordofan, il avait cinq cents femmes à sa suite, et qu'il en laissa autant dans sa demeure; les unes sont chargées de moudre le bled*, de puiser l'eau, de préparer à manger; et, à l'exception des concubines du roi, toutes voyagent à pied, et portent sur leur tête une partie du bagage.

Aussi, après la célebre bataille des pyramide, les Negres et les Négresses que les Mameluks avaient abandonnés dans leur défaite, avec leurs familles, ont admiré et loué les Français qui n'usaient pas envers eux du droit du vainqueur, et admettaient quelquefois les Négresses à leur table, partageaient même avec elles leur lit; leur admiration était d'autant plus grande, qu'on leur avait présenté les Français comme le peuple le plus inhumain et le plus féroce.

2º L'enlevement de quelques individus, qui se fait même d'une cabane à l'autre, entraîne un moins grand nombre de ces malheureux à l'état de servitude.

La fripponnerie, la hardiesse, et la coutume de voler ses semblables, va chez eux quelquefois si loin, qu'on a vu enlever jusqu'à l'enfant couché à côté de sa mere. Un Negre ayant été dans une de ces cabanes, qui ordinairement sont construites en joncs, remarqua l'endroit où la mere avait coutume de coucher avec sa fille, de l'âge d'environ trois ans; peu de jours après, ce même Negre vint, dans la nuit, écarter adroitement les joncs, et enleva, dans le sommeil, la petite Négresse, sans que la malheureuse mere s'en apperçût.

3º Une autre partie des Negres esclaves est prise sur des hordes errantes qui n'ont aucune religion, ni aucune forme de gouvernement. D'autres, sous la domination de quelque sultan, plus instruits à détruire artificiellement leurs semblables, munis de fusils et d'autres armes, épient à la piste ces hordes qui sont assez communes, cherchent à les bloquer, et à leur couper principalement l'eau. Ce blocus, ou pour mieux dire, cette chasse humaine, est plus ou moins longue; les assiégés, dès qu'ils aperçoivent qu'ils sont cernés, se défendent à coups de pierre; les assiégeans, au contraire, ne font que tirer de temps à autre quelques coups de fusils, pour les intimider. Ces infortunés, pressés par la faim et par la soif, sont enfin obligés de se rendre à leurs avides oppresseurs,

---

* Je donnerai plus bas connaissance de leur moulin, qui est simple, mais lourd.

seurs, après de grandes assurances qu'il ne leur arrivera rien. Chacun des assiégeans s'empare d'un certain nombre de ces malheureux, les lie avec des cordes, des chaînes, et les emmene dans ses foyers, où ils sont échangés contre d'autres articles de commerce.

4º. M. Browne fait mention d'une quatrieme cause d'esclavage. Dès qu'un homme se permet la plus légere apparence d'envahissement sur la propriété d'un autre, sa punition est de voir réduire en esclavage ses enfans, ou les personnes les plus jeunes de sa famille. Bien plus, si un homme aperçoit dans son champ l'empreinte du pied d'un autre, il appelle des témoins, porte sa plainte devant un magistrat, et, le fait une fois prouvé, il en coûte nécessairement au délinquant, son fils, son neveu, ou sa niece, qu'il est obligé de livrer à la personne offensée. Ces accidens, qui se renouvellent sans cesse, ne peuvent manquer de produire un grand nombre d'esclaves. La même punition s'applique à celui qui, chargé de faire quelques achats dans un marché éloigné, n'aurait pas exactement rempli la commission qu'on lui aurait donnée.

L'opinion assez généralement répandue en Europe, que les peres et meres, ou les parens, vendent leurs enfans au marché au plus offrant, est absolument fausse : ils y attachent autant de prix que les nations les plus civilisées. Si vous autres Blancs, êtes capables de croire à de semblables absurdités, me disait un jour un Negre, cessez donc de vous étonner s'il regne, entre nous ignorans, tant d'opinions absurdes, relativement au caractere, aux mœurs, et coutumes de votre nation. Tous les animaux s'attristent lorsqu'on leur prend leurs jeunes petits ; pourquoi voulez-vous donc nous mettre au dessous de toutes les brutes ?

Lorsqu'un pere vient à mourir, et qu'il laisse une nombreuse famille sans moyens, sans des parens capables de la nourrir, alors le sultan prend souvent les enfans, sous le prétexte d'en faire des domestiques, en donnant quelque récompense à la mere, ou aux autres personnes qui les auraient nourris ; ils s'approprie ainsi des individus, qu'il finit par vendre à des hommes qui font le commerce en Egypte. Je pense que cette circonstance peut avoir donné lieu à l'assertion que les Negres vendent leurs enfans sur le marché, comme tous les autres animaux domestiques.

Les Ghellabis, ou marchands d'esclaves, ne peuvent se rendre en Egypte qu'en caravane plus ou moins considérable. Le sultan nomme un ou plusieurs chefs de la caravane, qu'ils appellent *el Habirri*; ils sont chargés, non-seulement de maintenir l'ordre, mais encore de vendre des esclaves, ainsi que d'autres productions du pays pour le compte du sultan, et d'acheter au Kaire, du produit de leur vente, les articles d'habillemens, des armes, etc. Les provisions de bouche pour les Negres consistent en une espece de bled de Turquie, ou de maïs, qu'ils appellent *Dourra*. Comme les chameaux de la caravane sont considérablement chargés, ou d'eau, ou de gomme arabique, de dents d'éléphant, de tamarin, d'outres, etc. tous les Negres, à l'exception

des

des enfans jusqu'à l'âge de dix à douze ans, sont obligés de suivre à pied. Si au moment du départ de la caravane, les Ghellabis ne prennent pas de grandes précautions, beaucoup de leurs Negres s'évadent : la certitude de ne jamais plus revoir leur pays natal, et la crainte d'être maltraités chez les Blancs, les déterminent à la désertion, quoique les marchands emploient toute leur éloquence pour leur persuader qu'ils seront beaucoup mieux chez les étrangers que chez eux. Au reste, les Ghellabis sont, pour l'ordinaire, des gens d'un caractere absolument inhumain, qui ont plus d'égard pour leurs chameaux que pour leurs Negres ; car, si en chemin ceux-ci ne les suivent pas de près, on leur fait accélérer le pas, au moyen d'un fouet, ou *corbatche*. Ceux qui veulent faire plus commodément la traversée du désert qui sépare l'Egypte du Soudan, se procurent des ânes, qui est la meilleure monture, et un parasol de toile cirée. La caravane se met constamment en marche à la pointe du jour, et ne s'arrête que vers le soir. Alors les uns allument le feu, les autres broient sur une pierre concave, qui fait partie des ustensiles de cuisine, une portion de *dourra* que l'on fait ensuite cuire en forme de bouillie, avec une très-petite quantité de viande de vache salée, seche. Le déjeûné consiste également dans une bouillie de dourra, mais sans viande. On économise singulierement l'eau ; souvent les malheureux Negres ne reçoivent qu'une seule fois à boire dans la journée, d'où il résulte qu'il en périt plus de soif que de fatigue. Cette mesure d'économiser l'eau, qui en soi-même est si cruelle, est dictée par deux puissantes circonstances : la premiere, c'est que l'on ne rencontre dans une traversée de trente-six à quarante jours, que trois à quatre fois de l'eau, c'est-à-dire tous les dix ou douze jours ; la seconde, c'est qu'il périt souvent un grand nombre de chameaux destinés à porter l'eau. Malgré tous ces inconvéniens, il est cependant bien prouvé que le nombre des Negres qui périt dans cette fatiguante traversée, est infiniment plus petit que celui qui a lieu dans la traite des Negres, qui se fait sur les côtes de la Guinée.

Les caravanes de Sennar et de Darfour, avant l'arrivée des Français, s'arrêtaient à Abutigé, petite ville de la Haute-Egypte, ou les Ghellabis avaient la coutume de faire faire des eunuques en raison de leur insatiable avidité. Curieux de connaître tout ce qui appartient à cette cruelle opération, je me suis adressé au gouverneur de cette ville. Il m'assura que l'on faisait annuellement cent à deux cents eunuques ; que la mortalité n'en était pas absolument considérable, et que la guérison s'opérait assez promptement. L'eunuque se vend ordinairement le double d'un autre Negre, et c'est cette augmentation du prix qui détermine les propriétaires, ou, pour mieux dire, les usurpateurs à faire mutiler une partie de ces infortunés. Sur le procédé de l'opération même, je n'ai pu obtenir des renseignemens bien exacts et bien positifs : cependant, l'essentiel est que l'opérateur prenne d'une main le scrotum et la verge qu'il tend légerement ; puis, avec un rasoir d'autre main, il enleve tout d'un seul coup. Cette opération, quoique très-simple en elle-même, exige une certaine dextérité et de l'expérience : car si l'opérateur tend

trop

trop les parties, et qu'il les coupe de trop près, le patient périt facilement : si au contraire il ne tend pas assez ces parties, il résulte, par la suite, une espece de moignon qui rend l'eunuque difforme, et qui ne laisse pas d'inquiéter celui qui l'acheterait. J'ignore quels sont les moyens que l'on emploie pour arrêter le sang immédiatement après la section des parties : les uns m'ont assuré qu'on y appliquait de la fiente de mulet ; d'autres, que l'on enfonçait le patient, jusqu'à la ceinture, dans un fossé qu'on remplissait ensuite de sable. Si, au milieu d'un traitement aussi bizarre, l'uretre reste libre, le malade a espoir de guérir : si au contraire il s'oblitere, il s'ensuit une suppression d'urine qui entraîne bientôt la mort.

De quelque maniere, au reste, que cette cruelle opération se fasse, il est étonnant que la mortalité soit aussi peu considérable. Cela dépend évidemment de la bonne constitution des Negres, et de l'âge auquel on leur fait subir cette opération ; car ils sont ordinairement choisis entre les enfans de 8 à 10 ans, et jamais au-delà. *Pietro della Valle* rapporte cependant qu'en Perse, ceux à qui on la fait subir pour viol ou autre crime de ce genre, en guérissent fort heureusement, quoique avancés en âge, et que l'on n'applique que de la cendre sur la plaie.

En Barbarie, on applique tout simplement du goudron liquéfié sur la plaie. Je me suis souvent entretenu avec des eunuques au Kaire ; mais aucun n'a voulu me donner des renseignemens véridiques sur l'opération qu'ils ont subie ; ils éludaient constamment la question, voulant me persuader qu'ils en avaient perdu tout souvenir.

L'arrivée de l'armée Française en Egypte a arrêté spontanément l'usage barbare de mutiler aussi inhumainement les Negres. En vertu d'un arrêté du général Bonaparte, les commandans des corps de troupes stationnées dans la Haute-Egypte, achetaient, lorsqu'une caravane y débouchait, les Negres qui pouvaient convenir pour le service militaire, et l'expérience a prouvé qu'ils sont aussi susceptibles de devenir bons soldats que les Européens.

A Syut, les Ghellabis étaient obligés de payer une rétribution aux Mameluks d'environ 24 à 30 fr. par chaque Negre et chaque chameau ; il leur était délivré un certificat sans lequel ils ne pouvaient entrer au Kaire avec leurs marchandises.

Il n'y a que trois caravanes qui amenent des Negres au Kaire ; la premiere est celle de Sennar ; la seconde, celle de Darfour ; et la troisieme, celle qu'on appelle *Mograbi*, ou *la caravane occidentale*, qui vient de Mourzzuk, capitale du Fezzan, tantôt de Bournou, d'autres fois de *Havnia*. Les deux premieres caravanes arrivent ordinairement une fois par an ; celle de Fezzan n'arrive quelquefois que toutes les deux années.

Lorsqu'une caravane arrive au Kaire, elle conduit ses Negres, ainsi que toutes les autres marchandises, dans un okele ou caravanserai particulier, assez généralement connu sous le nom de marché des Negres, qui n'a rien de remarquable que sa caducité et une grande malpropreté. Les deux sexes sont séparés dans de mauvaises petites chambres qui ont une grande analogie avec nos prisons. Une autre partie est placée par groupes

dans

dans la cour de l'okele, souvent sur les marchandises de leur maître. Lorsqu'un Européen voit pour la premiere fois ce marché avec les Negres dont la plupart sont nuds, des garçons et des filles de tout âge, même des meres avec des enfans collés sur leur sein, il ne peut gueres résister au sentiment pénible qu'un semblable spectacle lui occasionne ; mais si l'on y va fréquemment, que l'on considere la gaîté qui regne entre ces captifs, leur insouciance, et si l'on songe qu'ils sont destinés à rentrer dans un état plus doux, qu'ils sont à la fin de leurs souffrances, on s'accoutume successivement à les voir avec beaucoup moins de peine.

Tout ce que l'on dit ordinairement au Kaire sur le nombre des Negres qui s'y vendent annuellement, est absolument exagéré. J'ai pris le parti de m'informer à ce sujet chez le propriétaire de l'okele, ainsi que chez l'écrivain Cophte qui depuis 30 ans enrégistre tous les Negres qu'on y vend ; mais ni l'un ni l'autre n'ont su me donner des renseignemens positifs, soit que cela ne les intéresse pas, soit qu'au lieu de conserver les régistres, ils les brûlent tous les ans. En comparant néanmoins tout ce que des personnes dignes de foi m'ont dit sur cela, il résulte que par le passé il s'en vendait de 3 à 4 mille tout au plus par an des deux sexes. Mais comme depuis quelque temps les Mameluks augmentaient continuellement les impositions, les commerçans se dégoûterent tellement de l'Egypte, qu'à mon arrivée au Kaire (en l'an 6), ils n'y amenaient en tout, gueres plus de douze cents Negres par an. Une seule caravane portait autrefois mille, jusqu'à quinze cents Negres ; mais en dernier lieu, le nombre n'en était que d'environ six cents. Dans le courant de trois années et demie, que les Français ont été maîtres de l'Egypte, il n'est arrivé que quatre caravanes très-peu considérables ; mais il y a tout lieu de croire que si l'on eût conservé ce pays, les Ghellabis seraient venus plus fréquemment avec de nombreuses caravanes.

Les habitans du Kaire ont l'habitude de juger de la bonté du caractere d'un Negre, ou d'une Négresse, lorsque ceux-ci ont un bel œil, avec l'albugine bien blanche, les gencives et la langue vermeilles, sans tache brune ou noirâtre, l'intérieur des mains et la plante des pieds de couleur de chair, et qu'ils ont de beaux ongles. Ils prétendent que les Negres qui ont le blanc des yeux bruns, ou rougeâtres, la langue et les gencives avec des taches noires, sont d'un mauvais caractere et absolument incorrigibles. Je n'ai pas assez d'expérience pour réfuter ou appuyer cette assertion ; mais je puis bien assurer que j'ai rencontré des Negres et des Négresses avec tous les mauvais signes indiqués, qui n'avaient aucune mauvaise qualité ; j'en ai vu d'autres qui, avec toutes les qualités recherchées, avaient absolument un caractere pervers.

Beaucoup d'habitans du Kaire, et même des Negres, m'avaient assuré qu'on rencontrait quelquefois parmi les Negres à vendre, de ceux qui sont vraiment antropophages, et que l'on reconnaît par une petite queue, ou une prolongation de l'os du coccyx. Ils m'assuraient que les Ghellabis en faisaient faire l'extirpation lorsqu'ils s'en apercevaient, et qu'il est essentiel, pour cette raison, d'examiner si l'on ne trouve aucune cicatrice

catrice à l'endroit indiqué. Je me suis donné beaucoup de peines pour acquérir la certitude de ce fait, mais je n'ai obtenu que des réponses insuffisantes ; parmi un grand nombre de personnes considérables que j'ai questionnées, si elles avaient *vu de leurs propres yeux* de cette espece de Negres, il n'e s'en est trouvé aucune qui ait pu répondre affirmativement à ma demande.

Les Negres qui viennent avec la caravane de Sennar, sont originaires de la Nubie, ne sont pas absolument bien noirs, et ont fréquemment les traits de la physionomie assez réguliers. Les filles de ces contrées passent, pour ces raisons, quelquefois pour Abyssiniennes, parce qu'elles sont plus recherchées ; mais le fait est, que la caravane de Sennar ne porte qu'un très-petit nombre d'esclaves pris tout au plus sur les frontieres de l'Abyssinie. Ceux qui sont vraiment de cette region éloignée, et que l'on rencontre au Kaire, viennent plus fréquemment de l'Arabie Heureuse, où il existe de fréquentes relations commerciales avec cette nation, qui a assez de connaissances maritimes pour traverser le golfe de la Mer Rouge. J'ai rencontré au Kaire quelques Abyssiniennes absolument blanches : elles descendaient vraisemblablement de quelques familles Portugaises qui se sont établies dans ces pays, il y a deux siecles.

Les Negres que l'on amene du Royaume de Darfour, sont bien positivement noirs et Negres dans la force du terme. Ils ont généralement le nez large, écrasé, de grosses levres renversées, et dans la totalité, une physionomie qui déplaît sensiblement aux Européens. Leurs qualités morales m'ont paru être dans un parfait rapport avec leur physionomie.

Les Negres, enfin, que l'on amene du Fezzan, sont moins noirs, et se distinguent par leur docilité et leur intelligence ; ils sont fréquemment marqués par de nombreuses cicatrices assez régulieres à la figure, qu'ils ont coutume de considérer comme un ornement.

Les Negresses en général, quoique plongées dans une condition abjecte, ne sont pas sans ambition et sans le désir de plaire : dès leur arrivée au Caire, elles se frottent le corps de graisse ou d'huile, pour mieux faire ressortir le coloris de leur peau. Quoique ces femmes n'aient, au lieu de cheveux, qu'une espece de laine, la coutume de leur pays le porte cependant à faire une centaine de petites tresses, trempées pour ainsi dire dans le beurre ou la graisse de mouton. Elles ont toutes les oreilles, et souvent une ou les deux ailes du nez percées pour y porter des ornemens. J'ai même vu différentes femmes qui avaient le ventre si régulièrement couvert de cicatrices, qu'on ne peut qu'en être étonné. S'il est vrai que l'on fait ces incisions pour raison de maladie, j'ai bien des motifs qui me font croire que d'autres fois on ne les fait que pour le plaisir de ne pas avoir un ventre uni, qui paraît ne pas être de mode chez eux.

MM. de Buffon et Valmont de Bomare rapportent que les Éthiopiens et plusieurs autres peuples de l'Afrique, rapprochent, par une sorte de couture, aussitôt que leurs filles sont nées, les parties que la nature a séparées en elles, et ne laissent libre que l'espace

pace nécessaire pour les écoulemens naturels ; que les chairs contractent des adhérences peu-à-peu, à mesure que l'enfant prend son accroissement ; de sorte qu'on est obligé de les séparer par une incision, lorsque le temps du mariage est arrivé. On dit même qu'ils emploient pour cette infibulation des filles, un fil d'amiante, parce que cette matiere n'est pas sujette à la corruption ; cette opinion est assez généralement accréditée, sans doute parce qu'elle a été avancée par des hommes qui jouissent à si juste titre d'une grande célébrité.

Les Français trouverent dans les maisons des Mameluks fugitifs, des Négresses qui devinrent leurs concubines : ils en trouverent qui avaient les parties naturelles presque oblitérées ; on ne douta pas un instant que cela ne fût la suite d'une couture faite dans leur jeunesse. J'eus recours à différentes Négresses pour découvrir exactement comment se faisait cette prétendue couture, et quels étaient les motifs qui les déterminaient à la faire ; je ne tardai pas à m'assurer que cette oblitération n'est que la suite naturelle de la circoncision, qui chez eux paraît être aussi usitée pour les femmes que pour les hommes. Comme la religion mahométane ne prescrit pas, sur le sexe, cette opération qui se pratiquait déjà chez les anciens Egyptiens, et qu'elle se fait encore aujourd'hui fréquemment chez les Cophtes, il est naturel de croire que de fortes raisons l'ont perpétuée.

C'est un fait connu, que les grandes levres s'alongent très-souvent outre mesure, surtout dans les climats chauds, que quelquefois le clitoris est d'une grandeur difforme ; or, quoique ni l'un ni l'autre n'apportent aucun obstacle à la génération, il paraît cependant que la difformité du clitoris est regardée, par les Negres mêmes, comme un vice révoltant, en ce qu'il donne à la femme l'apparence de l'homme. Ce vice de conformation, quoiqu'infiniment rare chez les autres nations, était bien connu des anciens : les femmes Grecques et Romaines, dans les temps de dissolution des mœurs, ne rougissaient pas d'avouer cet état, et de simuler entr'elles les plaisirs qui exigent la réunion des deux sexes. S'il faut en croire l'histoire, quelques-unes, par jalousie, se porterent aux plus grandes violences contre ces amans extraordinaires, et les punirent de leur inconstance par la mort. Les anciens peignent ces liaisons illicites avec les couleurs du vice le plus affreux. M. Browne dit que l'opération qui se pratique chez les Negres, n'est qu'une excision du clitoris, laquelle a été déjà très-exactement décrite par *Aëtius*. Cependant, d'après tous les renseignemens obtenus, il me paraît bien décidé que, outre le clitoris, on coupe encore la portion des grandes levres que l'on estime superflue ; immédiatement après cette resection, qui se fait avec un rasoir, on recouvre la plaie avec quelque substance propre à absorber le sang qui en découle, et qui ordinairement n'est pas en grande quantité, parce qu'on a toujours soin de faire cette opération à l'âge d'un, de deux, de quatre et six ans ; on la pratique même quelquefois à l'âge de six mois. On réunit les parties au moyen d'un bandage aux cuisses, et un autre aux jambes, et l'on tient ainsi la malade couchée jusqu'à la guérison parfaite ; c'est par un procédé semblable que les parties se collent de maniere à faire croire que dans leur jeunesse on les avait réunies par une couture.

Si,

APPENDIX.

Si, au moment du mariage, l'époux trouve le passage des parties naturelles trop étroit, une femme experte le dilate de nouveau par un coup de rasoir, mais toujours avec la circonspection de faire l'ouverture plutôt moindre que trop grande, pour des raisons faciles à deviner ; il arrive, par cette espece de précaution, que lorsque la nouvelle mariée accouche la premiere fois, il faut en venir souvent à une seconde incision.

La circoncision des femmes se répéte quelquefois dans certains cas, et sur-tout lorsqu'il s'agit de remédier au libertinage d'une femme incorrigible : je ne sais si on peut considérer ce remede comme radical, et je crains beaucoup, s'il se pratiquait en Europe, qu'il n'y fût qu'un bien faible palliatif.

Une dame de ma connaissance avait depuis plusieurs années une belle Négresse, âgée d'environ quinze ans ; cette fille était, d'après l'assurance de sa maîtresse, *très-bien cousue*, et sous ce rapport elle ne craignait aucunement de la laisser avec des hommes. Tout-à-coup la fille fut grosse sans avoir subi aucune autre opération que celle d'un robuste militaire.

Quant à la vente des Negres, elle ressemble assez à celle des animaux domestiques en Europe ; l'acquéreur fait la ronde du marché, choisit ce qui lui convient le mieux ; le Ghellabi, telle interpellation qu'on lui fasse, ne s'avance que très-rarement sur le prix qu'il demande de l'individu que l'on veut avoir, en sorte que l'acheteur est forcé de dire lui-même celui qu'il veut y mettre. Si l'offre approche du prix courant, le courtier prend la main droite du Ghellabi et celle de l'acquéreur, exhorte le premier à consentir au marché, en lui portant l'autre main sur la nuque, pour lui baisser la tête. Tout cela se fait avec un bruit et des cris incroyables, et ressemble beaucoup plus à une contrainte, et à un acte de violence, qu'à une convention réciproque : le Ghellabi répond toujours *efta halla* ; c'est-à-dire, Dieu m'enverra une meilleure fortune ; et si on n'augmente pas encore l'offre de 5 à 10 piastres, il n'y a pas de probabilité que le contrat s'effectue : une fois convenus de prix, le bruit cesse tout-à-coup ; le courtier, le Ghellabi, l'acquéreur, le Negre ou la Négresse acheté, passent au bureau qui est situé à la sortie de l'okele ; là un écrivain Cophte enrégistre qu'un tel a acheté d'un tel marchand, un Negre de tel âge, et à tel prix ; il délivre copie de cet enrégistrement à l'acheteur, qui paie, à cette occasion, une piastre d'Espagne, au bénéfice du propriétaire de l'okele. Les gens du pays ne paient ordinairement qu'un léger à-compte au Ghellabi qui accompagne le Negre chez son nouveau maître. Si dans les vingt premiers jours on découvre quelque défaut essentiel chez les Negres ou les Négresses, comme, par exemple, de ronfler beaucoup, de pisser au lit, etc., on peut le restituer ou le changer ; si au contraire on est content de l'acquisition, on paie le restant du prix convenu. Les Français, plus pressés d'avoir des Négresses à leur disposition, et ne se doutant nullement que cette classe de personnes pût être infectée de la maladie vénérienne, n'ont pas cru devoir observer cet usage ; aussi en est-il résulté que plusieurs d'entre eux ont acheté cher le plaisir qu'ils ont goûté avec elles.

APPENDIX.

Il n'est gueres possible de dire quelque chose de bien positif sur le prix des Negres : il varie infiniment, et toujours en raison de la fréquence des caravanes, du nombre des Negres qu'elles amenent, quelquefois en raison du nombre des Negres qui ont péri de la peste ; cependant, puisqu'il est essentiel de dire quelque chose sur le prix, j'établirai, comme terme moyen, celui qui suit :

Pour un garçon de 10 à 14 ans, 50 à 70 piastres d'Espagne.—Pour un de 15 à 18 ans, 70 à 100 piastres.—Pour une fille de 8 à 12 ans, 35 à 50 piastres.—Pour une fille ou femme, de 14 à 20 ans, 70 à 90 piastres.—Pour un eunuque de l'âge de 10 à 12 ans, 160 à 200 piastres.

J'ai été d'abord bien étonné de voir que les Negres quittent leurs compagnons de voyage, souvent leur frere, leur sœur, même leur mere, sans témoigner le moindre regret ; j'ai eu lieu, par la suite, de me convaincre que ce n'est pas par l'effet d'une insensibilité particuliere, mais bien l'espoir d'une meilleure fortune, qui les rend ainsi ; car si par la suite ils se retrouvent, leur joie est grande, et ils se piquent réciproquement de générosité.

Il y a des personnes qui se sont formé une idée si favorable de l'état des Negres vendus au Kaire, qu'elles ont considéré l'acquisition qui s'en fait, plutôt comme une adoption que comme un esclavage. Si cependant on considere que l'esclavage est l'état d'un homme qui, par force ou par convention, a perdu la propriété de sa personne, dont un maître peut disposer comme de sa propriété ; je trouve qu'un Negre vendu au Kaire est aussi bien esclave que celui qui l'est en Amérique, avec la différence seulement que sa servitude est plus douce en Egypte, puisqu'il n'est gueres destiné qu'à servir son maître ; d'où il résulte qu'il est ordinairement assez bien habillé et nourri, et même s'il se comporte bien, on songe, après un certain nombre d'années, à lui donner quelque état, et à le marier. Si un Negre ou une Négresse, en revanche, se comporte mal, si on s'aperçoit de vol, de grande négligence, d'indocilité, ou bien d'intrigues amoureuses, etc., de sa part, ils ont châtiés, et ce n'est souvent que par des bastonnades qu'on parvient à les corriger, et à leur apprendre quelque chose. Lorsque le propriétaire d'un Negre s'aperçoit qu'il est incorrigible, qu'il ne cesse de lui causer des désagrémens, il le renvoie avec ses plus mauvaises hardes au marché, pour le revendre ; il se trouve toujours des personnes qui les achetent, dans la persuasion que chez eux ils feront meilleure réussite ; au reste, ils sont toujours vendus à meilleur compte que les nouveaux arrivés.

Les Mameluks achetaient annuellement un nombre assez considérable de Negres, pour le service de leurs maisons ; les mâles devenaient souvent leurs freres d'armes, et parvenaient, avec le temps, aussi bien que les esclaves Circassiens ou Géorgiens, à des places éminentes de leur gouvernement. Ils sont ordinairement bons soldats.

Au.

APPENDIX.

Au reste, quoique les Negres soient beaucoup mieux en Egypte que chez eux, l'amour de la patrie, le désir d'y retourner n'est pas absolument rare : mais trois puissans obstacles s'y opposent, le défaut de moyens, la longue et pénible traversée, et l'excessive méchanceté des Ghellabis qui composent la caravane. Il serait intéressant de pouvoir expliquer d'une maniere satisfaisante, pourquoi cette nation préfere de languir sous un ciel brûlant, sous un sceptre de fer, dans le plus cruel esclavage, exposés tantôt à la férocité des hommes, tantôt à celle des animaux qui rôdent fréquemment aux environs des demeures, et qui les obligent à être toujours en garde contre eux.

Des Maladies auxquelles les Negres sont sujets en arrivant au Kaire.

Quoique les Negres soient généralement sains, forts et robustes, ils sont néanmoins sujets à différentes maladies en arrivant au Kaire, qui, pour la plupart, sont une suite naturelle du long et pénible voyage qu'ils font à travers les déserts, et sur-tout de la grande différence qu'il y a entre le climat de l'Egypte et le leur, toujours plus ou moins près de la Zône Torride. Les maladies principales auxquelles ils sont sujets se réduisent au nombre suivant :

1°. *Les Rhumes, ou Affections catarrhales.* Comme les caravanes arrivent ordinairement en Septembre au Kaire, où les nuits commencent à être fraiches et humides ; comme, outre leur nudité absolue, les Negres sont entassés de nuit dans de petites chambres, et qu'ils s'exposent à chaque instant à l'alternatif du chaud et du froid, ils sont fréquemment atteints du rhume, qui, au reste, n'a jamais de suite fâcheuse, et qui se dissipe toujours spontanément.

2°. *Des Ophtalmies.* L'ophtalmie qui est endémique en Egypte, n'attaque pas les Negres avec autant de violence que les Européens. Il est difficile de déterminer d'une maniere satisfaisante, quelles sont les vraies causes de cette maladie : j'ai discuté cet argument d'après ma maniere de voir, dans un mémoire inséré dans un ouvrage que je me propose de publier lorsque les circonstances me le permettront.

3°. *La petite-Vérole.* Cette maladie est souvent funeste pour les Negres et les Ghellabis ; elle semble être moins fréquente au Soudan, qu'en Egypte, mais elle est toujours meurtriere ; les Ghellabis prétendent même qu'elle ne regne jamais dans leur pays que lorsqu'on y apporte le germe de cette contagion. Cette assertion paraît avérée par deux observations : la premiere, c'est que dans le nombre de Negres que l'on porte au Kaire, il s'en trouve souvent les deux tiers qui n'ont pas encore éprouvé cette maladie ; la seconde, c'est que le médecin Poncet qui fut demandé, il y a un siecle, par le roi d'Abyssinie, observe dans la relation de son voyage, que sa caravane avait été arrêtée dans la Nubie, pour s'assurer, qu'aucun individu n'était atteint de la petite-vérole ; car lorsqu'on la rencontrait, on avait coutume d'assujettir la caravane à une quarantaine. Je me suis informé

informé chez beaucoup de personnes, pour savoir si cette coutume existe encore; mais aucune n'a pu me donner des renseignemens satisfaisans à ce sujet.

La petite-vérole est ordinairement très-abondante chez les Negres; l'éruption se fait souvent avec plus de difficultés que chez les Blancs, vraisemblablement parce qu'ils ont la peau plus épaisse et plus consistante; la fievre qui précede l'éruption est souvent très-forte. Si l'on n'a pas vu déjà plusieurs fois cette maladie chez les Negres, il est difficile à un médecin Européen de la reconnaître dans son principe, à moins que les symptômes concomitans n'en indiquent la nature, ou bien l'épidémie régnante. Les petits boutons qui se manifestent au moment de l'éruption, sont d'autant plus équivoques, qu'on ne distingue aucune nuance du blanc au rouge; la couleur de la peau et celle des boutons sont les mêmes. Comme d'ailleurs les nouveaux arrivés sont sujets à une maladie cutanée de laquelle je vais parler, et qu'ils sont souvent couverts de boutons, qui sont une suite de la morsure des cousins, le médecin se trouve assez souvent entouré de doute sur la vraie nature de la maladie. Il est vraisemblable que les Ghellabis perdraient moins de Negres s'ils leur donnaient quelques soins, et sur-tout s'ils voulaient consulter quelque médecin Européen; mais ou leur intelligence n'arrive pas à saisir cette vérité, ou bien ils ne sont point disposés à faire aucune dépense de ce genre.

4°. *Une Maladie cutanée*, que les habitans du Kaire nomment vulgairement *aesch el medina*. Elle est presque générale chez les nouveaux arrivés; cette maladie a été souvent confondue avec la gale, soit par la forme des pustules, soit par la grande démangeaison qu'elle cause. Si néanmoins on considere qu'elle n'est pas contagieuse, et que la gale est assez rare en Egypte, on se persuadera facilement que les gens du pays, ont raison de la désigner par le nom particulier de *aesch el medina*, ou *le pain de la ville*, pour indiquer que c'est la maladie la plus commune des nouveaux arrivés du Soudan: la maladie se manifeste successivement par une quantité de petits boutons, un peu pointus, plus ou moins nombreux, sur toutes les parties du corps, sans fievre, ni autre indisposition; quelquefois l'éruption totale de ces boutons se fait rapidement et en peu de jours; quelquefois elle a lieu lentement, et dure plusieurs semaines; parfois aussi elle reste toujours la même, et ressemble parfaitement à une gale seche, (*scabies sicca)*; d'autres fois les boutons s'agrandissent, et l'on y observe une matiere simplement séreuse, ou purulente, et toujours avec une forte démangeaison de jour comme de nuit. J'ai vu quelquefois ces boutons si abondans, que les extrémités supérieures et inférieures en étaient tuméfiées comme dans la petite-vérole. Il n'est pas rare alors d'observer une fievre plus ou moins considérable.

J'ignore absolument les vraies causes de cette maladie. Quelques personnes ont voulu prétendre qu'elle est causée principalement par le changement de nourriture, et sur-tout par l'usage des viandes: mais cette assertion est absolument fausse; car j'ai trouvé souvent au marché des Negres, beaucoup d'individus sur lesquels cette maladie s'était déjà déclarée, et conséquemment dans un temps où ils vivaient encore à la maniere de leur pays.

APPENDIX.

La maladie abandonnée à elle-même dure quelquefois plusieurs mois, et devient même hideuse ; si au contraire après l'éruption complete, on emploie les remedes que je vais indiquer, la maladie disparaît dans un espace de temps assez court. La méthode la plus usitée, la plus efficace de guérir cette maladie, d'après les observations des habitans du pays, est de frotter le malade tous les deux jours, et sur tout le corps, avec ce qu'ils appellent du *kiske*; c'est du froment à demi-cuit, desséché, trituré, et puis mêlé, pendant plusieurs jours, avec du lait, et exposé au soleil pour que cette préparation se desseche. Il faut continuer la friction jusqu'à ce que l'éruption soit complettement disparue, ce qui a lieu dans huit ou tout au plus quinze jours.

J'ai vu également employer avec succès le remede suivant : on humecte une portion de farine de lupin, avec une bonne quantité de jus de citron ; on couvre tout le corps du malade avec ce mélange, et on l'expose en cet état au soleil pendant une ou plusieurs heures ; lorsque le mélange est entierement desséché sur la peau, on conduit le malade au bain d'étuve. Il faut réitérer de deux en deux jours l'application de ce remede, jusqu'à la disparution totale du mal.

J'ai vu encore employer avec un égal succès, un liniment d'huile de lin, de soufre, et de noix de galle. On n'emploie jamais dans le traitement de cette maladie, aucune espece de remede interne : ceux qui ont voulu employer le mercure doux ou le soufre, n'en ont retiré aucun avantage sensible.

Il est bon de ne donner que très-peu d'alimens gras aux Negres nouvellement arrivés, qu'ils soient malades ou non ; les gens du pays prétendent même qu'il ne faut leur donner, durant les quarante premiers jours, que du riz, du pain, et des légumes secs. Quoiqu'il soit assez naturel de n'habituer que graduellement ces gens à un genre de vie aussi opposé au leur, j'ai cependant observé que l'on pouvait sans danger retrancher de ce nombre de jours.

5o. *La Diarrhée et la Dyssenterie.* Ces maladies sont redoutables pour tous les nouveaux arrivés en Egypte ; il y a deux moyens principaux pour s'en préserver : le premier consiste dans un bon régime, c'est-à-dire, à manger peu de viande ; le second de se bien vêtir à l'approche de l'hiver. Au reste, comme mes observations sont très-nombreuses sur la nature et le traitement de la dyssenterie, je les réserve absolument pour la topographie médicale du Kaire.

6o. *La Peste.* Non-seulement les Negres nouvellement arrivés au Kaire, mais ceux même qui habitent depuis plusieurs années cette capitale, sont attaqués très-facilement de cette fatale contagion. Il est, selon moi, extrêmement difficile d'expliquer cette susceptibilité particuliere ; car tout ce qu'on peut dire sur l'acclimatement, sur une disposition particuliere des humeurs à contracter cette maladie, est extrêmement vague et hypothétique. Je tâcherai de développer également cet argument d'une maniere particuliere lorsque je publierai mes observations sur la peste.

7°. *Le Dragonneau*, ou *le Dragon*, ou *la Veine de Médine*, (*Furia infernalis, Vena Medinensis, Dracunculum, Gordius Medinensis, Dragontia Æginetæ.*) Il paraît qu'il se trouve dans les eaux du Soudan, peut-être dans celles que l'on rencontre dans le désert, une espece de ver qui s'introduit dans la peau, et principalement dans celle des extrémités inférieures ; il est de la grosseur d'une chanterelle, quelquefois plus fin encore, pointu à ses deux extrémités comme le lombric, long de quatre à six pieds. On reconnaît son existence par sa tortuosité sous la peau, laquelle a assez de ressemblance avec les petites veines variqueuses. Quelquefois il reste long-temps ainsi sans causer aucune incommodité, sans être même aperçu ; mais quand il a une fois atteint le plus haut point de son accroisssement, il occasionne dans la partie une inflammation qui passe chaque fois à suppuration. Dès que l'abcès s'ouvre, le ver se présente par la tête. Les individus qui recelent ce ver dans quelque partie du corps, meurent souvent d'épuisement, si l'on ne songe pas à temps à remédier au mal.

Il y a au Kaire quelques Negres qui jouissent de la renommée de savoir extraire adroitement ce ver ; car si on le rompt, cela devient dangereux pour le malade. Ils cherchent à s'emparer d'un bout du ver, qu'ils roulent sur un morceau de bois et qu'ils fixent sur la partie. Tous les jours, ou tous les deux jours il remontent sur le bois une partie du ver, de façon qu'à la fin et avec la patience réquise, ils l'extraient totalement ; le restant du traitement se réduit à celui d'un ulcere simple. D'après les observations faites sur l'extraction de ce ver en Europe, il résulte qu'en soufflant de la fumée de tabac dans l'ulcere, le ver en meurt : l'effet est à-peu-près égal en le couvrant d'un emplâtre mercuriel. Le docteur Lœffler dit avoir employé avec beaucoup d'avantage le liniment volatil, qui calme les douleurs et dissipe l'inflammation.

8°. *La Maladie Vénérienne.* Les Negres apportent souvent cette maladie de leur pays ; le diagnostic en est quelquefois difficile. Il est conséquemment bon de prévenir ceux qui achetent une Négresse, qu'il n'est pas sans danger d'avoir de suite des relations avec elle.

Le *Pian*, qui tue tant de Negres en Amérique, est tout-à-fait inconnu en Egypte.

APPENDIX, &c.

DE LA CARAVANE DE DARFOUR,

Par P. J. G. *Membre de l'Institut d'Egypte.*

LA ville de Darfour passe pour être plus grande et moins peuplée que celle du Kaire ; c'est un entrepôt où se réunissent à certaines époques les marchands de l'intérieur de l'Afrique : ils y apportent de l'ivoire, des cornes de rhinocéros, des plumes d'autruche, de la gomme, du tamarin, de l'alun, et du natron, objets qui sont ensuite transportés de Darfour en Egypte par les caravanes qui y viennent chaque année vendre des esclaves noirs des deux sexes. Ces esclaves sont pour la plupart enlevés de leurs villages dans les guerres que se font continuellement les nations voisines de Darfour : le roi prélève à son profit le cinquieme de ceux qui y sont amenés pour être vendus ; les habitants du pays en achetent une partie qu'ils emploient à la garde des chameaux, et aux travaux de l'agriculture ; les autres sont envoyés dans une espece de colonie appelée *Karrantinn-dar-el-Saïd*, distante de Darfour de vingt journées de chemin. On leur donne des terres à cultiver ; ils s'y marient, et payent au roi, dont cette contrée est le domaine, un tribut annuel, qui consiste en un certain nombre d'enfants nés de leurs mariages, et en grain de millet ou de doura provenant de leurs récoltes.

Les importations de Darfour en Egypte sont plus ou moins considérables, suivant l'état de paix ou de guerre où vivent entre elles les peuplades voisines de ce royaume : plus la guerre est active, plus le nombre des prisonniers est grand, et plus aussi il y a de jeunes esclaves à transporter. L'état politique de l'Egypte influe aussi sur l'arrivée des caravanes : elles ont été tant de fois pillées lors des révolutions que le pays a éprouvées, que dans l'incertitude où elles sont de s'y défaire avantageusement des objets dont elles pourraient se charger, elles ont coutume d'y envoyer une espece d'avant-garde, dont les conducteurs

conducteurs reviennent rendre compte de l'accueil qu'ils ont reçu, et de leurs bénéfices ; ce qui détermine à accélérér ou à suspendre le départ d'une caravane plus nombreuse.

Les caravanes transportent annuellement en Egypte trois ou quatre cents charges de chameaux de dents d'éléphant, deux mille cornes de rhinocéros, vingt ou trente kantars de plumes d'autruche, deux mille kantars de gomme arabique, mille de tamarin, et autant de natron qu'ils ramassent en chemin, et dont ils chargent leurs chameaux à mesure que les provisions de bouche qu'ils portaient sont consommées.

Le nombre des esclaves transportés, année commune, en Egypte, monte à cinq ou six mille, dont les quatre cinquiemes sont de jeunes filles ou des femmes. Les esclaves ont depuis six et sept ans, jusqu'à trente et quarante ; ils sont vendus dans les différentes villes où s'arrêtent les caravanes, mais presque exclusivement au Kaire, où il n'y a point de maison un peu aisée qui n'ait plusieurs Négresses employées au service du ménage, leur sort aussi-bien que celui des esclaves mâles, est beaucoup plus doux que la condition des Negres achetés par les Européens sur la côte d'Afrique. L'esclavage est ici une sorte d'adoption.

Il vient chaque année deux caravanes de Darfour, chacune composée de quatre à cinq mille chameaux: la durée de leur voyage jusqu'à Siouth est de quarante-cinq jours ; elles sont conduites par deux ou trois cents personnes, à la tête desquelles est toujours un préposé, et souvent un parent du roi : les chameaux qu'elles amenent sont aussi un objet important de commerce ; les trois-quarts sont vendus en Egypte, le reste suffit pour le transport des marchandises qui vont à Darfour.

Ces marchandises consistent principalement en grains de verre diversement colorés et connus sous le nom de *conterie*, et petits miroirs, et grains de corail, et d'ambre jaune, à quoi il faut ajouter des toiles de lin et de coton, quelques étoffes de soie, des rasoirs, des limes, du plomb, de l'étain, de la poudre, quelques armes à feu, des lames de sabre, des parfums, un peu de café, de sucre, et de riz.

On emporte aussi des robes de drap toutes faites, choisies des couleurs les plus éclatantes, et quelques pieces de velours et de satin.

On exploite dans le royaume de Darfour des mines de fer, dont le produit sert à fabriquer des instruments aratoires, et des fers de lance. L'art du métallurgiste n'a point été porté dans cette partie du monde par les Européens modernes ; il y remonte probablement à la plus haute antiquité, et c'est de là sans doute, ou des montagnes de l'Ethiopie que le tiraient les anciens Egyptiens avant de le recevoir des Phéniciens et des Carthaginois, qui le leur apporterent dans la suite.

Les diverses marchandises apportées de Darfour au Kaire sont toutes payées en argent, dont les neuf-dixiemes restent dans cette ville pour le paiement d'objets achetés en retour; le surplus est converti en piastres que l'on emploie dans le pays à faire des bracelets, et autres ornements de femme.

Nous

APPENDIX.

Nous pourrions donner plus d'étendue à cet article sans compléter ce qu'il serait utile de savoir sur cette partie de l'intérieur de l'Afrique. A peine connaissons-nous aujourd'hui le nom des nations qui couvrent cette vaste région ; mais nous touchons à l'époque où l'attention de l'Europe, que l'Amérique occupe depuis trois siecles, va se tourner du côté de l'Orient ; et les événements qui se préparent, en mettant les nations civilisées en relation avec des contrées peu fréquentées jusqu'à présent, offriront au commerce de nouveaux débouchés, et feront connaître des usages et des traditions qui pourront fournir le sujet de quelques nouveaux chapitres dans l'histoire de l'espece humaine.

FIN.

TABLE.

Avis de l'Editeur v
Frontispice viii
Explication des Planches . . . . . . 1 à 48

APPENDIX.

Commission des Arts; Rapport fait au Premier Consul Bonaparte, par le Citoyen Ripaud, Bibliothécaire de l'Institut d'Egypte . . . i

Description abrégée des principaux Monumens de la Haute-Egypte, accompagnée de Détails sur les Tableaux qui, en les décorant, servent à faire conjecturer à quelles Divinités les Temples étaient consacrés xiii

Philæ . . . . ibid.
Assouan Syene xv
Ile d'Eléphantine . . . . ibid.
Coum-Ombos xvi
Gébel-el-Silsili. Montagne de la Chaîne xvii
Edfou, autrefois Apollinopolis Magna . . . . . ibid.
Typhonium d'Edfou xviii
Eilethia, Ville de Bubaste . . . . ibid.
Esné, ancienne Latopolis xix
Taud, autrefois Tuphium xx
Erment, autrefois Hermuntes . . . . . . ibid.
Thebes xxi
Luxor . . . . ibid.
Karnak xxiii
Rive

TABLE.

Rive Gauche du Fleuve	xxvi
Médinet-Abou	xxvii
Sépultures de Thèbes	xxix
El-Gournon	xxxii
Kous. Apollinopolis parva	ibid.
Keft. Cophtos	xxxiii
Dendera. Tentyris	ibid.
Gawel Sharki. Antæopolis	xxxv
Syout. Lycopolis	ibid.
Schieckabadé, Antinoë, autrefois Besa	xxxvi
Aschmounein. Hermopolis Magna	xxxvii
Fayoum	ibid.
Pyramides de Sakkara. Memphis	xxxviii
Pyramides de Ghizé	xxxix

Description des Pyramides de Ghizé, de la Ville du Kaire et de ses Environs ; Par J. Grobert, Chef de Brigade d'Artillerie . . . xli

Canon chronologique des Rois d'Egypte, selon Hérodote, par Larcher . . . lviii
Table des Assises de la Pyramide de Chéops . . . lxii
Note sur les Pierres qui ont servi à la Construction des Pyramides de Ghizé, au Revêtement de quelques-unes, et de celles qui ont été trouvées dans le Voisinage de ces Monumens Egyptiens . . . lxxxiii
De la Ville du Kaire et du vieux Kaire . . . xcv
De l'Ile de Rhaoudda, Ghizé, etc. . . . cvii

Lettre du Citoyen Derozière, Ingénieur Minéralogiste, Membre de la Commission des Sciences et Arts en Egypte . . . cxiv

Relation de l'Expédition d'Egypte, suivie de la Description de plusieurs des Monumens de cette Contrée, par Charles Norry, l'un des Architectes attachés à l'Expédition . . . cxvii

Liste

TABLE.

Liste des Savans et Artistes attachés à l'Expédition cxxxvii
Noms des Membres composant l'Institut d'Egypte cxxxviii
Sur la Colonne de Pompée cxxxix

Mémoire sur le Lac Menzaléh, d'après la Reconnaissance faite en Octobre 1798, par le Général d'Artillerie Andréossi cxli

I. *Ancienne Branche Tanitique retrouvée* cxlii
II. *Etat actuel du Lac Menzaléh* cxliv
III. *Etat actuel des Terres qui avoisinent le Lac Menzaléh* . . . cxlviii
IV. *Formation du Lac Menzaléh* cl
V. *Dessèchement du Lac Menzaléh* clii
VI. *Nature de la Langue de Terre qui sépare le Lac Menzaléh de la Mer* . . clv
VII. *Notice sur quelques Villes qui ont des rapports avec le Lac Menzaléh* . . clvii
VIII. *Analyse de la Construction de la Carte du Lac Menzaléh* . . . clx

---

Voyage fait, en Décembre 1798, sur la Branche Tanitique du Nil; par le Citoyen Malus clxv

---

Mémoire sur la Vallée des Lacs de Natron, et celle du Fleuve sans Eau, d'après la Reconnaissance faite à la fin de Janvier, 1799; par le Général d'Artillerie Andréossi clxxi

I. *De la Vallée des Lacs de Natron* clxxii
II. *Topographie de la Vallée du Fleuve sans Eau* clxxviii
III. *Des Couvens Copthes* clxxxiii
IV. *Des Arabes D'jéou à Bys, et des Bédouins* clxxxv
    Itinéraire de la Reconnaissance des Lacs de Natron et du Fleuve sans Eau . cxciii

Notice

TABLE.

Notice annexée au Plan d'Alexandrie, par le Citoyen Lepere cxcv

Mémoire sur le Canal d'Alexandrie, par les Citoyens Lancret *et* Chabrol . . cxcix

Position géographique de différents Points de l'Egypte, par le Citoyen Nouet . ccxi

Distance réciproque de différents Points de l'Egypte ccxii

Description de la Route du Caire à Ssâlehhyéh, par le Citoyen Shulkouski . ccxiii

Rapport sur les Oasis, par le Citoyen Fourier ccxxi

Mémoire sur les Sables du Désert, par le Citoyen Costas ccxxvii

Observations sur la Fontaine de Moyse, par le Citoyen Gaspard Monge . ccxxxi

Mémoire sur le Commerce des Negres au Caire, et sur les Maladies auxquels ils sont sujets en y arrivant, par Louis Frank, *Médecin de l'Armée d'Egypte* .

De la Caravane de Darfour ccxlix

A Londres, de l'Imprimerie de Cox, Fils, et Baylis, No. 75, Great Queen-Street, Lincoln's-Inn-Fields.

Tente des Bédouins; d'après Sonnini.

Appendix. Pa. CXXXIX.

L'Obelisque de Cléopâtre, et la Colonne de Pompée,
d'après Sonnini.

Pa. 67.

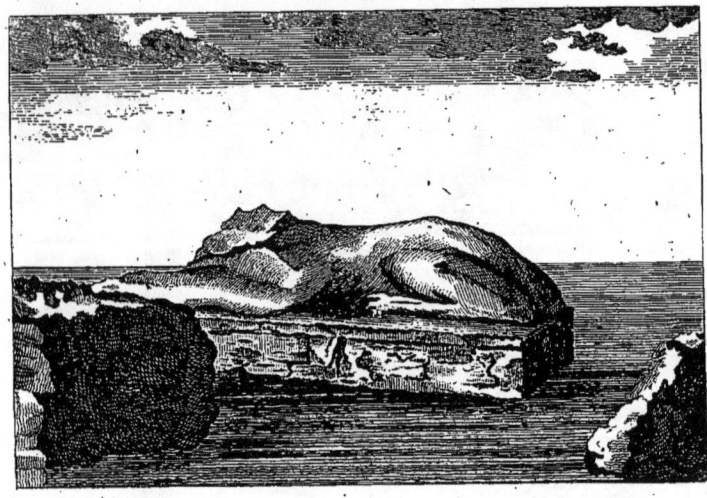

Sphinx près d'Aboukir, d'après Sonnini.

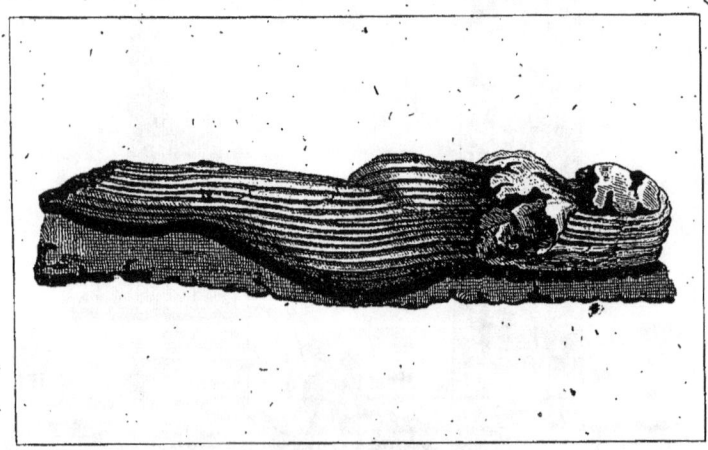

Colosse près d'Aboukir, d'après Sonnini.

Ruines de Canope, d'après Sonnini.

www.ingramcontent.com/pod-product-compliance
Lightning Source LLC
Chambersburg PA
CBHW060500170426
43199CB00011B/1274